Digital Memory

Neue Perspektiven
für die Erinnerungsarbeit

WALLSTEIN VERLAG

Herausgeber: Stiftung Hamburger Gedenkstätten und Lernorte zur Erinnerung an die Opfer der NS-Verbrechen in Kooperation mit der Arbeitsgemeinschaft der KZ-Gedenkstätten in der Bundesrepublik Deutschland

Heftverantwortliche: Dr. Iris Groschek, Prof. Dr. Habbo Knoch

Redaktion:
Alyn Beßmann (Stiftung Hamburger Gedenkstätten und Lernorte)
Andreas Ehresmann (Gedenkstätte Lager Sandbostel)
Dr. Simone Erpel (Berlin)
Dr. Insa Eschebach (Freie Universität Berlin)
Dr. Karola Fings (Forschungsstelle Antiziganismus an der Universität Heidelberg)
Prof. Dr. Detlef Garbe (Hamburg)
Prof. Dr. Habbo Knoch (Universität zu Köln)
Dr. Reimer Möller (KZ-Gedenkstätte Neuengamme)
Dr. Jutta Mühlenberg (Hamburg)
Dr. Thomas Rahe (Gedenkstätte Bergen-Belsen)
Prof. Dr. Jens-Christian Wagner (Stiftung Gedenkstätten Buchenwald und Mittelbau-Dora sowie Friedrich-Schiller-Universität Jena)
Dr. Christl Wickert (Berlin)
Prof. Dr. Oliver von Wrochem (Stiftung Hamburger Gedenkstätten und Lernorte)

Lektorat: Dieter Schlichting, Büro für Lektorate und Übersetzungen, Hamburg, www.ds-lektorat.de
Lektorat des englischsprachigen Aufsatzes und Übersetzung der Summarys:
Jessica Spengler

Bibliografische Information der Deutschen Nationalbibliothek:
Die Deutsche Nationalbibliothek verzeichnet diese Publikation in der
Deutschen Nationalbibliografie; detaillierte bibliografische Daten
sind im Internet über http://dnb.d-nb.de abrufbar.

© Wallstein Verlag, Göttingen 2023
www.wallstein-verlag.de
Vom Verlag gesetzt aus der Aldus und der TheSans
Umschlaggestaltung: Susanne Gerhards, Düsseldorf, © SG-Image
Umschlagabbildung: Augmented Reality in der Gedenkstätte Bergen-Belsen, 2015.
Foto: Stephanie Billib, Quelle: Stiftung niedersächsische Gedenkstätten/
Gedenkstätte Bergen-Belsen
Druck und Verarbeitung: Hubert & Co, Göttingen
ISSN 2702-3044
ISBN 978-3-8353-5365-7

Digital Memory

Beiträge zur Geschichte
der nationalsozialistischen Verfolgung

Heft 4

Inhalt

EDITORIAL 7

THOMAS LUTZ
Möglichkeiten und Notwendigkeiten
der Vernetzung der Gedenkstätten
aufgrund der zunehmenden Digitalisierung 31

STEFFI DE JONG
Zeitreisen nach Auschwitz.
Die Veränderung des Holocaustgedenkens durch Virtual Reality 42

FELIX ZIMMERMANN
Vergangenheitsatmosphären als Herausforderung
für KZ-Gedenkstätten und digitale Spiele.
Erlebnis, Kognition und das Potenzial atmosphärischer Störungen 61

MYKOLA MAKHORTYKH, ALEKSANDRA URMAN,
ROBERTO ULLOA, and JUHI KULSHRESTHA
Can an algorithm remember the Holocaust?
Comparative algorithm audit of Holocaust-related
information on search engines 79

MARTINA STAATS
Digitale Vermittlungselemente in der Dauerausstellung
der Gedenkstätte in der JVA Wolfenbüttel 94

HENNING BORGGRÄFE
#everynamecounts.
Die Digitalisierung der Arolsen Archives
und die Erinnerung an die NS-Verbrechen im 21. Jahrhundert 108

KAROLA FINGS
»Voices of the Victims«.
Eine virtuelle Gegenerzählung 122

SWENJA GRANZOW-RAUWALD UND NATASCHA HÖHN
Das Multimediaprojekt #WaswillstDutun?.
Digitale Angebote zu Familiengeschichten
während des Nationalsozialismus und des Zweiten Weltkrieges 137

Tobias Ebbrecht-Hartmann
Hashtags, Stories, Videomemes.
Die Erinnerung an den Holocaust auf TikTok und Instagram 151

Pia Schlechter
Zeigen, Anprangern, Verhandeln.
Eine intersektionale Perspektive auf den Diskurs
um Selfies in KZ-Gedenkstätten 165

Christian Günther und Jan Schenck
Gedenkstätten auf Twitter.
Eine Datenanalyse von Social-Media-Kampagnen 179

Alexandra Reuter
Das erinnerungskulturelle Phänomen Anne Frank auf Instagram 204

Besprechungen und Annotationen

Rezensionen
Victoria Grace Walden (Hg.): Digital Holocaust Memory, Education
and Research, Cham 2021 *(Anne Lammers)* 219
Anja Ballis/Markus Gloe/Florian Duda/Fabian Heindl/
Ernst Hüttl/Daniel Kolb/Lisa Schwendemann: Interaktive 3D-Zeugnisse
von Holocaust-Überlebenden. Chancen und Grenzen
einer innovativen Technologie, 2021 *(Yves Schwarze)* 224
Alina Bothe: Die Geschichte der Shoah im virtuellen Raum.
Eine Quellenkritik, Berlin/Boston 2019 *(Nicole Steng)* 229

Neuerscheinungen aus den Gedenkstätten 233

Summarys 237

Autor:innen 250

Editorial

Konzentrationslager in Augmented-Reality-(AR-) und Virtual-Reality-(VR-) Anwendungen, Hashtag-Kampagnen zu Jahrestagen, Selfies aus Auschwitz, Rundgänge durch Gedenkstätten auf YouTube, der Holocaust via TikTok: Diese Schlagworte weisen auf jüngste Entwicklungen hin, die im Zusammenhang mit der weitreichenden Digitalisierung der Lebenswelt auch die Formen der Auseinandersetzung mit den nationalsozialistischen Verbrechen beträchtlich verändern.[1] In der »Post-witness«-Ära findet ein gleitender Übergang von der Medialisierung der Zeitzeugenschaft zu einer Digitalisierung der Erinnerungskultur statt.[2] Für großes Aufsehen haben vor einigen Jahren die ersten »Hologramme« von Holocaustüberlebenden gesorgt: »Die 3D-Darstellung macht das ganze so live«, beschrieb 2020 eine Studentin ihren Eindruck des virtuellen Gesprächs mit den Überlebenden Abba Naor und Eva Umlauf. Diese wurden mithilfe der digitalen Stereoskopie, wie sie aus Kinofilmen bekannt ist, im Rahmen des Projekts »Lernen mit digitalen Zeugnissen« an der Ludwig-Maximilians-Universität München auf eine Leinwand projiziert, konnten mit Stereobrillen betrachtet werden und standen für ein »Gespräch« bereit.[3] Um den Eindruck einer geteilten Anwesenheit hervorzurufen, werden aus den aufgezeichneten Aussagen der Überlebenden, die sich zu eintausend vordefinierten Fragen äußern mussten, algorithmisch Antworten auf individuell gestellte Fragen der Anwesenden generiert.[4]

Ob Verheißung, Sakrileg oder einfach eine explorative Form, die Holocausterinnerung digital zu erweitern: Solche »virtual survivors«, die (noch) keine echten »Hologramme« sind, können exemplarisch für die Digitalisierung der Erinnerungskultur stehen. Sie eröffnet Gedenkstätten, verbunden mit den »paradigms of immersion and interactivity«[5], generell eine Fülle neuer Möglichkeiten und Herausforderungen und sie betrifft alle Ebenen ihrer Arbeit – vom Sammeln und Dokumentieren über das Gestalten und Ausstellen bis zum Vermitteln und Bilden, Kommunizieren und Diskutieren. Riefen vor gut einem Jahrzehnt die ersten Ansätze, digitale Technologien in Verbindung mit dem Holocaust einzusetzen, noch heftige Kontroversen hervor, in denen gerade Gedenkstätten oft »rote Linien« markierten, die nicht überschritten werden sollten,[6] ist inzwischen das Spektrum digitaler Angebote und Formate, die von Gedenkstätten selbst verantwortet werden, beträchtlich gewachsen. Die Diskussionen sind weniger kontrovers und werden reflektierter geführt, was auch damit zu tun hat, dass Erfahrungen mit dem Einsatz von digitalen Angeboten viele Vorbehalte nicht bestätigt und zugleich zukunftsträchtige Optionen veranschaulicht haben.[7] Drei Fragenkomplexe stehen in diesen Debatten im Vordergrund:

- *Transformationen der Erinnerungskultur im digitalen Zeitalter:* Welche neuen Möglichkeiten, historisches Wissen zu generieren, zu sichern und zu präsentieren, ergeben sich durch den Einsatz digitaler Technologien im Bereich der Geschichtskultur und welche Herausforderungen stellen sich dadurch für die Erinnerung an die Opfer der nationalsozialistischen Verbrechen im Allgemeinen und an die Gedenkstätten im Besonderen? Welche Optionen und Probleme eröffnen sich durch die Hightech-ästhetik von Computerspielen und durch immersive VR-Anwendungen, die im Kontext einer zunehmenden Erlebnisorientierung in der Geschichtskultur zu betrachten sind? Wie können und müssen sich Gedenkstätten zu dieser Erlebnisorientierung verhalten?[8] Jackie Feldman fragt zudem: »Is there anything digital media platforms and technologies can do that previous formats could not?«[9]

- *Digitale Angebote in Gedenkstättenarbeit und Erinnerungskultur:* Welche digitalen Technologien können im Bereich des Sammelns, Forschens und Ausstellens – insbesondere für die Erschließung von Daten, ihre Verknüpfung über vernetzte Wissensspeicher und ihre Präsentation in digitalen und museal-hybriden Formaten – genutzt werden und welche Implikationen und Folgen gehen damit einher? Wie verändert sich die Bildungsarbeit in Gedenkstätten angesichts des digitalen Wandels sowohl durch die aktive Nutzung neuer Technologien – z.B. im Bereich von Apps, von AR- und VR-Anwendungen oder durch »virtual survivors« – als auch durch neue Erwartungshaltungen und digitale Medienerfahrungen der Besucher:innen?[10]
- *Soziale Medien als interaktive Erweiterungen von Gedenkstätten:* Wie verändern sich durch die sozialen Medien die Kommunikationsformen in, von und über Gedenkstätten? Inwieweit gewinnen Gedenkstätten durch den Einsatz von sozialen Medien, aber auch durch deren Nutzung seitens ihrer Besucher:innen eine erweiterte, ebenso fluidere wie auch anspruchsvoll zu moderierende Präsenz bei der Gestaltung von Wissen, Deutungen und Empfindungen zur Geschichte der nationalsozialistischen Verfolgung? Welche Erwartungen und Herausforderungen ergeben sich u.a. für Content- und Community-Management von Social-Media-Kanälen durch die erweiterten Möglichkeiten zu mehr Partizipation, Dialog und Kontroversität?[11]

Transformationen der Erinnerungskultur im digitalen Zeitalter

Gedenkstätten haben weder bei forschungsbezogenen Nutzungen noch im Bereich praktischer Anwendungen zur Avantgarde einer Digitalisierung der Erinnerungskultur gehört, die mit Beginn des 21. Jahrhunderts an Fahrt aufnahm.[12] Neben explorativen Anwendungen, die meist nicht auf Gedenkstätten zurückgingen, und einer vor allem von privaten Nutzer:innen aktivierten Kommunikation in den sozialen Medien wird bereits seit einigen Jahren im Internet ein breites Angebot zur Auseinandersetzung mit dem Nationalsozialismus vorwiegend durch internationale Museen des Holocaustgedenkens, die Bundeszentrale und die Landeszentralen für politische Bildung, Forschungsinstitute und universitäre, öffentlich-rechtliche oder private Anbieter bereitgestellt.[13] Es reicht von durchsuchbaren Datenbanken über multimediale Angebote bis zu Bildungsmaterialien und interaktiven Lernplattformen. Als eine wichtige Schnittstelle zwischen Forschung und Anwendung, die auch von Gedenkstätten mitentwickelt wurde, können wiederum Zeitzeugenvideos gelten, die im digitalen Format zuerst in Ausstellungen an den historischen Orten eingebunden worden sind.[14]

An der Digitalisierung von Überlebendenzeugnissen – beispielhaft am Projekt »Dimensions in Testimony« der USC Shoah Foundation[15] – zeigt sich ein wesentliches Merkmal der *Digital Memory*: Technisch anspruchsvolle wie vom Aufwand her ressourcenintensive Projekte können meist nur von finanziell starken Trägern und entsprechend qualifizierten Partnern, d.h. im Rahmen gesonderter Förderungen und mit entsprechendem technischem Know-how durchgeführt werden. Es handelt sich zudem bislang insgesamt um eher vereinzelte Projekte, die wie die eingangs geschilderten »Hologramme« nicht repräsentativ für die Digitalisierung und digitale Angebote zur Erinnerung an die nationalsozialistischen Verbrechen insgesamt sind. Haben z.B. 3-D-Rekonstruktionen von Verbrechensorten mit Amateurprojekten ohne Gedenkstättenbezug begonnen, wurden die ersten aufwendigen virtuellen Repräsentationen ehemaliger Konzentrations- und Vernichtungslager mit größerer Reichweite von großen Rundfunkanstalten wie der BBC, dem ZDF oder dem WDR umgesetzt. Während kommerzielle Anbieter auf diesem Feld bislang nur in einzelnen Fällen erfolgreich waren, hat sich in anderen Fällen – wie bei der 2010 für die Gedenkstätte Bergen-Belsen in Zusammenarbeit mit dem SPECS-Forschungsinstitut an der Universitat Pompeu Fabra in Barcelona entwickelten 3-D-Rekonstruktion, die als VR- und als AR-Anwendung genutzt werden kann,[16] der 2017 begonnenen Zusammenarbeit u.a. der KZ-Gedenkstätte Neuengamme mit der Forschungsinitiative »Memoryscapes« der University of Leeds[17] oder der interaktiven Ausstellung »The Eye as Witness« des National Holocaust Centre and Museum und der University of Nottingham[18] – die Zusammenarbeit von Erinnerungsinstitutionen mit universitären Forschungseinheiten als produktiv und reflexionsintensiv erwiesen. Werden Gedenkstätten alleine digital tätig, wird hier in der Regel der Fokus auf Datenbanken, Websites oder das Anlegen von Social-Media-Accounts gelegt.

Auch aufgrund des erheblichen Aufwands geht die Digitalisierung der Erinnerungskultur mit einer Hierarchisierung von Themen und Orten einher. Ihre erste Phase war gerade im Bereich von 3-D-Rekonstruktionen sehr durch »Leuchtturm«-Projekte gekennzeichnet, die sich auf herausgehobene Orte wie Auschwitz, auf die Shoah als Ganzes oder auf einzelne Opfer wie Anne Frank konzentriert haben und noch keine flächendeckende Nachhaltigkeit erreichen konnten. Heute sieht das Bild etwas anders aus. Gedenkstätten reagieren längst nicht mehr nur auf die digitale Transformation der Erinnerungskultur – sie sind inzwischen selbst zu ihren Akteurinnen geworden, wie insbesondere mehrere AR- und VR-Projekte, der Ausbau ihrer Social-Media-Aktivitäten oder der steigende Anteil hybrider Ausstellungen zeigen.

Thomas Lutz weist in seinem Aufsatz darauf hin, dass die Digitalisierung der Gedenkstättenarbeit bereits zwei und mehr Jahrzehnte zurückreicht.[19] Er zeichnet ein weites Spektrum digitaler Arbeitsformen in den Gedenkstätten nach, das von den Infrastrukturen der Forschung über digitale Veranstaltungsformate und die Veränderungen von Kommunikations- und Arbeitsformen bis zur Internetpräsenz von Gedenkstätten reicht. Er plädiert dafür, die neuen digitalen Möglichkeiten zu nutzen, ohne sie über die Präsenz des Besuchs von Gedenkstätten oder der Begegnung zu stellen.

Auch wenn die Entwicklung von Gedenkstätten in Bezug auf die Digitalisierung langsamer verlief als in anderen Bereichen der Geschichtskultur und mit einer deutlichen Zurückhaltung gegenüber digitalen Innovationen, befinden sich die Gedenkstätten inzwischen auf einer reflektierten Suche nach geeigneten Wegen und Strategien. Sie bewegen sich dabei in dem überaus dynamischen Feld der neuen *Digital Memory*, das von zahlreichen Institutionen und Medien, Akteur:innen und Nutzer:innen, kommerziellen Interessen und bildungspolitischen Prämissen beeinflusst und mitgestaltet wird. Sie sind Teil einer Erinnerungskultur, die insbesondere durch den polyphonen Austausch im digitalen Netz eine kaum mehr zu überschauende, geschweige denn lenkbare Form angenommen hat. Sehgewohnheiten und Mediennutzungen orientieren sich vermehrt an visuellen und sprachlichen Codes digitaler Kommunikationskanäle, an historischen Computerspielen oder an virtuellen Erfahrungen, wie sie in vielen anderen Bereichen und musealen Kontexten bereits intensiv gemacht werden können.

Digital Memory beschreibt dabei nicht nur ein neues Feld medialer Technologien, sondern wird in der Erinnerungsforschung mit weitreichenden Thesen zu einem grundlegenden Wandel des kollektiven Gedächtnisses verbunden. Es verliert demnach gegenwärtig seine prädigitale Ordnung in mehrfacher Hinsicht: Autoritäten der Wissensvermittlung werden infrage gestellt, konventionelle und hegemoniale Strukturen lösen sich auf und werden durch weniger stabile, stärker netzwerkförmige Zusammenhänge ersetzt, tatsächlich oder vermeintlich homogene Container wie »Geschichte« oder »Erinnerung« gehen in dezentralen, disparaten und rhizomatischen Kommunikationsströmen »on-the-fly« auf.[20] So einleuchtend das klingt, ist dennoch zu fragen, ob und inwieweit solche Diagnosen für die Geschichtskultur insgesamt zutreffen. Denn dem Bild einer Auflösung des ohnehin mehr typologisch als real zu bestimmenden kollektiven Gedächtnisses steht das Konzept einer neuen »culture of connectivity« gegenüber.[21] Sie findet sich z. B. in neuen Möglichkeiten, die digitale Verfügbarkeit, Erschließung und Präsentation von Daten und Quellen unterschiedlichster Art und Provenienz - mit dem Ziel ihrer weitreichenden Verknüpfung – insbesondere als »entangled memories« – voranzutreiben. Zudem prägt die Kultur der Konnektivität digitale Produktionen selbst, wenn kognitive, sensorische und motorische Zugänge miteinander verwoben werden. Außerdem entstehen durch vielfältige Partizipationsmöglichkeiten andere Formen von Netzwerken des Erinnerns. Was bedeutet mithin das Spannungsverhältnis von »On-the-fly«-Unübersichtlichkeit und »Connectivity«-Ideal insbesondere für Gedenkstätten, denen in Politik und Öffentlichkeit seit einiger Zeit – ungeachtet ihrer eigenen Zielsetzungen – mit der Erwartung begegnet wird, verbindliches Wissen und eindeutige Botschaften zu kommunizieren? Wie müssen sich Bildungsangebote und Kommunikationsformen verändern, um der Vielfalt an Erinnerungsakteur:innen gerecht zu werden und sie zu fördern?

Eine zweite Transformation durch die Digitalisierung lässt sich hinsichtlich des Stellenwerts von Emotionen in der Repräsentation von Vergangenheit feststellen. Selbstverständlich sind medialisierte Gefühle kein neues Phänomen in der Geschichtskultur, aber insbesondere digitale 3-D-Formate, 360-Grad-Bildtechniken oder AR- und VR-Technologien, die raumgebunden oder mit Headsets wahrgenommen werden können, eröffnen multisinnliche Immersionsangebote einer neuen Qualität.[22] So beinhaltet die schon genannte Ausstellung »The Eye as Witness« einen mit einem digitalen Headset nutzbaren VR-Raum, in dem eine Aufnahme aus dem »Stroop-Report« zur Zerstörung des Warschauer Ghettos zum Ausgangspunkt einer dreidimensionalen, dynamischen Rekonstruktion des gesamten Bildkontexts genommen wurde.[23] Optische und sensorische Elemente sollen ein immersives Erleben der Situation ermöglichen, zugleich aber auch zur Reflexion anregen.[24] Dazu ist der erlebnisorientierte Zugang durch die übrige Ausstellung in einen kontextualisierenden und erweiternden Umgang mit den ikonischen Propagandabildern eingebettet, indem ihnen Aufnahmen jüdischer Ghettofotografen gegenübergestellt werden, die interaktiv erschließbar sind.

Steffi de Jong spricht in ihrer Analyse sechs einschlägiger 3-D-Rekonstruktionen von einer »digital somatischen Phase« der Holocausterinnerung, weil immersive Produktionen anstreben, die Distanz von Zeit und Raum aufzuheben. Einen begrifflich-methodischen Zugang zu dieser insgesamt feststellbaren Entwicklung, Vergangenes durch immersiv angelegte Angebote zugänglich zu machen, eröffnet *Felix Zimmermann* mit dem anhand der Analyse von historischen Computerspielen entwickelten Konzept der »Vergangenheitsatmosphä-

ren«. Das von Spielen wie »Wolfenstein: The New Order« oder »Call of Duty: WWII« auch mit Lagerszenen erzeugte Gefühl, sich in einer »vergangen scheinenden Wirklichkeit« zu bewegen, entspricht demnach dem vielfach von Gedenkstättenbesucher:innen geäußerten Wunsch, vor Ort erleben zu wollen, was dort geschehen ist.[25] Steffi de Jong und Felix Zimmermann schlagen den Gedenkstätten vor, sich zwar aktiv auf diese neuen Möglichkeiten des immersiven Erlebens einzulassen, aber einen »komplexeren Empathiebegriff« zu entwickeln und »atmosphärische Störungen« einzusetzen, um die Grenzen eines vermeintlichen »Eintauchens« in die nationalsozialistischen Verbrechen auch in digitale Angebote zu integrieren. Dies entspricht Ansätzen, auch digitalisierte Überlebendeninterviews, ihre Datenaufbereitung und Zugänglichmachung mit einem wachen Blick für »layers, ruptures, and tensions« (Noah Shenker) sowie für die »structures of saying and unsaying« (Todd Presner) zu nutzen.[26]

Digitale Medien, die immersive Elemente beinhalten, verstärken ein Gefühl sinnlicher und emotionaler Annahme von Authentizität, während komplexere sachliche Informationen in den Hintergrund zu treten scheinen. Allerdings wird unter dem Begriff der Virtual Reality ein breites Spektrum an Technologien und Produktionen zusammengefasst, die sich hinsichtlich der Interaktivität, ihrer sensorischen Komplexität, Ästhetik und Verknüpfung mit historischen Informationen sowie des Immersionsgrads erheblich voneinander unterscheiden. Einerseits können die grafischen Benutzeroberflächen bei digital aufbereiteten Überlebendeninterviews von einer vertiefenden Wahrnehmung ablenken,[27] andererseits können virtuell unterstützte Führungen oder 3-D-Umgebungen mit ortskonkreten Rekonstruktionen durchaus zu einer vertieften Beschäftigung mit historischen Überresten, Quellen und Informationen anregen. Welche weitere Entwicklung wird dabei die bereits unverkennbare Tendenz nehmen, durch einen erweiterten Realismus mithilfe von Rekonstruktionen, Animationen und narrativ erzeugten Imaginationen die Grenzen des bisher Sichtbaren zu überschreiten – wo werden vor allem visuelle, aber auch sensorische Techniken eingesetzt, wo es an der historischen Überlieferung von Bild- oder Tonquellen mangelt? Wie verschieben sich hier die Grenzen zwischen literarisch-künstlerischer Gestaltungsfreiheit und geschichtswissenschaftlich oder archäologisch fundierten Repräsentationen des Vergangenen? Eine seit der TV-Serie »Holocaust« von 1978 geführte und mit Steven Spielbergs Film »Schindlers Liste« in den 1990er-Jahren intensivierte Debatte um die Gefahr einer Banalisierung des »Undarstellbaren« gewinnt mit den interaktiven Immersionstechnologien gegenwärtig eine neue Dimension. Sie wird auch durch den Authentizitätsgestus von Gedenkstätten als Orten originaler Zeugnisse der Tat gespeist, die Besucher:innen eine Begegnung mit der Vergangenheit erhoffen lassen.[28]

Ferner erlebt die Erinnerungskultur eine wesentliche quantitative wie qualitative Transformation im Bereich der Verfügbarkeit, Erschließung und Vernetzung von Daten, die in digitaler Form zur Verfügung stehen. Auch in den Gedenkstätten sind langfristig gewachsene Datenbankexpertisen weit verbreitet, wenngleich es immer noch an Ressourcen mangelt, die vorhandenen Quellen umfassend digital zu erschließen. Eingehend werden dort seit Langem die Schwierigkeiten einer öffentlichen Bereitstellung personenbezogener Daten diskutiert. Gleichzeitig besteht im Bereich der digitalen Infrastruktur, der Vernetzung von Daten und ihrer Verfügbarkeit – trotz der wegweisenden Leistungen des Projekts »European Holocaust Research Infrastructure« (EHRI)[29] – gerade für kleinere Gedenkstätten ein erheblicher Nachholbedarf.

Der Aufsatz von *Mykola Makhortykh, Aleksandra Urman, Roberto Ulloa* und *Juhi Kulshrestha* macht eine Herausforderung für Gedenkstätten deutlich, die sich ihren Handlungsmöglichkeiten weitgehend entzieht: Verzerrungseffekte in der Gewichtung und Auswahl von Informationen, die im Internet durch die intransparenten und damit auch bereits in der Anlage beeinflussbaren Algorithmen von Suchmaschinen entstehen. Die vergleichende Analyse von Suchmaschinen in englischer und russischer Sprache ergibt bemerkenswerte Unterschiede wie im letzteren Fall die Ausweisung von Inhalten, die den Holocaust leugnen. Über den in dem Aufsatz behandelten Gegenstand hinaus tritt zudem durch die Weiterentwicklung von Informationsgeneratoren, die wie ChatGPT auf künstlicher Intelligenz beruhen, ein von den Gedenkstätten häufig beklagtes Problem noch deutlicher zutage: Informationen oder Aussagen werden von Quellen entkoppelt, die zudem ohne gesicherte Nachweise oder als kontextfreie Fragmente im Netz flottieren.

Über all den neuen Einsatzmöglichkeiten von digitalen Technologien sollte die Frage stehen, inwieweit es sich bei Gedenkstätten um besondere Orte handelt, für die angesichts ihres Selbstverständnisses – insbesondere eines sensiblen Umgangs mit Quellen,

Daten und Selbstzeugnissen, aber auch mit den historischen Orten – eigene Standards für den Einsatz von digitalen Technologien zu entwickeln sind. Steht die vermeintliche »Kälte« der digitalen Bildanwendungen und mobilen Kommunikationsformen im Widerspruch zum »sakralen Charakter« von Gedenkstätten als Orten des Leidens und Sterbens, als Friedhöfen und Orten des Innehaltens? Dürfen Computerspiele für die Bildungsarbeit entwickelt werden – und wenn ja, welche –, sind Überlebende als Avatare in AR- und VR-Anwendungen angemessen, droht durch virtuelle Lernumgebungen ein Bedeutungsverlust der überlieferten Relikte? Gibt es klar bestimmbare, nicht zu überschreitende moralische Grenzen, die für den Einsatz digitaler Technologien gelten und nicht ohnehin für Gedenkstätten bereits berücksichtigt und reflektiert werden? Wo sollte z.B. auch der Einsatz von digitalen, noninvasiven archäologischen Techniken bei der Untersuchung von ehemaligen Verbrechensorten enden?[30] Zu berücksichtigen ist dabei auch, ob es ein individuelles Recht auf Vergessen gibt – und wer nach welchen Kriterien letztlich darüber bestimmt, welche personenbezogenen Informationen und Quellen von Überlebenden einer ungefilterten Öffentlichkeit zugänglich gemacht werden.[31]

Digitale Angebote in Gedenkstättenarbeit und Erinnerungskultur

Stand die Frage nach dem Verhältnis von digitalen Technologien und der Arbeit von Gedenkstätten spätestens seit dem Nachdenken über sinnvolle museale und didaktische Angebote im Zuge des »Abschieds von den Zeitzeugen« auf der Agenda, so ist sie zuletzt durch den Digitalisierungsschub im Zuge der Coronapandemie noch einmal forciert worden.[32] Gedenkstätten haben darauf mit verschiedenen Onlineangeboten wie digital verfügbaren Bildungsmaterialien, Podcasts, Onlineseminaren, digitalen Liveführungen und Onlineausstellungen reagiert sowie laufende Projekte auf digitale Arbeitsformen umgestellt oder digitale Elemente mit aufgenommen. Dies hat bereits bestehende Ansätze einer digitalen Transformation der Gedenkstätten deutlich verstärkt. Die Fülle an Anwendungsmöglichkeiten erweist sich dabei als anspruchsvoll, vielfältig und ressourcenintensiv, zugleich ist der Reflexionsbedarf aus guten Gründen weiterhin hoch.

In einer Umfrage unter Beschäftigten von Gedenkstätten äußerten 84 % den Bedarf nach einer verstärkten Digitalisierung, wobei der Wunsch nach mehr »Vernetzung« deutlich im Vordergrund z.B. gegenüber pädagogischen Nutzungen stand.[33] Viele, zumeist jüngere Mitarbeiter:innen in Gedenkstätten nehmen sich seit einiger Zeit der Aufgabe an, entsprechende Formate zu entwickeln. Dabei wird die Digitalisierung des Erinnerns differenziert beurteilt: Während Pawel Sawicki, Pressereferent im Museum Auschwitz, sich auf der einen Seite skeptisch gegenüber dem Gebrauch von Mobilgeräten auf dem historischen Gelände zeigt, lobt er auf der anderen Seite Tweets als »digitale Stolpersteine«[34]. Immer noch sieht sich der Einsatz digitaler Medien aber mit einer grundsätzlichen Skepsis selbst bei jenen konfrontiert, die den Einsatz von Medienstationen in Ausstellungen im Rahmen eines ersten Medialisierungsschubs seit den 1990er-Jahren umgesetzt haben. Tatsächlich machen auch spezifische Probleme der Digitalisierung nicht vor den Gedenkstätten halt, etwa die Marktmacht bestimmter Anbieter und Plattformen im Bereich der sozialen Medien, die Nachhaltigkeit projektbasierter Entwicklungen oder die technische Halbwertszeit und Langzeitnutzbarkeit digitaler Anwendungen und Daten.

Somit ist zu fragen, wie digital und virtuell Gedenkstätten ihre Arbeit in Zukunft gestalten können, sollen und wollen, in welchen Bereichen und mit welchem Aufwand. Wie lässt sich die neue Hybridität aus historischen Orten und digitalen Angeboten sinnvoll verzahnen? Welche Chancen für innovative Formen des Forschens und Lernens in Gedenkstätten bieten sich durch digitale Angebote, Vernetzungen und Synergien, und welche Verluste könnten damit verbunden sein? Geht es insgesamt eher um eine pragmatische Integration digitaler Hilfsmittel in bestehende Paradigmen des Erinnerns und Gedenkens oder um eine grundlegende Neubestimmung von Aufgaben, Praktiken und Kommunikationsformen von Gedenkstätten im digitalen Zeitalter? Die in dieser Debatte vertretenen Positionen liegen durchaus weit auseinander: Während Wulf Kansteiner seit Jahren eine grundlegende Öffnung der Gedenkstätten für digitale Technologien in all ihren Arbeitsbereichen fordert,[35] sieht Jens-Christian Wagner z.B. in AR- und VR-Anwendungen eine den historischen Orten und ihren analogen Angeboten nachgeordnete Ergänzung, die den unmittelbaren Gedenkstättenbesuch nicht beeinträchtigen darf.[36]

Rhetorisch gefragt: Sind – in den Gedenkstätten wie in der Geschichtskultur und der Geschichtswissenschaft – die Potenziale digitaler Technologien bereits hinlänglich erkannt und ausgeschöpft, die zu einem besseren Verständnis des historischen Geschehens beitragen könnten? Es lassen sich vier Zugänge ausmachen, die für Gedenkstätten besonders ergiebig sind: die *Digital History,* der Bereich des *Digital Access,* das *Digital Mapping* und das *Digital Storytelling.*

Die Angebote einer *Digital History* der NS-Verbrechen im Sinne historischer Grundlagenforschung sind von Gedenkstätten bislang nur wenig genutzt und längst nicht ausreichend erkundet.[37] Bislang stehen praktische Anwendungsformen im Vordergrund der Aufmerksamkeit. Hybrid sind in dieser Hinsicht forschungsintensive und quellenbasierte digitale Vermittlungselemente in neueren Dauerausstellungen von Gedenkstätten, wie sie im Aufsatz von *Martina Staats* für die Gedenkstätte in der JVA Wolfenbüttel vorgestellt werden. Als didaktisches Grundprinzip für die verschiedenen digitalen Angebote weist sie dabei die Interaktion mit den bereitgestellten Informationen und Quellen aus, da die verwendeten Technologien ein gezieltes Auswählen, Ansteuern und Vertiefen ermöglichen sollen. Martina Staats macht aber deutlich, dass der Einsatz digitaler Technologien einer genauen inhaltlichen Vorbereitung, einer umfassenden Erschließung der Quellen, präziser »Drehbücher« und einer engen Kooperation mit den Gestalter:innen der Angebote bedarf.

Die Möglichkeiten des *Digital Access* erlauben es, historische Objekte, schriftliche Quellen und Überlebendenzeugnisse mithilfe von Datenbanken, nutzungsorientierten Präsentationsebenen und kontextualisierenden Informationen für eine breitere Öffentlichkeit und die Forschung bereitzustellen. In den »Memorial Archives« der KZ-Gedenkstätte Flossenbürg können über detaillierte

Suchfunktionen umfangreiche, (teil)digitalisierte Bestände insbesondere der Gedenkstätte und des 2009 abgeschlossenen Verbundprojekts zur Digitalisierung der Häftlingskartei des SS-Wirtschafts-Verwaltungshauptamtes individuell erschlossen werden.[38] Das Gedenkstättenreferat der Stiftung Topographie des Terrors verantwortet die Plattform »museum-digital:gedenkstaetten«, über die Gedenkstätten Archivalien und Sammlungsobjekte online präsentieren können.[39] Allerdings ist die Nutzung durch Gedenkstätten bei knapp 800 Objekten, von denen gut drei Viertel allein von der Gedenkstätte Sachsenhausen stammen, noch begrenzt. Die Mahn- und Gedenkstätte Ravensbrück arbeitet zusammen mit der Gedenkstätte Sachsenhausen im Rahmen des Projekts »KZ-Artefakte« an einer wissenschaftlichen Tiefenerschließung von 900 Objekten, die in kommentierter Form über eine Datenbank zugänglich gemacht werden sollen.[40]

Mithilfe des *Digital Mapping* können Informationen und Quellen lokalisiert, verknüpft und visualisiert werden. Die Anwendungen reichen von einfachen lokalen Nachweisen über themenbezogene Kartierungen zu einzelnen Orten und Gruppen bis hin zu forschungsbasierten Rekonstruktionen oder zur Auswertung ortskonkreter Daten zur Bearbeitung wissenschaftlicher Fragestellungen.[41] Auf der Basis historisch-geografischer Informationssysteme, digital erhobener archäologischer Daten und digitaler Visualisierungsverfahren[42] lassen sich individualisierbare Rundgänge, die auf datenbankgestützten Apps beruhen, oder explorativ nutzbare VR-Räume entwickeln, in denen verschiedene Formen von Informationen, Quellen und Kommentierungen grundsätzlich partizipativ miteinander verknüpft werden.

Schließlich kann das *Digital Storytelling* genutzt werden, um digitale Präsentationsformen mit anschaulichen, personen-, gegenstands- oder ortsbezogenen Narrationen zu verknüpfen. Scroll- und Zoomtechniken, die flexible Einblendung von interaktiv nutzbaren Fotografien, Filmen und Grafiken sowie die Nutzung von AR-Formen, multimedialem digitalem »Scrollytelling« sowie zugänglich erzählten Geschichten eröffnen ein breites Anwendungsfeld für gedenkstättenbezogene Themen.[43] Dies kann von einem Podcast mit eingesprochenen Quellen wie bei der dokumentarischen Höredition »Die Quellen sprechen« zur Verfolgung der Juden Europas zwischen 1933 und 1945[44] bis zu animierten Kurzfilmen wie der Produktion »Am Lagertor« der Stiftung Brandenburgische Gedenkstätten reichen, in der Überlebendenerinnerungen von animierten Zeichnungen eines Gegenwartskünstlers begleitet werden.[45] Die zum 75. Jahrestag des Kriegsendes von der KZ-Gedenkstätte Dachau und dem Bayerischen Rundfunk erstellte Onlinepräsentation »Die Befreiung« ermöglicht einen virtuellen Rundgang durch den ehemaligen Lagerbereich entlang von 13 Stationen in ihrem heutigen Zustand, für die durch eine teils behutsam gelungene, teils etwas sehr gewollte AR-Einblendung historischer Fotografien die Befreiungssituation visuell reinszeniert wird.[46] Die Nutzer:innen werden direkt angesprochen (»Du stehst jetzt fast an derselben Stelle wie damals der Fotograf«), die verwendeten Aufnahmen von 1945 kritisch eingeordnet sowie um weitere »Geschichten« ergänzt (»Weiter eintauchen im Podcast«) und zudem neben Sachinformationen und Ortsbeschreibungen mehrere Überlebendenerinnerungen eingesprochen.

Insgesamt lässt sich für die Erinnerung an die nationalsozialistischen Verbrechen eine Entwicklung von statischen Nutzungen digitaler Technologien insbesondere durch institutionelle Träger der Erinnerungsarbeit, die längere Zeit eher auf eine unilineare, sachliche Information ohne dialogische Kommunikation gesetzt haben, hin zu dynamischen, interaktiven, direkt ansprechenden und stärker nach Zielgruppen differenzierenden Präsentationen erkennen. Dies erlaubt partizipatorische Zugänge über räumliche Distanzen hinweg, sodass die Nutzer:innen zu »Prosumer:innen« werden können, die Inhalte zugleich wahrnehmen und selbst produzieren.

Henning Borggräfe zeigt am Beispiel des Projekts »#everynamecounts«, das *Digital History, Digital Access, Digital Mapping* und *Digital Storytelling* miteinander verbindet, wie die langfristige Digitalisierung der Quellenbestände der Arolsen Archives mit dem Ansatz des Crowdsourcing verknüpft werden kann, um über eine partizipative Datenerfassung letztlich umfassendere Daten zu einzelnen Personen zu gewinnen. Diese Daten können dann automatisch und geordnet visualisiert werden. Damit entsteht – anderen Projekten wie den bereits 2008 für München realisierten »Memory Loops« zu Orten und Opfern der NS-Verfolgung,[47] dem »Joods Monument«,[48] dem »Oorlogsbronnen«[49] oder »inEvidence. The Map of Holocaust by Bullets« der Organisation Yahad-in-Unum vergleichbar[50] – ein inhaltlich gesättigtes »digitales Denkmal« mit polymedialen Angeboten.

Henning Borggräfe warnt jedoch wie Martina Staats davor, den Aufwand für diese Form der Partizipation zu unterschätzen. Dies gilt auch für das von *Karola Fings* initiierte und in ihrem Aufsatz vorgestellte Projekt »Voices of the Victims«. Die digitale Edition von Schriftzeugnissen verfolgter Sintize und Sinti sowie Romnja und Roma folgt dabei einem kuratorischen Konzept, das sich kritisch von der bisherigen Erinnerungskultur und vielen Formen des digitalen Gedächtnisses abgrenzt. Der auch im digitalen Raum anhaltenden Marginalisierung dieser Verfolgtengruppe soll das Projekt entgegenwirken, indem ihre Stimmen selbstbestimmt sichtbar gemacht werden. Der »Clou« des Projekts: Die digitale Technologie wird gezielt genutzt, um die Quellen in den Vordergrund treten zu lassen. »Voices of the Victims« setzt »auf die Schrift und das Wort«. Dieser kuratorische Minimalismus ist mit einem hohen Erschließungsaufwand verbunden. Er zeigt zugleich das breite Spektrum an digitalen Möglichkeiten, verstreute Quellen und marginalisierte Inhalte nicht nur zu transportieren, sondern sie abhängig von kuratorischen Zielsetzungen und basierend auf wissenschaftlichen Auswertungsmethoden mithilfe digitaler Technologien hinsichtlich ihrer Inhalte und ihrer Reichweite zugänglicher als bisher zu machen. Wesentlich sollte dabei sein, dass die Generierung von Quellen, Daten und Präsentationen nicht nur partizipatorisch, sondern auch transparent und als Prozess nachvollziehbar bleibt, womöglich auch unter Inkaufnahme des Verzichts auf Glättungen und die Beseitigung von Störungen.

Auch Gedenkstätten wählen seit einiger Zeit den Weg, ihren unmittelbaren physischen Wirkungsraum nicht nur durch konventionelle Publikationen oder statische Informationsangebote, sondern auch durch eine

Nutzung des Internets als eines konnektiven Raumes zu erweitern. *Swenja Granzow-Rauwald* und *Natascha Höhn* beschreiben in ihrem Aufsatz über die Onlineausstellung des Projekts »#WaswillstDutun?«, wie die Coronapandemie das bereits laufende Projekt zur digitalen Präsentation von familiengeschichtlichen Bezügen zum Nationalsozialismus in mehrfacher Hinsicht verändert hat, weil eine Ausstellung zunächst nicht vorgesehen und auch der Aufwand beträchtlich war, nahezu das gesamte Projekt mithilfe von digitalen Kommunikationsmitteln durchzuführen. Es zeigt als charakteristisches Merkmal der Digitalisierung der Erinnerungskultur, dass häufig mehrere digitale Formate miteinander verknüpft werden, z. B. Themenwebsites mit Onlineausstellungen, digitalen Objektpräsentationen und Social-Media-Accounts. Aus dieser Umsetzung einer »culture of connectivity« erwächst wiederum oft eine beträchtliche Kommunikationskomplexität, die mit einem nicht zu unterschätzenden Aufwand einhergeht.

Soziale Medien als interaktive Erweiterungen von Gedenkstätten

Stand vor einigen Jahren zunächst die Digitalisierung von Zeitzeugenberichten und die digitale Überformung der historischen Orte im Zentrum der Diskussionen über das Verhältnis von Gedenkstätten und digitalen Technologien, so hat sich die Aufmerksamkeit zuletzt auf den Bereich der sozialen Medien verschoben.[51] Das hat wesentlich mit deren hoher Sichtbarkeit und großer Relevanz zu tun. Über soziale Medien zu kommunizieren, zählt für viele Menschen seit Jahren zum Alltag. Eindrücke von Gedenkstättenbesuchen werden in der Familien-WhatsApp-Gruppe oder im eigenen Instagram Feed visuell festgehalten und geteilt. Als dieses Phänomen aufkam, haben solche individuellen Eindrücke von Besucher:innen, wenn sie öffentlich geteilt wurden, teils – wie 2014 das »Auschwitz Selfie« auf Twitter von Breanna Mitchell[52] – heftige Reaktionen und Diskussionen ausgelöst. Inzwischen prägt aber die digitale Kommunikation über soziale Medien bereits die Geschichtskultur insgesamt in einer Weise, dass an Gedenkstätten nicht nur die Erwartung herangetragen wird, sie zu nutzen, sondern sich damit auch viele Chancen bieten, direkt, kollaborativ, öffentlich und im dialogischen Austausch neue Formate der Erinnerung zu etablieren.[53]

In diesem Sinne fordert *Tobias Ebbrecht-Hartmann* in seinem Aufsatz dazu auf, die diversen kommunikativen Gedächtnis- und Erinnerungswelten zu vereinen und so vernetzte Diskurse anzuregen. Er sieht in der segmentierten Erzählweise in Social-Media-Plattformen wie TikTok oder Instagram die Entstehung eines mosaikhaften strukturierten Erinnerungsraums, in dem die klassischen Trennungen zwischen kulturellem und kommunikativem, kollektivem und individuellem Gedächtnis nicht mehr aufrechtzuerhalten sind. Gedenkstätten sollten deshalb lernen, mit dem Netzwerkcharakter, der Diversität und der Unüberschaubarkeit der Erinnerungspraktiken aktiv und selbst gestaltend umzugehen.

Je partizipativer und offener dieser Raum gestaltet wird, desto eher entsteht die Chance auf Reaktionen und persönliche Antworten. Gedenkstätten können den (inter)aktiven Raum der sozialen Medien auch nutzen, um dort mit ihren Themen sichtbarer zu sein als zuvor in analogen Medien und online geführte Debatten durch ihre Expertise zu bereichern. Zugleich handelt es sich um eine unmittelbare Form der Öffentlichkeitsarbeit, durch die – wenn auch Reichweiten durch Algorithmen beschränkt sind – Gedenkstätten über Themen der Erinnerungskultur mitbestimmen können.

Wenn Gedenkstätten bislang soziale Medien nutzen, kommunizieren sie in der Regel nüchtern und objektiv und beschränken sich auf einzelne Plattformen.[54] Potenzielle Besucher:innen werden darüber informiert, was sie vor Ort erwartet, geschichtsinteressierte Follower:innen finden Wissenswertes zu historischen Ereignissen oder es werden Biografien wiedergegeben. Teils geschieht dies schon in Form von *Digital Storytelling* oder ist mit persönlichen Perspektiven auf die Arbeit vor Ort verknüpft, um die erinnerungskulturelle Arbeit transparent zu machen.[55] Gerade die mit digitaler Bildungsarbeit an Gedenkstätten befassten Personen schreiben laut einer aktuellen Studie der Bedeutung von sozialen Medien grundsätzlich eine große Relevanz zu.[56] Da in der Geschichtsdidaktik der Lebenswelt- und Gegenwartsbezug einen grundlegenden Wert darstellt,[57] sollten Gedenkstätten in ihren Onlinekanälen jedoch nicht nur historische Informationen, ihren Ort und ihre Arbeit vorstellen. Einen deutlich größeren Lerneffekt im Sinne eines Beitrags zum Geschichtsbewusstsein haben interaktive Projekte und vergangenheitsbezogene Beiträge zu aktuellen Ereignissen. Dadurch können historische Kontexte auf unterschiedliche Weise in komprimierter Form über soziale Medien verhandelt und dennoch Kontexte dargestellt und Grundpfeiler der Geschichtsdidaktik wie der Gedenkstättenpädagogik – insbesondere Kontroversität und Multiperspektivität – aktiv genutzt werden.[58] So empfiehlt auch die International Holocaust Remembrance Alliance (IHRA) den Einsatz von sozialen Medien in der Holocaust Education als Weg, um kollaborative Formen des Lernens zu diesem Thema zu entwickeln.[59]

Dafür müssen Gedenkstätten jedoch ihre edukative Rolle in der Öffentlichkeit und die Formate ihrer Bildungs- und Kommunikationsangebote überdenken. Pädagogische Projekte und Kampagnen in den sozialen Medien folgen anderen Gesetzen und Überlegungen als die herkömmliche Gedenkstättenarbeit und treffen zudem auf andere Zielgruppen als etwa websitebasierte Angebote oder digitale Vermittlungsprojekte für Gruppenbesuche aus dem Bereich der Gedenkstättenpädagogik. Mit ihren Inhalten können Gedenkstätten via Social Media auf verschiedenen Plattformen sowohl authentisch-interessante Inhalte ausspielen als auch zur Meinungsbildung der Follower:innen anregen. Zusätzlich können Formen der Co-Creation nicht nur aktuelle Themen aufgreifen, sondern auch zur Interaktion aufrufen.[60] Allerdings haben Studien zur Nutzung von sozialen Medien durch Gedenkstätten festgestellt, dass bei eher herkömmlichen Plattformen wie Facebook und Twitter die Kommunikation mit den User:innen begrenzt bleibt. Vielleicht, so vermutet eine Forscher:innengruppe der IHRA,[61] liegt dies daran, dass Gedenkstätten sich zu passiv verhalten – aus Angst vor einer Trivialisierung oder Verzerrung von Informationen zum Holocaust, aus Furcht vor aggressiven Kommentaren und ausufernden Hate-Posts oder letztlich aufgrund der Gefahr widersprüchlicher Erinnerungen.⁶²

Dies führt zu eher unilinearen Angeboten, die wenig zur Kommunikation einladen und den Communities in den sozialen Medien nicht gerecht werden. Statt um Dialog geht es zu oft um die einseitige Kommunikation einer »sorgfältig gestalteten, weithin akzeptierten Botschaft über soziale Medien«⁶³. Doch sollten Social-Media-Kanäle von Gedenkstätten mehr sein als »digitale Geschichtsbücher«, indem sie aktiv Verbindungen von Vergangenheit und Gegenwart herstellen sowie zu deren Diskussion anregen.⁶⁴ Dies beinhaltet auch, sich an der wissenschaftlichen Analyse der Rolle von sozialen Medien in der Erinnerungskultur zu beteiligen.

So weist *Pia Schlechter* in ihrem Aufsatz darauf hin, dass die wachsende Vielfalt von Plattformen und Angeboten immer wieder dazu Anlass gibt, die digitale Erinnerung kontrovers zu diskutieren. Nutzungsformen der sozialen Medien bedürften deshalb einer genaueren Betrachtung, als dies spontane öffentliche und oft auch institutionelle Reaktionen erlauben. Pia Schlechter zeigt in ihrem Aufsatz, der sich mit einer intersektionalen Perspektive auf Diskurse um eine »richtige Erinnerung« beschäftigt, welch große Rolle Kategorien wie Geschlecht, Sexualität, Alter, Religion oder Nationalität aktuell spielen, die mit teils diskriminierenden und marginalisierenden Folgen einhergehen, wenn Erinnerungserzählungen in den sozialen Medien verhandelt werden. Demgegenüber liegt für sie die Zukunftsfähigkeit der digitalen Erinnerungskultur in der Möglichkeit von Teilhabe und der damit verknüpften Chance, zu einer demokratisierten kollektiven Identität beizutragen.

Natürlich kann nicht erwartet werden, dass ohne Personaleinsatz, ohne Wissen über die Funktionsweise und Codes digitaler Communities und ohne eine digitale Strategie der Einsatz von sozialen Medien per se zum Erfolg führt. Nicht geklärt ist zudem, wie dieser Erfolg zu bemessen ist: an der Anzahl der Follower:innen, der Views, der Kommentare, angestoßener Diskussionen? Wie erfolgreich aktuell Gedenkstätten in ihrer Kommunikation und Vermittlungsarbeit in sozialen Medien sind, analysieren *Christian Günther* und *Jan Schenck* an konkreten Beispielen. Sie haben von Gedenkstätten ausgehende Initiativen auf Twitter untersucht und festgestellt, dass gerade kleinere Gedenkstätten von der Beteiligung an institutionsübergreifenden Kampagnen profitiert haben, kommen aber auch zu dem Ergebnis, dass eine kontinuierliche Bespielung der Kanäle nötig sei, um eine oft initiale digitale Aufmerksamkeit auf längere Sicht aufrechtzuerhalten.

Weitere qualitative Studien müssten analysieren, wie kontrovers tatsächlich über soziale Medien Themen verhandelt und Debatten geführt werden. Führt dies zu neuen Einsichten oder verläuft die Welt der sozialen Medien nicht vielmehr getrennt von der analogen Erinnerungskultur, die Erstere – so scheint es – immer noch wenig anerkennt? Kommt es im Rahmen von »Filterbubbles« und »Echokammern« womöglich eher zur Bestätigung der eigenen Meinung und zur Verhärtung individueller Meinungsbilder statt zu einem offenen Diskurs? Zudem deutet sich wie in anderen Bereichen der digitalen Transformation der Erinnerungskultur auch im Bereich der sozialen Medien eine gewisse Tendenz zur »Remediation« an.⁶⁵ Die neuen technischen Möglichkeiten werden von institutionellen wie privaten Nutzer:innen weniger eingesetzt, um tatsächlich innovative Formate zu erproben, sondern es werden – gleichermaßen in immersiven Rekonstruktionen, Selfies aus Gedenkstätten oder Kommentaren in den sozialen Medien – häufig bestehende visuelle Muster u. a. durch die Nachahmung fotografischer »Superzeichen«, etablierte und erwartete Codes, um eigene Gefühle auszudrücken, oder geltende Zeigbarkeitsgrenzen genutzt.[66]

Exemplarisch kann dieses Phänomen *Alexandra Reuter* in ihrem Aufsatz über das »erinnerungskulturelle Phänomen« Anne Frank in digitalen Kommunikationsräumen zeigen. In der Ausgestaltung des Bildes von Anne Frank spielen private Nutzer:innen in den sozialen Medien eine besonders starke Rolle. Sie greifen in hohem Maße auf bereits seit vielen Jahrzehnten etablierte Darstellungsmuster zurück, die teils im Bereich der Emotionalisierung und Sakralisierung durch den privaten Zugang und den eindeutigen Zuspruch durch andere User:innen noch verstärkt werden. Auch Alexandra Reuter fordert deshalb die Gedenkstätten dazu auf, sich digitalen Kommunikationsformen stärker zu öffnen und ihre örtlich gebundene Erinnerungsarbeit ins Digitale zu erweitern, gerade um sich dort kritisch und reflexiv mit tradierten Bildern und Deutungen auseinanderzusetzen.

Ausblick

Gedenkstätten befinden sich in einem Transformationsprozess. Der Abschied von den präsenten Überlebenden, der wachsende zeitliche Abstand zum Nationalsozialismus und seine Historisierung, eine zunehmende Diversität herkunftsheterogener Zielgruppen, die Pluralisierung gesellschaftsrelevanter Vergangenheiten und politischer Leitthemen sowie substanziell andere Medienerfahrungen über alle Generationen hinweg fordern die Gedenkstätten nach ihrer seit den 1990er-Jahren erfolgten Institutionalisierung dazu auf, ihre Ziele, Arbeitsformen und Angebote zu überdenken. Dabei fällt auf, dass drei Entwicklungen gleichzeitig seit gut einem Jahrzehnt erfolgen: erstens eine kritische Selbstreflexion in den Gedenkstätten, die auf die neuen Gegebenheiten vielfach bereits seit einigen Jahren eingehen, zweitens die unter dem Stichwort eines »Unbehagens an der Erinnerungskultur« zusammengefasste und stark verallgemeinernde Kritik an der Opferzentrierung, Ritualisierung und Instrumentalisierung des Erinnerns an den Holocaust und drittens die Digitalisierung der Erinnerungskultur.

In systemischer Hinsicht, wie sie mit SWOT-Analysen (Strengths, Weaknesses, Opportunities, Threats) vorgenommen wird, ist die Digitalisierung dabei als eine Herausforderung zu betrachten, die neben und zusammen mit anderen zusätzlich von außen an die Gedenkstätten herangetragen wird. Sie bringt zugleich Chancen (»opportunities«) und Risiken (»threats«) mit sich. Darauf können Gedenkstätten reagieren, indem sie sich ihrer Schwächen (»weaknesses«) und ihrer Stärken (»strengths«) bewusst werden. Im besten Fall wird die Herstellung einer Synergie von Chancen und Stärken mit Wegen zur Überwindung von Schwächen und Risiken verknüpft, um der Herausforderung bestmöglich zu begegnen. Die Digitalisierung ist dabei weder isoliert zu betrachten noch sollte in ihr ein Königsweg gesehen werden, um etwa allein durch sie Antworten auf die genannten Veränderungen des Wirkungskontextes von Gedenkstätten zu finden.

Eine der wichtigsten *Chancen* der Digitalisierung der Erinnerungskultur liegt darin, Gedenkstätten eine bessere Vernetzung von Quellen, Daten, Beständen und Forschungsprojekten zu ermöglichen. Sie lassen sich in innovative Formen einer interaktiven und nonlinearen Nutzung und Visualisierung überführen. Dies käme der Arbeit von Gedenkstätten insgesamt zugute, ließe aber auch eine intensivere Bearbeitung kooperativer Forschungsfragen zu und würde die Zugänglichkeit, Sichtbarkeit und Erschließung der Sammlungen verbessern. Digitale Angebote entsprechen zudem einer geänderten Erwartungshaltung an den Einsatz von Medien in kulturellen Einrichtungen und können so dazu beitragen, die Eigenkompetenz von Besucher:innen zu mobilisieren. Auf diese Weise ließen sich auch Zielgruppen spezifischer ansprechen und gewinnen, nicht zuletzt aufgrund der mit innovativen digitalen Angeboten einhergehenden oder mit ihnen verbundenen Form der Öffentlichkeitsarbeit. Zudem ermöglichen viele digitale – und hier gerade projektorientierte – Angebote neue Formen der Partizipation in Gestaltung und Inhalt sowie eine besondere (Lern-)Qualität der persönlichen Erschließung, die einen Beitrag zu einem erfahrungsorientierten und reflektierten Geschichtsbewusstsein leisten. Dabei liegt eine Chance nicht nur in der grundsätzlichen Konnektivität der verschiedenen Dimensionen digitaler Angebote, sondern auch darin, nicht alles davon realisieren zu müssen.

Risiken der Digitalisierung für Gedenkstätten entstehen durch die erforderliche Expertise, die hohen Kosten und den beträchtlichen Aufwand. Je nach Anwendung bestehen sehr große technische Anforderungen; die Begleitung und Nachverfolgung ist ressourcenintensiv. Viele Möglichkeiten werden deshalb durch Gedenkstätten nicht genutzt, während andere Institutionen mit einem größeren finanziellen Spielraum oder einer besonderen politischen Agenda dies ohne die Gedenkstätten tun. Ein weiteres Risiko liegt – wie insgesamt in der Digitalisierung des kulturellen Gedächtnisses – in einer ressourcen- und interessenabhängigen Selektivität und Hierarchisierung: Digital verfügbar ist nur das, was digital erschlossen worden ist, aber diese Angebote werden möglicherweise bevorzugt genutzt. Dies wie die Entwicklung attraktiver digitaler Angebote und die Kommunikation in den sozialen Medien ohne eine Einbeziehung von Gedenkstätten kann zu ihrer Entkopplung von wesentlichen anderen Bereichen der Erinnerungskultur führen. Zudem werden dann – etwa hinsichtlich der Immersion – Standards von Medienanbietern und Kultureinrichtungen gesetzt, die sich nicht an den historischen Orten befinden. Deren Bedeutungsverlust kann bereits dadurch eintreten, dass der Wunsch nach bestimmten Informationen bereits durch andere Angebote hinreichend gedeckt wird.

Wollen Gedenkstätten auf die Chancen und Risiken reagieren, müssen sie sich zunächst bestimmte *Schwächen* vergegenwärtigen. Eine digital adäquate Erschließung der Quellen ist in den meisten Fällen noch längst nicht erreicht. Viele Daten und Quellen eignen sich unter Berücksichtigung bestimmter Standards nicht für eine digitale Nutzung im Internet, in immersiven Umgebungen oder in den sozialen Medien. Der zeitliche, personelle und materielle Aufwand der Planung, Gestaltung und Umsetzung, aber auch der Koordination mit bestehenden Angeboten ist beträchtlich und wird leicht unterschätzt. Fehlt es in Gedenkstätten in vielen Bereichen ohnehin nach wie vor an personellen und materiellen Ressourcen, ist der Arbeitsbereich »Digitales« dort bislang kaum eigenständig strukturell und im erforderlichen Umfang institutionalisiert und ausgestattet. Partiell ist er in bestimmte Arbeitsbereiche integriert, aber innovative Lösungen bedürfen häufig zusätzlicher Projekte, Ressourcen und Kommunikationsräume, die nicht selten mit Zuständigkeitskonflikten und divergierenden Ansprüchen verbunden sind. Ebenso ist die Nachhaltigkeit von digitalen Angeboten häufig prekär wie auch die kurz- wie langfristige technische Kompatibilität von Projekten untereinander oder mit bestehenden digitalen Infrastrukturen. Abgesehen von Vernetzungen der im Bereich der sozialen Medien tätigen Mitarbeiter:innen von Gedenkstätten ist der Grad an Zusammenarbeit mit nicht spezifisch auf das Digitale ausgerichteten Arbeitseinheiten deutlich ausbaufähig. Der ausgeprägte Fokus auf den Bezug zum historischen Ort als Alleinstellungsmerkmal behindert eine größere Offenheit für Lösungen, die dazu beitragen könnten, Gedenkstätten zu hybriden Einrichtungen weiterzuentwickeln.

Zu den größten *Stärken* von Gedenkstätten im Umgang mit der Digitalisierung der Erinnerungskultur zählt fraglos das in ihnen gespeicherte und bei den Mitarbeiter:innen vorhandene Wissen. Diese Kenntnisse und die ihnen zugrunde liegenden Quellen sind ein unverzichtbares Korrektiv zu jedem öffentlichen, aber auch wissenschaftlichen Beitrag zur Erinnerung an die nationalsozialistischen Verbrechen. Die umfangreichen Sammlungen, der historische Ort und der Kontakt zu Überlebenden und ihren Angehörigen bilden eine einmalige Basis, um auch digitale Angebote zu entwickeln. Angesichts der Frage möglicher Konflikte zwischen Pietät und Digitalität verfügen Gedenkstätten bereits über eine hochgradig kultivierte und professionalisierte Reflexionskompetenz, wenn es um ethische Fragen der Nutzung digitaler Technologien an und in Verbindung mit den Orten des massenhaften Leidens und Sterbens geht. Sie haben deshalb das Potenzial, die Brüche, Störungen und Grenzen des Miterlebens zu erkennen und entsprechende Lösungen dafür zu entwickeln, ohne kommerziellen Zielen oder digitalen Utopien folgen zu müssen. Zugleich nehmen Gedenkstätten ohnehin eine wichtige Aufgabe dabei wahr, bestimmte Themen etwa gegen Marginalisierungen oder Verzerrungen gezielt sichtbar zu machen, was auch mit Blick auf das Internet oder die sozialen Medien fruchtbar gemacht werden kann.

Die ressourcenintensive Digitalisierung beinhaltet die Gefahr, »weiße Elefanten« zu erzeugen: singuläre und kostenintensive, aber nicht hinreichend nutzbare oder grundsätzlich schwellenarm zugängliche Anwendungen, bei denen sich die in sie gesetzten Erwartungen nicht erfüllen. Das kann für virtuelle Lernumgebungen genauso eintreten wie für begonnene, aber nicht fortgeführte Angebote in den sozialen Medien.

Da aber die Digitalisierung der Erinnerungskultur bereits eingetreten und unausweichlich ist, gibt es keine Alternative dazu, sie in die Gedenkstättenarbeit zu integrieren. Gedenkstätten stellt sich die Herausforderung, wie sie Besucher:innen mit digitalen Angeboten erreichen und einbinden sowie durch hybride sowie integrierte Formate ihre Reichweite verbessern können. Das »Digitale« und das »Analoge« sollten als unterschiedliche und komplementäre Zugangsweisen zu einem Thema verstanden werden, ohne sie zu hierarchisieren oder einander gegenüberzustellen. Um eine Partialisierung und Segmentierung der Erinnerungskultur zu verhindern, sollte die Entwicklung digitaler Formate als Schnittstellenbereich auch im Sinne einer »culture of connectivity« innerhalb der Gedenkstätten und zwischen ihnen personell etabliert und entsprechend ausgestattet werden. Um die Chancen der Digitalisierung in reflexiver Abwägung zu bestehenden Prämissen der Gedenkstättenarbeit ausgewogen nutzen zu können, sind mehr Ressourcen und eine Transformation von Strukturen und Einstellungen unabdingbar. Denn digitale Formate erweitern den Möglichkeitsraum des Erinnerns. Sie sollten als eine eigene Form betrachtet werden, die nicht analoge Angebote spiegelt oder bestehende Paradigmen einfach fortschreibt, sondern die dazu genutzt werden sollte, die noch zu sehr voneinander isolierten Bestände an historischen Informationen und Quellen zu vernetzen, um sie einer tieferen Erschließung zugänglich zu machen, und auf dieser Basis durch grenzüberschreitende, barrierefreie und dialogische Ansätze neue Teilhabepotenziale zu eröffnen.

Für die Redaktion
Iris Groschek
Habbo Knoch

Anmerkungen

1 Die im Laufe des letzten Jahrzehnts signifikant gewachsene Bedeutung digitaler Technologien hat die Redaktion der »Beiträge« zum Anlass genommen, den Workshop »Digital Memory – Neue Perspektiven für Gedenkstätten für NS-Verfolgte« auszurichten und seine Ergebnisse zusammen mit einigen zusätzlichen Aufsätzen in diesem Heft zusammenzufassen. Der Workshop fand am 25. und 26. November 2021 per Videokonferenz statt. Er wurde von Iris Groschek und Habbo Knoch verantwortet und mit Unterstützung der KZ-Gedenkstätte Neuengamme durchgeführt. Vgl. Lennart Onken/Lisa Webner: Bericht zur Online-Tagung »Digital Memory – Neue Perspektiven für Gedenkstätten für NS-Verfolgte«, 1.12.2021, https://www.kz-gedenkstaette-neuengamme.de/nachrichten/news/bericht-zur-online-tagung-digital-memory-neue-perspektiven-fuer-gedenkstaetten-fuer-ns-verfolgte, Zugriff: 24.2.2023; Lennart Onken/Lisa Webner/Iris Groschek: #DigitalMemory Online Conference – New Perspectives for Memorials to Those Persecuted by National Socialism, in: Memoria 51 (2022), Nr. 12, S. 16-19, https://viewer.joomag.com/memoria-en-nr-51-12-2021/0662802001640530225?, Zugriff: 24.2.2023. Aus Zeitgründen war es nicht allen Referent:innen möglich, sich an dieser Publikation zu beteiligen. Neben den Beitragenden dieses Heftes danken wir Tessa Bouwman, Christian Bunnenberg, Christiane Heß und Martin Rehm für ihre Vorträge sowie allen Teilnehmer:innen, auch des digitalen Round Table, für ihre Beiträge und eine intensive Diskussion. Alyn Beßmann danken wir für ihre vielfältige Unterstützung des Workshops, Jutta Mühlenberg für ihre wie immer exzellente Redaktion des vorliegenden Heftes und

Dieter Schlichting für das ausführliche und kenntnisreiche Lektorat.
2 Als ersten Sammelband zur Digitalisierung der Erinnerungskultur vgl. Victoria Grace Walden: Digital Holocaust Memory, Education and Research, Cham 2021. Zur Medialisierung der Erinnerung vgl. Alison Landsberg: Prosthetic Memory. The Transformation of American Remembrance in the Age of Mass Culture, New York 2004; José van Dijck: Mediated memories in the digital age, Stanford, Calif., 2007; Paul Frosh/Amit Pinchevski (Hg.): Media Witnessing. Testimony in the Age of Mass Communication, Basingstoke 2009.
3 Vgl. Münchner Projekt »LediZ«, https://www.lediz.uni-muenchen.de/projekt-lediz/index.html, Zugriff: 24.2.2023, Zitat aus dem dort eingestellten 3sat-Beitrag, Sommer 2020.
4 Vgl. das Projekt »Dimensions in Testimony« der USC Shoah Foundation, das 2015 das erste virtuelle dialogische 3-D-Interview veröffentlichte (https://sfi.usc.edu/dit), sowie das etwa gleichzeitig erschienene britische »Forever Project« des National Holocaust Centre and Museum (https://www.holocaust.org.uk/foreverproject1, Zugriffe: 24.2.2023).
5 Victoria Grace Walden: Afterword: Digital Holocaust Memory Futures: Through Paradigms of Immersion and Interactivity and Beyond, in: dies. (Hg.): Digital Holocaust Memory (Anm. 2), S. 267-296.
6 Exemplarisch dafür Titel und Diskussionen auf der Tagung »#erinnern_kontrovers« 2015 in Berlin. Vgl. #erinnern_kontrovers, https://erinnern.hypotheses.org/files/2016/02/Ergebnisse_der_Tagung_erinnern_kontrovers.pdf, Zugriff: 24.2.2023.
7 Einblicke in die aktuellen Debatten vermitteln zwei Gesprächsrunden: Retweeten und Erinnern: Der digitale Umgang mit dem Holocaust [Gespräch mit Abba Naor, Ernst Hüttl, Pawel Sawicki und Emely Fuchs, Mai 2020], https://www.goethe.de/prj/zei/de/pdk/21753957.html; Holocaust-Erinnerung in virtuellen Realitäten. Ein Gespräch von Steffi de Jong, Victoria Grace Walden, Christian Günther und Jonas Wenger, in: Vigia (2022), Nr. 1, S. 168-185, https://vigia.tech/holocaust-erinnerung-in-virtuellen-realitaeten-2, Zugriffe: 24.2.2023.

8 Vgl. Christian Bunnenberg: Mittendrin im historischen Geschehen? Immersive digitale Medien (Augmented Reality, Virtual Reality, 360°-Film) in der Geschichtskultur und Perspektiven für den Geschichtsunterricht, in: geschichte für heute 4 (2020), S. 45-58; ders.: Endlich zeigen können, wie es gewesen ist? Virtual-Reality-Anwendungen und geschichtskulturelles Lernen im Geschichtsunterricht, in: Tobias Arand/Peter Scholz (Hg.): Digitalisierte Geschichte in der Schule, Stuttgart 2021, S. 23-53; ders./Nils Steffen (Hg.): Geschichte auf YouTube. Neue Herausforderungen für Geschichtsvermittlung und historische Bildung, Berlin/Boston 2021.
9 Jackie Feldman: Holocaust Remembrance in a Digital Future: Towards Deep Truth or Deep Fake?, 12.2.2021, https://reframe.sussex.ac.uk/digitalholocaustmemory/2021/02/12/holocaust-remembrance-in-a-digital-future-towards-deep-truth-or-deep-fake, Zugriff: 24.2.2023.
10 Mit diversen Beispielen vgl. Steffi de Jong: Witness Auschwitz? How VR is Changing Testimony, in: Public History Weekly, 16.4.2020, https://public-history-weekly.degruyter.com/8-2020-4/witness-auschwitz-vr, Zugriff: 24.2.2023; Victoria Grace Walden: Finding Virtuality in Virtual Holocaust Museums, 3.11.2020, https://reframe.sussex.ac.uk/digitalholocaustmemory/2020/11/03/finding-virtuality-in-virtual-holocaust-museums, Zugriff: 24.2.2023; Edith Blaschitz: Mediale Zeugenschaft und Authentizität. Zeitgeschichtliche Vermittlung im augmentierten Alltagsraum, in: Hamburger Journal für Kulturanthropologie 9 (2016), S. 51-67; Fabian Müller/Martina Ruppert-Helly: Gelände erkunden. Virtuelle Medien bei der Vermittlung an Gedenkorten, in: Gedenkstättenpädagogik. Kontext, Theorie und Praxis der Bildungsarbeit zu NS-Verbrechen, hg. v. Elke Gryglewski/Verena Haug/Gottfried Kößler/Thomas Lutz/Christa Schikorra i. Auftr. d. AG Gedenkstättenpädagogik, Berlin 2015, S. 251-263.
11 Vgl. Eva Pfanzelter: Performing the Holocaust on Social Networks. Digitality, transcultural memory and new forms of narrating, in: Kultura Popu-

larna 51 (2017), S. 136-151; Iris Groschek: KZ-Gedenkstätten und Social Media, in: Christian Holst (Hg.): Kultur in Interaktion. Co-Creation im Kultursektor, Wiesbaden 2020, S. 105-118; dies.: Tweetup und Instaswaps an KZ-Gedenkstätten? Formen der Weitergabe von Erinnerung in Online-Medien, in: Frank Bajohr/Axel Drecoll/John Lennon (Hg.): Dark Tourism. Reisen zu Stätten von Krieg, Massengewalt und NS-Verfolgung, Berlin 2020, S. 80-96; Hannes Burkhardt: Geschichte in den Social Media. Nationalsozialismus und Holocaust in Erinnerungskulturen auf Facebook, Twitter, Pinterest und Instagram, Göttingen 2021; Christian Bunnenberg/Thorsten Logge/Nils Steffen: SocialMediaHistory. Geschichtemachen in sozialen Medien, in: Historische Anthropologie 29 (2021), S. 267-283.

12 Vgl. Habbo Knoch: Grenzen der Immersion. Die Erinnerung an den Holocaust und das Zeitalter der Digitalität, in: Claudia Fröhlich/Harald Schmid (Hg.): Jahrbuch für Politik und Geschichte 7 (2016-2019) [Schwerpunktthema: Virtuelle Erinnerungskulturen], Stuttgart 2020, S. 15-44. Eine positive Ausnahme stellt z.B. das Anne Frank Haus in Amsterdam dar. Vgl. auch den Aufsatz von Alexandra Reuter in diesem Heft.

13 Vgl. Eva Pfanzelter: At the Crossroads with Public History. Mediating the Holocaust on the Internet, in: Holocaust Studies 21 (2015), S. 250-271.

14 Vgl. Jeffrey Shandler: Holocaust Memory in the Digital Age. Survivors' Stories and New Media Practices, Stanford, Calif., 2017; Steffi de Jong: The Witness as Object. Video Testimony in Memorial Museums, New York 2018; Alina Bothe: Die Geschichte der Shoah im virtuellen Raum. Eine Quellenkritik, Berlin/Boston 2019; Amit Pinchevski: Transmitted Wounds. Media and the Mediation of Trauma, Oxford 2019.

15 Vgl. USC Shoah Foundation, https://sfi.usc.edu, Zugriff: 24.2.2023; Steffi de Jong: Immersive Räume und empathische Begegnungen. Hologramme und Zeitzeugenvideos als Medien der Holocausterinnerung, in: Moral Iconographies, 7.3.2018, https://moralicons.hypotheses.org/545, Zugriff: 24.2.2023; Christina Brüning: Hologramme von Überlebenden in einer sich diversifizierenden Gesellschaft?, in: Totalitarismus und Demokratie 15 (2018), Nr. 2, S. 219-232; Kate Nash: Virtual Reality Witness. Exploring the Ethics of Mediated Presence, in: Studies in Documentary Film 12 (2018), S. 119-131.

16 Vgl. Paul F.M.J. Verschure/Sytse Wierenga: Future memory. A digital humanities approach for the preservation and presentation of the history of the Holocaust and Nazi crimes, in: Holocaust Studies 28 (2022), S. 331-357; Stephanie Billib/Katrin Unger: »Man sieht hier ja gar nichts«, in: LaG-Magazin (2016), Nr. 6 [Schwerpunktthema: Aktuelle Debatten und Entwicklungen in der Gedenkstättenpädagogik], http://lernen-aus-der-geschichte.de/Lernen-und-Lehren/content/13117, Zugriff: 24.2.2023; Maria Blancas/Sytse Wierenga/Kees Ribbens/Carolien Rieffe/Habbo Knoch/Stephanie Billib/Paul Verschure: Active Learning in Digital Heritage: Introducing Geo-localisation, VR and AR at Holocaust Historical Sites, in: Walden: Digital Holocaust Memory (Anm. 2), S. 145-176.

17 Vgl. Virtual Reality Exhibitions now LIVE on the Homepage, 19.7.2019, https://www.kz-gedenkstaette-neuengamme.de/en/news/news/virtual-reality-exhibitions-now-live-on-the-homepage, Zugriff: 24.2.2023; Tom Jackson: Multisensory Virtual Archives of the Neuengamme and Bergen-Belsen Holocaust Memorial Sites, 19.7.2019, https://eprints.whiterose.ac.uk/150239, Zugriff: 24.2.2023.

18 Vgl. Through whose eyes?, https://witness.holocaust.org.uk/exhibition, Zugriff: 24.2.2023.

19 Vgl. Erik Meyer (Hg.): Erinnerungskultur 2.0. Kommemorative Kommunikation in digitalen Medien, Frankfurt am Main/New York 2009; Matthias Kriest: Der Einsatz von neuen Medien und Multimedia in KZ-Gedenkstätten, in: Katja Köhr/Hauke Petersen/Karl-Heinrich Pohl (Hg.): Gedenkstätten und Erinnerungskulturen in Schleswig-Holstein. Geschichte, Gegenwart und Zukunft, Berlin 2011, S. 169-185; Thomas Nachreiner: Digital Memories. The Remediation of National Socialism and the Holocaust between popular culture and the web public, in: Al-

fred Grossegesse/Mário Mato (Hg.): Mnemo-Grafias Interculturais/Intercultural Mnemo-Graphies, Braga 2013, S. 251-272.
20 Vgl. Andrew D. Hoskins: Digital Network Memory, in: Astrid Erll/Anne Rigney (Hg.): Mediation, Remediation, and the Dynamics of Cultural Memory, Berlin 2009, S. 91-106; ders.: Memory of the Multitude. The end of collective memory, in: ders. (Hg.): Digital Memory Studies. Media Pasts in Transition, New York 2017, S. 97-121; Wolfgang Ernst: Digital Memory and the Archive, Minneapolis, Minn./London 2013.
21 Vgl. José van Dijck: Flickr and the culture of connectivity: Sharing views, experiences, memories, in: Memory Studies 4 (2011), Nr. 4, S. 401-415.
22 Vgl. Habbo Knoch: Das KZ als virtuelle Wirklichkeit. Digitale Raumbilder des Holocaust und die Grenzen ihrer Wahrheit, in: Geschichte und Gesellschaft 47 (2021), Nr. 1, S. 90-121.
23 Vgl. Eye As Witness VR, https://www.youtube.com/watch?v=a60AKm28UpI, Zugriff: 24.2.2023.
24 Vgl. Elena Lewers/Olga Neuberger/Inga Lotta Limpinsel/Christian Bunnenberg/Sandra Aßmann: Im Spannungsfeld von Vergangenheit und Gegenwart. Interdisziplinäre Überlegungen zur Förderung von Reflexion über geschichtsbezogene VR-Anwendungen in Gedenkstätten, in: Andreas Neumann/Jörg von Bilavsky (Hg.): Geschichte vor Ort und im virtuellen Raum. Einblicke in die Arbeit an der Gedenkstätte Berlin-Hohenschönhausen, Wiesbaden 2022, S. 43-64.
25 Vgl. Eugen Pfister: Das Unspielbare spielen – Imaginationen des Holocaust in Digitalen Spielen, in: zeitgeschichte 4 (2016), S. 250-263; Nico Nolden (Hg.): Geschichte und Erinnerung in Computerspielen, Berlin/Boston 2019.
26 Noah Shenker: Digital Testimony and the Future of Witnessing, in: Simone Gigliotti/Hilary Earl (Hg.): A Companion to the Holocaust, Hoboken, N.J./Chichester 2020, S. 537-551, hier S. 537; Todd Presner: The Ethics of the Algorithm: Close and Distant Listening to the Shoah Foundation Visual History Archive, in: Claudio Fogu/Wulf Kansteiner/Todd Presner (Hg.): Probing the Ethics of Holocaust Culture, Cambridge, Mass./London 2016, S. 175-202, hier S. 201.
27 Vgl. Paul Frosh: The Mouse, the Screen and the Holocaust Witness. Interface Aesthetics and Moral Response, in: New Media & Society 20 (2018), Nr. 1, S. 351-368.
28 Vgl. Detlef Hoffmann: Authentische Orte. Zur Konjunktur eines problematischen Begriffs in der Gedenkstättenarbeit, in: GedenkstättenRundbrief (2002), Nr. 110, S. 3-17; Verena Haug: Am »authentischen« Ort. Paradoxien der Gedenkstättenpädagogik, Berlin 2015; Axel Drecoll/Thomas Schaarschmidt/Irmgard Zündorf (Hg.): Authentizität als Kapital historischer Orte? Die Sehnsucht nach dem unmittelbaren Erleben von Geschichte, Göttingen 2019; Thomas Lutz: Materialisierte Authentifizierung. Die Bedeutung authentischer Gebäude und Objekte in Gedenkstätten und Dokumentationszentren der NS-Verbrechen, in: ebd., S. 57-76; Christian Günther: Authenticity and Authority in German Memorial Sites, in: Julia Timpe/Frederike Buda (Hg.): Writing the Digital History of Nazi Germany. Potentialities and Challenges of Digitally Researching and Presenting the History of the »Third Reich«, World War II, and the Holocaust, Berlin 2022, S. 181-202.
29 Vgl. European Holocaust Research Infrastructure, https://www.ehri-project.eu, Zugriff: 24.2.2023.
30 Vgl. Janos Kerti/Caroline Sturdy Colls/Ruth Swetnam: Visualising Evidence and Landscapes of Atrocities. An ethical perspective, in: Walden: Digital Holocaust Memory (Anm. 2), S. 119-144.
31 Vgl. Angela Pereira/Alessia Ghezzi/Lucia Vesnić-Alujević (Hg.): The Ethics of Memory in a Digital Age. Interrogating the right to be forgotten, Basingstoke 2014.
32 Vgl. Tobias Ebbrecht-Hartmann: Commemorating from a distance: the digital transformation of Holocaust memory in times of COVID-19, in: Media, Culture & Society 43 (2021), Nr. 6, S. 1095-1112. Einen Überblick über digitale Erinnerungsprojekte 2020 gibt Iris Groschek: #75befreiung. Digitales Gedenken 2020 (Teil 1), in: LaG-Magazin (2020), Nr. 6 [Schwerpunktthema: Zeitgemäße Formen historischen Lernens mit digita-

len Medien], http://lernen-aus-der-geschichte.de/Lernen-und-Lehren/content/14865, und dies.: #75befreiung. Digitales Gedenken und Vermitteln 2020 (Teil 2), in: LaG-Magazin (2020), Nr. 7 [Schwerpunktthema: 75 Jahre Ende des Zweiten Weltkriegs], http://lernen-aus-der-geschichte.de/Lernen-und-Lehren/content/14900, Zugriffe: 24.2.2023.

33 Vgl. Sven Hilbrandt: Wahrnehmbarkeit, Fortbildung, Vernetzung. Die Ergebnisse der Digitalisierungsumfrage des Gedenkstättenreferates der Topographie des Terrors, in: GedenkstättenRundbrief (2020), Nr. 199, S. 22-31, hier S. 25.

34 Nico Schnurr: Pawel Sawicki leitet den Auschwitz-Account auf Twitter: »Unsere Tweets sind digitale Stolpersteine«, in: Stern, 27.1.2023, https://www.stern.de/gesellschaft/auschwitz-auf-twitter--gedenkstaette-leistet-digitale-erinnerungsarbeit-33141206.html, Zugriff: 24.2.2023.

35 Vgl. Wulf Kansteiner: Genocide memory, digital cultures, and the aesthetization of violence, in: Memory Studies 7 (2014), Nr. 4, S. 403-408; ders.: Transnational Holocaust Memory, Digital Culture and the End of Reception Studies, in: Tea Sindbæk Andersen/Barbara Tornquist-Plewa (Hg.): The Twentieth Century in European Memory. Transcultural Mediation and Reception, Leiden 2017, S. 305-343; ders.: The Holocaust in the 21st century: digital anxiety, transnational cosmopolitanism, and never again genocide without memory, in: Hoskins (Anm. 20), S. 110-140.

36 Vgl. Jens-Christian Wagner: Simulierte Authentizität? Chancen und Risiken von augmented und virtual reality an Gedenkstätten, in: GedenkstättenRundbrief (2019), Nr. 196, S. 3-9.

37 Vgl. Sebastian Bondzio/Christoph Rass: Data Driven History. Methodische Überlegungen zur Osnabrücker Gestapo-Kartei als Quelle zur Erforschung datenbasierter Herrschaft, in: Archiv-Nachrichten Niedersachsen 22 (2018), S. 124-138.

38 Vgl. Memorial Archives, https://memorial-archives.international/de, Zugriff: 24.2.2023.

39 Vgl. museum-digital:gedenkstaetten, https://gedenkstaetten.museum-digital.de, Zugriff: 24.2.2023.

40 Vgl. Material – Beziehung – Geschlecht. Artefakte aus den KZ Ravensbrück und Sachsenhausen, https://www.kz-artefakte.de, Zugriff: 24.2.2023.

41 Vgl. Anne K. Knowles/Tim Cole/Alberto Giordano (Hg.): Geographies of the Holocaust, Bloomington, Ind., 2014; Tim Cole/Alberto Giordano: Geographies of Holocaust Rescue. Spatial patterns and social geographies of Jewish rescue in Budapest, 1944, in: Journal of Historical Geography 71 (2021), S. 63-72; Andreas Birk/Frederike Buda/Heiko Billow/Arturo Gomez Chavez/Christian A. Muller/Julia Timpe: Digitizing a Gigantic Nazi Construction: 3D-Mapping of Bunker Valentin in Bremen, in: Timpe/Bude (Anm. 28), S. 133-168; Tobias Kirschke/Christian Wolff: Virtuelle Rekonstruktion historischer Objekte am Beispiel einer Gedenkstätte des nationalsozialistischen Terrors, in: zfv. Zeitschrift für Geodäsie, Geoinformation und Landmanagement 143 (2018), Nr. 4, S. 215-223.

42 Vgl. Caroline Sturdy Colls: Holocaust Archaeologies. Approaches and Future Directions, New York 2015; dies.: The Archaeology of Cultural Genocide. A forensic turn in Holocaust Studies?, in: Zuzanna Dziuban (Hg.): The Forensic Turn in Holocaust Studies? (Re-)Thinking the past through materiality, Wien 2017, S. 119-142; Barbara Hausmair: Vernichtungslandschaft Wüste. Zur Materialität des NS-Terrors außerhalb des Lagerzauns, in: Fritz Jürgens/Ulrich Müller (Hg.): Archäologie der Moderne. Standpunkte und Perspektiven, Bonn 2020, S. 51-88; Claudia Theune: Spuren von Krieg und Terror. Archäologische Forschungen an Tatorten des 20. Jahrhunderts, Wien 2020; Zuzanna Dziuban/William Mitchell: »An example of Nazi kultur«. Paradigmatic and contested materiality at Bergen-Belsen concentration camp, in: Nicholas J. Saunders/Paul Cornish (Hg.): Conflict Landscapes. Materiality and Meaning in Contested Places, London 2021, S. 274-292.

43 Vgl. für den Bereich des Digital Storytelling die Projekte »Gegenstände tragen Erinnerungen« der KZ-Gedenkstätte Neuengamme (https://www.kz-gedenkstaette-neuengamme.de/erinnerungen/pageflow), »Lebendige Vielfalt« des Gedenkstättenreferats der Stiftung Topographie des Terrors (https://gedenkstaettenforu

m.pageflow.io/gedenkstaetten-fuer-ns-opfer-in-deutschland#277775) und »Kein gewöhnlicher Ausflug« der Gedenkstätte Bergen-Belsen (https://beyond.pageflow.io/gedenkstatte-bergen-belsen-kein-gewohnlicher-ausflug-2020#251251), Zugriffe: 24.2.2023.

44 Vgl. Die Quellen sprechen. Die Verfolgung und Ermordung der europäischen Juden durch das nationalsozialistische Deutschland 1933-1945, https://die-quellen-sprechen.de, Zugriff: 24.2.2023.

45 Vgl. Am Lagertor_DE, https://vimeo.com/409151531, Zugriff: 24.2.2023.

46 Vgl. Die Befreiung AR, https://interaktiv.br.de/die-befreiung/app.html, Zugriff: 24.2.2023. Vgl. Elisabeth Fink/Steffen Jost/Nicole Steng: Die Befreiung des Konzentrationslagers Dachau in Augmented Reality. Geschichte digital – vermittelt in virtuellem Rundgang, App und Podcast, in: museum heute (2020), Nr. 58, S. 44-47.

47 Vgl. Michaela Melián: 300 Tonspuren zu Orten des NS-Terrors in München 1933-1945, http://www.memoryloops.net, Zugriff: 24.2.2023.

48 Vgl. Joods Monument, https://www.joodsmonument.nl, Zugriff: 24.2.2023.

49 Vgl. Oorlogsbronnen: De Tweede Wereldoorlog dichtbij, https://www.oorlogsbronnen.nl, Zugriff: 24.2.2023.

50 Vgl. inEvidence. The Map of Holocaust by Bullets, https://www.yahadmap.org/#map, Zugriff: 24.2.2023.

51 Vgl. Alina Bothe: Negotiating Digital Shoah Memory on YouTube, in: Gary Robson/Malgorzata Zachara/Agnieszka Stasiewicz-Bieńkowska (Hg.): Digital Diversities. Social Media and Intercultural Experience, Cambridge 2014, S. 256-272; Mykola Makhortykh: Nurturing the Pain. Audiovisual tributes to the Holocaust on YouTube, in: Holocaust Studies 25 (2019), Nr. 4, S. 441-466; Christoph Bareither: Difficult heritage and digital media: »selfie culture« and emotional practices at the Memorial to the Murdered Jews of Europe, in: International Journal of Heritage Studies 27 (2020), Nr. 1, S. 57-72; Martin Rehm/Stefania Manca/Susanne Haake: Soziale Medien als digitale Räume in der Erinnerung an den Holocaust. Eine Vorstudie zur Twitter-Nutzung von Holocaust-Museen und Gedenkstätten, in: Medien + Erziehung 64 (2020), Nr. 6, S. 62-73; Imogen Dalziel: Becoming the »Holocaust Police«? The Auschwitz-Birkenau State Museum's authority on social media, in: Walden: Digital Holocaust Memory (Anm. 2), S. 179-212; Tobias Ebbrecht-Hartmann/Lital Henig: i-Memory. Selfies and Self-Witnessing in #*Uploading_Holocaust* (2016), in: ebd., S. 213-235; Sophie Brössler/Sascha Trültzsch-Wijnen: Holocaust-Gedenken am Smartphone: Die Erinnerungsarbeit europäischer KZ-Gedenkstätten auf Instagram, in: Medienimpulse 60 (2022), Nr. 4, https://journals.univie.ac.at/index.php/mp/article/view/7702/7751, Zugriff: 24.2.2023.

52 Vgl. Maria Zalewska: Selfies from Auschwitz. Rethinking the Relationship Between Spaces of Memory and Places of Commemoration in The Digital Age, in: Digital Icons. Studies in Russian, Eurasian and Central European New Media (2017), Nr. 18, S. 95-116; Daniel P. Reynolds: Postcards from Auschwitz. Holocaust Tourism and the Meaning of Remembrance, New York 2018, S. 235; Burkhardt (Anm. 11), S. 178.

53 Vgl. Burkhardt (Anm. 11), S. 554-556. Siehe auch die vier Grundlagen bestimmenden Vorschläge »Digital Holocaust Memory and Education – Recommendations« des Digital Holocaust Memory Project Sussex Weidenfeld Institute of Jewish Studies, 2022, https://reframe.sussex.ac.uk/digitalholocaustmemory/digital-holocaust-memory-and-education-recommendations, Zugriff: 24.2.2023.

54 Vgl. Stefania Manca: Use of Social Media by Holocaust Museums and Memorials. IHRA Project Report, 2021, https://holocaust-socialmedia.eu/wp-content/uploads/Report-Survey_museums.pdf, Zugriff: 24.2.2023.

55 Vgl. Antonia Titze: Hashtag KZ? KZ-Gedenkstätten und Social Media, in: Communicatio Socialis 53 (2020), S. 97-108, hier S. 103 f.

56 Vgl. Rebecca Starke: Gedenkstättenpädagogik und Soziale Medien. Eine qualitative Studie über die Verhandlung von Sozialen Medien und Bildungsarbeit durch Mitarbeitende in KZ-Gedenkstätten, Freiburg im Breisgau 2022, S. 94.

57 Vgl. Thomas Martin Buck: Lebenswelt- und Gegenwartsbezug, in: Michele

Barricelli/Martin Lücke (Hg.): Handbuch Praxis des Geschichtsunterrichts, Schwalbach 2017, S. 289-301.
58 Vgl. Burkhardt (Anm. 11), S. 566.
59 Vgl. IHRA Recommendations for Teaching and Learning about the Holocaust, 4.12.2019, https://www.holocaustremembrance.com/resources/educational-materials/ihra-recommendations-teaching-and-learning-about-holocaust, Zugriff: 24.2.2023.
60 Vgl. Groschek: KZ-Gedenkstätten und Social Media (Anm. 11); dies./Steffen Jost: Welchen Stellenwert haben die »neuen Medien« im Zusammenhang mit der Erinnerung an die Verbrechen des Nationalsozialismus? in: LaG-Magazin (2021), Nr. 7 [Schwerpunktthema: Der Multidimensionale Erinnerungsmonitor (MEMO)], http://lernen-aus-der-geschichte.de/Lernen-und-Lehren/content/15185, Zugriff: 24.2.2023.
61 Vgl. Stefania Manca/Marcello Passarelli/Martin Rehm: Exploring Tensions in Holocaust museums' modes of commemoration and interaction on social media, in: Technology in Society 68 (2022), https://doi.org/10.1016/j.techsoc.2022.101889, Zugriff: 24.2.2023.
62 Vgl. Stefania Manca: Holocaust Memorialisation and Social Media. Investigating how memorials of former concentration camps use Facebook and Twitter, in: Wybe Popma/Stuart Francis (Hg.): Proceedings of the 6th European Conference on Social Media, Brighton 2019, S. 189-198.
63 Kansteiner: Transnatioal Holocaust Memory (Anm. 35), S. 324.
64 Vgl. Titze (Anm. 55), S. 105.
65 Vgl. Jay David Bolter/Richard Grusin: Remediation. Understanding New Media, Cambridge, Mass./London 2000.
66 Vgl. Imogen Dalziel: »Romantic Auschwitz«. Examples and perceptions of contemporary visitor photography at the Auschwitz-Birkenau State Museum, in: Holocaust Studies 22 (2016), S. 1-23.

Thomas Lutz

Möglichkeiten und Notwendigkeiten der Vernetzung der Gedenkstätten aufgrund der zunehmenden Digitalisierung

Die Digitalisierung hat vor knapp vier Jahrzehnten ihren Einzug in die Arbeit von Gedenk- und Dokumentationsstätten zu NS-Verbrechen begonnen. Vor allem die zunehmend wichtiger werdende Präsentation im Internet und in den sozialen Medien verstärkt die Notwendigkeit ihrer Nutzung für Gedenkstätten nochmals. Im Folgenden sollen verschiedene Bereiche digitaler Anwendungen in Gedenkstätten betrachtet, Entwicklungen nachvollzogen und Probleme ebenso wie die Perspektiven angesprochen werden.

Digitalisierung der Bibliotheken, Dokumentationen, Sammlungs- und Archivbestände

Wenn heute von neuen digitalen Anwendungen die Rede ist, geht es vor allem um soziale Medien wie Facebook, Instagram, TikTok oder Twitter. Die Debatten kreisen um Augmented-Reality-(AR-) und Virtual-Reality-(VR-)Darstellungen oder virtuelle Zeitzeug:innen, das World Wide Web erscheint mit seinen Onlineangeboten bereits überholt. Die Digitalisierung hat jedoch in den Gedenkstätten eine längere Geschichte und erfasst viel mehr Bereiche. Mit der Einführung von PCs begann auch in den Gedenkstätten das digitale Zeitalter. Ältere Mitarbeitende können sich noch an die ersten Fassungen von Datenbankprogrammen wie LIDOS oder FAUST erinnern – und die unterschiedlichen Vorlieben für eines der Programme. Zunächst war das Ziel, damit den Bestand der Literatur für Nutzende in den eigenen Bibliotheken zugänglich zu machen oder Dokumente für die eigene Forschung besser sortieren und suchen zu können.

Im Laufe der Jahrzehnte haben sich diese Anfänge zu gedenkstättenübergreifenden gemeinsamen Datenbanken und Onlineveröffentlichungen entwickelt, die über das Internet abrufbar sind und bei denen mehrere Einrichtungen zusammenarbeiten. Ein gelungenes Beispiel ist der Onlinekatalog des Verbundes zahlreicher Gedenkstättenbibliotheken.[1] Ein Beispiel aus dem Bereich der historischen Forschung ist die Erfassung der Häftlingskartei des SS-Wirtschafts-Verwaltungshauptamtes. Diese zentrale Kartei wurde unter Beteiligung von 31 Institutionen aus zehn europäischen Staaten mit den dezentralen Daten in den Gedenkstätten abgeglichen und in einer gemeinsamen Datenbank zusammengetragen. Damit konnten Daten über Häftlinge, ihre Haftzeiten und vor allem über ihre Verlegungen in andere Konzentrationslager zusammengeführt und neue Zusammenhänge herausgearbeitet werden.[2]

Für die Onlineobjektpräsentation hat das Gedenkstättenreferat der Stiftung Topographie des Terrors die Website »museum-digital:gedenkstaetten« aufgebaut.[3] Diese Datenbank hat die Vorteile, dass sie gerade von kleineren Gedenk- und Dokumentationsstätten genutzt werden kann, um deren Sammlungen digital zu präsentieren, und dass die Einrichtungen selbst entscheiden können, welche Objekte sie aus dieser Datenbank online verfügbar machen. Vor allem durch kleine Geschichten, eine Beschreibung der Objekte in möglichst nicht mehr als 1000 Zeichen, werden die Artefakte von den Internetsuchmaschinen erfasst und weltweit in Suchanfragen verknüpft. So können die von derzeit (2023) 24 Einrichtungen (mit zunehmender Tendenz) eingestellten Objekte der gemeinsamen Objektdatenbank auch bei unspezifischen Suchen gefunden und neue inhaltliche Beziehungen hergestellt werden.

Auch im Sammlungsbereich sind solche neuen Kooperationen nötig, denn die Objekte müssen für die digitale Präsentation aufgearbeitet und die Aufbereitung muss mit der physischen Aufbewahrung von Artefakten verknüpft werden. Für Präsentationen, die ausschließlich im Internet veröffentlicht werden, entstehen »Objekte« nur noch in digitalen Formaten. Auch Verwaltung und digitale Archivierung sind gefordert, umzudenken, wenn E-Mails und Nachrichten über Messengerdienste den schriftlichen Briefwechsel ersetzen und – ebenso wie z.B. nur noch digital publizierte Zeitschriften – archiviert und verzeichnet werden müssen. Nicht zuletzt ist dafür eine Strategie zur Datenmigration erforderlich. Viel schneller als physische Objekte und Dokumente veralten digitale Objektträger, Software ist nicht mehr kompatibel oder die magnetischen und elektronischen Speichermedien sind nicht mehr funktionsfähig. Die erforderlichen Tätigkeiten können in Gedenkstätten wegen Personalmangels zumeist nur dilatorisch umgesetzt werden. Ein Verbund von Gedenkstätten könnte hier helfen, die Archivierungsnotwendigkeiten gemeinsam zu bewältigen.

Entwicklung digitaler Strategien

Digitale Tools sind zu einer wichtigen Methode geworden, um museale Einrichtungen zu präsentieren. Seit 2019 entwickelt ICOM Deutschland (Deutsches Nationalkomitee des Internationalen Museumsrats) digitale Strategien in und für Museen. Hierfür wurde die »Working Group for Digital Strategy and Development« gebildet.[4] Auch Gedenkstätten sind eingeladen, die Ergebnisse der Arbeitsgruppe zu nutzen. Eine ebenfalls für Gedenkstätten wichtige Grundüberlegung für die Entwicklung digitaler Strategien für Museen ist, das kulturelle Erlebnis eines Museums- oder Gedenkstättenbesuchs durch entsprechende digitale Angebote zu begleiten und zu unterstützen – vor dem Besuch, während des Besuchs und nach dem Besuch. Dies ist besonders für jene Gedenkstätten von Bedeutung, die als Tatorte die jeweilige historische Stätte zum Ausgangspunkt ihrer historischen Erzählung und Bildungsarbeit machen.

Der digitale Wandel auf allen Ebenen des Museumslebens ist zwar anerkannt, doch müssen der Digitalisierung inhaltliche Überlegungen vorausgehen: »Eine gute digitale Strategie weist dem Digitalen seinen angemessenen Platz im Museumsleben zu und vermeidet das wahllose Aufspringen auf vermeintliche Trends. Sie fügt sich in die allgemeine politische Selbstpositionierung und Arbeitsstrategie eines Museums ein. Ihr geht eine Analyse des eigenen Hauses, des Umfelds und der festzulegenden Prioritäten im Bereich des digitalen Wandels voraus.«[5] Dies trifft auch für Gedenkstätten zu. Da in der Personalausstattung bisher noch kein Schwerpunkt auf die Digitalisierung gelegt wurde, muss hier realistisch das Mögliche erwogen werden.

75. Jahrestag der Befreiung 2020: Digitale Lösungen in der Coronapandemie

Auch in der Vermittlungstätigkeit der Gedenkstätten gibt es bereits seit über einem Jahrzehnt digitale Anwendungen. Wie wenig innovativ die vorhandenen Möglichkeiten allerdings genutzt wurden, zeigte sich bei den Planungen für die 75. Jahrestage der Befreiung der Konzentrationslager im Frühjahr 2020. Im Sommer 2019 hatte bei der Beauftragten des Bundes für Kultur und Medien eine Besprechung der bundesgeförderten Gedenk- und Dokumentationsstätten zur Vorbereitung der Veranstaltungen stattgefunden. In der Gesprächsrunde wurde die Einrichtung eines Onlineportals, in dem alle Veranstaltungen aufgeführt sind, vorgeschlagen. Als übergreifende Aktionen wurden Plakate oder Videos an Bushaltestellen oder in U-Bahnen empfohlen. Die Nutzung des Internets oder der sozialen Medien blieb hingegen nahezu unberücksichtigt. Lediglich ein Vorschlag für einen Flashmob, der »Provokations- und Irritationspotential« haben sollte, wurde vorgetragen. Ohne weitere Ausführungen wurde noch erwähnt, gemeinsam auf Twitter zu agieren.

Erzwungen durch die Auswirkungen der Coronapandemie haben sich in der darauffolgenden Zeit die digitalen Präsentationen der Gedenkstätten so stark verändert, dass die genannten Vorschläge inzwischen wie aus der Zeit gefallen erscheinen.

Als bedingt durch die weltweite Verbreitung des Coronavirus ab März 2020 keine Reisen durchgeführt und keine Feierlichkeiten aus Anlass des Jahrestages mit zahlreichen Teilnehmenden abgehalten werden konnten, waren die Gedenkstätten unvermittelt gezwungen, Gedenkveranstaltungen in nur noch sehr kleinem Kreis abzuhalten. Diese Veranstaltungen wurden nun gestreamt.[6] Auf diese Weise konnten, wie ursprünglich in Präsenz geplant, Überlebende und Angehörige sowie ein größeres Publikum einbezogen werden. Die Gedenkstätten sind hinsichtlich des Ablaufs der Veranstaltungen in Anbetracht der Kürze der Vorbereitungszeit sehr kreativ geworden.[7] An den historischen Orten wurden neue Formen des Gedenkens entwickelt, die die Mitwirkung aus der Ferne ermöglichen. An erster Stelle zu nennen ist, dass ehemalige Häftlinge und ihren Verwandten aus der ganzen Welt mit Videobotschaften an den Veranstaltungen teilnahmen. Auf zusätzlichen Websites wurden Grußworte und Botschaften sowie Artefakte mit entsprechenden Erzählungen zur Verfolgungsgeschichte und deren Gegenwartsbedeutung präsentiert.[8]

Ein Motiv für das große Engagement zum 75. Jahrestag der Befreiung war, dass er als der letzte Jahrestag angesehen wurde, an dem noch Überlebende mitwirken konnten. Andernfalls wäre wohl weder die Verlegung der Veranstaltungen in den virtuellen Raum so schnell umgesetzt noch wären die notwendigen Mittel in recht kurzer Zeit zur Verfügung gestellt worden.

Da die Menschen zu digitalen bzw. virtuellen Projekten nicht anreisen müssen, kann zudem ein neues Publikum zur Mitwirkung ermuntert werden, das z.B. wegen der geografischen Entfernung nicht in der Lage gewesen wäre, vor Ort anwesend zu sein. Insbesondere Orte, die weniger bekannt sind und geringere Besuchszahlen haben, können so bei einer aktiven Präsenz im Internet einen größeren Kreis von Interessierten erreichen.

Im Digitalen besteht allerdings mehr noch als im Handeln vor Ort die Gefahr, dass die Aktivitäten keine nachhaltige Auseinandersetzung mit dem Ort evozieren, sondern in Kitsch abgleiten.⁹ Die online präsentierten Gedenkveranstaltungen und die damit verbundenen weiteren Informationsangebote zeigen diesen Zwiespalt: Dank der digitalen Streuung können sehr niederschwellig Informationen angeboten werden, und sie sind rund um die Uhr auf der ganzen Welt verfügbar. Nachteilig ist, dass durch die Schwierigkeit, lange Texte auf mobilen Geräten zu lesen, Texte häufig sehr kurz sind. Insbesondere die Vermittlung der Strukturgeschichte, ohne die die historischen Ereignisse nicht verständlich sind, kann dabei in den kurzen digitalen Darstellungssequenzen zu kurz kommen.

Das Internet bietet mit den neuen Angeboten für eine Auseinandersetzung und Beteiligung aber ebenso Chancen, die Gedenkstätten auf eine neue Stufe der Vermittlung ihrer Anliegen zu heben. Zudem können soziale Medien für Gedenkstätten ein Mittel sein, um vor allem jüngere, mit der Nutzung dieser Medien affine Menschen dazu anzuregen, sich an einer digitalen Erinnerungskultur zu beteiligen. Das kann durch eigene Aufnahmen von historischen Orten, die Beschreibung von Erinnerungsstätten oder das Posten von eigenen Überlegungen zur Gegenwartsbedeutung geschehen. Einige Gedenkstätten haben hier Projekte entwickelt, um Jugendliche zum Mitmachen und zur Erarbeitung von eigenen Ergebnissen zu animieren.¹⁰ Wichtig erscheint, auch bei den digitalen Lernangeboten den persönlichen Bezug zur historischen Materie herzustellen. Nicht nur in Ausstellungen, auch im Internet ist es sinnvoll, dazu mit Biografien zu arbeiten.

Anlässlich des 75. Jahrestages der Befreiung sind über die sozialen Medien zwei Kampagnen viral gegangen, an denen sich viele Gedenkstätten kooperativ mit dem Streamen der Veranstaltungen vor Ort beteiligten. Die erste digitale Kampagne fand unter dem Hashtag #75befreiung bzw. #75liberation statt. Iris Groschek von der KZ-Gedenkstätte Neuengamme regte die gemeinsame Kampagne in den sozialen Medien (vor allem auf Twitter und Instagram) an. Sie wurde rund um den 27. Januar 2020 von vielen Gedenkstätten bespielt.¹¹ Zahlreiche Gedenkstätten haben im Frühjahr 2020 unter dem Hashtag über mehrere Wochen zu verabredeten Themen jeweils historische Ereignisse aus ihren Orten eingestellt und konnten damit eine größere Reichweite erzielen, als wenn sie jeweils nur für das eigene Haus aktiv gewesen wären. Die Hashtags wurden zu den folgenden Jahrestagen der Befreiung an den Gedenkorten erneut genutzt.

Die zweite digitale Kampagne wurde bei Instagram unter dem Hashtag #Lichter-gegen-Dunkelheit in Verknüpfung mit einer entsprechenden Website¹² eingerichtet. Die Gedenk- und Bildungsstätte Haus der Wannsee-Konferenz hat die Aktion zum 27. Januar 2020 initiiert. Inzwischen wird die Website vor allem vom Gedenkstättenreferat der Stiftung Topographie des Terrors betreut. An beiden Kooperationsmodellen haben sich um die jeweiligen Gedenktage viele Gedenkstätten aus dem Bundesgebiet beteiligt. Auch hier sind an den historischen Orten kreative Projekte entstanden. Es war diese Grundlage, die die virtuelle Präsentation so interessant gemacht hat. Auch wirkte sich der Vorteil des Mediums aus, dass interessierte Menschen aus der ganzen Welt, die sonst nicht vor Ort an einer Gedenkveranstaltung hätten teilnehmen können, nun kommentieren oder zumindest zuschauen konnten.

So sind seit 2020 in den Gedenkstätten in kaum überschaubarer Zahl innovative Handhabungen der digitalen Vermittlung entstanden, die sich kenntnisreich mit den Herausforderungen auseinandergesetzt haben. Von dem Austausch über diese Erfahrungen, der z. B. über das GedenkstättenForum angeboten wird, können alle Gedenkstätten profitieren. Auf ein gesamtes Jahr gesehen stellt sich bei Projekten dieses Zuschnitts jedoch ein Problem ein: Wenn Hashtags nur um die Daten der Jahrestage der Befreiung von den Gedenkstätten aktiv mit Informationen gespeist werden und sie in dieser Zeit die Kanäle dann dominieren, werden in der Zwischenzeit auf der Mediawall teils sehr skurrile Beiträge nach oben gespült, die nichts mit dem eigentlichen Thema zu tun haben.[13] Das schon oben Angesprochene gilt auch hier: Wenn Anwendungen aufgebaut werden, um damit eine größere Sichtbarkeit in den neuen Medien zu erzielen, muss von Beginn an ein Konzept vorliegen, wie zumindest eine der beteiligten Einrichtungen in die Lage versetzt werden kann, diese Seiten zum Nutzen aller Mitwirkenden kontinuierlich zu betreuen.

Netzwerken im digitalen Raum

Die Gedenkstättenlandschaft in Deutschland ist im weltweiten Vergleich gut vernetzt. Es existieren viele kontinuierlich tätige Arbeitsgemeinschaften und Projektgruppen. 2020 sind deren Treffen in Präsenz sehr rasch durch digitale Zusammenkünfte ersetzt worden. Als geeignete Software hat sich Zoom durchgesetzt. Weitere neue Programme unterstützen den Onlineaustausch von der Zusammenfassung der Arbeitsergebnisse z. B. über Padlet bis hin zu virtuellen »Kaffeepausen« über verschiedene Softwareangebote.

Nach zwei Jahren lässt sich konstatieren, dass der digitale Austausch in begrenzten Gruppen von Menschen, die sich schon lange kennen, gut funktioniert. Da der Aufwand der An- und Abreise wegfällt, ist es durchaus möglich, sich öfter am Bildschirm zusammenzuschalten. Da lange Konferenzen mit Kacheln auf dem Bildschirm anstrengend sind, hat sich sowohl eine zeitliche Begrenzung als auch die Konzentration auf ein Thema oder wenige Themen pro Besprechung als sinnvoll herausgestellt. Neben den Vorteilen schränken die neuen Kommunikationsforen auf der anderen Seite jedoch das Miteinander ein. Es besteht gerade wegen der pandemiebedingten Abstandserfahrungen ein großes Bedürfnis, sich in Präsenz zu treffen. Die soziale Komponente und auch die Pausengespräche, in denen vielfältige Themen ausgetauscht werden, die in einer Onlineplenumssitzung nicht angesprochen werden können, werden hoch geschätzt. Insbesondere wenn schwierige Fragen zu behandeln oder Probleme zu klären sind, ist nach wie vor die Präsenzform am besten geeignet, um Lösungen zu finden. Es werden sich deshalb in Zukunft wahrscheinlich hybride Formen der Vernetzung herausbilden. Kürzere Treffen, thematisch fokussiert, werden häufiger digital durchgeführt werden. Treffen in Präsenz werden weiter stattfinden, um die Zusammengehörigkeit zu festigen und auf dieser Grundlage zugleich besser remote zusammenarbeiten zu können.

Zu einem der wichtigsten Instrumente für die Vernetzung der Gedenkstätten im digitalen Raum ist das GedenkstättenForum geworden.[14] Es besteht seit Januar 2000 und ist damit eines der ältesten betreuten historischen und politischen Foren weltweit. Im Frühjahr 2022 wurde es neu aufgestellt, um noch besser als Informations- und Austauschmöglichkeit für Mitarbeitende in den Gedenk- und Dokumentationsstätten zu NS-Verbrechen und das interessierte Umfeld zur Verfügung zu stehen. Werktäglich gibt es eine Medienübersicht, Hinweise zu Veranstaltungen, neue Literatur und Stellenanzeigen werden aktuell online vorgehalten.

Die bisher davon getrennte GedenkstättenÜbersicht[15] ist nun in das GedenkstättenForum integriert. Da mittlerweile jede Gedenkstätte eine eigene Website unterhält, müssen für die aufgelisteten Orte historische und institutionelle Angaben nicht mehr zusammengetragen werden. Das Anliegen der GedenkstättenÜbersicht ist nun, einen Hub zu bilden, von dem aus möglichst rasch die dezentralen Einrichtungen gefunden werden, indem auf deren Onlineangebote weitergeleitet wird. Gedenkstätten können dabei sowohl nach geografischen Gesichtspunkten als auch anhand der Zuordnung zu Verbrechenskomplexen sortiert und damit von Interessierten auf einen Blick gefunden werden.

Vor allem im weltweiten Diskurs über die NS-Verbrechen hat sich zunehmend eine Konzentration auf den Verbrechenskomplex der Ermordung der Jüdinnen und Juden in Europa, auf den Holocaust, entwickelt. Im internationalen Dialog ist dies offenkundig. Dies hat auch Rückwirkungen auf die Gedenkstätten in Deutschland. Um deutlich zu machen, dass es wesentlich mehr Verfolgungskomplexe im Nationalsozialismus gab und dass die Gedenkstättenlandschaft in Deutschland diese Gesamtheit abbildet, sind in das GedenkstättenForum daher Informationen über die Vielfalt der Gedenkstätten eingebunden. Sowohl multimedial durch eine Pageflow-Anwendung[16] als auch durch eine umfassende Darstellung der Arbeit der Gedenkstätten soll die neue Website genutzt werden, um diese besondere Qualität der Gedenk- und Dokumentationsstätten sowie der Erinnerungseinrichtungen in Deutschland bekannt zu machen. Neu ist ferner die Verknüpfung der jeweiligen Gedenkorte mit den von ihnen genutzten sozialen Medien. Aktuell (2023) ist das Gedenkstättenreferat auf Facebook und Twitter aktiv. Es fügt sich damit einem Trend ein, der auch in anderen Gedenkstätten zu beobachten ist.

Ebenfalls über das GedenkstättenForum wird ein interner, geschützter Dialogbereich angeboten. Die Idee hierzu war bereits im Jahr 2000 entstanden, doch entwickelte sich in dem Bereich nicht wie erwartet ein lebhafter Austausch, sodass er wieder abgeschaltet wurde. Die Erfahrung zeigt, dass die Teilnehmenden in solchen Diskussionsgruppen nur dann auf Dauer miteinander ins Gespräch kommen, wenn der Bereich redaktionell betreut wird. Mit zwei für das Jahr 2023 dank Mitteln aus dem Bundeshaushalt neu ermöglichten Stellen im Gedenkstättenreferat ist diese redaktionelle Betreuung in Zukunft gewährleistet. Damit ist es möglich, den Austausch- und Dialogbereich erneut aufzubauen. Mitglieder der verschiedenen kontinuierlich tätigen Arbeitsgemeinschaften, in denen die Gedenkstätten kooperieren, erhalten Zugänge zu den jeweiligen digitalen

Vernetzungsmöglichkeiten. Die jeweils Zugangsberechtigten finden entsprechend zugeordnete Bereiche. Für die jeweilige Gruppe werden Protokolle und Texte, Hinweise auf Aktivitäten und den Stand der Dinge ebenso wie Informationen über die nächsten Treffen und zukünftige Planungen vorgehalten. Anders als im Verfahren mit Rundmails können Informationen hier wesentlich übersichtlicher präsentiert sowie schneller gefunden und ausgetauscht werden. Für Interessierte aus dem Bereich der Gedenkstätten und der Aufarbeitung der NS-Geschichte werden außerdem offenere Diskussionsgruppen angeboten, die sich aktuell für die Szene bedeutender Themen annehmen.[17]

Soziale Medien

Es gibt bisher nur wenig umfassende, valide sozialwissenschaftliche Untersuchungen der Nutzung von sozialen Medien in Gedenkstätten.[18] Meine These ist, dass im Jahr 2020 selbst bei großen Einrichtungen, die weltweit bekannt waren, soziale Medien in die Konzepte der Öffentlichkeitsarbeit oder gar in die Bildungsprogramme noch wenig eingebunden waren. Ein Problem, das bei der Nutzung der sozialen Medien durch Gedenkstätten auftritt, sind wiederum die vergleichsweise niedrigen Aufrufzahlen – obwohl die Inhalte historisch korrekt und gesellschaftlich wichtig sind. Der Zusammenhang von Inhalten und dem Interesse, das sie finden, erfordert hier unbedingt weitere Analysen.

Unabhängig davon lassen sich für die Gedenkstätten hinsichtlich der Nutzung sozialer Medien jedoch drei Herausforderungen identifizieren. Der Aufbau von Social-Media-Kanälen ist erstens mit hohem Arbeitsaufwand verbunden. Es muss eine Konzept erarbeitet werden, die Veröffentlichungen müssen inhaltlich und von der zeitlichen Absendung her geplant werden. Es sollten finanzielle Mittel eingesetzt werden, um deren Sichtbarkeit zu steigern. Auch hier ist es zudem nur dann sinnvoll, zu starten, wenn eine zumindest mittelfristige Betreuung gewährleistet ist. Zweitens ist die Reichweite noch vergleichsweise gering. Daraus ergeben sich weitere Fragen: Ist es wegen der knappen Ressourcen in den Gedenkstätten sinnvoll, diese Medien zu bespielen, wird eine dem Aufwand angemessene Wahrnehmung erreicht? Ist es vielleicht aber wichtig, mit dem Angebot zu beginnen und es für eine stärkere Nutzung und insbesondere eine größere Reichweite aufzubauen, um in Zukunft Menschen zu erreichen, die ohne diese Medien gar nicht ansprechbar wären? Vor allem die »jüngeren Interessierten« stehen dabei immer wieder als Zielgruppe im Fokus. Zu prüfen ist, ob unterschiedliche soziale Medien verschiedenen Altersgruppen zuzuordnen sind.[19] Von dem Ergebnis werden sich differenziertere inhaltliche Konzepte ableiten lassen. Drittens ist ein Grundprinzip der sozialen Medien die Verkürzung und Zuspitzung. Provokante Nachrichten werden durch die Algorithmen der Kanäle besonders hervorgehoben. Kann dies im Sinne von Gedenkstätten sein?

Hinzu kommen weitere mittels digitaler Technik realisierte öffentlichkeitswirksame Angebote in den sozialen Medien, die in den Gedenkstätten stark diskutiert werden, z.B. die Instagram-Projekte »ichbinsophiescholl«[20] oder »eva.stories«[21]. Auch digitale Anwendungen wie die aufwendig produzierten Aufnahmen einiger Überlebender der NS-Verfolgung mit der Möglichkeit, unter Einsatz von künstlicher Intelligenz scheinbar mit ihnen ins Gespräch zu kommen, sind Anlass für Debatten.²² Diese Entwicklungen werden von den Gedenkstätten aufmerksam beobachtet, auch wenn sie in der Regel nicht über die Mittel verfügen, neue Entwicklungen selbst anzustoßen.

Ein Gegenkonzept zur permanent aufrufbaren digitalen Kommunikation könnte z. B. die Erstellung von Podcasts sein. Darin würden die Gedenkstätten nicht nur die Inhalte selbst bestimmen, sie könnten Sachverhalte auch ausführlicher darlegen. Doch die Bearbeitung dieses Mediums ist ebenfalls zeitintensiv. Sowohl wegen der dafür erforderlichen Kenntnisse, die zudem ständig weiterentwickelt werden müssen, als auch wegen der Kosten ist eine Vernetzung in diesem Bereich in Zukunft daher noch stärker geboten.

Ausblick

Die naheliegende Aufgabe der Gedenkstätten ist es, neue digitale Möglichkeiten zu nutzen, um die Orte besser veranschaulichen zu können und bekannter zu machen. Dazu gehören Onlineangebote über die historische Stätte, die einen Besuch interessant erscheinen lassen, ebenso wie gute und anschauliche Informationen über die Topografie und den historischen Kontext. Mit den digitalen Medien einhergehende Veränderungen werden in Zukunft die Wahrnehmung der Gedenkstätten erheblich verändern. Die digitalen Medien bergen viele Potenziale. Zur Digitalisierung von Dokumenten und Objekten als Grundlage für die Onlinenutzung können zahlreiche Anwendungen eingesetzt werden. Sie erlauben, wesentlich mehr Informationen über historische Personen und Ereignisse als zuvor aufzunehmen und vernetzt auszuspielen. Die in bisherigen Filmaufnahmen heute als »zäh« empfundenen Darstellungen können in eine aktuelle Bildsprache übersetzt werden. Zugleich werden mit den neuen Medien die Erzählelemente und das Reenactment zunehmen. Damit wird der Bezug zur Gegenwartsbedeutung der historischen Ereignisse auch über die Mediennutzung hergestellt. Über die unmittelbare Nutzung für die Beschäftigung mit den vor Ort arbeitenden Gedenkstätten hinaus werden pädagogische Onlineangebote zunehmend von Schulen oder Studierenden für deren Bildung genutzt werden.

Das Angebot an einsetzbarer digitaler Sammlungssoftware und an Präsentationsmöglichkeiten hat sich vervielfacht. Die Spannbreite reicht von neuen geografischen Informationssystemen, mit denen z. B. die Wege von Verfolgungen und Gefangenen nachgezeichnet werden können, über die Präsentation von Objekten im Internet und die Möglichkeit, diese weltweit mit unterschiedlichsten Anfragen aufzurufen, sowie den Einsatz von AR- und VR-Anwendungen zum besseren Verständnis der historischen Stätten bis hin zu der Möglichkeit, mithilfe des Internets und der sozialen Medien die Partizipation von Interessierten zu erhöhen.

Die Aufgabe der Gedenkstätten wird vor allem darin bestehen, aus der nicht überschaubaren Masse an Informationen mit ihrer professionellen Kompetenz wichtige Inhalte auszuwählen und im Netz mit einem sinnvollen Kontext zu versehen. Einzelne Einrichtungen haben in spezifischen digitalen Anwendungen gute Entwicklungen vollzogen und viel Erfahrung gesammelt. Der schnelle Fortschritt der digitalen Technik und Verfahren macht es aber den einzelnen Gedenkstätten in Deutschland unmöglich, die Entwicklungen umfassend zu begleiten, die für sie jeweils richtige Wahl der Tools zu treffen und ihre Mitarbeitenden entsprechend einzuarbeiten. Das in den Gedenkstätten vorhandene dezentralisierte Wissen und die guten Praxisbeispiele noch besser zu vernetzen, stellt hier eine wichtige Unterstützung dar, um die Herausforderungen an eine professionelle Weiterentwicklung angesichts des Umfangs und der Geschwindigkeit der Veränderungen auch in Zukunft bewältigen zu können.

Für die Zusammenarbeit und den Austausch sind digitale Tools gute Möglichkeiten – von Videokonferenzen, die viel Zeit und Ressourcen sparen, über das Zusammenfassen des in getrennten Datenbanken abgelegten historischen Wissens bis hin zu internen Diskussionsräumen sowie Möglichkeiten, Bildungsmaterial zu vermitteln und Interessierte zur Mitwirkung anzuregen.

Trotz der vielfältigen neuen Möglichkeiten, die digitale Anwendungen und Zugänge bereits heute bieten und in Zukunft noch stärker bieten werden, bleibt der historische Ort jedoch der Ausgangspunkt aller inhaltlichen Auseinandersetzung. Das besondere soziale Erlebnis und die Eindrücklichkeit eines gemeinsamen Besuchs vor Ort werden weiter von herausragender Bedeutung sein. Ähnliches gilt für die immer mehr digital geprägte Zusammenarbeit der Gedenkstätten, die den Wunsch nach unmittelbarem persönlichem Austausch und nach dem Dialog in Präsenz nicht wird ersetzen können. Die Kreierung neuer Arbeitsformen, die die digitalen Möglichkeiten und die analoge Auseinandersetzung mit den historischen Orten und den Austausch in Präsenz sinnvoll verbinden, werden hier die zukünftige Entwicklung bestimmen.

Anmerkungen

1 Vgl. AGBB-Katalog [Katalog der Arbeitsgemeinschaft der Gedenkstättenbibliotheken], https://aggb-katalog.de/vufind, sowie z.B. Online-Katalog der Stiftung Topographie des Terrors, https://www.topographie.de/opac, Zugriffe: 27.10.2022.
2 Vgl. Astrid Ley: »Digitalisierung der WVHA-Häftlingskartei« – Abschlussworkshop, in: H-Soz-Kult, 20.3.2009, https://www.hsozkult.de/searching/id/event-61299, Zugriff: 27.10.2022.
3 Vgl. museum-digital:gedenkstaetten, https://gedenkstaetten.museum-digital.de, Zugriff: 27.10.2022. Diese von Stefan Rohde-Enslin, Mitarbeiter des Instituts für Museumsforschung, entwickelte Datenbank ist angelehnt an die Datenbank »museum-digital« (vgl. museum-digital, https://www.museum-digital.de, Zugriff: 27.10.2022).
4 Zu den Zielen und zur Tätigkeit der Arbeitsgruppe vgl. Digital Strategy Development, https://cidoc.mini.icom.museum/working-groups/digital-strategy-development, Zugriff: 27.10.2022.
5 Jan Behrendt: Was macht eine gute digitale Strategie aus?, in: Mitteilungen [Hg.: ICOM Deutschland] 26 (2019), Nr. 41, S. 8-9, hier S. 8, https://icom-deutschland.de/images/Publikationen_Buch/Publikation_1_Mitteiungen_2019_Heft.pdf, Zugriff: 27.10.2022.
6 Eines von vielen Beispielen ist die KZ-Gedenkstätte Dachau. Vgl. Virtuelles

Gedenken zum 75. Jahrestag, https://www.kz-gedenkstaette-dachau.de/aktuelles/liberation/virtuelles-gedenken, Zugriff: 27.10.2022.

7 Vgl. hierzu z.B. Iris Groschek: #75befreiung. Digitales Gedenken 2020 (Teil 1), in: LaG-Magazin (2020), Nr. 6 [Schwerpunktthema: Zeitgemäße Formen historischen Lernens mit digitalen Medien], http://lernen-aus-der-geschichte.de/Lernen-und-Lehren/content/14865, und dies.: #75befreiung. Digitales Gedenken und Vermitteln 2020 (Teil 2), in: LaG-Magazin (2020), Nr. 7 [Schwerpunktthema: 75 Jahre Ende des Zweiten Weltkriegs], http://lernen-aus-der-geschichte.de/Lernen-und-Lehren/content/14900, Zugriffe: 27.10.2022.

8 Vgl. z.B. die Internetveranstaltungspräsentationen der Gedenkstätten Bergen-Belsen (https://www.befreiung1945.de/de/76-jahre-befreiung/gedenken-2020/), Dachau (https://www.kz-gedenkstaette-dachau.de/veranstaltungen/75-jahrestag), Flossenbürg (https://www.75liberation.gedenkstaette-flossenbuerg.de), Neuengamme (https://www.kz-gedenkstaette-neuengamme.de/75befreiung), Ravensbrück (https://www.ravensbrueck-sbg.de/75befreiungravensbrueck), Sachsenhausen (https://www.sachsenhausen-sbg.de/75befreiungsachsenhausen) und Sandbostel (https://www.stiftung-lager-sandbostel.de/gedenken2020), Zugriffe: 27.10.2022.

9 Als Beispiel für ein Abgleiten in den Kitsch wären Projekte, in denen Onlinekerzen für die Ermordeten eines Konzentrationslagers entzündet werden, zu diskutieren.

10 Die größte Beteiligung an der Recherche nach Namen haben bisher die Arolsen Archives erzielt. Weit über 10000 Personen haben sich an dem Projekt »#everynamecounts« beteiligt und selbst Informationen zu Biografien einzelner Verfolgter zusammengetragen (vgl. #everynamecounts, https://enc.arolsen-archives.org, Zugriff: 29.11.2022).

11 Zur Ankündigung vgl. #75Befreiung, https://www.kz-gedenkstaette-neuengamme.de/nachrichten/news/75befreiung, Zugriff: 27.10.2022. Eine kurze Auswertung findet sich in Groschek: #75befreiung (Teil 1 und 2) (Anm. 7) sowie in dies.: #75befreiung. Digitale Kommunikation in Social Media, in: Jahresbericht 2020, hg. v.d. Stiftung Hamburger Gedenkstätten und Lernorte zur Erinnerung an die Opfer der NS-Verbrechen, Hamburg 2021, S. 36-39, https://www.kz-gedenkstaette-neuengamme.de/fileadmin/user_upload/aktuelles/2021/Jahresbericht_2020_Stiftung_Hamburger_Gedenkstaetten.pdf, Zugriff: 27.10.2022.

12 Vgl. Lichter gegen Dunkelheit, https://www.lichter-gegen-dunkelheit.de, Zugriff: 27.10.2022.

13 Ein Beispiel ist das Projekt »#Lichter-gegen-Dunkelheit«. Seit 2020 laden mittlerweile weit über 100 Gedenkstätten jeweils zum 27. Januar Bilder von den Aktionen in ihren Einrichtungen hoch. In diesem Zeitraum werden die Einträge zum Gedenken an die NS-Opfer automatisch als Erstes gepostet und andersgeartete ältere Einträge verschwinden. Im Sommer oder Herbst lässt sich feststellen, dass viele User:innen Fotos hochgeladen haben, die nichts mit dem Anliegen der Seite zu tun haben.

14 Vgl. Gedenkstättenforum, https://www.gedenkstaettenforum.de, Zugriff: 27.10.2022.

15 Vgl. Gedenkstättenübersicht, https://www.gedenkstaettenforum.de/gedenkstaetten/gedenkstaetteneubersicht, Zugriff: 27.10.2022.

16 Vgl. Lebendige Vielfalt, https://gedenkstaettenforum.pageflow.io/gedenkstaetten-fuer-ns-opfer-in-deutschland#277775, Zugriff: 27.10.2022.

17 Als internationale Vernetzungsplattform vor allem für die Kolleg:innen, die online im Bereich Holocaust-Education bzw. Öffentlichkeitsarbeit an Gedenkstätten aktiv sind, agiert die Plattform »Digital Collective Memory« (vgl. DCM. Digital Collective Memory, https://www.memory-collective.org, Zugriff: 27.10.2022), die damit eine Erweiterung der Plattform des von Victoria Walden geleiteten Projekts »Digital Holocaust Memory« (vgl. Digital Holocaust Memory, https://reframe.sussex.ac.uk/digitalholocaustmemory, Zugriff: 27.10.2022) darstellt.

18 Vgl. als neuere Untersuchung Stefania Manca: Use of Social Media by Holocaust Museums and Memorials. IHRA Project Report, 2021, https://holocaustsocialmedia.eu/wp-content/uploads/Report-Survey_museums.pdf, Zugriff: 27.10.2022.

19 Nach meinen Beobachtungen wird Facebook eher von älteren Menschen genutzt, die ein großes Interesse an Zeitgeschichte und Gedenkstättenarbeit haben. Junge Menschen unter 20 Jahren werden heute dagegen eher von TikTok angesprochen, etwas ältere von Instagram. Die Gedenkstätten stellen sich offenbar darauf ein und bemühen sich, den mit den verschiedenen Medien verbundenen unterschiedlichen Sehgewohnheiten und Erwartungen gerecht zu werden.

20 Vgl. ichbinsophiescholl, https://www.instagram.com/ichbinsophiescholl/?hl=de, Zugriff: 27.10.2022.

21 Vgl. eva.stories, https://www.instagram.com/eva.stories/?hl=de, Zugriff: 27.10.2022.

22 Vgl. hierzu Anja Ballis/Markus Gloe: Interaktive 3D-Zeugnisse an einer KZ-Gedenkstätte. Digitale Erinnerungskultur in Zeiten von Corona, in: GedenkstättenRundbrief (2021), Nr. 204, S. 3-9.

Steffi de Jong

Zeitreisen nach Auschwitz
Die Veränderung des Holocaustgedenkens durch Virtual Reality

Vögel zwitschern, Blätter rascheln. Ich gehe auf einem Bahngleis entlang. Vor mir sehe ich einen braunen Koffer. Ich hebe ihn auf. Jemand hat in großen weißen Buchstaben den Vornamen »David« und, zum Teil verdeckt von einem Gurt, den Nachnamen »Cohen« auf den Koffer geschrieben. Darüber und darunter erkenne ich Zahlen. Auf einmal verstummen die Vögel und die Blätter hören auf zu rascheln. Stattdessen bläst ein frostiger Wind, eine Sirene heult und ein Zug kommt quietschend zum Stehen. Die Erde ist mit Schnee bedeckt. Vor mir sehe ich ein Gebäude, das ich aus zahlreichen Abbildungen kenne: das Tor des KZ Auschwitz-Birkenau. In einigen Wachtürmen brennt Licht, und ein Lastwagen überquert die Schienen. Ich bewege mich langsam auf das Tor zu, während ich Stimmen höre, die in barschem Ton auf Deutsch befehlen, aus den Waggons zu steigen. Ein großes eisernes Tor öffnet sich. In der Ferne kann ich zwei Männer erkennen, die sich auf mich zubewegen.

Was ich hier beschrieben habe, ist die einzige Szene aus der Virtual-Reality-(VR-)Anwendung »Witness: Auschwitz«, die bisher auf der Website des Projekts zu sehen ist (Abb. 1).[1] »Witness: Auschwitz« ist ein Projekt des italienischen Studios 101% und der italienisch-israelischen Kommunikationsagentur IsayWeb. Es wurde im August 2017 auf der Gamescom in Köln vorgestellt und löste sofort eine Kontroverse aus. Die Veranstaltungsleitung der Gamescom forderte, dass die beschriebene Szene aus einem Imagefilm der italienischen Aussteller:innen entfernt werde.[2] In Onlinemedien wurde diskutiert, ob VR das geeignete Medium für ein so schwerwiegendes Thema wie der Holocaust sei. »Überschreitet eine VR-Simulation von Auschwitz eine ethische Grenze?«,[3] fragte ein Autor, während ein anderer erörterte, ob die Simulation eine »Banalisierung des Holocaust« darstelle.[4] Die Gedenkstätte Auschwitz-Birkenau schrieb auf Twitter: »VR zu verwenden, um Menschen ›Auschwitz erleben‹ zu lassen, überschreitet eine ethische rote Linie. Eine Person sollte nicht dahin gehend manipuliert werden zu ›fühlen, was die Opfer gefühlt haben‹.«[5] Allerdings publizierte das Polnische Real Invented Studio nur zwei Jahre später erste Bilder eines VR-Modells des KZ Auschwitz Birkenau, das es für die Auschwitz-Birkenau Foundation entwickelte.[6] Bis heute bleibt »Witness: Auschwitz« ein unvollendetes Projekt, da die Entwickler:innen nicht die für die Fertigstellung erforderlichen finanziellen Mittel einwerben konnten.[7]

Ende 2022 befanden sich mindestens sechs ähnliche Anwendungen in der Konzeptionsphase oder waren bereits fertiggestellt.[8] Diese Anwendungen markieren den Anfang einer Entwicklung, die vermutlich die Art und Weise, wie Menschen sich an die Vergangenheit im Allgemeinen und den Holocaust im Speziellen erinnern und wie sie diese Vergangenheit studieren und erfahren, grundlegend verändern

Abb. 1: »Witness: Auschwitz«: Eingangssequenz. © centounopercento s.r.l. Screenshot: Iris Groschek

wird. Sie läuten eine Phase ein, die ich die digital-somatische Phase der Holocausterinnerung nenne. In dieser Phase werden immersive Technologien genutzt, um eine physische und emotionale Präsenz in der digitalen Realität hervorzurufen.

Obwohl VR ein relativ neues Medium ist, entstehen die Anwendungen nicht in einem Vakuum. Im Folgenden will ich analysieren, wie unterschiedliche Diskurse der Erinnerungskultur und bereits existierende mediale Repräsentationen die Entwicklung der VR-Anwendungen beeinflussen. Mich interessiert dabei vor allem, wie die VR-Anwendungen die Vorstellung und die Praxis von Zeug:innenschaft neu konzipieren. Meine These ist, dass die Anwendungen einen neuen Typus der Zeug:innenschaft hervorbringen: die simulierte Zeitzeug:innenschaft. Durch das digitale Medium werden die Nutzer:innen quasi in die Position einer primären Zeug:in versetzt. Die meisten Entwickler:innen sind überzeugt davon, dass diese Erfahrung die Nutzer:innen empathischer macht. Wie ich zeigen werde, liegt dieser Überzeugung zum einen das Bedürfnis nach Unmittelbarkeit, das die Holocausterinnerung seit 1945 prägt, zugrunde. Zum anderen wird sie vom Bild der virtuellen Realität als einer »Empathie-Maschine«[9] beeinflusst. Der hier verwendete Empathiebegriff ist allerdings sehr eng gefasst, daher werde ich im letzten Teil dieses Beitrags einen alternativen Empathiebegriff vorschlagen.

Neben »Witness: Auschwitz« werde ich die folgenden fünf VR-Anwendungen näher betrachten: »Virtual Sobibór«, das im Auftrag des niederländischen Ministeriums für Gesundheit, Sozialwesen und Sport in Vorbereitung für ein neues Museum in der Gedenkstätte Sobibór entwickelt und 2016 in der Gedenkstätte Vught und in der Hogeschool van Amsterdam getestet wurde; das bereits erwähnte Projekt »Auschwitz: VR«, das von dem polnischen Real Invented Studio in Dzierżoniów für die Auschwitz-Birkenau Foundation fertiggestellt wird; ein VR-Modell des KZ Auschwitz-Birkenau, das 2013/14 vom Bayerischen Landeskriminalamt entwickelt wurde und in Prozessen gegen ehemalige Wachmänner des Lagers als Beweismaterial zum Einsatz kam; »Fragments«, ein Studienprojekt von 2018 von Akim Dolinsky und Itamar Simon Duschnitzky am Israeli Interdisciplinary Center in Herzliya (IDC) (seit 2021 Reichmann University); »Journey Through the Camps«, das von dem Start-up Stitchbridge (seit 2022 Orta Interactive Studio) für einen Technologieraum an der Carnegie Mellon University in Pittsburgh, Pennsylvania, entwickelt und dort erstmals 2018 gezeigt wurde. Von allen diesen Projekten war »Journey Through the Camps« Ende 2022 als einziges einem größeren Publikum zugänglich. Die anderen Projekte befinden sich noch in der Entwicklung oder sind – meist aufgrund mangelnder Finanzierung – zeitweilig zum Stillstand gekommen. Ich habe mit den Entwickler:innen von fünf Projekten Interviews geführt; die Entwickler:innen von »Auschwitz: VR« lehnten ein Gespräch ab. Bisher wurde lediglich für »Virtual Sobibór« eine Nutzer:innenstudie durchgeführt – allerdings noch in begrenztem Rahmen. Auch meine Analyse wird sich auf die Konzeption der Anwendungen konzentrieren und nicht auf die Rezeption der Nutzer:innen eingehen, die von der angestrebten Wirkung stark abweichen kann.

Simulierte Zeitzeug:innenschaft

Wie erwähnt, wurde »Witness: Auschwitz« dafür kritisiert, eine ethische Grenze zu überschreiten, weil es für die Nutzer:innen »Auschwitz erlebbar« machen will. Was hier angesprochen wird, ist das, was VR-Entwickler:innen allgemein »Immersion« und »Präsenz« nennen. »Präsenz« beschreibt nach den VR-Pionierinnen Mel Slater und Silvya Wilbur einen »Zustand des Bewusstseins, das physische Gefühl, in der virtuellen Umgebung zu sein«.[10] Entwickler:innen versuchen, dieses Bewusstsein durch immersive Methoden und Medien zu erzeugen, z.B. durch die 360°-Ansicht, die mittels eines Head-mounted-Displays (HMD), gemeinhin »VR-Brille« genannt, erlebbar gemacht wird und durch einen Controller, eine Cave oder einen haptischen Bodysuit erweitert werden kann.

Es ist diese Möglichkeit der »Präsenz«, die für Kritiker:innen VR zu einem ungeeigneten Medium für das Holocaustgedenken macht. Eine simulierte Präsenz in der historischen Realität des Lagers überschreite die ethische rote Linie, die die Gedenkstätte Auschwitz-Birkenau in Bezug auf »Witness: Auschwitz« deklariert hat. Entwickler:innen hingegen benutzen gerade diese »Präsenz« als Argument für den Nutzen von VR für das Holocaustgedenken. So stellte z.B. Daniele Azara, der kreative Leiter von »Witness: Auschwitz«, fest: »Zeitzeug:innen von Auschwitz verschwinden aufgrund ihres Alters. Bücher reichen nicht aus, Filme reichen nicht aus – wir müssen dort sein, und mit VR können wir das.«[11] Mit der richtigen Ausrüstung, so also Azaras Argument, könne jeder Mensch zur Zeitzeug:in von Auschwitz werden.

Auch andere Projekte führen das Verschwinden der Zeitzeug:innen als Begründung für die Entwicklung der VR-Anwendungen an.[12] Mit ihren Projekten versuchen die Entwickler:innen, auf die Angst vor dem, was Aleida Assmann einen »Mnemozid« genannt hat, zu reagieren, also auf die Angst davor, dass auf den Genozid eine Auslöschung der Erinnerung folgen könnte.[13] Über die letzten Jahrzehnte war die überwiegend gewählte Strategie, um einen solchen Mnemozid nicht Realität werden zu lassen, eine beispiellose Anstrengung, die Erinnerungen der Überlebenden zu sammeln und zu speichern. Dies hat dazu geführt, dass die Überlebenszeug:in zur dritten paradigmatischen Zeug:innenfigur neben der Gerichtszeug:in und der Märtyrer:in erklärt wurde.[14] Spätestens seit dem Eichmannprozess 1961 sind die Zeugnisse von Überlebenden zu einem der wichtigsten – wenn nicht gar dem wichtigsten – Träger der Erinnerung an den Holocaust geworden: Überlebende sprechen vor Schulklassen, ihre Präsenz ist unerlässlich bei Gedenkzeremonien, unzählige Stunden Audio- und Videointerviews wurden aufgenommen und eine Dokumentation, in der keine Zeitzeug:in zu Wort kommt, ist kaum noch vorstellbar. Es lässt sich dabei eine Tendenz ausmachen, das jeweils neueste Medium als besonders geeignet für die Aufnahme und Speicherung der Zeugnisse anzusehen, angefangen mit dem Drahttonrekorder, den David Boder 1946 für seine Interviews mit Überlebenden in den DP-Camps benutzte, über die Videotechnik, die für die Übertragung des Eichmannprozesses zum Einsatz kam, bis zu Videozeugnissen und schließlich deren Digitalisierung während der letzten zwanzig Jahre. Die Wahl des Mediums war dabei von dem Wunsch geleitet, die Nutzer:innen immer näher an die Zeug:innen heranzuführen. Das Medium sollte sich sozusagen selbst auslöschen und eine unmittelbare Erfahrung erlauben. So verstand David Boder die Stimmen der Überlebenden auf den Drahttonaufnahmen als Ergänzung zu den Fotografien von ausgehungerten und ermordeten Häftlingen.[15] Die damals noch neue Videotechnik erlaubte es während des Eichmannprozesses, die Bilder der Zeug:innen ausländischen Fernsehanstalten sehr schnell zugänglich zu machen.[16] Die Initiator:innen des Fortunoff Archive for Holocaust Testimonies in New Haven, Connecticut, die in den 1970er-Jahren erstmals Videointerviews aufnahmen, waren der Meinung, dass die Bilder der Körper und Gesichter der Zeug:innen den Zeugnissen »Unmittelbarkeit und Beweiskraft« verleihen würden.[17] Zuletzt haben Projekte wie »Dimensions in Testimony« der USC Shoah Foundation, das »Forever Project« des National Holocaust Centre and Museum in Laxton, Großbritannien, »Lernen mit digitalen Zeugnissen« an der Ludwig-Maximilians-Universität in München oder »Volumetrisches Zeitzeugnis von Holocaustüberlebenden« an der Filmuniversität Konrad Wolf Babelsberg einen weiteren Schritt in die Richtung einer Erfahrung von Unmittelbarkeit getan, indem sie ein Gespräch mit der virtuellen Visualisierung einer realen Zeitzeug:in ermöglichen.[18] 360°-Filme wie »The Last Goodbye« (2017)[19] oder »The Eva Experience« (2019)[20] bieten als eine weitere Möglichkeit digitale Gedenkstättenführungen durch Überlebende an.

Die Medien sollen hier erlauben, was Caroline Wake als »immediate tertiary witnessing« bezeichnet hat: eine durch Medien generierte Form der Zeug:innenschaft, bei der das Medium, indem es in den Hintergrund tritt, ein unmittelbares Erlebnis von Nähe zu der primären Zeug:in erlaubt.[21] Wake benutzt das Konzept der tertiären Zeug:in, um darauf hinzuweisen, dass die meisten Menschen Zeitzeugnisse lediglich medial vermittelt rezipieren. Es dient ihr als Erweiterung der älteren Unterscheidung zwischen den primären Zeug:innen, denjenigen, die tatsächlich bei den Ereignissen, von denen sie Zeugnis ablegen, präsent waren, und den sekundären Zeug:innen, denjenigen, die präsent waren, als die primäre Zeug:in ihr Zeugnis ablegte, und die es idealerweise an jene weitergeben, die diese Möglichkeit nicht hatten.[22]

VR-Anwendungen, die die Nutzer:innen in die Lager zurückreisen lassen und sie dazu einladen, sich selbst ein Bild zu machen, versuchen das Erlebnis von Unmittelbarkeit noch weiter zu intensivieren. Hier wird nicht nur eine Nähe zu den Zeitzeug:innen generiert, sondern die Unterscheidung zwischen primärer Zeug:in und tertiärer Zeug:in verwischt. Der Medienphilosoph John Durham Peters hat herausgearbeitet, dass von vier möglichen Beziehungen zu einem Ereignis, drei als Zeug:innenschaft gelten können. In Zeit und Raum bei dem Ereignis anwesend zu sein, sei der paradigmatische Fall. In der Zeit, aber nicht im Raum anwesend zu sein – z.B. bei einer Fernsehübertragung –, sei die Voraussetzung für das Live-Event. Im Raum, aber nicht in der Zeit anwesend zu sein – z.B. beim Besuch einer Gedenkstätte –, sei die Bedingung von historischer Repräsentation. Die letzte Form der Beziehung sei der Zugang zu einem Ereignis über die Spuren, die es hinterlassen hat, wobei weder eine zeitliche noch eine räumliche Anwesenheit möglich ist. Diese letzte Form der Beziehung sei diejenige, für die der Begriff der Zeug:innenschaft am schwierigsten geltend gemacht werden könne.[23]

Die VR-Anwendungen fallen offensichtlich in die vierte der Beziehungskategorien von Peters: Sie sind mediale Repräsentationen ohne zeitliche und räumliche Koinzidenz zum Repräsentierten. Sie simulieren jedoch die erste Kategorie: einen direkten Kontakt mit Räumen und Körpern. Denn im Gegensatz zu den analogen Medien, die Peters anführt, erlaubt es VR, die Nutzer:innen durch immersive Strategien eine physische Präsenz in Zeit und Raum erleben zu lassen.

VR als »Empathie-Maschine«

Als ich die Entwickler (interviewt habe ich nur Männer) zu ihrer Motivation befragte, gaben die meisten an, dass sie die Erinnerung an den Holocaust aufrechterhalten wollten und VR die sonst nicht gegebene Möglichkeit der Präsenz biete. Für mehrere Projekte stand eine Reise zu KZ-Gedenkstätten am Anfang der Entscheidung, gerade Konzentrations- und Vernichtungslager in VR darzustellen.[24] Die Teilnehmer:innen wollten ihre Emotionen und Erfahrungen während dieser Reisen in das Medium, mit dem sie ohnehin arbeiteten, übersetzen und damit an andere Menschen weitergeben. Alle Entwickler hofften, dass die Nutzer:innen durch die Erfahrungen in der virtuellen Realität zu besseren, idealerweise sozial und politisch engagierteren Menschen würden. Ralph Vituccio vom Projekt »Journey Through the Camps« war gar der Meinung, die virtuelle Präsenz im Lager solle eine »moralische Verpflichtung« sein.[25]

Die Auffassung, dass fremde Erfahrungen medial vermittelt werden können und VR das ideale Medium dafür sei, ist ebenso wenig neu wie der Gedanke, dass die Nutzer:innen durch diese mediale Vermittlung zu besseren Menschen werden können. Bereits 2004 argumentierte die Medienwissenschaftlerin Alison Landsberg, Massenmedien wie Romane, Comics, Filme oder Museen erlaubten es, die Erinnerungen einer Gruppe an eine andere Gruppe zu vermitteln, die diese Erfahrungen nicht gemacht habe.[26] Obwohl Landsberg sich vor allem auf visuelle Medien konzentrierte, gab sie diesem Phänomen einen sehr körperlichen Namen: »prosthetic memory«[27] – also ein Gedächtnis, das wie eine Prothese angelegt wird. Dieses »Prothesen-Gedächtnis« könne, so Landsberg, die »Subjektivität einer Person formen«[28], da es die »Grundlage für ethisches Denken legt, indem es Menschen dazu ermutigt sich mit jemand anderem verbunden zu fühlen und trotzdem die Andersartigkeit des anderen anzuerkennen«.[29] Für Landsberg sind Medien »transferential spaces«, »Übertragungsorte«, in denen »Erinnerungen und Affekte von einer Person, oder Situation, auf eine andere« übertragen werden.[30] Obgleich die Medien, die sie analysiert, nur wenig physische Interaktion erlauben, argumentiert Landsberg, dass das »Prothesen-Gedächtnis« sich im Köper einer Person verankere.[31] In diesem Sinne wäre VR als Medium, das mehrere Sinne anspricht und eine körperliche Erfahrung erlauben kann, wohl ein geeigneter »Übertragungsort« für ein solches »Prothesen-Gedächtnis«. Doch gerade aufgrund der physischen Involviertheit der Nutzer:innen und der Möglichkeit, sie ins Zentrum des Geschehens zu versetzen, konzentrieren sich viele VR-Anwendungen – u. a. die hier analysierten – eher auf eine Wiederholung der Zeug:innenschaft als auf eine Übertragung: Erinnerungen sollen nicht angenommen werden wie eine Prothese, vielmehr sollen fremde Erfahrungen zu eigenen Erfahrungen und damit auch zu eigenen Erinnerungen werden.

In einem einflussreichen TED Talk, einem auf der Technology, Entertainment and Design Conference gehaltenen kurzen Vortrag, nannte der US-amerikanische Regisseur Chris Milk VR 2015 die »ultimative Empathie-Maschine«. Milk ist einer der Produzenten von »Clouds over Sidra« (2015)[32], einem 360°-Film, der in Kooperation mit den Vereinten Nationen entwickelt wurde. Der Film versetzt das Publikum in das jordanische Geflüchtetenlager Za'atari, wo es die zwölfjährige Sidra, eine syrische Geflüchtete, begleitet. Für Milk ist es die Erfahrung, diese fremde »Welt zu bewohnen«, die das Publikum »Sidras Menschlichkeit auf eine intensivere Art und Weise fühlen« und so »eine intensivere Empathie empfinden lässt«. VR sei eine Maschine, die die Menschen »menschlicher« mache.[33]

Während das Publikum in »Clouds over Sidra« noch die Rolle außenstehender Beobachter:innen einnimmt, wird VR auch dazu genutzt, Nutzer:innen tatsächlich erfahren zu lassen, wie es ist, die Erfahrungen einer anderen Person zu machen oder sogar ihren Körper zu haben. Häufig werden dabei Erfahrungen von Personen simuliert, die ein weniger privilegiertes Leben führen als die Nutzer:innen. So gibt es VR-Anwendungen, die Nutzer:innen mit heller Hautfarbe erfahren lassen wollen, wie es ist, den Körper eines Menschen mit dunkler Hautfarbe zu haben – einschließlich aller sozialen Konsequenzen von Ausgrenzung und Rassismus, die dies mit sich bringt.[34] Andere Simulationen versetzen Nutzer:innen in die Situation eines gefolterten Gefangenen der USA im Lager Guantanamo auf Kuba, eines Kleinkindes oder sogar in die einer Kuh auf dem Weg zum Schlachthof.[35] Solche Anwendungen nutzen in der

Regel entweder einen Avatar oder die Ichperspektive. Die Entwickler:innen machen dabei Gebrauch von der »virtual body-ownership«, der Neigung des Gehirns, eingebildete zusätzliche Extremitäten oder Verzerrungen des Körpers anzunehmen, sowie vom Proteus-Effekt, der Neigung von Nutzer:innen, sich entsprechend der Beschaffenheit ihres Avatars zu verhalten.[36]

Auch die VR-Anwendungen, die die Nutzer:innen zu Konzentrationslagern zurückkreisen lassen, können in zwei Kategorien eingeteilt werden: in Anwendungen, die sie, ähnlich wie »Clouds over Sidra«, in die Position von externen Beobachter:innen versetzen, und in Anwendungen, die versuchen, sie Erfahrungen von Opfern nachempfinden zu lassen. Im Folgenden werde ich auf einige der Strategien eingehen, die die Entwickler:innen einsetzen, um Präsenz zu erzeugen – und durch die Präsenz Empathie.

Der rekonstruierte Ort: Fotorealismus und Superzeichen

Eines der immersiven Mittel, das alle Entwickler:innen anwenden, ist Fotorealismus. Tatsächlich basieren viele der Lagerdarstellungen in den VR-Anwendungen auf Fotografie und Fotogrammmetrie: Noch existierende Baracken und Gebäude wurden mit Lasern abgetastet und dann – wie z. B. im VR-Modell des KZ Auschwitz-Birkenau des Bayerischen Landeskriminalamtes oder in »Auschwitz: VR« – dupliziert. Die Entwickler:innen von »Auschwitz: VR« berichten auf ihrer Website, dass sie intensive Archivrecherchen durchgeführt, über hundert Originalobjekte reproduziert sowie ein realistisches Licht- und Schattenspiel und Details wie Steine, Äste, Staub, Schlamm und Pfützen zu visualisieren versucht hätten.[37] Sogar der Bewuchs im KZ Auschwitz-Birkenau soll rekonstruiert werden – ein Aspekt der sowohl bei computergenerierten Visualisierungen als auch bei Führungen durch Gedenkstätten selten Beachtung findet.

Besonders heben die Entwickler:innen von »Auschwitz: VR« ihre Rekonstruktion des Fuhrparks der SS hervor: »Die wenigen Fotos zeigten nur Fragmente der Bilder der Fahrzeuge. Es gibt keine originale technische Dokumentation und keine Informationen über die Modifizierungen, die die Nazis vornahmen«.[38] Allerdings wird in diesem Versuch, den Fuhrpark zu rekonstruieren, auch eines der Probleme einer fotorealistischen Darstellung offensichtlich: Selbst dort, wo viele Quellen vorhanden sind, entziehen sich Orte und Objekte, die nicht mehr existieren, und Ereignisse, die vergangen sind, ihrer vollständigen Rekonstruktion, da nie alle Details bekannt sind. Fotorealismus zu nutzen, bedeutet daher auch, die Unterschiede zwischen gestern und heute zu verwischen und Lücken in der historischen Überlieferung zu verschleiern.

Dabei wäre es durchaus möglich, diese Lücken in der virtuellen Realität zu betonen – z. B. durch eine Ästhetik, die zwar realistisch, aber eben nicht fotorealistisch ist. Für eine solche Vorgehensweise haben sich die Entwickler:innen des Synthetic, Perceptive, Emotive and Cognitive Systems Lab (SPECS-Lab) bei der Augmented-Reality-(AR-)Visualisierung des KZ Bergen-Belsen entschieden. Die Gebäude sind hier in einem hellen Grau gehalten und in der ersten Version der App waren weder Fenster noch Türen sichtbar, da nach damaligem Stand der

Forschung nicht gesichert war, wo sie sich befunden haben. Tatsächlich sind die Entwickler:innen von der fotorealistischen Darstellung einer frühen, nicht veröffentlichten Version der App abgegangen, da sie »eine immersive Erfahrung, die auf Spekulation beruht«[39], vermeiden wollten. Im Vergleich zur ersten Version ist das jüngste Modell[40] detailreicher und neben Türen und Fenstern wurde – wie in »Auschwitz: VR« – auch der Baumbewuchs visualisiert. Das Modell bleibt jedoch abstrakt und wendet dabei die Prinzipien einer postmodernen Geschichtsschreibung an, nach denen die Vergangenheit immer »ein fremdes Land« bleiben wird, wie David Lowenthal angemerkt hat.[41] Während die AR-App zu Bergen-Belsen eine Erfahrung von zeitlicher und affektiver Distanz erlaubt, präsentieren die hier analysierten VR-Anwendungen die Vergangenheit als etwas, das wiederhergestellt und erlebt bzw. gelebt werden kann.

Diese Illusion einer wiederhergestellten Vergangenheit wird in allen hier analysierten VR-Anwendungen durch den Gebrauch von »ikonischen Superzeichen des Holocausts«[42] (Manuel Köppen) unterstrichen. Als ikonische Superzeichen bezeichnet Köppen Bilder, die immer wieder remediatisiert wurden, sodass sie von einer großen Gruppe von Menschen als symbolisch für den Holocaust empfunden werden. Köppens bedeutendstes Beispiel für ein Superzeichen ist das Tor des KZ Auschwitz-Birkenau. Es wird z.B. in der Einführungssequenz von »Witness: Auschwitz« (Abb. 2) ebenso wie in der Onlinepräsentation von »Auschwitz: VR« prominent dargestellt. Die benutzten Darstellungen gehen auf die bekannte Fotografie des polnischen Fotografen Stanisław Mucha von 1945 (Abb. 3) zurück. Ein Standbild auf der Website »Witness: Auschwitz« zeigt einen roten Schuh, der auf den Gleisen vor diesem Tor liegt. Die Farbe Rot vor einem schwarz-weißen Hintergrund ist seit der Szene mit dem Mädchen im roten Kleid aus Steven Spielbergs Film »Schindlers Liste« (1993)[43] ein Symbol für den Holocaust – und zwar ein so starkes Symbol, dass in der Dauerausstellung der Gedenkstätte Auschwitz-Birkenau rote Schuhe gut sichtbar auf dem dort ausgestellten Haufen von Schuhen der Opfer platziert wurden. Das Video »They were just like us«, das die Gedenkstätte anlässlich des 75. Jahrestages der Befreiung des Lagers produzierte, zeigt in der ersten Szene eine Frau, die in roten Schuhen tanzt.[44] In der letzten Szene des Videos liegen die Schuhe oben auf dem Schuhhaufen in der Ausstellung. In der VR-Anwendung »Virtual Sobibór« finden die Nutzer:innen neben einem Kleiderhaufen in einem Eisenbahnwaggon ebenfalls einen solchen Schuhhaufen.

Als weitere visuelle Superzeichen finden sich in den VR-Anwendungen: Koffer, die Zugfahrt in die Lager, die Baracken mit den Stockbetten, die Krematorien und die Duschen. Als akustische Superzeichen werden häufig Hundegebell und die auf Deutsch gerufenen Befehle der Wärter (hier lediglich Männer) eingesetzt. Zudem zeigen die meisten VR-Anwendungen mit Auschwitz-Birkenau das bekannteste Konzentrations- und Vernichtungslager, das selbst schon als Superzeichen gelten kann und dessen Name wohl bei vielen Nutzer:innen sofort weitere Superzeichen ins Gedächtnis ruft – die sie dann in den VR-Anwendungen wiederfinden. Damit beruht die in den VR-Anwendungen simulierte retrospektive Zeug:innenschaft auf Wiedererken-

Abb. 2: »Witness: Auschwitz«: Startbildschirm. © centounopercento s. r. l.
Screenshot: Iris Groschek

Abb. 3: Das Tor des KZ Auschwitz-Birkenau. Foto: Stanisław Mucha, 1945,
Quelle: Wikimedia Commons by the Bulgarian Archives State Agency,
https://de.wikipedia.org/wiki/Stanis%C5%82aw_Mucha_(Fotograf)#
/media/Datei:Auschwitz_II-Birkenau_gate,_after_1945.jpg

nung. So werden die VR-Anwendungen möglicherweise weniger zur Bildung der Nutzer:innen beitragen, als es sich die Entwickler:innen erhoffen. Irritierende Momente, die gängige Vorstellungen und Bilder infrage stellen könnten, bleiben aus.

Es kann durchaus gute Gründe geben, Lager mithilfe von VR zu rekonstruieren. Solche VR-Rekonstruktionen erlauben es, den ursprünglichen Zuschnitt des Lagers sowie Distanzen und Dimensionen sichtbar zu machen. Das VR-Modell des Bayerischen Landeskriminalamtes z.B. sollte dazu dienen, die Behauptungen der Angeklagten darüber, was sie gesehen bzw. nicht gesehen hatten, zu überprüfen. Auch Wissenschaftler:innen können mithilfe von VR Annahmen über den Zuschnitt des Lagers überprüfen – eine Art der Anwendung, die in der Archäologie bereits seit Längerem genutzt wird. Wenn fotorealistische Modelle, die zu einem großen Teil auf einer Remediatisierung von bekannten Bildern beruhen, für die Bildung und Erinnerung an den Holocaust eingesetzt werden, wird allerdings eine falsche Vorstellung darüber erzeugt, was über die Vergangenheit zu wissen möglich ist. Dabei wäre es durchaus möglich, irritierende Momente in die Modelle einzubauen, die eine solche falsche Vorstellung relativieren würden. So könnte z.B. der Rekonstruktionsprozess sichtbar gemacht werden, es könnten verschiedene Optionen der Rekonstruktion gezeigt werden oder – sich auch widersprechende – Dokumente und Quellen eingefügt werden. Solche Repräsentationen würden nicht nur eine distanziertere Beziehung zur Vergangenheit erlauben, sie befänden sich auch in Übereinstimmung mit den Leitsätzen der Londoner Charta für die computergestützte Visualisierung von kulturellem Erbe von 2009 sowie den Sevilla-Prinzipien für digitale Archäologie von 2016.[45]

Virtuelle Opfer: Vereinfachte Biografien

Wie bereits gezeigt, versetzt »Witness: Auschwitz« die Nutzer:innen in die Rolle eines Opfers im KZ Auschwitz-Birkenau. Nach einem Prolog, in dem die Nutzer:innen sich zunächst in einer Synagoge und anschließend in der eingangs beschriebenen Szene vor dem Tor des KZ Auschwitz-Birkenau befinden, nehmen sie im ersten von drei »Akten« Teil am »Alltagsleben einer europäischen jüdischen Familie in der Zeit kurz vor den Rassengesetzen«, bereiten das Abendessen vor und arbeiten bei einem Geigenbauer, bevor sich eines Nachts »die Tür öffnet und NS-Soldaten mit Taschenlampen eindringen«.[46] Die Nutzer:innen werden virtuell mit dem Zug in das KZ Auschwitz-Birkenau gebracht, wo sie bei der Selektion von ihrem Kind getrennt werden, einen Mann beim Appell zusammenbrechen sehen und den Abend in einer überfüllten Baracke verbringen. Sie werden sogar dazu aufgefordert, ein Massengrab in der Nähe des Krematoriums 3 auszuheben. Schließlich werden sie von Mitgliedern der Roten Armee befreit, die mit einem »starken Akzent« sprechen.[47] Dabei wird neben dem Hör- und dem Sehsinn auch der Tastsinn angesprochen. So müssen die Nutzer:innen über Controller ihren Griff verstärken, wenn sie von ihrem Kind getrennt werden. Ebenso dient der Controller als Schaufel, mit der das Massengrab ausgehoben wird.[48]

Neben »Witness: Auschwitz«, haben auch »Journey Through the Camps« sowie »Fragments« einen starken bio-

Abb. 4: »Journey Through the Camps«: Szene in einer Baracke. © Orta Interactive Studio. Screenshot: Iris Groschek

grafisch basierten Ansatz.[49] »Journey Through the Camps« besteht aus vier Szenen in denen sich die Nutzer:innen in einem überfüllten Eisenbahnwaggon wiederfinden, einen Duschraum betreten, die Nacht in einer Baracke (Abb. 4) erleben und vor Krematorien mit brennenden Öfen stehen. Jede Szene ist einem Thema zugeordnet: »Ankunft und Verwirrtheit«, »Angst und Unsicherheit«, »Überleben und Leiden« und »Verlustbewältigung und Trauer«.[50] »Fragments« beginnt auf einem Hausdach. Die Nutzer:innen sehen dort ein Moodboard mit mehreren Bildern. Eines zeigt einen Überlebenden, der beginnt, seine Geschichte zu erzählen. Die Nutzer:innen befinden sich anschließend in einem Eisenbahnwaggon. In der folgenden, abstrakten, schwarz-weiß gehaltenen Szene sind sie in einem engen Raum eingesperrt, während die Geräusche von Schüssen, schreienden Frauen und bellenden Hunden und die Befehle von Soldaten zu ihnen hineindringen. Die Szene soll ein Gefühl von Hilflosigkeit und Angst vermitteln. Die VR-Anwendung endet mit einer Szene im Wald der Gedenkstätte Treblinka zwischen den symbolischen Grabsteinen. Die Nutzer:innen gehen auf einen Hügel, auf dem sie Bildmaterial aus der Zeit nach dem Krieg sehen.[51]

Die Szenen dieser VR-Anwendungen zeigen, dass die wiedergegebenen Biografien stark vereinfachte, scheinbar allgemeingültige Versionen dessen sind, was die Opfer tatsächlich erleiden mussten. So bleibt in »Witness: Auschwitz« nicht nur der nationale Hintergrund der Hauptfigur unklar, sie scheint auch mehrmals das Geschlecht zu ändern. Sie wechselt hin und her zwischen Erfahrungen, die vor allem Frauen gemacht haben, wie etwa das Abendessen zuzubereiten oder bei der Selektion von ihrem Kind getrennt zu werden, und eher männlichen Erfahrungen, wie der Arbeit bei einem Geigenbauer oder dem Ausheben eines Massengrabs.

Die Ansicht, dass eine verallgemeinerte Geschichte als Repräsentation für alle dienen kann, zeigt sich auch an der Darstellung der menschlichen Figuren in den VR-Anwendungen. So sind in »Journey Through the Camps« ausschließlich Schatten zu sehen. In »Witness: Auschwitz« sollen sowohl die Wärter:innen als auch die Gefangenen gesichts- und eigenschaftslos dargestellt werden. Dies hat zum einen technische Gründe, da es bislang schwierig ist, menschliche Figuren in VR vollends wirklichkeitsgetreu darzustellen. Außerdem sei es, so die Entwickler von »Journey Through the Camps«, für die Nutzer:innen einfacher, sich mit abstrakten Figuren zu identifizieren.⁵² Figuren, die nicht ganz, aber fast menschlich wirken, befinden sich schnell in einem »uncanny valley«, wie es der japanische Robotiker Masahiro Mori genannt hat: Während Menschen mit humanoiden, aber abstrakten Robotern eine Beziehung aufbauen, wirken (fast) realistische mechanische oder digitale Darstellungen menschlicher Figuren schnell unheimlich und abstoßend.⁵³ »Witness: Auschwitz« will mit den abstrakten Figuren aber auch die Entmenschlichung der KZ-Gefangenen repräsentieren. Das Problem solcher Repräsentationen ist allerdings, dass sie Entmenschlichung nicht nur darstellen, sondern auch reproduzieren. Dadurch werden die Bemühungen missachtet, durch das Aufzeichnen und Sammeln einzelner Leidensgeschichten jedem einzelnen Opfer ein Gesicht und einen Namen zu geben und die Aufmerksamkeit auf die Singularität und Komplexität der einzelnen Biografien zu lenken.

Gleichzeitig wird auf diese Weise jedoch das unmittelbare Erlebnis einer primären Zeug:innenschaft erleichtert – und damit Empathie. In keiner der hier analysierten VR-Anwendungen wurde ein Avatar benutzt. Stattdessen haben sich die Entwickler:innen für eine Ich-Perspektive entschieden: Den Nutzer:innen werden leere Hüllen präsentiert, in die sie sich selbst hineinprojizieren können. Nun haben einige Studien einen »in-group bias« für Empathie nachgewiesen. Menschen sind demnach z. B. eher bereit, Empathie mit Menschen zu empfinden, die zur selben ethnischen Gruppe gehören wie sie selbst.⁵⁴ Kein Mensch ist so sehr Teil der eigenen Ingroup wie der betreffende Mensch selbst. Dadurch kann allerdings aus einem gewünschten altruistischen Effekt schnell eine Nabelschau werden. Statt historische Zusammenhänge und fremde Erfahrungen verstehen zu wollen, besteht dann die Gefahr, dass sich die Nutzer:innen vor allem auf ihre eigenen Empfindungen konzentrieren.

Die VR-Anwendungen suggerieren zudem, dass traumatische Erlebnisse digital sowohl geteilt als auch wiedererlebt werden können. Dieses Vorgehen, die Nutzer:innen die Erlebnisse der Opfer nacherleben zu lassen, erinnert an ein Verfahren der VR-Traumatherapie. Seit den frühen 2000er-Jahren wird VR zur Behandlung von posttraumatischen Belastungsstörungen von Soldat:innen eingesetzt (mit nahezu denselben VR-Anwendungen werden im Übrigen Soldat:innen auf ihren Einsatz in Kriegsgebieten vorbereitet). Dieser Einsatz von VR hat, wie Amit Pinchevski gezeigt hat, zu einer Neudefinition von Traumata und zu neuen Konzepten ihrer Therapierung geführt.⁵⁵ Im Gegensatz zu den klassischen, introspektiven Gesprächstherapien sind VR-Therapien konfrontativ. In der virtuellen Realität werden Patient:innen dabei allerdings nicht mit ihren eigenen

Erlebnissen konfrontiert, sondern mit verallgemeinerten Erlebnissen, die sie dann mit Details ihrer eigenen Erfahrungen füllen – ein Phänomen, das Pinchevski »immersive fill«[56] nennt. In den VR-Therapien wird Trauma damit zu etwas, das geteilt werden kann, weil es auf vermeintlich universalen Gefühlen wie Angst und der vermeintlichen Möglichkeit, dass alle Menschen zu Opfern werden können, beruht. Dies gilt entsprechend für die verallgemeinerten Lebensgeschichten von Opfern des Holocaust in den hier analysierten VR-Anwendungen. Den Nutzer:innen wird suggeriert, dass das, was die Opfer empfunden haben, auch etwas ist, das sie selbst empfinden können – eben weil alle Menschen Gefühle wie Angst, Bedrückung oder Erniedrigung kennen. Es werden dabei Szenarien genutzt, die die meisten Nutzer:innen in der einen oder anderen Form selbst erlebt haben könnten: die Trennung von einem geliebten Menschen, die Demütigung durch eine Autoritätsperson oder das klaustrophobische Gefühl, in einem engen Raum zu sein. Dabei wird zum einen außer Acht gelassen, dass Gefühle zumindest teilweise sozial und kulturell konstruiert sind, wie die kulturwissenschaftliche Forschung zu Gefühlen herausgearbeitet hat.[57] Zum anderen wird nicht berücksichtigt, dass die Opfer aufgrund ihrer ethnischen, religiösen oder nationalen Herkunft, der unterschiedlichen Lager, in denen sie waren, ihrer jeweiligen Stellung im Lager, ihrer Klasse, ihres Geschlechts, ihrer sexuellen Orientierung und des Grundes für ihre Verfolgung sehr unterschiedliche Erfahrungen gemacht haben.

Die hier analysierten VR-Anwendungen gehören allerdings zu den ersten, die den Holocaust zum Thema haben. Die meisten sind zudem noch nicht fertig entwickelt oder dienen als Prototypen. Einige dieser Anwendungen versuchen bereits, sich einer differenzierteren Darstellung von Leidensgeschichten anzunähern. So setzt »Journey Through the Camps« den Schattenfiguren die Stimmen tatsächlicher Überlebender entgegen – dies wurde allerdings erst spät entschieden,[58] sodass zum Teil Diskrepanzen zwischen dem Gezeigten und den mündlichen Zeugnissen bestehen. Die Entwickler von »Fragments« hoffen, in Zukunft die Geschichten mehrerer tatsächlicher Überlebender in VR darstellen zu können. Es könnten in Zukunft daher durchaus komplexere Darstellungen der Schicksale von Holocaustüberlebenden in VR entstehen.

Das Bilderverbot: Die (Nicht-)Darstellung der Gaskammern

Während die analysierten VR-Anwendungen Traumata als wiederholbar und darstellbar präsentieren, wird die Geschichte der meisten Opfer nicht vollständig und vor allem nicht zu Ende erzählt. »Wenn man an Auschwitz denkt, denkt man normalerweise an furchtbare, schreckliche Dinge, die passiert sind, aber wir hatten das Gefühl, dass es weniger wichtig ist, diese Dinge in der virtuellen Realität zu zeigen, da man diese schon aus Filmen kennt«, erklärt Daniele Azara. »Witness: Auschwitz« solle den »Alltag der Menschen im Lager« zeigen.[59] Es stellt sich die Frage, was hier unter »Alltag« im Lager verstanden wird. Waren Gewalt und Tod nicht ein wesentlicher Teil des Lageralltags?

Spätestens seit Theodor W. Adornos Feststellung, dass Lyrik nach Auschwitz barbarisch sei, als »Diktum« aufgenommen wurde, pendeln Holocaustdarstellungen zwischen einem »Verbot der Bilder« und einem »Gebot der Erinnerung«, wie Bettina Bannasch und Almuth Hammer es nannten.[60] Der Umfang dieses »Bilderverbots« wird anhaltend diskutiert – die Positionen reichen von einer vollständigen Ablehnung jedweder Darstellung der Verfolgung einschließlich historischer Quellen, wie sie der Filmemacher Claude Lanzmann gefordert hat,[61] über die Ablehnung nur fiktiver Darstellungen bis zur Ablehnung lediglich bestimmter fiktiver Darstellungen.[62] Das größte Tabu ist dabei nach wie vor die Darstellung des Todes in den Gaskammern, ein Tabu, das, wie einige Kritiken argumentieren, Steven Spielberg mit der Duschszene in »Schindlers Liste« – die diesen Tod allerdings nicht darstellt – gebrochen habe. Seit diesem vermeintlichen Tabubruch haben Filmemacher:innen immer wieder neue filmische Strategien erprobt, um das Undarstellbare darzustellen. So spielt z. B. »Der Junge im Gestreiften Pyjama« (2008)[63] mit dem Blick des naiven Kindes, während »Son of Saul« (2015)[64] die Egoperspektive, Nahaufnahmen und unscharfe Bilder einsetzt.

Die meisten VR-Anwendungen vermeiden es, die Gaskammern zu zeigen.[65] So können die Nutzer:innen von »Virtual Sobibór« zwar Baracken und Eisenbahnwaggons betreten, aber nur bis zum Eingang der Gaskammern gehen, wo ihr Rundgang endet. Bei »Witness: Auschwitz« werden die Gaskammern angedeutet, wenn die Nutzer:innen aufgefordert werden, ein Massengrab auszuheben, allerdings werden hier die »entfernten Schreie vom Lärm eines Motorrads übertönt«[66]. »Journey Through the Camps« kreiert einen »Schindlers Liste«-Effekt: Die Nutzer:innen werden in einen Duschraum gebracht – und für den Bruchteil einer Sekunde ist unklar, ob statt des Wassers Gas aus den Brausen kommen wird.

Die Frage, welche Darstellung akzeptabel ist und welche nicht, bezieht sich nicht nur darauf, was gezeigt wird, sondern auch darauf, welches Medium dafür zum Einsatz kommt. Einer der Gründe, in den VR-Anwendungen keine Gewalt – und in den meisten Fällen auch keine Menschen – zu zeigen, ist offenbar das Bemühen, sich von Computerspielen abzugrenzen. Eine Unterrepräsentation von Gewalt birgt andererseits die Gefahr, dass das Leben im Lager manchen Nutzer:innen als hart, aber nicht unbedingt als lebensbedrohlich erscheinen könnte. Die in der VR simulierte Zeitzeug:innenschaft bleibt so oberflächlich. Entweder werden die Nutzer:innen, wie in den VR-Anwendungen, die ihnen lediglich eine digitale Rekonstruktion des Lagers präsentieren, in eine Zeug:innenposition gebracht, die es so nie gegeben hat: Sie betreten ein Lager während der Zeit des Zweiten Weltkrieges, sehen dieses Lager aber menschenleer – und meistens auch penibel aufgeräumt. Oder sie durchleben während einiger Minuten eine sehr harmlose Version des Leidenswegs eines Opfers.

Ein anderer Empathiebegriff

Nun stellt sich die Frage, ob es überhaupt nötig ist, Zeitzeug:innenschaft zu simulieren, um etwas über den Holocaust zu lehren oder daran zu erinnern. Zum einen hat Empathie nicht immer die gewünschten Effekte. Der Sozialpsychologe Daniel Batson etwa hat festgestellt, dass die Motivation, zu helfen, die entsteht, wenn Menschen das Leid eines anderen Menschen sehen oder nachfühlen, häufig weniger altruistisch motiviert ist als vielmehr dazu dient, ein eigenes Unbehagen zu lindern. Zudem können, wie bereits angemerkt, nacherlebte schmerzhafte Erlebnisse dazu führen, dass Menschen sich mehr auf sich selbst als auf andere konzentrieren. Schließlich kann ein zu starkes Mitgefühl das Vermögen, zu helfen, blockieren – wie bei Chirurg:innen oder Therapeut:innen, die sich zu sehr auf den Schmerz ihrer Patient:innen konzentrieren.[67]

Ferner birgt es Risiken, Menschen in VR potenziell traumatisierende Erlebnisse durchleben zu lassen. Michael Madary und Thomas K. Metzinger haben in ihrem ethischen Code zu VR auf die Gefahr hingewiesen, dass VR sowohl zu fundamentalen biologischen als auch zu psychologischen Veränderungen führen kann.[68] Noch gibt es hierzu jedoch zu wenige Untersuchungen.[69] Allerdings muss die Möglichkeit einer indirekten Traumatisierung durch VR bei Entwicklung von VR-Anwendungen, die die Erlebnisse von Opfern des Holocaust zum Thema haben, in Betracht gezogen werden.

Eine andere Gefahr, der indirekten Traumatisierung diametral entgegengesetzt, ist die Gefahr der »dark nostalgia«[70]. Daniele Azara erklärte, dass seine Firma, bevor sie »Witness: Auschwitz« entwickelte, Kund:innen gewinnen wollte, indem sie gebeten wurden, sich vorzustellen, dass sie persönlich die Landung der Alliierten in der Normandie, den Abwurf der Atombombe auf Hiroshima oder eben Auschwitz erleben könnten.[71] Der Begriff der »dark nostalgia«, wie ihn Silke Arnold-de Simine benutzt hat, bezeichnet einen solchen Wunsch, schreckliche Erlebnisse nachzuerleben. Ein Wunsch dieser Art ist allerdings nur mit einer großen zeitlichen Distanz zu den Ereignissen möglich – und mit der Sicherheit, selbst unbeschadet zu bleiben. Damit werden potenziell traumatisierende Ereignisse zu spannenden Erfahrungen umgedeutet – mit der Gefahr, dass Nutzer:innen die VR-Anwendungen für einen »Kick« und nicht für Erinnerungs- oder Lernzwecke nutzen.

Selbst aber wenn alle diese möglichen negativen Folgen ignoriert würden, ist das Konzept von Empathie, das im Begriff der »Empathie-Maschine« zum Ausdruck kommt, zu eng gefasst. Empathie wird hier als eine Spiegelung von Gefühlen und Erfahrungen verstanden. Demnach können Menschen nur Mitgefühl mit anderen empfinden, wenn sie dieselben Erfahrungen durchlebt haben. Die Unterkomplexität dieses Konzepts hat bereits vielfach Kritik erfahren.[72] Ein umfassenderes, komplexeres Konzept könnte der Empathiebegriff der Emotionsforscherin Sara Ahmed sein. Ahmed versteht Empathie als ein »Wunschgefühl«, da immer eine Wissenslücke zwischen den Gefühlen eines Individuums und denen eines anderen Individuums besteht. Eine »Ethik des Schmerzes« bedeutet für Ahmed daher, dass »ich danach handeln muss, was ich nicht weiß, anstatt danach, was ich weiß«.[73] Vielleicht liegt für zukünftige VR-Anwendungen die Kunst also darin, den Nutzer:innen bewusst zu machen, was sie nicht wissen können – statt ihnen zu suggerieren, sie könnten selbst zu digital simulierten Zeitzeug:innen werden. Das würde erfordern, den VR-Anwendungen ein anderes Empathiekonzept zugrunde zu legen. Eines, das die Verständnislücke zwischen Sender:in und Empfänger:in und zwischen dem Inneren von Menschen und dem, was sie durch Worte, Gesten und Taten aus diesem Inneren vermitteln können, berücksichtigt, anstatt sie zu verwischen.

Anmerkungen

1 Vgl. Witness: Auschwitz. Un drammatico viaggio in realtà virtuale, https://witnessauschwitz.com, Zugriff: 28.11.2022. – Dieser Beitrag entstand im Rahmen des vom Grimme-Forschungskolleg finanzierten Projekts »Witness Auschwitz? Digitale Rekonstruktionen von Konzentrationslagern am Anfang einer digital-somatischen Phase der Holocausterinnerung«. Die Forschungsergebnisse wurden bereits in englischer Sprache veröffentlicht (vgl. Steffi de Jong: The Simulated Witness. Empathy and Embodiment in VR Experiences of Former Nazi Concentration and Extermination Camps, in: History & Memory 35 [2023], Nr. 1, S. 69-107).

2 Vgl. Alessandra Contin: Witness: Auschwitz, la tragedia della Shoah raccontata con la realtà virtuale, in: La Stampa, 7.3.2019.

3 Elliot Gardner: Does A VR Auschwitz Simulation Cross An Ethical Line?, in: Alphr, 4.10.2017, https://www.alphr.com/life-culture/1007241/does-a-vr-auschwitz-simulation-cross-an-ethical-line, Zugriff: 28.11.2022. Übersetzung, soweit nicht anders angegeben, hier und im Weiteren: Steffi de Jong.

4 Christian Schiffer: VR-Experience Auschwitz: Die Banalisierung des Holocaust? Ein italienisches Studio macht aus der Mordmaschinerie der Nazis eine Virtual-Reality-Erfahrung. Darf man das?, in: fluter, 1.12.2017, https://www.fluter.de/studio-baut-vr-modell-von-kz-auschwitz, Zugriff: 28.11.2022.

5 @AuschwitzMuseum, Tweet v. 4.10.2017, https://twitter.com/AuschwitzMuseum/status/915553021484048385, Zugriff: 21.12.2022.

6 Vgl. Auschwitz-Birkenau Historical VR Reconstruction, https://auschwitz-vr.pl/en, Zugriff: 19.1.2023. Erste Einträge auf Facebook sind für Oktober 2019 zu finden (vgl. Auschwitz-VR, https://www.facebook.com/profile.php?id=100063740104540, Zugriff: 19.1.2023).

7 Vgl. Interview mit Daniele Azara, 24.11.2020.

8 Vgl. hierzu auch Habbo Knoch: Das KZ als virtuelle Wirklichkeit. Digitale Raumbilder des Holocaust und die Grenzen ihrer Wahrheit, in: Geschichte und Gesellschaft 47 (2021), S. 90-121.

9 Chris Milk: Wie virtuelle Realität zur ultimativen Empathie-Maschine werden kann, TED Talk, 2015, https://www.ted.com/talks/chris_milk_how_virtual_reality_can_create_the_ultimate_empathy_machine?language=de, Zugriff: 28.11.2022.

10 Mel Slater/Sylvia Wilbur: A Framework for Immersive Virtual Environments (FIVE): Speculations on the Role of Presence in Virtual Environments, in: Presence: Teleoperators and Virtual Environments 6 (1997), Nr. 6, S. 603-616, hier S. 604.

11 Zit. nach Gardner (Anm. 3).

12 So wird in einem Video über »Fragments« von 2018 darauf hingewiesen, dass alle 45 Minuten eine:r von 100000 verbleibenden Holocaustüberlebenden in Israel sterbe (vgl. Akim Dolinsky/Itamar Simon Duschnitzky, Film über »Fragments«, 25.6.2018, https://www.facebook.com/akim.dolinsky/videos/10216262891147654, Zugriff: 28.11.2022). Die Autor:innen einer Nutzer:innenstudie zu »Virtual Sobibór« konstatieren, dass Zeug:innen des Holocaust im 21. Jahrhundert verstummen werden (vgl. Kees Ribbens/Carolien Rieffe/Harry van Vliet/Sytse Wierenga/Paul Verschure: Virtueel omzien naar de Holocaust: Evaluatie van het gebruik van Virtuele Realiteit in het onderricht van de geschiedenis van Sobibór en Bergen-Belsen, Manuskript, 2016, S. 1-59, hier S. 3, Manuskript im Besitz der Autor:innen.

13 Aleida Assmann: Die Last der Vergangenheit, in: Zeithistorische Forschungen/Studies in Contemporary History 4 (2007), Nr. 3, S. 375-385, hier S. 378.

14 Vgl. z.B. Sybille Krämer: Medium, Bote, Übertragung: Kleine Metaphysik der Medialität, Frankfurt am Main 1999, S. 247-253; Sigrid Weigel: Zeugnis und Zeugenschaft, Klage und Anklage. Die Geste des Bezeugens in der Differenz von »identity politics«, juristischem und historiographischem Diskurs, in: Zeugnis und Zeugenschaft. Jahrbuch des Einstein Forums 1, Berlin 1999, S. 111-135; John Durham Peters: Witnessing, in: Media, Culture & Society 23 (2001), Nr. 6, S. 707-723.

15 Vgl. David P. Boder: I did not interview the dead, Urbana, Ill., 1949, S. xiii.

16 Vgl. Judith Keilbach: Mikrofon, Videotape, Datenbank. Überlegungen zu einer Mediengeschichte der Zeitzeugen, in: Martin Sabrow / Norbert Frei (Hg.): Die Geburt des Zeitzeugen nach 1945, Göttingen 2012, S. 281-299.
17 Geoffrey Hartmann: Holocaust Remembrance: The Shapes of Memory, Oxford 1994, S. 144.
18 Vgl. Dimensions in Testimony, https://sfi.usc.edu/dit; The Forever Project, https://www.holocaust.org.uk/interactive; Lernen mit digitalen Zeugnissen (LediZ), https://www.lediz.uni-muenchen.de/index.html; Volumetrisches Zeitzeugnis von Holocaustüberlebenden, https://www.filmuniversitaet.de/forschung-transfer/forschung/projekte/projektseite/detail/volumetrisches-zeitzeugnis-von-holocaustueberlebenden, Zugriffe: 20.12.2022.
19 The Last Goodbye, USA, 2017, Regie: Gabo Arora / Ari Palitz, Produktion: USC Shoah Foundation, 16 Minuten.
20 The Eva Experience, USA, 2019, Version 2.1, Produktion u. Entwicklung: Ascent XR, https://www.thestoryofeva.com/education/vr, Zugriff: 23.1.2023.
21 Vgl. Caroline Wake: Regarding the Recording: The Viewer of Video Testimony, the Complexity of Copresence and the Possibility of Tertiary Witnessing, in: History & Memory 25 (2013), Nr. 1, S. 111-144, hier S. 113.
22 Vgl. ebd.
23 Vgl. Peters (Anm. 14), S. 720.
24 Dies war der Fall bei den Projekten »Witness: Auschwitz«, »Journey Through the Camps« und »Fragments«.
25 Interview mit Ralph Vituccio u. Jaehee Cho, 17.11.2020.
26 Vgl. Alison Landsberg: Prosthetic Memory. The Transformation of American Remembrance in the Age of Mass Culture, New York 2004.
27 Ebd., S. 2.
28 Ebd.
29 Ebd., S. 9.
30 Ebd., S. 120.
31 Ebd., S. 148.
32 Clouds over Sidra, USA, 2015, Regie: Chris Milk / Barry Pousman, Drehbuch: Gabo Arora / Edward Robles, Produktion: Samantha Storr / Patrick Milling Smith / Joe Chen / Chris Milk / Gabo Arora / Barry Pousman / Katherine Keating / Socrates Kakoulides / Christopher Fabian, 8:35 Minuten.
33 Milk (Anm. 9).
34 Vgl. Domna Banakou / Alejandro Beacco / Solène Neyret / Marta Blasco-Oliver / Sofia Seinfeld / Mel Slater: Virtual body ownership and its consequences for implicit racial bias are dependent on social context, in: Royal Society Open Science 7 (2018), Nr. 12, S. 2-18.
35 Vgl. Nonny de la Peña / Peggy Weil / Joan Llobera / Elias Giannopoulos / Ausiàs Pomés / Bernhard Spanlang / Doron Friedman / Maria Sanchez-Vives / Mel Slater: Immersive Journalism: Immersive Virtual Reality for the First-Person Experience of News, in: Presence 19 (2010), Nr. 4, S. 291-301; Catherine Hamilton-Giachritsis / Domna Banakou / Manuela Garcia Quiroga / Christos Giachritsis / Mel Slater: Reducing Risk and Improving Maternal Perspective-Taking and Empathy Using Virtual Embodiment, in: Scientific Reports 8 (2018), Nr. 2975, S. 1-10; Sun Joo (Grace) Ahn / Joshua Bostick / Elise Ogle / Kristine L. Nowak / Kara T. McGillicuddy / Jeremy N. Bailenson: Experiencing Nature: Embodying Animals in Immersive Virtual Environments Increases Inclusion of Nature in Self and Involvement with Nature, in: Journal of Computer-Mediated Communication 21 (2016), Nr. 6, S. 399-419.
36 Vgl. de la Peña et al. (Anm. 35), S. 295; Nick Yee / Jeremy Bailenson: The Proteus Effect: The Effect of Transformed Self-Representation on Behavior, in: Human Communication Research 33 (2007), Nr. 3, S. 271-290. Der Proteus-Effekt ist nach dem wandlungsfähigen Meeresgott der frühen griechischen Mythologie benannt.
37 Vgl. Auschwitz-Birkenau Historical VR Reconstruction (Anm. 6).
38 Ebd.
39 Daniel Pacheco / Sytse Wierenga / Pedro Omedas / Stefan Wilbricht / Habbo Knoch / Paul F.M.J. Verschure: Spatializing Experience: A Framework for the Geolocalization, Visualization and Exploration of Historical Data Using VR/AR Technologies, in: Proceedings of the 2014 Virtual Reality International Conference, 9.-11.4.2014, Laval, Frankreich, Art. 1, S. 3, https://repositori.upf.edu/handle/10230/35717?locale-attribute=en, Zugriff: 28.11.2022.
40 Vgl. zu einigen Abbildungen des ersten und des jüngsten Modells die Web-

site der Future Memory Foundation, https://www.futurememoryfoundation.org, Zugriff: 3.3.2023.
41 David Lowenthal: The Past is a Foreign Country, Cambridge 1985.
42 Manuel Köppen: Von Effekten des Authentischen – Schindlers Liste: Film und Holocaust, in: ders./Klaus R. Scherpe (Hg.): Bilder des Holocaust. Literatur – Film – Bildende Kunst, Köln 1997, S. 145-170, hier S. 155.
43 Schindlers Liste, USA, 1995, Regie: Steven Spielberg, Drehbuch: Steven Spielberg/Steven Zailian, Produktion: Steven Spielberg/Branko Lustig/Gerald R. Molen, 187 Minuten.
44 Vgl. They Were Just Like Us. Film for 75th Anniversary of the Liberation of Auschwitz, https://www.youtube.com/watch?v=qXIAZSrAlJM, Zugriff: 12.12.2022.
45 Die Londoner Charta für die computergestützte Visualisierung von kulturellem Erbe, Version 2.1, 7.2.2009, https://www.londoncharter.org/fileadmin/templates/main/docs/london_charter_2_1_de.pdf, Zugriff: 28.11.2022; The Seville Principles. International Principles of Virtual Archaeology. Ratified by the 19th ICOMOS General Assembly in New Delhi, December 2017, http://sevilleprinciples.com, Zugriff: 12.12.2022.
46 101%/IsayWeb: Witness: Auschwitz. Project Description, S. 2, Manuskript im Besitz von 101% und IsayWeb.
47 Ebd.
48 Ebd.
49 »Auschwitz: VR« hingegen soll die Option von »educational scenarios« bieten, »geskripteten Sequenzen«, in denen die Nutzer:innen trotz einiger Handlungs- und Bewegungsfreiheiten Zuschauer:innen bleiben (vgl. Auschwitz-Birkenau Historical VR Reconstruction [Anm. 6]).
50 Vgl. Journey Through the Camps, https://www.ortainteractive.com/projects/journeythroughthecamps, Zugriff: 28.11.2022.
51 Vgl. Interview mit Akim Dolinsky, 4.12.2020.
52 Vgl. Interview mit Ralph Vituccio u. Jaehee Cho (Anm. 25).
53 Masahiro Mori: The Uncanny Valley, 1970, Übers. aus d. Japanischen: Karl F. MacDorman/Norri Kageki, in: IEEE Spectrum, 12.6.2012, https://spectrum.ieee.org/automaton/robotics/humanoids/the-uncanny-valley, Zugriff: 28.11.2022.
54 Vgl. z.B. Silke Arnold-de Simine: Mediating Memory in the Museum. Trauma, Empathy, Nostalgia, New York 2013, S. 121.
55 Vgl. Amit Pinchevski: Transmitted Wounds: Media and the Mediation of Trauma, Oxford 2019, S. 112-138.
56 Ebd., S. 134.
57 Für eine kompakte Einführung in die Emotionsgeschichte vgl. Nina Verheyen: Geschichte der Gefühle, Version 1.0, in: Docupedia-Zeitgeschichte, 18.6.2010, https://docupedia.de/zg/verheyen_gefuehle_v1_de_2010, Zugriff: 28.11.2022.
58 Vgl. Interview mit Ralph Vituccio u. Jaehee Cho (Anm. 25).
59 Zit. nach Gardner (Anm. 3).
60 Bettina Bannasch/Almuth Hammer (Hg.): Verbot der Bilder – Gebot der Erinnerung. Mediale Repräsentationen der Schoah, Frankfurt am Main 2004. Für eine Diskussion von Theodor W. Adornos Satz vgl. z.B. Stefan Krankenhagen: Auschwitz darstellen. Ästhetische Positionen zwischen Adorno, Spielberg und Walser, Köln 2001.
61 Vgl. Marc Chevrie/Hervé le Roux: Site and Speech: An Interview with Claude Lanzmann about Shoah, in: Stuart Liebman (Hg.): Claude Lanzmann's Shoah: Key Essays, Oxford 2007, S. 37-49. Vgl. auch Sven-Erik Rose: Auschwitz as Hermeneutic Rupture, Differend, and Image *malgré tout:* Jameson, Lyotard, Didi-Huberman, in: David Bathrick/Brad Prager/Michael D. Richardson (Hg.): Visualizing the Holocaust. Documents, Aesthetics, History, Rochester, N.Y., 2008, S. 114-137; Dominick LaCapra: Lanzmann's »Shoah«: »Here There Is No Why«, in: Critical Inquiry 23 (1997), Nr. 2, S. 231-269.
62 Vgl. hierzu z.B. Karyn Ball: For and against the Bilderverbot. The Rhetoric of »Unrepresentability« and Remediated »Authenticity« in the German Reception of Steven Spielberg's Schindler's List, in: David Bathrick/Brad Prager/Michael D. Richardson (Hg.): Visualizing the Holocaust. Documents, Aesthetics, Memory, Rochester, N.Y., 2008, S. 162-184, hier S. 164-166.
63 Der Junge im gestreiften Pyjama, Großbritannien/USA, 2008, Regie u. Dreh-

buch: Mark Herman, Produktion: David Heyman, 94 Minuten.
64 Son of Saul, Ungarn, 2015, Regie: László Nemes, Drehbuch: László Nemes/Clara Royer, Produktion: Gábor Rajna/Gábor Sipos, 105 Minuten.
65 Auf der Website von »Auschwitz: VR« ist die detaillierte Ansicht einer Gaskammer zu sehen, sodass davon ausgegangen werden kann, dass die Nutzer:innen die Gaskammern hier sowohl von außen als auch von innen sehen können (vgl. Auschwitz-Birkenau Historical VR Reconstruction [Anm. 6]).
66 101%/IsayWeb (Anm. 46), S. 2.
67 Vgl. Daniel C. Batson: These Things Called Empathy. Eight Related but Distinct Phenomena, in: Dean Decety/William Ickes (Hg.): The Social Neuroscience of Empathy, Cambridge, Mass., 2009, S. 3-16, hier S. 9-11.
68 Vgl. Michael Madary/Thomas Metzinger: Real Virtuality. A Code of Ethical Conduct. Recommendations for Good Scientific Practice and the Consumers of VR-Technology, in: Frontiers in Robotics and AI 3 (2016), Nr. 3, S. 1-23, hier S. 4.
69 Vgl. Janet H. Murray: Virtual/reality: how to tell the difference, in: Journal of Visual Culture 19 (2020), Nr. 1, S. 11-27.
70 de Simine (Anm. 54), S. 59.
71 Interview mit Daniele Azara (Anm. 7).
72 Vgl. z.B. Grant Bollmer: Empathy Machines, in: Media International Australia 165 (2017), Nr. 1, S. 63-76; Mark Andrejevic/Zala Volcic: Virtual Empathy, in: Communication, Culture and Critique 13 (2019), Nr. 3, S. 295-310.
73 Sara Ahmed: The Cultural Politics of Emotion, Edinburgh 2014, S. 30, 31.

Felix Zimmermann

Vergangenheitsatmosphären als Herausforderung für KZ-Gedenkstätten und digitale Spiele
Erlebnis, Kognition und das Potenzial atmosphärischer Störungen

Wir sind B.J. Blazkowicz, eingeschleust in das Konzentrationslager Selo, um den jüdischen Wissenschaftler Seth Roth zu befreien. Es ist 1960. Die Nationalsozialisten haben den Zweiten Weltkrieg gewonnen. Wir sind im Widerstand und brauchen Seth Roths Hilfe, um gegen die Übermacht des Feindes zu bestehen.

boter bewacht. Er steht auf zwei Füßen, massiv, aus seinem Mund kommen Flammen.

Das Gebäude, vor dem zahlreiche Häftlinge kauern und warten – das muss die Wohnbaracke sein. Drinnen wird das morsche Holz der Wände und Hochbetten von flackernden Glühlam-

Abb. 1: »Wolfenstein: The New Order«: Die Schornsteine im fiktiven Konzentrationslager Selo. Screenshot: Felix Zimmermann

Wir betreten einen Innenhof, schauen uns um. Wir sehen Häftlinge, abgemagert und zittrig. In der Ferne erspähen wir hohe Schornsteine (Abb. 1). Etwas – oder jemand – wird verbrannt. Wir sehen es nicht genau, doch wir ahnen es.

Das metallene Tor zum Nachbarhof wird von einem bedrohlichen Stahlro-

pen erleuchtet. Fliegen schwirren umher, wir können es nicht riechen, doch der Gestank liegt in der Luft.

Wir finden Seth Roth, er verarztet notdürftig einen verletzten Mithäftling. Er spricht mit uns, und er hat einen Plan, um auszubrechen.

Die geschilderte Szene entstammt der achten Mission des 2014 erschienenen »Wolfenstein: The New Order«.[1] Der Ego-Shooter inszeniert eine Alternativweltgeschichte, die am ehesten mit Werken wie »The Man in the High Castle« von Philip K. Dick[2] oder »Fatherland« von Robert Harris[3] zu vergleichen ist.[4] Doch trotz dieser klar fiktionalen Verortung hat wohl kaum ein anderes Spiel intensivere Bearbeitung durch die geschichtswissenschaftlichen Game Studies[5] hinsichtlich der Frage erfahren, ob und wie digitale Spiele den Holocaust thematisieren können und thematisieren sollten.[6] Dies hat auch darin seinen Grund, dass die Auswahl an Untersuchungsgegenständen zu dieser Thematik höchst überschaubar ist: »Wolfenstein: The New Order« kann im Kontext finanzstarker Großproduktionen als Vorreiter betrachtet werden, denn zuvor war es üblich, den Zweiten Weltkrieg »entpolitisiert«[7] darzustellen, »als einen abstrakten (und berechenbaren) Wettstreit zweier gleichberechtigter Gegner, vergleichbar etwa dem Schachspiel«.[8] Der Holocaust kam in digitalen Spielen daher in der Regel überhaupt nicht vor. Wulf Kansteiner merkte hierzu an, dass es einen »strange case of Holocaust denial in reverse« darstelle, dass »no sophisticated game about the topic yet exists«.[9] In ähnlichem Tenor hat Eugen Pfister mehrfach darauf hingewiesen, dass die Nichtdarstellung des Holocaust in digitalen Spielen »eben nicht als wirksames Tabu im Dienste eines ›Nie wieder!‹« diene, sondern es Spieler:innen teilweise sogar erlaube, »das Deutsche Reich zu spielen, ohne sich die historischen Implikationen dieses Nachspielens vor Augen führen zu müssen«.[10]

Seit Erscheinen von »Wolfenstein: The New Order« hat sich die Situation allerdings verändert. Zum einen lässt sich ein stärkeres Bewusstsein für die Bedeutung digitaler Spiele für die Erinnerungskultur feststellen, das sich z. B. an den Aktivitäten der Stiftung Digitale Spielekultur ablesen lässt. Die Stiftung hat nicht nur 2021 eine Fachtagung zum Thema abgehalten,[11] sondern bietet mittlerweile auch eine »Datenbank: Games und Erinnerungskultur« an, in der Spiele wie »Wolfenstein: The New Order« vorgestellt werden.[12] Kooperationspartnerin war die Stiftung Erinnerung, Verantwortung und Zukunft, was für eine zunehmende Offenheit auch etablierter Akteur:innen der Erinnerungskultur für das Thema spricht.

Zum anderen ist die Zahl der Spiele, die überhaupt in einer »Datenbank: Games und Erinnerungskultur« gesammelt werden könnten, weil sie sich mit den Verbrechen des NS-Regimes und spezifisch dem Holocaust auseinandersetzen, in den letzten Jahren deutlich gestiegen. Das 2017 erschienene »Call of Duty: WWII«[13] bietet z. B. in seinem Epilog eine spielmechanisch ähnlich umgesetzte Lagersequenz wie »Wolfenstein: The New Order«.[14] Für Aufsehen sorgte das 2020 erschienene »Through the Darkest of Times«[15], das Spieler:innen in die Rolle von Widerstandskämpfer:innen gegen das NS-Regime schlüpfen lässt.[16] Es thematisiert die von Rassenideologie getriebene systematische Vernichtung europäischer Jüdinnen und Juden ebenfalls explizit, die Darstellung ist im Vergleich zu »Wolfenstein« und »Call of Duty« jedoch eine andere: »Through the Darkest of Times« wählt einen eher abstrakten Zeichenstil (Abb. 2), den – so einer der Entwickler des Spiels, Jörg Friedrich – »the Nazis would ban«.[17] »Wolfenstein« und »Call of Duty« visualisieren dagegen Realitätsnähe vermittelnde dreidimensionale begehbare

Abb. 2: »Through the Darkest of Times«: Szene, die die Deportation einer jüdischen Familie zeigt. Screenshot: Felix Zimmermann

Lagerumgebungen, die Spieler:innen durchschreiten können.

Um solche Lagervisualisierungen soll es im Weiteren gehen.[18] Hierbei ziehe ich eine Verbindungslinie zu Diskussionen um Lagerrekonstruktionen und digitale Lagervisualisierungen in KZ-Gedenkstätten. Meine These ist, dass ein Nachdenken über die Räumlichkeit des Mediums digitales Spiel wichtige Impulse für die Auseinandersetzung mit diesem grundlegenden Streitpunkt einer Holocaust-Erinnerungskultur geben kann. KZ-Gedenkstätten und digitale Spiele werden gemeinhin als gegensätzliche Pole der Auseinandersetzung mit dem Holocaust verstanden. Ich stütze diese Annahme, indem ich KZ-Gedenkstätten und digitale Spiele im Lichte einer erlebnisorientierten Geschichtskultur betrachte.[19] KZ-Gedenkstätten sprechen sich in der Regel gegen eine solche Erlebnisorientierung aus, da ihr Angebot auf eine kognitive Auseinandersetzung mit Vergangenheit abzielt. Das digitale Spiel gilt vielen hingegen als Speerspitze einer erlebnisorientierten Geschichtskultur; das Affektive und Unmittelbare dominiert hier. Ich werde einige Argumente ausführen, die eine solche Verortung plausibel scheinen lassen. Gleichzeitig denke ich, dass sich die beiden Pole »KZ-Gedenkstätte« und »digitales Spiel« zunehmend annähern, und zwar in dem Sinne, dass Akteur:innen der Gedenkstättenarbeit vermehrt über Erlebnisangebote diskutieren und Versuche in diese Richtung durchführen, während Entwickler:innen ihre Spiele zunehmend auch als Medien der Geschichtsvermittlung begreifen und einsetzen. Am stärksten wäre einen solche Annäherung, wenn Gedenkstätten als Orte betrachtet werden, die – ähnlich wie die virtuellen Umgebungen digitaler Spiele – selbstbestimmt von Besucher:innen durchgangen werden können. Praktiken einer Gedenkstättenpädagogik wie z.B. Führungen verkomplizieren diese Beziehung, da die eigenständige Entdeckung und Erschließung eines Ortes eingeschränkt wird. In diesem Beitrag wird allerdings weniger die gedenkstättenpädagogische Praxis, sondern die Räumlichkeit und Ortshaftigkeit der realweltlichen sowie der virtuellen Lager im Vordergrund stehen.

Mir geht es um ein theoretisches Angebot, das sich mit der Unterscheidung von Realität und Wirklichkeit, Distanz und Nähe sowie Kognition und Erlebnis auseinandersetzt. Verbindendes Element dieser Überlegungen ist der Begriff der »Atmosphäre«, der es möglich macht, produktiv über das nachzudenken, was KZ-Gedenkstätten und digitale Spiele verbindet bzw. trennt, nämlich die Art und Weise, wie sie mit den Atmosphären, besonders den Vergangenheitsatmosphären, die sie hervorrufen, umgehen.

Andere, ebenfalls teils sehr produktive Felder der geschichtswissenschaftlichen Game-Studies-Forschung zum Holocaust werden im Rahmen dieses Beitrags nicht thematisiert. Die Geschichte der Darstellung bzw. Auslassung des Holocaust in digitalen Spielen kann bereits ausführlich nachvollzogen werden,[20] dies gilt auch für Fragen zum Umgang digitaler Spiele mit verfassungsfeindlicher Symbolik und zu der damit verbundenen Zensurpraktik,[21] für weitergehende Überlegungen zur Bedeutung digitaler Spiele für Gedächtnis und Zeugenschaft[22] sowie für die Einordnung digitaler Spiele in eine weitere Diskussion einer Digital Holocaust Memory.[23]

Vergangenheitsatmosphären als vergangen scheinende Wirklichkeiten

»Vergangenheitsatmosphäre« ist kein etablierter Analysebegriff der Geschichtswissenschaft. Ich führe ihn in meiner Dissertation[24] ein und nutze ihn hier, um digitale Spiele und KZ-Gedenkstätten im Zusammenhang zu betrachten.[25] Zwar gibt es einige Andeutungen in der geschichtswissenschaftlichen Forschung zum Atmosphärenbegriff, z.B. in Konzepten wie »Museum Atmospherics«[26] oder »Sonic Histospheres«[27], eine intensive Auseinandersetzung mit diesem in der Alltagssprache häufig genutzten Begriff fehlt jedoch. Im Kontext der Gedenkstättenforschung hat sich Habbo Knoch explizit mit dem Begriff der »Raumatmosphäre« im Spannungsfeld von Sachlichkeit und Erlebnis auseinandergesetzt,[28] doch das offenkundig vorhandene Interesse schlägt sich aktuell kaum in erinnerungskulturellen Publikationen nieder.

»Vergangenheitsatmosphäre« definiere ich als ganzheitliche, leiblich gespürte, vergangen scheinende, allerdings nicht vergangene Wirklichkeit einer Relation zwischen einem wahrnehmenden Subjekt und dessen Umgebung. Sie ist eine spezifische Ausprägung des Phänomens »Atmosphäre«, indem sie sich auf die Vergangenheit bezieht. Der Begriff »Atmosphäre« ist im deutschsprachigen Raum vor allem von den Philosophen Hermann Schmitz[29] und Gernot Böhme genutzt worden. Böhme sieht Atmosphäre z.B. als »gemeinsame Wirklichkeit des Wahrnehmenden und des Wahrgenommenen«.[30]

Auffällig ist die Frequenz des Begriffs »Wirklichkeit« in der von mir vorgeschlagenen Definition sowie in der grundlegenden Definition von Böhme. Wirklichkeit wird dabei in phänomenologischer Tradition als »unmittelbar erlebte Gegenwart«[31], als »situative Wahrheit«[32] oder als »relation to things that go before their interpretation in a culturally meaningful way«[33] verstanden. »Wirklichkeit« und »Realität« werden damit entgegen der alltagssprachlichen Verwendung klar unterschieden. »Realität« beschreibt in diesem Sinne, wie die Dinge *sind*, »Wirklichkeit«, wie die Dinge *scheinen*[34] – zwei Ebenen, die für wahrnehmende Subjekte nicht einfach zu trennen sind. Realität wird von uns Menschen als Wirklichkeit erlebt, aber – und das ist entscheidend: »Die Wirklichkeit ist eben nicht bloß die Wirklichkeit des Realen, sondern […] ein Feld von eigenem Gewicht«,[35] d.h., es kann Wirklichkeiten ohne Realitätsentsprechung geben.

Zur Spezifizierung des Atmosphärenbegriffs als »Vergangenheitsatmosphäre« zunächst ein Beispiel: Die Vergangenheit ist Realität, es hat also eine Vergangenheit gegeben. Allerdings ist uns Menschen – ohne Möglichkeit der Zeitreise – diese Realität der Vergangenheit nicht als Wahrnehmungswirklichkeit zugänglich, d.h., wir können diese Vergangenheit nicht erleben. Trotzdem gibt es heute Erlebnisangebote, die behaupten, ein Eintauchen in die Vergangenheit möglich zu machen, bzw. auf der anderen Seite Besucher:innen, die ein solches Eintauchen einfordern. Jens-Christian Wagner weist z.B. auf Klagen von KZ-Gedenkstätten-Besucher:innen hin, »man könne sich das ehemalige Lager ja gar nicht vorstellen, weil kaum noch etwas zu sehen sei. Gefordert werden Zäune, Baracken, Zellen und am besten auch der Schmutz, der Gestank, die Bedrängnis und die Todesangst.«[36] Der Wunsch ist, mit einer vergangenen Realität unmittelbar in Kontakt kommen zu können, was allerdings per Definition – Vergangenheit ist vergangen und daher unzugänglich – unmöglich ist. Und doch ist es durchaus praktikabel, Wirklichkeiten herzustellen, die wie Vergangenheit scheinen, indem z.B. physische oder virtuelle Rekonstruktionen genutzt werden. Diese Wirklichkeiten, mit denen Menschen in Kontakt kommen können und die teilweise sogar eingefordert werden, lassen sich als »Vergangenheitsatmosphären« fassen. Der Begriff schlägt so eine Brücke zwischen Phänomenologie und Geschichtstheorie.

Dialektik von Nähe und Distanz

Es geht um Unmittelbarkeit, und zwar um eine räumlich vermittelte Unmittelbarkeit. Dies ist ebenfalls charakteristisch für Atmosphären: Sie sind ein räumliches Phänomen, das ganzheitlich auf wahrnehmende Subjekte einwirkt. Böhme spricht von einem »atmosphärischen Totaleindruck«, der Ausgangspunkt sei, »um erst von daher allmählich Einzelheiten zu entdecken: Dinge, Farben, Formen, Geräusche, Beziehungen aller Art«.[37] Mit Atmosphären lässt sich beschreiben, wie Umgebungen auf Subjekte wirken, d.h., wie sie sich als Ganzes für diese Subjekte anfühlen. Deterministisch ist das jedoch nicht zu verstehen, weil Vorannahmen, Überzeugungen und frühere Erfahrungen eines Menschen[38] sowie Erwartungen beeinflussen, ob und wie das atmosphärische Potenzial eines Ortes realisiert wird.[39] Atmosphären sind damit ebenso kulturell vermittelt wie polyvalent.

Doch es gibt etwas, das Böhme in seiner Ausarbeitung des Atmosphärenbegriffs als »ästhetische Arbeit«[40] beschrieben hat, eine Praxis der Herstellung von Atmosphären z.B. durch Bühnenbildner:innen, Architekt:innen oder eben auch Spieleentwickler:innen. Nach Wolfgang Welsch lässt sich auch von einem »Wirklichkeitsdesign«[41] sprechen, denn »Wirklichkeit ist eine

Konstruktion, ist ein Ergebnis unserer Designtätigkeit«.⁴²

Die hier vorgestellten Begriffe lassen sich nutzen, um zu beschreiben, wie Räume gestaltet werden, damit in ihnen Atmosphären entstehen, die von Besucher:innen als Wirklichkeiten erlebt werden können. Ein ganzheitlicher, räumlich vermittelter Kontakt mit den Wirklichkeiten, die wie Vergangenheit scheinen, ist dann das, was die Authentizitätserwartungen der Besucher:innen zu befriedigen imstande ist – so zumindest das Ziel der ästhetisch Arbeitenden, z.B. der Spieleentwickler:innen.

Damit schließt das Konzept der Vergangenheitsatmosphäre nahtlos an bestehende Diskussionen über eine Holocaust-Erinnerungskultur an, in der Authentizität als Kernbegriff fungiert.⁴³ Vergangenheitsatmosphäre beschreibt damit kein genuin neues Phänomen, sondern ist ein Mittel, um die Arbeit von Praktiker:innen an realen und virtuellen Orten zur Schaffung ganzheitlicher Raumeindrücke besser zu erfassen. Denn in der Gedenkstättenforschung ist bekannt, dass »ein historischer Ort als authentisch wahrgenommen [wird], wenn die Raumerfahrung den Erwartungen so weit wie möglich entspricht oder sie sogar noch übertrifft«.⁴⁴ Vergangenheitsatmosphäre lässt sich hier in dem Sinne mit dem Authentizitätsbegriff verknüpfen, dass die Vergangenheitsatmosphäre dasjenige ist, was mit den Erwartungen der Besucher:innen übereinstimmen muss, damit ein gegebener Ort als authentisch bewertet wird. Vergangenheitsatmosphäre ist dann das Wahrnehmungsphänomen, das die Raumerfahrung bestimmt. Authentizitätsgefühle stellen sich bei Besucher:innen ein, wenn die vermeintliche Wirklichkeit der Vergangenheit – spürbar als Vergangenheitsatmosphäre – kongruent ist mit ihren Erwartungen. Die Frage, die Praktiker:innen wie Forscher:innen allerdings beschäftigt, ist, ob es ethisch vertretbar sein kann, zielgerichtete Raumgestaltung – z.B. durch Rekonstruktion oder Simulation – zu betreiben, um diesen Erwartungen zu entsprechen.

Hierbei geht es weniger um Digitalität, die bestenfalls die Beantwortung dieser Frage noch dringlicher gemacht hat, als um Erlebnis und Unmittelbarkeit. Knoch hat dies herausgearbeitet. Es seien nicht irgendwelche digitalen Angebote, die in der Kritik stünden, sondern diejenigen, »die ein unvermitteltes, immersives Erlebnis des Holocaust und seiner historischen Orte versprechen«.⁴⁵ Knoch führt an anderer Stelle aus: »Vielleicht ist deshalb nicht ›das Digitale‹ die eigentliche Herausforderung der Erinnerungskultur, sondern die damit erneut aufscheinende Form eines Erinnerns, das sich nach abschließenden Erklärungen und holistischen Repräsentationen sehnt.«⁴⁶ Diese Idee, dass Vergangenheit holistisch und unmittelbar erlebt werden könnte, dass vergangene Wahrnehmungswirklichkeiten wieder zugänglich gemacht werden könnten, sehe ich im Begriff der Vergangenheitsatmosphäre auf den Punkt gebracht.

Achim Landwehr weist zu Recht auf geschichtsdidaktische Fallstricke eines »Prinzip[s] Wirklichkeit« hin, das »jeder Unterscheidung von wahr/falsch vorausliegt«.⁴⁷ Als machtvolle Wahrnehmungsphänomene, die unbewusst auf Besucher:innen – und Spieler:innen digitaler Spiele – wirken können, tragen Vergangenheitsatmosphären gerade nicht dazu bei, »den Konstruktionscharakter von Geschichte denkend zu ergründen«.⁴⁸ Ein

Eintauchen in solche Atmosphären bringt eine gefühlte Distanzaufhebung mit sich, die z.B. von Hans Ulrich Gumbrecht als »presentification of past worlds«[49] oder von Sharon Macdonald als »past presencing«[50] bezeichnet wurde. Geschichtsdidaktiker:innen und Gedenkstättenforscher:innen betonen hingegen die »significance of distance«[51]: »Denn durch das vermeintliche Erleben vergangener Zeiten wird in vielen Fällen jegliche Distanz zum dargestellten historischen Gegenstand unterlaufen und einer affektiven Aneignung von Geschichte zuungunsten einer kognitiven Auseinandersetzung Vorschub geleistet.«[52]

Pointiert hat Achim Saupe unter Rückgriff auf Jörn Rüsen diese für die Erinnerung an den Holocaust so entscheidende Dynamik als »Dialektik von Nähe und Distanz« gefasst, die durch die »ethischen Dimensionen der Transzendenz und Trauer« verkompliziert werde.[53] Das Bild gegensätzlicher Pole lässt sich hier wieder aufgreifen: Digitale Spiele werden eher mit Nähe assoziiert, um Erlebnisse zu ermöglichen, KZ-Gedenkstätten mit Distanz, um Reflexion anzuregen, auch wenn diese Trennung heute nicht mehr eindeutig ist – ein Zeichen für den Prozess der Annäherung dieser beiden Pole der Erinnerungskultur. Mit dem Begriff der Vergangenheitsatmosphäre lässt sich dies noch auf eine andere Art betrachten: Mit ihren immer komplexer und grafisch aufwendiger gestalteten virtuellen Welten sind digitale Spiele prädestiniert dafür, eindringliche Vergangenheitsatmosphären anzubieten, und Entwickler:innen arbeiten intensiv daran, ihre Techniken der »ästhetischen Arbeit« zu verfeinern, um die »Gemachtheit virtueller Welten«[54] zu verschleiern. Anders in den KZ-Gedenkstätten bzw. bei den Praktiker:innen vor Ort. Es habe sich, wie Knoch konstatiert, »[i]m amerikanischen, westeuropäischen und israelischen Raum […] ein Konsens mit gewissen Spielräumen zum Einsatz von Medien insgesamt und Digitalität entwickelt, der zwar Rekonstruktionen oder Inszenierungen nicht gänzlich ausschließt, aber doch Grenzen bezüglich eines Zeit und Raum auflösenden, immersiven ›Nacherlebens‹ durch Formen der Animation, des Reenactment oder virtueller Erfahrungsräume setzt«.[55]

Aus phänomenologischer Perspektive scheint die Sorge vor »einer ›überzogenen Authentisierung‹«, einer »Überwältigung«, einer »Horizontverschmelzung« und einer »Suggestion von (vergangener) Wirklichkeit im Raum«[56] berechtigt, die oft in Stellung gebracht wird, wenn gegen (virtuelle) Rekonstruktionen und Simulationen in KZ-Gedenkstätten argumentiert wird.[57] »Privilegierte Überreste wie Stacheldrahtumzäunungen, Baracken oder Krematorien«[58] tragen von sich aus schon zur Entstehung von Vergangenheitsatmosphären bei, doch die Frage ist, wie mit diesem atmosphärischen Potenzial umgegangen wird. Zweierlei ist möglich: Einerseits könnte das Potenzial stärker genutzt werden, z.B. indem mit Soundscapes und Lichtstimmungen gearbeitet wird, die über die historischen Überreste hinaus auf den atmosphärischen Eindruck einwirken. Andererseits könnte das Ziel sein, die Verselbstständigung dieser Atmosphären zu verhindern, sie einzuhegen, zu kontextualisieren, ja, sie zu stören, um die Illusion einer vergangenen Wirklichkeit aufzuheben und klar zu machen, dass es Vergangenheit für uns Menschen nur als »vergegenwärtigte Vergangenheit«[59] geben kann. Dazwischen gibt es mannigfaltige Abstufungen, und es ist gerade die sehr unterschiedliche Auslegung dieser Zielsetzungen, die den vermeintlich klaren Dualismus Sachlichkeit – Erlebnis bzw. KZ-Gedenkstätten – digitale Spiele aufweicht.

Atmosphärische Störungen

2014 hat Philipp Bojahr im ersten Sammelband, der sich im Game-Studies-Kontext dem Phänomen der Atmosphäre widmete, einen Vorschlag gemacht, wie sich atmosphärische Störungen theoretisch fassen und produktiv nutzbar machen lassen könnten.[60] Seine Überlegungen sind zwar auf digitale Spiele bezogen, lassen sich aber auch auf nicht digitale Kontexte übertragen und sind besonders relevant, wenn es darum geht, dem unterschiedlichen Umgang mit Vergangenheitsatmosphären in KZ-Gedenkstätten und digitalen Spielen nachzuspüren. Atmosphärische Störungen in den Blick zu nehmen, ist produktiv, weil sie Bruchstellen in der Illusion darstellen, Momente und Elemente, die dem (Vergangenheits-)Erleben seine Unmittelbarkeit nehmen.

Im digitalen Spiel, das Bojahr als »hochkomplexes – und daher störanfälliges – Medium« bezeichnet,[61] können z. B. »Sound- und Grafikfehler[]« auftreten.[62] Typisch sind Fälle, in denen Nicht-Spieler-Charaktere in der Luft schweben oder eine Umgebungstextur nicht korrekt in den Grafikspeicher geladen wird, sodass nur ein nacktes Polygongitter zu sehen ist. Solche »Fehler« (Bugs) lassen sich als atmosphärische Störungen fassen.

Eine wichtige Überlegung hierzu kommt von Victoria Walden, auch wenn sie sich nicht explizit auf Atmosphären bezieht. Sie weist darauf hin, dass auch KZ-Gedenkstätten mit atmosphärischen Störungen konfrontiert sind oder gar bewusst mit diesen arbeiten, denn »visitors feel the aura of standing at the site where historical atrocities happened, whilst also moving through crowds, fiddling with headphones, and following curated routes or guided tours«.[63] Die Frage ist also weniger, ob es in digitalen Spielen und an KZ-Gedenkstätten atmosphärische Störungen geben kann – denn dies ist leicht mit ja zu beantworten –, sondern eher, ob und wie mit den Störungen umgegangen wird, ob sie unterbunden oder etwa bewusst – z. B. durch Führungen oder architekturelle Gestaltung – hervorgerufen werden.[64]

Auch eine solche bewusste »Nutzung« von atmosphärischen Störungen hat Bojahr mitgedacht. Er spricht von »unanimem Stören«, von einem »konventionalisierte[n] Gebrauch von Störungs-Konstituenten«.[65] Den Spieler:innen werde »die Nutzung des wahrgenommenen Phänomens ›klar‹« und die Störung werde daher »›einvernehmlich‹ rezipiert«.[66] Eine atmosphärische Störung muss daher nicht per se ein Problem oder den Verlust eines möglichen Erlebnispotenzials bedeuten, sondern kann zu bestimmten Zwecken bewusst eingesetzt werden.

Dies zeigt ein Beispiel aus dem 2015 erschienenen Spiel »Assassin's Creed Syndicate«[67], das im England des 19. Jahrhunderts angesiedelt ist und inhaltlich keine Verbindung zum Holocaust hat. Die Prämisse der »Assassin's Creed«-Spielereihe ist, dass Spieler:innen mithilfe der fiktiven »Animus«-Technologie die Erinnerungen verstorbener Vorfahren der Spielfigur, die in der DNA gespeichert sind, erleben können. Eine nicht erzählerische, sondern phänomenologische Implikation dieser Technologie ist bemerkenswert: Die

Abb. 3: »Assassin's Creed Syndicate«: Sicht- und steuerbare Avatarfigur im Ladebildschirm. Screenshot: Felix Zimmermann

Spieler:innen werden beim Betreten der Spielwelt zunächst in einer Zwischenebene platziert, einem neutralen Polygonraum (Abb. 3).

In der Spielwelt von »Assassin's Creed Syndicate« kann es vorkommen, dass Spieler:innen an das »Ende der Welt« gelangen, also dorthin, wo die Vorfahren der Spielfigur selbst nie gewesen sind. Dort ist eine deutlich sichtbare Wand in die Spielwelt eingezogen, außerdem wird der Hinweis eingeblendet, dass eine »unstable data area« betreten werde (Abb. 4). Zwei Zeitebenen existieren parallel: die Gegenwart, aus der heraus die Spielwelt betrachtet wird und auf die durch die atmosphärischen Störungen verwiesen wird, und die visualisierte Vergangenheit, deren Simulationsstatus betont wird.

Dieses Beispiel zeigt, dass digitale Spiele in ihren virtuellen Spielwelten durchaus ein unanimes Stören ihrer ansonsten so eindringlichen, aufwendig hergestellten Vergangenheitsatmosphären realisieren. Dieses Mittel wird allerdings selten genutzt. In der Regel folgen digitale Spiele mit historischen Settings – vor allem die finanzstarken Großproduktionen – einem »realism paradigm«[68] und versuchen, audiovisuell möglichst realitätsnahe Darstellungen zu erreichen und damit brechungsfreie Vergangenheitsatmosphären und die Illusion vergangener Wirklichkeit hervorzurufen. Die Räumlichkeit des digitalen Spiels ist dabei stark von einem Streben nach Realismus geprägt, dessen Umsetzung mit hohen Produktionskosten verbunden ist und der in der Regel nur in kleineren Produktionen – wie z. B. dem bereits genannten »Through the Darkest of Times« – infrage gestellt wird. Sie passen sich damit in eine »larger Western history of representation, which has been fascinated with realism«, ein.[69] Der Architekt und Gamedesigner Ulrich Götz kritisiert Spieleentwickler:innen, weil sie sich in ihrem Streben nach Realitätsnähe allzu oft selbst beschränken und so die Chance verpassen würden, in digitalen

Abb. 4: »Assassin's Creed Syndicate«: Klar visualisierte Grenze der Spielwelt. Screenshot: Felix Zimmermann

Spielen z.B. Architekturen entstehen zu lassen, die nur in diesem Medium möglich seien.[70] Ebenso unterstreicht Victoria Walden in ihrer Untersuchung von Immersion und Interaktivität in der Erinnerungskultur, dass »[o]ntologically, the digital offers us alternatives to the realism paradigm«.[71]

Diese Spannung soll abschließend näher betrachtet werden. Es ist naheliegend, »dass sich gerade an den Computerspielen die kontroversesten Debatten im Bereich des Verhältnisses von Digitalität und Holocaust-Erinnerung festmachen«, wie Knoch einschätzt, weil sie für »das Primat von Erlebnis gegenüber Kognition« zu stehen scheinen.[72] Allerdings fußt diese Sorge und vielfach auch die Kritik auf der Annahme, dass digitale Spiele adäquat allein über ihr Streben nach Realismus zu beschreiben und zu fassen wären. Dabei sind es gerade die Spiele, Spielmechaniken und Visualisierungstechniken, die die hervorgerufenen Vergangenheitsatmosphären bewusst stören können, die Potenziale für eine Holocaust-Erinnerungskultur bieten.

»Wolfenstein« und das handlungsentlastete Lager

Die eingangs geschilderten Lagerszene in »Wolfenstein: The New Order« hat große Beachtung gefunden, weil sie in ihrem weiteren Verlauf mit den Prinzipien des Ego-Shooters in dieser Mission (zeitweise) bricht und Spieler:innen die Möglichkeit entzieht, mit Waffengewalt zu handeln (Abb. 5): »The players lose their agency from one moment to the next. Not being able to fall back on the usual behavioral scripts of ›identify enemy‹, ›cover‹, ›eliminate enemy‹ leaves the players disoriented and thus conveys – even if only fragmentarily – a feeling of hopelessness and helplessness that no other medium could convey.«[73]

Wagner würde diesen Versuch des Spiels, das Leid jüdischer Gefangener unter dem (fiktionalisierten) Nazire-

Abb. 5: »Wolfenstein: The New Order«: Spieler:innen können nur tatenlos zusehen, wie drei Wachmänner einen Häftling zusammenschlagen. Screenshot: Felix Zimmermann

gime »erlebbar« zu machen, wohl wegen seines »affektiv-identifikatorische[n] Zugriff[s] auf die Erfahrungen von KZ-Überlebenden« als »Anmaßung« bezeichnen,[74] wenn seine kritische Einschätzung zu Virtual-Reality-Anwendungen als Indikation gewertet werden kann. »Wolfenstein: The New Order« lässt sich auch für die Herangehensweise an das Lagersetting kritisieren, wie es z.B. Tabea Widmann getan hat, die von einer »very dubious pseudoexperience of an arriving camp prisoner« spricht.[75] Es lässt sich beanstanden, dass das Spiel eine Art »KZ-Themenpark«[76] präsentiert, dass die Gefahr besteht, den Holocaust nur »als trivialisiertes Mittel zur Emotionalisierung des Publikums«[77] einzusetzen, dass sich auch in »Wolfenstein« ein »imaginäres Raumbild ›des Lagers‹ verselbstständigt« hat,[78] das der »Heterogenität der einzelnen Lager«[79] nicht gerecht wird.

Dennoch hat »Wolfenstein: The New Order« auch einen positiven Beitrag geleistet, indem es mit etablierten Paradigmen des Genres der Ego-Shooter gebrochen und damit eine »new formal language in the mediation of the Holocaust«[80] etabliert hat – und diese neue Sprache ist die der Atmosphären. Denn »Wolfenstein: The New Order« macht sein fiktives Konzentrationslager Selo zu einem »handlungsentlasteten« Ort, d.h., die Möglichkeiten des Handelns der Spieler:innen werden zurückgefahren, um die Wahrnehmung der Vergangenheitsatmosphäre an diesem Ort zu intensivieren. Böhme nutzte den Begriff der »handlungsentlastete[n] Situation« in Bezug auf Präsentationsformen von Galerien und Museen,[81] die besonders zur Auseinandersetzung mit Atmosphären einlüden. Diese Spannung zwischen Handeln und Nichthandeln lässt sich auch auf digitale Spiele übertragen.[82]

Den Entwickler:innen von »Wolfenstein: The New Order« war offenbar daran gelegen, durch die Unterbrechung des bekannten und eingeübten Spielhandelns eine Auseinandersetzung mit diesem – wenn auch fiktiven – Erinnerungsort anzuregen. Doch sie scheitern, weil sie nicht weit genug gehen. Mit moderner Grafiktechnologie erzeugen sie eine der von vielen Historiker:innen und Gedenkstättenpädagog:innen abgelehnten Lagervisualisierungen, die Spieler:innen selbstbestimmt durchschreiten können. Sie produzieren damit eine eindringliche Vergangenheitsatmosphäre, die den Eindruck erweckt, in die vergangene Wirklichkeit eines Konzentrationslagers eintauchen zu können. Sie nehmen Spieler:innen die Waffen aus der Hand, als wollten sie sagen: »Schaut euch um, saugt die Atmosphäre auf!«, doch sie gehen nicht den letzten Schritt. Sie wagen es nicht, ihre so gekonnt hergestellte Vergangenheitsatmosphäre aufzubrechen. Was fehlt, sind bewusste atmosphärische Störungen, die zu Dekonstruktion und schließlich Reflexion anregen.

In diesen Störungen läge das Potenzial, digitale Spiele deutlich stärker als bisher als ein produktives Erinnerungsmedium an den Holocaust zu platzieren. Hier können die Entwickler:innen dieser Spiele von den Praktiker:innen in den Gedenkstätten lernen. So, wie Wagner postuliert, dass »[d]er konstruktive Charakter der Präsentation immer deutlich sein [muss]«,[83] wie Knoch betont, dass das Digitale genutzt werden sollte, um »das Widersprüchliche, Lückenhafte und Spezifische der historischen Überlieferung und ihrer Deutungen – die ›limits of representation‹ – sichtbar werden lassen«,[84] oder wie Lutz fordert, dass »die Grenzen zwischen dem Übriggebliebenen und dem etwa zur Anschaulichkeit Hinzugefügten klar zu erkennen sind«,[85] müssten auch digitale Spiele, die sich an einer Darstellung des Holocaust und besonders der Konzentrationslager versuchen, den Konstruktionscharakter ihrer Vergangenheitsdarstellungen sichtbar machen.

Als Positivbeispiel im Gedenkstättenbereich wird in diesem Zusammenhang oft die Bergen-Belsen-App (siehe die Cover-Abbildung dieses Heftes) genannt, die zwar eine Lagervisualisierung anbietet, diese aber abstrakt hält, »um den konstruktiven Charakter dieser Geschichtsdarstellung und -deutung zu vermitteln«.[86] Knoch stellt hierzu fest: »[D]urch das Fehlen ludischer Elemente oder eine entsprechende Grafik und Bedienung [unterscheidet] sich die Bergen-Belsen-App prinzipiell von Computerspielen und deren Ziel, immersive Erlebnisse zu schaffen.«[87] Gleichzeitig trifft jedoch zu, dass »die Grenze zwischen digitalen Rekonstruktionen einerseits und virtuellen Simulationen oder Animationen andererseits, die stärker fiktionalisierende Elemente beinhalten und Immersionswelten erzeugen, immer schwieriger zu ziehen [ist]«.[88]

Dies war oben mit einer Annäherung der beiden Pole digitales Spiel und KZ-Gedenkstätten gemeint. Das Bindeglied sind die Vergangenheitsatmosphären. Es kommt darauf an, wie mit diesem Phänomen umgegangen wird, das Besucher:innen Erlebnis und Authentizität verspricht. Die Bergen-Belsen-App ruft Vergangenheitsatmosphären mithilfe von Augmented Reality auf, stört sie aber gezielt, indem nur äußerst abstrakte Visualisierungen ohne Texturierung verwendet werden, wie auch auf »inszenatorische Audiokulissen«[89] verzichtet wird. Tatsächlich nähern sich die Praktiker:innen hiermit der ästhetischen Arbeit der Spieleentwickler:innen, die die Gestaltung atmosphärischer »Immersionswelten« immer weiter perfektionieren, jedoch an.⁹⁰

»Wolfenstein: The New Order« ruft ebenfalls Vergangenheitsatmosphären auf und nähert sich dabei seinerseits insofern der Gedenkstättenpraxis an, als eine bewusste Auseinandersetzung mit dem virtuellen Lagerkomplex in einer handlungsentlasteten Situation gefordert wird. Die atmosphärische Störung, die nötig wäre, um den Konstruktionscharakter der Darstellung offenzulegen, fehlt allerdings. Dabei bestünde hierzu durchaus die Möglichkeit, wie das genannte Beispiel des »Animus« aus »Assassin's Creed Syndicate« zeigt. Es gibt so Anregungen aus der Spielelandschaft, wie z.B. die »Überlieferungskomplexität der früheren Tatorte«⁹¹ im Spiel visualisiert werden könnte, indem atmosphärische Störungen eingesetzt werden, um mehrere Zeitschichten nebeneinander sichtbar werden zu lassen.

Fazit: Atmosphärische Kompetenzen

Vergangenheitsatmosphären wurden hier als ein Konzept eingebracht, das es ermöglicht, das Erleben vermeintlicher Wirklichkeiten der Vergangenheit zu beschreiben. Es wurde gezeigt, dass mit ihnen eine spezifische Unmittelbarkeit assoziiert ist, die Besucher:innen und Spieler:innen nachfragen, die jedoch ethische Probleme mit sich bringt. Als Reaktion auf eine erlebnisorientierte Geschichtskultur, die Gedenkstätten und digitale Spiele einschließt, können beide Bereiche allerdings voneinander lernen, atmosphärische Störungen für sich nutzbar machen und vor allem die Komplexität der Diskurse in den jeweiligen Kontexten wertschätzen lernen. Akteur:innen der Gedenkstättenpädagogik bringen valide Argumente gegen einen erlebnisbasierten Zugang zur Vergangenheit vor, für den digitale Spiele vielfach stehen, doch könnten diese Spiele viel für eine Holocaust-Erinnerungskultur leisten, wenn sich die Entwickler:innen stärker trauten, das »realism paradigm« hinter sich zu lassen.

Projekte wie »Through the Darkest of Times« oder das 2017 erschienene »Attentat 1942«⁹² können nur ein Anfang sein. Diese Spiele haben sich ganz im Sinne einer »Serious Game«-Tradition einer kognitiven Auseinandersetzung mit Vergangenheit zugewandt. Ihren zweidimensionalen, oft comicähnlichen Ästhetiken geht es – wie zum Zeichenstil von »Through the Darkest of Times« angemerkt – nicht um Realismus. Sie verlangen bei den von historischen Akteur:innen inspirierten Entscheidungen eine Reflexionsleistung der Spieler:innen. Doch bedeutet diese Herangehensweise auch, dass die Potenziale aufwendiger Grafiktechnologien, wie sie in »Wolfenstein: The New Order« oder »Call of Duty: WWII« zum Einsatz kommen, ungenutzt bleiben.⁹³ Anders formuliert: Spiele wie »Through the Darkest of Times« oder »Attentat 1942« nehmen die Vorbehalte gegenüber einem erlebnisbasierten Zugang zu Vergangenheit ernst und sind damit – zu Recht – erfolgreich. Es ist allerdings zu fragen, ob digitale Spiele nicht gerade dann ihr volles Potenzial für die Erinnerungskultur entfalten könnten, wenn sie die eindringlichen Vergangenheitsatmosphären, die sie herzustellen imstande sind, zulassen und gleichzeitig dekonstruieren würden. Es gibt, wie am Beispiel »Assassin's Creed Syndicate« gezeigt, Spielmechaniken und Visualisierungstechniken, die dies ermöglichen. Gedenkstätten, auf der anderen Seite, haben es bisher oftmals besser verstanden als digitale Spiele, durch Verzicht auf Rekonstruktionen, durch architekturelle Interventionen oder durch Methoden des Dialogs Vergangenheitsatmosphären bewusst zu stören, um kognitive Effekte zu erzielen, sind aber in der Regel davor zurückgeschreckt, sie überhaupt erst einmal zur Entfaltung kommen zu lassen.

Dabei stehen beide Seiten, d. h. sowohl die Praktiker:innen in den Gedenkstätten als auch die Spieleentwickler:innen, vor neuen Herausforderungen, die sich durch die Annäherung der beiden Pole im Zuge einer erlebnisorientierten Geschichtskultur ergeben. Gedenkstätten sind gefordert, Authentizitätserwartungen der Besucher:innen und historische Orte in Einklang zu bringen, ohne die Orte der Verbrechen zu Erlebnisparks werden zu lassen. Digitale Spiele sind damit konfrontiert, mehr und mehr als erinnerungskulturell wirkmächtige Artefakte betrachtet und im gesellschaftlichen Diskurs zu einem verantwortungsvollen Umgang mit der Vergangenheit verpflichtet zu werden. Zugleich müssen sich beide Seiten den Herausforderungen einer Digital Holocaust Memory stellen, die vor allem zukünftige Generationen im Blick haben sollte. So fordert Victoria Walden, dass »if we want to move Holocaust memory towards digital futures for generations who have little or no lived connection to this past [...], we need to encourage visitors or users to engage their critical faculties as well as their senses«.[94] Deswegen ist es sogar dringlich, die beiden Pole noch stärker aneinander heranzuführen. Distanz und Nähe, Kognition und Erlebnis, Realität und Wirklichkeit: Die Idee eines Entweder-oder ist überholt oder wird zumindest den gegenwärtigen Herausforderungen der Erinnerungskultur nicht gerecht.

Mit Blick auf die Zukunft hat Saupe angemerkt, dass in der Kritik an »naive[n] Authentizitätserfahrung[en]«[95] oft das »affektive, und das heißt zugleich reflexiv-anregende Potenzial von authentischen Orten, Dingen und den mit ihnen verbundenen Geschichten«[96] aus dem Blick verloren wird. Knoch betont, dass »[v]ielleicht viele Phänomene, die gegenwärtig kritisiert werden, nur exemplarisch dafür [sind], dass das Geschichtsbewusstsein nie so rational war und wird sein können, wie es sich viele ihrer Theoretiker und Praktiker wünschen«.[97] Nötig ist eine »productive tension«,[98] eine »oscillation between meaning and presence«,[99] die akzeptiert und wertschätzt, dass sowohl Erlebnis als auch Kognition Teil des Geschichtsbewusstseins sind.[100] Ganz konkret gilt es, »atmosphärische Kompetenzen«[101] bei Gedenkstättenpraktiker:innen und Spieleentwickler:innen auszubilden, also sich der Herstellung von Atmosphären, d. h. ästhetischer Arbeit, bewusst zu werden. Beide Seiten sollten verstehen, dass sie es mit demselben Gegenstand zu tun haben – den Vergangenheitsatmosphären – und dass der Schlüssel für einen verantwortungsvollen, aber zugleich anregenden Umgang mit den Orten des Verbrechens darin liegt, sich den Einfluss dieser Atmosphären bewusst zu machen und auszuloten, wie er Sensibilisierung und Reflexion anstoßen und fördern kann.

Anmerkungen

1. Wolfenstein: The New Order, Entw.: MachineGames, Uppsala, Publ.: Bethesda, Md., Veröff.: 20.5.2014. Die achte Mission kann in Videoform nachvollzogen werden unter https://youtube/3Jm7y7GAS7A, Zugriff: 5.10.2022.
2. Philip K. Dick: The Man in the High Castle, New York 1962.
3. Robert Harris: Fatherland, New York 1992.
4. Vgl. hierzu Eugen Pfister: Spiel ohne Juden – Zur Darstellung des Holocausts in digitalen Spielen, in: Markus Stumpf/Hans Petschar/Oliver Rathkolb (Hg.): Nationalsozialismus digital. Die Verantwortung von Bibliotheken, Archiven und Museen sowie Forschungseinrichtungen und Medien im Umgang mit der NS-Zeit im Netz, Göttingen 2021, S. 157-176, hier S. 171.
5. Zur Einführung in dieses Forschungsfeld vgl. Adam Chapman/Anna Foka/Jonathan Westin: Introduction: what is historical game studies?, in: Rethinking History 21 (2017), Nr. 3, S. 358-371.
6. Vgl. z.B. Pieter van den Heede/Kees Ribbens/Jeroen Jansz: Wolfenstein, Call of Duty and the limits of historical play? A study on how players reflect on ludonarrative imaginations of the Holocaust, Vortrag, DiGRA Nordic 2018 »Subversion, Transgression, and Controversy in Play«, Bergen, Norwegen, 28.-30.11.2018; Eugen Pfister/Martin Tschiggerl: »The Führer's facial hair and name can also be reinstated in the virtual world«: Taboos, Authenticity and the Second World War in digital game, in: GAME – The Italian Journal of Game Studies 9 (2020), S. 51-70; Eugen Pfister/Felix Zimmermann: »No One is Ever Ready for Something Like This.« – On the Dialectic of the Holocaust in First-Person Shooters as Exemplified by Wolfenstein: The New Order, in: International Public History 4 (2021), Nr. 1, S. 35-46; Tabea Widmann: Playing Memories? Digital Games as Memory Media, in: Digital Holocaust Memory 2020, https://digitalholocaustmemory.wordpress.com/2020/09/17/playing-memories-digital-games-as-memory-media, Zugriff: 5.10.2022.
7. Steffen Bender: Virtuelles Erinnern. Kriege des 20. Jahrhunderts in Computerspielen, Bielefeld 2012, S. 147.
8. Pfister: Spiel ohne Juden (Anm. 4), S. 164.
9. Wulf Kansteiner: Transnational Holocaust Memory, Digital Culture and the End of Reception Studies, in: Tea Sindbæk Andersen/Barbara Törnquist-Plewa (Hg.): The Twentieth Century in European Memory. Transcultural Mediation and Reception, Leiden 2017, S. 305-343, hier S. 314.
10. Pfister: Spiel ohne Juden (Anm. 4), S. 170.
11. Vgl. Fachkonferenz: Erinnern mit Games, https://www.stiftung-digitale-spielekultur.de/project/fachkonferenz-erinnern-mit-games, Zugriff: 5.10.2022.
12. Vgl. Datenbank: Games und Erinnerungskultur, https://www.stiftung-digitale-spielekultur.de/games-erinnerungskultur, Zugriff: 5.10.2022.
13. Call of Duty: WWII, Entw.: Sledgehammer Games, Foster City, Calif., Publ.: Activision, Santa Monica, Calif., Veröff.: 3.11.2017.
14. Vgl. Eugen Pfister: Call of Duty: WWII. Erinnerungskulturelle Einordnung, in: Datenbank: Games und Erinnerungskultur, https://www.stiftung-digitale-spielekultur.de/spiele-erinnerungskultur/call-of-duty-wwii, Zugriff: 5.10.2022; Widmann (Anm. 6).
15. Through the Darkest of Times, Entw.: Paintbucket Games, Berlin, Publ.: HandyGames, Giebelstadt, Veröff.: 7.5./13.8.2020.
16. Vgl. Eugen Pfister: Through the Darkest of Times. Erinnerungskulturelle Einordnung, in: Datenbank: Games und Erinnerungskultur, https://www.stiftung-digitale-spielekultur.de/spiele-erinnerungskultur/through-the-darkest-of-times-2, Zugriff: 5.10.2022.
17. Jörg Friedrich: You Do Have Responsibility! How Games trivialize Fascism, why this should concern us and how we could change it, in: Martin Lorber/Felix Zimmermann (Hg.): History in Games. Contingencies of an Authentic Past, Bielefeld 2020, S. 259-275, hier S. 271.
18. Ich danke Steffi de Jong (Köln) und Eugen Pfister (Wien) für ihr wertvolles Feedback zu diesem Beitrag.
19. Vgl. zu dieser Diagnose der gegenwär-

tigen Geschichtskultur u.a. Stefanie Samida/Sarah Willner/Georg Koch: Doing History – Geschichte als Praxis: Programmatische Annäherungen, in: Sarah Willner/Georg Koch/Stefanie Samida (Hg.): Doing History. Performative Praktiken in der Geschichtskultur, Münster 2016, S. 1-25; Holger Thünemann: Geschichtskultur revisited, in: Thomas Sandkühler/Horst Walter Blanke (Hg.): Historisierung der Historik. Jörn Rüsen zum 80. Geburtstag, Wien/Köln/Weimar 2018, S. 127-150; Christine Gundermann/Juliane Brauer: Emotionen, in: Christine Gundermann (Hg.): Schlüsselbegriffe der Public History, Göttingen 2021, S. 45-68; Christine Gundermann/Judith Keilbach/Daniel Morat: Erlebnis und Erfahrung, in: ebd., S. 99-120.

20 Vgl. z.B. Eugen Pfister: Das Unspielbare spielen – Imaginationen des Holocaust in Digitalen Spielen, in: zeitgeschichte 4 (2016), S. 250-263; Pfister/Tschiggerl (Anm. 6); Pfister/Zimmermann (Anm. 6).

21 Vgl. z.B. Felix Zimmermann: Wider die Selbstzensur – Das Dritte Reich, nationalsozialistische Verbrechen und der Holocaust im Digitalen Spiel, 27.6.2019, in: gespielt [Blog des Arbeitskreises Geschichtswissenschaft und Digitale Spiele], https://gespielt.hypotheses.org/1449, Zugriff: 5.10.2022; Tobias Meßmer: Ist Hakenkreuz gleich Hakenkreuz? Der Umgang des staatlichen Jugendschutzes mit verfassungsfeindlichen Symbolen im Digitalen Spiel 1985-1994, 23.8.2019, in: ebd., https://gespielt.hypotheses.org/3208, Zugriff: 5.10.2022; Jörg Friedrich: Sozialadäquanz, in: Olaf Zimmermann/Felix Falk (Hg.): Handbuch Gameskultur, Berlin 2020, S. 116-119.

22 Vgl. hierzu z.B. Widmann (Anm. 6).

23 Vgl. z.B. Wulf Kansteiner: The Holocaust in the 21st century: Digital anxiety, transnational cosmopolitanism, and never again genocide without memory, in: Andrew Hoskins (Hg.): Digital Memory Studies. Media Pasts in Transition, New York 2017, S. 110-140; Habbo Knoch: Grenzen der Immersion. Die Erinnerung an den Holocaust und das Zeitalter der Digitalität, in: Claudia Fröhlich/Harald Schmid (Hg.): Jahrbuch für Politik und Geschichte 7 (2016-2019) [Schwerpunktthema: Virtuelle Erinnerungskulturen], Stuttgart 2020, S. 15-44; Victoria Grace Walden: Afterword: Digital Holocaust Memory Futures: Through Paradigms of Immersion and Interactivity and Beyond, in: dies. (Hg.): Digital Holocaust Memory, Education and Research, Cham 2021, S. 267-296.

24 Felix Zimmermann: Virtuelle Wirklichkeiten. Atmosphärisches Vergangenheitserleben im Digitalen Spiel, Marburg 2023. Der vorliegende Beitrag beruht zu weiten Teilen auf dieser Dissertation.

25 Stärker auf die konkreten Virtual-Reality-Anwendungen bezogen, die von Gedenkstätten angeboten werden, hat Christian Günther vorgeschlagen, diese Anwendungen als digitale Spiele zu verstehen und entsprechend für Game-Studies-Diskurse zu öffnen. Vgl. Christian Günther: Authenticity and Authority in German Memorial Sites, in: Julia Timpe/Frederike Buda (Hg.): Writing the Digital History of Nazi Germany. Potentialities and Challenges of Digitally Researching and Presenting the History of the »Third Reich«, World War II, and the Holocaust, Berlin 2022, S. 181-202.

26 Regan Forrest: Museum Atmospherics: The Role of the Exhibition Environment in the Visitor Experience, in: Visitor Studies 16 (2013), Nr. 2, S. 201-216.

27 Rasmus Greiner: Sonic Histospheres: Sound Design and History, in: Research in Film and History [Schwerpunktthema: New Approaches] (2018), S. 1-34, https://media.suub.uni-bremen.de/bitstream/elib/4316/1/Rasmus%20Greiner_Sonic%20Histospheres.pdf, Zugriff: 6.10.2022.

28 Habbo Knoch: Geschichte in Gedenkstätten. Theorie – Praxis – Berufsfelder, Stuttgart 2020, S. 134.

29 Vgl. Hermann Schmitz: Atmosphären, Freiburg im Breisgau 2014.

30 Gernot Böhme: Atmosphäre. Essays zur neuen Ästhetik, Berlin 2013, S. 34.

31 Christina Kerz: Atmosphäre und Authentizität. Gestaltung und Wahrnehmung in Colonial Williamsburg, Virginia (USA), Stuttgart 2017, S. 74.

32 Ebd., S. 60.

33 Peter Bjerregaard: Dissolving objects: Museums, atmosphere and the creation of presence, in: Emotion, Space and Society 15 (2015), S. 74-81, hier S. 77.

34 Vgl. Dan Zahavi: Phänomenologie für Einsteiger, Paderborn 2007, S. 13.
35 Gernot Böhme: Aisthetik. Vorlesungen über Ästhetik als allgemeine Wahrnehmungslehre, München 2001, S. 160.
36 Jens-Christian Wagner: Simulierte Authentizität? Chancen und Risiken von augmented und virtual reality an Gedenkstätten, in: GedenkstättenRundbrief (2019), Nr. 196, S. 3-9, hier S. 4.
37 Böhme: Aisthetik (Anm. 35), S. 87.
38 Vgl. Fritz Strack/Atilla Höfling: Von Atmosphären, Stimmungen & Gefühlen, in: Rainer Goetz/Stefan Graupner (Hg.): Atmosphäre(n): Interdisziplinäre Annäherungen an einen unscharfen Begriff, München 2007, S. 103-109, hier S. 106.
39 Vgl. Kerz (Anm. 31), S. 90.
40 Böhme: Atmosphäre (Anm. 30), S. 15.
41 Wolfgang Welsch: Design zwischen Konstruktivismus und Realismus, in: Daniel Martin Feige/Florian Arnold/Markus Rautzenberg (Hg.): Philosophie des Designs, Bielefeld 2019, S. 125-140, hier S. 134.
42 Ebd., S. 127.
43 Vgl. Achim Saupe: Authentizitätskonflikte in Gedenkstätten. Umstrittener Begriff, Zuschreibung und Erfahrungsdimension, in: Axel Drecoll/Thomas Schaarschmidt/Irmgard Zündorf (Hg.): Authentizität als Kapital historischer Orte? Die Sehnsucht nach dem unmittelbaren Erleben von Geschichte, Göttingen 2019, S. 189-217, hier S. 195.
44 Axel Drecoll/Thomas Schaarschmidt/Irmgard Zündorf: Authentizität als Kapital historischer Orte?, in: dies. (Hg.): Authentizität als Kapital historischer Orte? Die Sehnsucht nach dem unmittelbaren Erleben von Geschichte (Anm. 43), S. 7-14, hier S. 11.
45 Habbo Knoch: Das KZ als virtuelle Wirklichkeit. Digitale Raumbilder des Holocaust und die Grenzen ihrer Wahrheit, in: Geschichte und Gesellschaft 47 (2021), Nr. 1, S. 90-121, hier S. 91f.
46 Knoch: Grenzen der Immersion (Anm. 23), S. 44.
47 Achim Landwehr: Die anwesende Abwesenheit der Vergangenheit. Essay zur Geschichtstheorie, Frankfurt am Main 2016, S. 111.
48 Christine Gundermann/Astrid Schwabe/Miriam Sénécheau: Historisches Denken, in: Gundermann: Schlüsselbegriffe der Public History (Anm. 19), S. 175-208, hier S. 185.
49 Hans Ulrich Gumbrecht: Production of presence. What meaning cannot convey, Stanford, Calif., 2004, S. 94.
50 Sharon Macdonald: Memorylands. Heritage and Identity in Europe Today, London/New York 2013, S. 16.
51 Walden (Anm. 23), S. 273.
52 Christian Bunnenberg: Das Ende der historischen Imagination? Geschichte in immersiven digitalen Medien (Virtual Reality und 360°-Film), in: Lars Deile/Jörg van Norden/Peter Riedel (Hg.): Brennpunkte heutigen Geschichtsunterrichts. Joachim Rohlfes zum 90. Geburtstag, Frankfurt am Main 2021, S. 174-179, hier S. 174.
53 Saupe (Anm. 43), S. 216.
54 Rolf F. Nohr: Raumfetischismus. Topografien des Spiels, Berlin 2013, S. 10, https://doi.org/10.25969/mediarep/587, Zugriff: 6.10.2022.
55 Knoch: Grenzen der Immersion (Anm. 23), S. 27.
56 Saupe (Anm. 43), S. 215.
57 Vgl. z.B. Wagner (Anm. 36).
58 Knoch: Das KZ als virtuelle Wirklichkeit (Anm. 45), S. 96.
59 Landwehr (Anm. 47), S. 34.
60 Vgl. Philipp Bojahr: Gestörte Atmosphären – Atmosphären der Störung. Zur Wahrnehmung von Störfällen in Computerspielen, in: Christian Huberts/Sebastian Standke (Hg.): Zwischen Welten. Atmosphären im Computerspiel, Glückstadt 2014, S. 267-294. Im Herbst 2022 erschien erstmals seit 2014 wieder ein Sammelband, der sich dem Atmosphärischen aus Perspektive der Game Studies widmet: Mental Health – Atmospheres – Video Games. New Directions in Game Research II, hg. v. Jimena Aguilar Rodríguez/Federico Alvarez Igarzábal/Michael S. Debus/Curtis Lee Maughan/Su-Jin Song/Miruna Vozaru/Felix Zimmermann, Bielefeld 2022.
61 Bojahr (Anm. 60), S. 267.
62 Ebd., S. 280.
63 Walden (Anm. 23), S. 276.
64 Thomas Lutz schildert z.B., wie in der KZ-Gedenkstätte Flossenbürg Laufflächen aus Glas genutzt werden, die »sinnbildlich darauf hinweisen, dass man sich nicht auf der historischen Ebene bewegt«; solche architekturellen

Interventionen können als atmosphärische Störungen gedeutet werden. Vgl. Thomas Lutz: Materialisierte Authentifizierung. Die Bedeutung authentischer Gebäude und Objekte in Gedenkstätten und Dokumentationszentren der NS-Verbrechen, in: Drecoll/Schaarschmidt/Zündorf (Hg.): Authentizität als Kapital historischer Orte? Die Sehnsucht nach dem unmittelbaren Erleben von Geschichte (Anm. 43), S. 57-76, hier S. 70.
65 Bojahr (Anm. 60), S. 288.
66 Ebd.
67 Assassin's Creed Syndicate, Entw. u. Publ.: Ubisoft, Quebec, Veröff.: 23.10.2015.
68 Walden (Anm. 23), S. 288.
69 Ebd.
70 Vgl. Ulrich Götz: From Asteroids to Architectoids. Close Encounters between Architecture and Game Design, in: Andri Gerber/Ulrich Götz (Hg.): Architectonics of Game Spaces: The Spatial Logic of the Virtual and Its Meaning for the Real, Bielefeld 2019, S. 201-213, hier S. 213.
71 Walden (Anm. 23), S. 288.
72 Knoch: Grenzen der Immersion (Anm. 23), S. 41.
73 Pfister/Zimmermann (Anm. 6), S. 42.
74 Wagner (Anm. 36), S. 8.
75 Widmann (Anm. 6).
76 Drecoll/Schaarschmidt/Zündorf: Authentizität als Kapital historischer Orte? (Anm. 44), S. 12.
77 Pfister: Spiel ohne Juden (Anm. 4), S. 174.
78 Knoch: Das KZ als virtuelle Wirklichkeit (Anm. 45), S. 94.
79 Ebd., S. 107.
80 Pfister/Zimmermann (Anm. 6), S. 43.
81 Böhme: Atmosphäre (Anm. 30), S. 30.
82 Vgl. Felix Zimmermann/Christian Huberts: From Walking Simulator to Ambience Action Game. A Philosophical Approach to a Misunderstood Genre, in: Press Start 5 (2019), Nr. 2, S. 29-50.
83 Wagner (Anm. 36), S. 8.
84 Knoch: Grenzen der Immersion (Anm. 23), S. 43.
85 Lutz (Anm. 64), S. 75.
86 Wagner (Anm. 36), S. 6.
87 Knoch: Grenzen der Immersion (Anm. 23), S. 32.
88 Ebd.
89 Ebd.
90 Ebd.
91 Knoch: Das KZ als virtuelle Wirklichkeit (Anm. 45), S. 98.
92 Attentat 1942, Entw. u. Publ.: Charles Games, Prag, Veröff.: 31.10.2017.
93 Hier spielen auch die finanziellen Möglichkeiten großer Studios im Vergleich zu denen der Indie-Entwickler:innen eine Rolle.
94 Walden (Anm. 23), S. 274.
95 Saupe (Anm. 43), S. 212.
96 Ebd., S. 215.
97 Knoch: Grenzen der Immersion (Anm. 23), S. 42.
98 Gumbrecht (Anm. 49), S. 107.
99 Ebd.
100 Vgl. Gundermann/Keilbach/Morat (Anm. 19), S. 120.
101 Gernot Böhme: Atmosphären wahrnehmen, Atmosphären gestalten, mit Atmosphären leben: Ein neues Konzept ästhetischer Bildung, in: Goetz/Graupner (Anm. 38), S. 31-43, hier S. 40.

Mykola Makhortykh, Aleksandra Urman, Roberto Ulloa, Juhi Kulshrestha

Can an algorithm remember the Holocaust?
Comparative algorithm audit of Holocaust-related information on search engines

The rise of digital technologies has had a profound impact on Holocaust remembrance. It creates novel possibilities for institutions (such as museums and memorials) to digitise historical materials and share them with a wider audience as well as to produce new digital content such as ›serious TikToks‹[1] or holograms of Holocaust survivors.[2] It also facilitates the production of Holocaust-related content by non-institutional actors, including artists creating new types of performances with the help of technology,[3] social media users sharing experiences of interacting with the past via their profiles,[4] and anonymous communities employing Internet memes to comment on past and present suffering.[5] Together, these processes transform the ways in which individuals and societies engage with Holocaust memory, and they enable new ways of reflecting on it, but also of contesting or even denying the ways in which the Holocaust is remembered.

The definitive feature of the memory ecosystem shaped by the digitisation of Holocaust remembrance is the abundance of Holocaust-related content available online. The unprecedented amount of information in a variety of formats – from digitised photos and texts[6] and the social media profiles of Holocaust victims[7] to the vlogs of visitors to Holocaust sites[8] – creates new opportunities for transmitting the memory of the Holocaust for future generations. This is particularly important at a time when the last Holocaust witnesses are passing away. However, it also creates challenges similar to the ones in other domains transformed by digital technologies,[9] where the abundance of content raises multiple concerns ranging from information overload and the subsequent disengagement of individual users[10] to the possibilities of the formation of information bubbles[11] or incidental exposure to misleading information.[12]

Under these circumstances, mechanisms for dealing with information overload by retrieving and prioritising information about the Holocaust are of paramount importance. Because of the unprecedented amount of available content, such mechanisms increasingly rely not on human curators, but on algorithmic systems. Powered by algorithms, which are sequences of instructions used to fulfil a particular task,[13] such systems require little to no human intervention to perform their tasks and are capable of processing massive volumes of data in a minimal amount of time. Examples of such systems include the archival retrieval systems used to find historical materials based on user queries,[14] recommendation systems employed by commercial platforms (such as Amazon) to help customers choose Holocaust-themed products, and web search engines which index web pages and retrieve textual and visual content from them.[15]

The key advantage of these algorithmic systems is that they can help users navigate the available content by filtering information and prioritising content which is more relevant to the user. The exact implementation of such navigation can involve ranking search outputs based on their relevance (e.g. in the case of archival collection searches) or making recommendations based on user preferences (e.g. in the case of Facebook's news feed). At the same time, algorithmic systems have their own shortcomings. Because of their complexity, these systems are often non-transparent,[16] which makes it hard to evaluate their performance. However, such evaluations are essential for assessing systems impact on the representation of societally relevant phenomena, such as the Holocaust in particular. This is because there is evidence that, when it comes to other topics (e.g. race or gender),[17] algorithmic systems can be subject to malperformance which potentially undermines the quality of information provided to their users and amplifies discrimination.[18]

In this article, we scrutinize the implications of the growing adoption of one class of algorithmic systems – web search engines – for Holocaust remembrance. Web search engines, such as Google or Bing, are important information intermediaries which are used frequently by individuals around the world and are highly trusted by their users. As a result, search engines play a key role in transmitting information about the Holocaust. However, earlier studies[19] suggest that their performance in this context can be subject to systematic distortion as well as non-systematic errors that might result in them prioritising misleading or factually incorrect information. Using a mixed-method approach, we conduct a comparative examination of the performance of several search engines when searching for information on the Holocaust and discuss how it can inform debates about the future of Holocaust remembrance.

From analogue to digital to algorithmic: The role of technology in Holocaust remembrance

Technology and technological infrastructures have shaped Holocaust remembrance since the end of the Second World War. Analogue photography played a key role in documenting the crimes of the Nazi regime in the postwar years as well as transmitting memories of the Holocaust through museum exhibitions and printed media.[20] In the 1970s, analogue TV laid the foundation for the ›memory boom‹[21] which drew public attention to the traumatic past, particularly the Holocaust. Since then, the role of analogue mass media in the context of Holocaust memory has been increasingly recognized both in academia and in the heritage sector, leading to growing reliance on it as an integral component of Holocaust remembrance by societies around the world.[22]

The shift from analogue to digital technology which started in the 1990s and accelerated in the 2000s has had a substantial impact on Holocaust remembrance. The process of digitising collections opened up new possibilities for memory institutions to make their materials more available to researchers and the general public alike. Simultaneously, digital technology enabled new formats for transmitting Holocaust memory by the institutions both in physical and online spaces, including more interactive exhibitions,[23] the use of virtual reality,[24] digital campaigns to reach new audiences,[25] and virtual tours.[26]

In addition to transforming institutional practices, the advent of digital technology changed non-institutional Holocaust memory practices. By facilitating the production and dissemination of memory-related content, the digital turn partially levelled the field between institutions and non-institutional actors, the latter comprising memory activists and ordinary citizens using digital technology to comment on their experiences of interacting with the past. The formats through which these non-institutional actors engage with Holocaust memory vary widely and include vlogs recorded by visitors to Auschwitz-Birkenau,[27] YouTube requiems devoted to the Lviv pogrom,[28] Wikipedia articles discussing the history of the Babi Yar massacre,[29] and TripAdvisor reviews of Holocaust memorials.[30]

The consequences of this change, however, are still up for debate. While earlier studies[31] argued that it would undermine existing memory practices as well as the authority of memory institutions, more recent empirical inquiries demonstrate that many non-institutional practices of Holocaust remembrance closely align with institution-centred narratives and reinforce them instead of challenging them.[32] At the same time, there is evidence of the digital turn in Holocaust remembrance facilitating the contestation of mainstream memory practices, both in the sense of protesting against potential instrumentalisation of these practices by political actors (e.g. certain Israeli politicians)[33] and in terms of promoting anti-Semitism and Holocaust denial.[34]

Despite their differences, both institutional and non-institutional forms of online Holocaust remembrance are shaped by algorithmic systems. Used by educational and commercial platforms, these systems organize the unprecedented volume of Holocaust-related content and guide user interactions with this content by filtering and prioritising individual items in response to user queries. Under these circumstances, algorithmic systems become co-curators of Holocaust memory which determine what information about the Holocaust is visible to users and what interpretations are more available to the general public and thus receive more engagement.

Despite the importance of this ›algorithmic‹[35] turn in Holocaust remembrance, there have only been a few studies discussing the interactions between algorithms and Holocaust memory. In their qualitative analysis of content produced by the Jewish community on TikTok, Divon and Ebbrecht-Hartmann note the concerns about TikTok algorithms promoting anti-Semitic content while occasionally suppressing artistic responses to anti-Semitism as well as Holocaust denial.[36] Makhortykh and colleagues examined visual representations of the Holocaust by several major search engines and observed the tendency of search algorithms to focus on a few selected themes (e.g. the liberation of the concentration camps for English queries, and Holocaust commemoration for Russian queries).[37]

Methodology: Data collection, data analysis and limitations

To collect data for the study, we conducted an algorithm audit of four large search engines: Bing, DuckDuckGo (DDG), Google, and Yandex. These search engines are actively used around the world, with Google dominating the search market.[38] Our interest in these four engines relates to our interest in search outputs in relation to queries about the Holocaust in the Latin and Cyrillic scripts. While Google and Bing are the two most commonly used search engines in Europe,[39] Yandex is responsible for half of the search market in Russia (from which the majority of Cyrillic search queries come).[40] Finally, DDG has the reputation of being a search engine preferred by radical groups who claim that it gives preference to far-right and conspiratorial information sources[41] which might also result in it giving more visibility to denialist content in relation to the Holocaust. For conducting the audit, we relied on a virtual agent-based approach which uses software simulating human activity for generating system inputs (e.g. search queries) and then recording the outputs.[42]

Unlike other audit approaches,[43] virtual agent-based audits facilitate the process of controlling for the effects of search personalisation (such as search algorithms customising their outputs for individual users based on their location)[44] and search randomisation (such as algorithms randomly reshuffling search outputs in the context of A/B testing).[45] To do this, we synchronised the agent activity to isolate the effect of the time at which the inputs were generated, we deployed agents in a controlled environment (i.e. virtual machines with the same specifications made from scratch), and we made the number of agents simultaneously enter the same query to account for variations in output caused by randomisation.

To implement this approach, we used a self-designed cloud infrastructure deployed via Amazon Elastic Compute Cloud (EC2) and made up of CentosOS virtual machines. The machines were located in the Frankfurt region of the EC2, so our agents would have German IP addresses similar to human agents from this part of Germany. Two browsers (Firefox and Chrome) were installed on each machine, and two browser extensions were installed in each browser (the agent). The first extension – the bot – emulated browsing behaviour by opening the main page of one of the four search engines (the .com version was used in all cases for consistency), entering the query, and then cleaning the data accessible to the browser and the engine's JavaScript to prevent earlier searches affecting the subsequent ones. The second extension – the tracker – collected the HTML from each page visited by the bot.

We conducted two rounds of data collection on 27 February 2020 and 8 May 2021. We used 64 and 20 agents for the respective rounds (16 and 5 agents per engine). Each agent searched first for the term ›Holocaust‹ (the same spelling for multiple Western European languages, including German and English) and then ›холокост‹ (›Holocaust‹ in Cyrillic; the same spelling for Russian and Bulgarian). Our interest in comparing the outputs of the query in the Latin and Cyrillic scripts relates to earlier research[46] identifying substantial differences in image search outputs dealing with the Holocaust in terms of both the visibility of specific Holocaust themes and the presence of denialist and factually incorrect content. While some of these differences can be attributed to dissimilarities in the way the Holocaust is remembered in Western Europe and post-Soviet spaces (Russia in particular),[47] others relate to the performance of the algorithms powering the search engines, in the sense that they are less capable of filtering out denialist

	Bing		DDG		Google		Yandex	
	Lat	Cyr	Lat	Cyr	Lat	Cyr	Lat	Cyr
Feb 2020	12	14	19	9	10	10	14	14
May 2021	12	13	12	12	10	9	12	14

Table 1. The number of unique links in the top ten results aggregated across agents per search engine by the language of the query.

	Bing	DDG	Google	Yandex
Bing	100%	19%	15%	12%
DDG	19%	100%	3%	18%
Google	15%	3%	100%	5%
Yandex	12%	18%	5%	100%

Table 2. The overlap between unique links in the top ten results aggregated across agents per search engine for both periods and both scripts.

content for non-Western European languages or have different priorities for queries in languages such as Russian.

After collecting the data, we extracted the top ten organic search results (i.e. the ones not related to ads or interface panels) and aggregated them across all agents per engine. The resulting dataset consisted of 176 search results for both search queries; the exact number of unique results per engine is shown in Table 1.

We also looked at the overlap between unique links across individual search engines; in doing so, we aggregated all links per each engine (i.e. from the two periods of data collection and for the Latin and Cyrillic scripts). The results are shown in Table 2 above. The highest overlap was observed between Bing and DDG (19% of all unique links were shared) and Yandex and DDG (18% of shared unique links).

The least overlap was observed in the case of Google; with the exception of Bing, with which Google shared 15% of links, the overlap was in the range of 3% to 5%.

After extracting all unique links in the top ten results across all agents per engine, we conducted a qualitative content analysis to examine how they circulate information about the Holocaust. Specifically, we focused on three features of the linked content: 1) the type of source; 2) the function of the source; 3) the discussion of Holocaust denial. The specific options for these features are listed below; all of them emerged through the data analysis as part of the inductive coding.

The *type of source* defines the web resource from which the linked content comes: 1) alternative media: non-mainstream and niche political websites (e.g. anonymous blogs); 2) education websites: websites of memory and educational institutions (e.g. museums and university departments); 3) entertainment websites: websites dealing with popular culture and entertainment (e.g. IMDB); 4) journalistic media: websites from journalistic organisations (e.g. CNN); 5) political websites: websites of political parties or governments; 6) reference works: online encyclopaedias or dictionaries (e.g. Wikipedia); 7) social media: social media platforms (e.g. YouTube).

The *function of the source* determines the functionality of the linked content in the context of Holocaust remembrance: 1) definition: content focusing on defining the term ›Holocaust‹ (e.g. online dictionaries); 2) episodes: content focusing on a specific episode of the Holocaust (e.g. a particular pogrom or a personal story); 3) media: content focusing on Holocaust-related media (e.g. historical photos or fictional movies); 4) overview: content focusing on a broad overview of the Holocaust (e.g. Wikipedia articles); 5) newsfeeds: content focusing on Holocaust-related news (e.g. online newspapers); 6) services: content dealing with the provision of services related to Holocaust remembrance (e.g. forms for survivor registration).

The *discussion of Holocaust denial* determines how the linked content approached the subject of Holocaust denial: 1) debunked: content explicitly debunks Holocaust denial; 2) mentioned: content mentions Holocaust denial without explicitly debunking or supporting it; 3) not mentioned: content does not mention the subject of Holocaust denial; 4) supported: content explicitly supports Holocaust denial.

Before moving on to the findings, it is important to note several limitations of the conducted study. The first is the reliance on a single search term (›Holocaust‹) in the Latin and Cyrillic scripts, whereas there are many other terms related to the Holocaust (e.g. ›Shoah‹) and its specific aspects (e.g. ›Operation Reinhard‹) which can be used to search for Holocaust-related information. Future research will benefit from expanding the selection of terms used to conduct the audit as well as looking at what combinations of terms are used by different individuals for Holocaust-related searches. Second, the current study looked at the performance of search algorithms in a single location (Frankfurt), while earlier studies[48] highlighted the significant role of the location in search personalisation. Thus, future studies can examine the potential variation in the performance of search algorithms depending on the location from which the user searches for Holocaust-related information. Third, we looked only at three aspects of Holocaust representation, whereas future research can examine a broader selection of aspects.

Findings: The types of source

We started our analysis by examining the types of information sources prioritised by the search engines in relation to the Holocaust. Figure 1 reveals a number of differences across the search engines in terms of choice selection as well as the substantial impact of the language of the query. For Latin queries, the most common sources were the websites of educational and memory institutions (e.g. Learnattack or the USHMM website; DDG and Yandex), journalistic outlets (e.g. Spiegel or Süddeutsche Zeitung; Google and Bing) and reference websites (e.g. Wikipedia or Britannica). Additionally, in the case

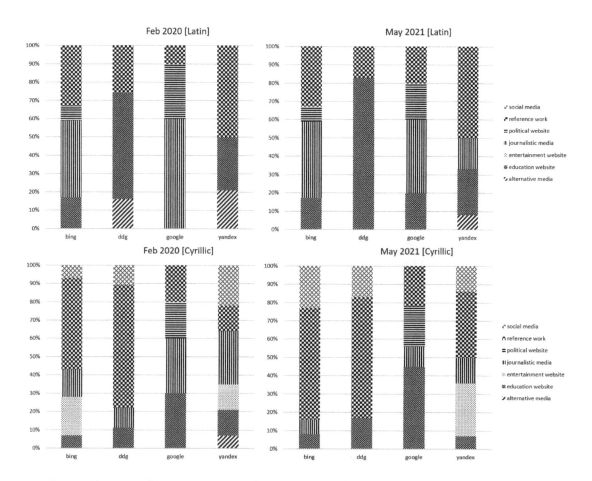

Figure 1. The types of sources across search engines per two time periods.

of Google, there was a tendency to prioritise politics-related websites, such as the website of the United Nations or the Bundeszentrale für politische Bildung.

For all search engines except Google, the selection of prioritised sources changed substantially for Cyrillic queries. The most commonly prioritised sources for Bing, DDG and Yandex turned out to be reference websites (mostly different language versions of Wikipedia). Additionally, for Bing and Yandex we observed the greater presence of entertainment websites, such as IsraLove, a website devoted to Israeli culture and humour. Despite earlier observations suggesting the potential reliance on more dubious sources of information about the Holocaust for image searches in response to Cyrillic queries,[49] in the current study we observed more alternative media retrieved for Latin queries (primarily from websites such as Conservapedia or National Vanguard). Cyrillic queries returned substantially more content from social media, in particular YouTube and the Yandex.Zen platform.[50]

An important aspect of the types of

sources prioritised by search engines in relation to the Holocaust is the visibility of individual web resources within each source category. In the case of educational and memory institutions, for instance, a large number of results for both Cyrillic and Latin queries came from three resources: the USHMM, Yad Vashem, and History (the TV channel of the A&E network). By contrast, educational and memory institutions based in Germany were almost entirely absent from the results, with the exception of Duden Learnattack, a smart learning portal in German; Lebendiges Museum Online, an online portal dedicated to German history; and segu Geschichte, an online platform for history teaching.

This observation is particularly surprising considering that the audits were conducted in the Frankfurt region. Interestingly, the opposite situation was observed in the case of journalistic resources, where the majority of Holocaust-related information came from major media outlets based in Germany (e.g. Spiegel and Süddeutsche Zeitung) and Russia (e.g. Argumenty i Fakty and Komsomolskaya Pravda). Such a distribution might reflect the more successful work of institutions in the USA and Israel in promoting their web resources online and having them prioritised by search engines, but it can also be attributed to the search engine logic which prioritises international resources in the case of educational institutions and domestic resources in the case of journalistic media.

Another important aspect concerns the actors responsible for the prioritised web resources. In the case of the websites of education and memory institutions as well as journalistic and political resources, we would expect dedicated teams to be responsible for the content published online (including Holocaust-related content), but a number of prioritised resources follow a different principle. For many reference websites, particularly different versions of Wikipedia, it is often unclear who is responsible for the Holocaust-related content and what their expertise or agenda is in producing such content. Similarly, in the case of social media as well as many alternative media, the actors producing the content are often anonymous, which may have direct implications for the content quality (e.g. by encouraging the spread of denialist claims).

Findings: The function of the source

Following our examination of the types of sources prioritised by the search algorithms, we shifted to the analysis of the functions of these sources. Figure 2 shows that, unlike the source type, we observed rather similar priorities across different search engines, with all of them prioritising sources offering a general overview of the Holocaust. Examples of such types of content include the ›Holocaust‹ pages on Wikipedia, Klexicon and Britannica, and overview articles in journalistic media (e.g. Bild or Argumenty i Fakty). The exact composition of such materials varied quite substantially, ranging from detailed examinations of the background, stages and aftermath of the Holocaust, to shorter discussions of what the Holocaust was and how it is remembered today.

The other source functions were mostly absent, with the exception of Google and Bing (especially for Latin queries), where a number of linked

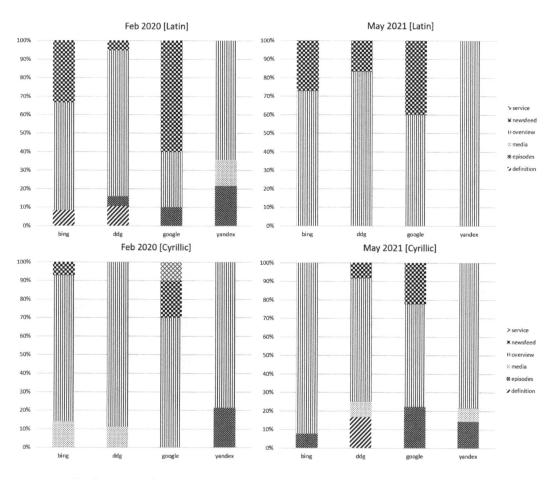

Figure 2. The functions of sources across search engines per two time periods.

pages came from journalistic media and contained the latest content with the word ›Holocaust‹ (i.e. the newsfeed function, such as the Spiegel page with materials on the theme of the Holocaust). Yandex was the only search engine which relatively consistently prioritised content dealing with individual episodes of the Holocaust. An example of such material is the page on the Isralove (2022) website discussing the so-called ›shocking facts‹ about the Holocaust (e.g. stories about Nazi soldiers selling Jewish babies in Minsk). Interestingly, the only search engine which included content dealing with the service function in its top outputs was Google, where the USHMM page for registering Holocaust survivors was prioritised for the Cyrillic queries.

We also observed some changes from 2020 to 2021, particularly concerning queries in the Latin script for Google, where the amount of newsfeed content decreased in 2021, and Yandex, where in 2021 all content was associated with overviews of the Holocaust. Some of these changes can be attributed to changes in the selection of sources (see previous section) prioritised by

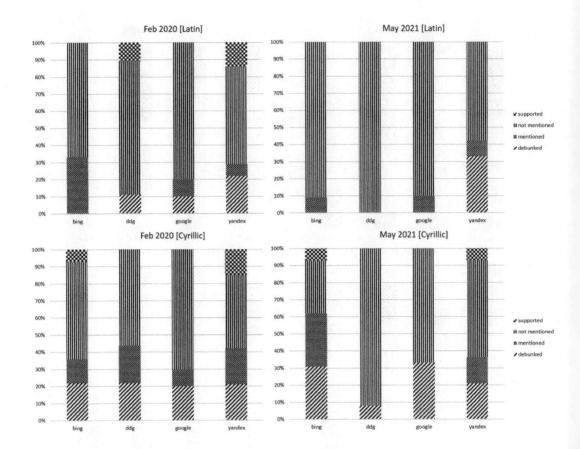

Figure 3. Discussion of Holocaust denial across search engines per two time periods.

the search engines, especially in the case of Google, where the presence of journalistic media in relation to Holocaust-related queries has decreased. In other cases, however, these changes are likely caused by the evolution of what the search algorithm treats as the most relevant source of information for a particular subject; such relevance can be influenced by multiple factors which are taken into account by the algorithms (e.g. changes in search optimisation strategies used by specific information outlets or shifts in the types of sources which are given priority by the algorithm).

Findings: Discussions of Holocaust denial

The last aspect of the representation of the Holocaust via search engines concerns how the sources which are prioritised by search algorithms discuss the subject of Holocaust denial. Figure 3 demonstrates that, much like the functionality of the sources, the search engines we examined turned out to be quite consistent in omitting the subject of denial. Interestingly, the absence of discussions of Holocaust denial was particularly pronounced in response to the Latin queries, whereas sources retrieved for the Cyrillic queries discussed it more frequently.

Omitting the subject of denialism is not an issue per se, particularly considering the divergent functionality of the content prioritised by the search engines. Mentioning it is not necessarily obligatory for materials focusing on Holocaust-related news or individual episodes of the Holocaust. However, considering the large amount of materials focusing on a general overview of the Holocaust and its different aspects, the absence of any discussion of denialism is rather surprising.

Another concerning observation was that the top search outputs of Yandex and Bing rather consistently included content which actually supported Holocaust denial; a less systematic presence of denialist content was also observed for DDG. Such content appeared in both periods of observation for the Cyrillic queries and also in the first period of observation for the Latin queries. The presence of such content aligns with earlier observations[51] concerning DDG promoting content supporting Holocaust denial, albeit in the form of visual images. In the case of the current study, examples included content from the US neo-Nazi organisation National Vanguard claiming that the Holocaust was fake, and from the Russian MilitaryArms portal arguing that some Holocaust revisionist claims (e.g. that the aim of the Holocaust was not to destroy the Jewish population) can be justified.

Conclusions

In this article, we examined how one specific type of algorithmic system owned by commercial companies – namely, web search engines – interacts with Holocaust remembrance. Using virtual agent-based auditing, we compared the performance of four major search engines – Bing, DDG, Google and Yandex – when searching for the term ›Holocaust‹ in the Latin and Cyrillic scripts.

Our first observation concerns the tendency of search engines to prioritise specific types of sources in relation to the Holocaust. The choice of source type depends on both the search engine and the language of the query, but overall, search engines tend to give priority to journalistic media, reference websites and educational websites (as well as politics-related websites in the case of Google). There might be several reasons for these sources' visibility, including the design of the algorithm behind the search engine, the different degrees of search optimization efforts, or the normative principles guiding the search engines' priorities.

Independent of the reason, however, the unequal distribution of sources has implications for Holocaust remembrance. The tendency to focus on journalistic media, and on politics-related websites in the case of Google, leads to a strong emphasis on recent developments, such as public events on Holocaust anniversaries or statements by public figures. At the same time, the reference websites that are emphasised, particularly crowd-sourced ones such as Wikipedia, often become memory battlegrounds where different mnemonic communities try to promote their preferred versions of the past (which often align with official memory politics[52]) and suppress alternative views.

The prevalence of journalistic media and reference websites contrasts with the often limited visibility of the websites of educational and memory institutions, which were prevalent only for one search engine (DDG) and only for queries in the Latin script. Even though institutions such as the USHMM are key curators of Holocaust memory, the search algorithms do not prioritise them, thus potentially diminishing their impact in online environments. Furthermore, although the searches were conducted in Germany, the websites of major German memorial centres (such as the Neuengamme Concentration Camp Memorial) and archival institutions (such as the Arolsen Archives) were not retrieved in response to the Latin or Cyrillic queries. Instead, the search engines prioritised US- and Israel-based institutions, despite focusing on German resources in the case of journalistic media and political websites (at least for the Latin queries). It is important to consider the different treatment of specific types of web resources when evaluating the role of search algorithms in the context of Holocaust remembrance.

Our second observation concerns the tendency of the sources prioritised by the search engines to focus on a general overview of the Holocaust. Such an overview can take different forms, ranging from a short summary of what the Holocaust was about, to a detailed discussion of different aspects of the Holocaust (as found on Wikipedia). This broad focus is understandable considering the rather general queries used in our article, but it still raises questions about whether such a search output is actually desired, particularly considering that offline memory practices are increasingly focusing on individual stories in the context of the Holocaust.

Our third observation relates to the discussion of Holocaust denialism in the sources prioritised by search engines. Probably the most concerning finding is that a number of sources prioritised by certain search engines (specifically, Bing, DDG and Yandex) actually promote Holocaust denialism. The appearance of such sources on the very first page of search results and in response to the rather standard search query (and not the one which could potentially be associated with a ›data void‹) demonstrates either the malperformance of the filtering mechanism used by the respective engine or an eagerness to give visibility to sources promoting factually incorrect information. Similar to observations from the earlier studies,[53] the visibility of denialist content was higher in response to the queries in the Cyrillic script.

Altogether, these observations emphasise the importance of investigating the role of the algorithmic turn in Holocaust remembrance, and they also raise a number of questions concerning the future of Holocaust memory. As algorithmic systems increasingly curate Holocaust memory by deciding what types of sources to prioritise and how much visibility to give to specific aspects of Holocaust remembrance, what role will human curators play? Are there ways to maintain the agency of memory institutions as well as other involved agents (e.g. the descendants of survivors), particularly considering the surprising lack of memory and educational institutions based in Germany in the top search results?

While finding satisfactory answers to the questions above might not be a trivial matter, it is also not an impossible task. Search engines are known to change their performance in response to criticism, especially when dealing with societally relevant matters (e.g. the COVID-19 pandemic), and they are also subject to regulation. Similarly, the growing interest in value-driven design demonstrates the potential for integrating ethical principles (such as transparency and fairness) into the design of algorithmic systems to make sure these systems advance societal values instead of undermining them. However, to make these changes (e.g. by deciding which values should be embedded in the design of systems dealing with Holocaust-related information, or which sources should be prioritised by web search engines), it is essential to determine what the future of Holocaust remembrance should look like. This is a task which can only be achieved through large-scale discussions between different groups involved in Holocaust remembrance.

Notes

1. Tobias Ebbrecht-Hartmann and Tom Divon, ›Serious TikTok – Can You Learn About the Holocaust in 60 seconds?‹, *Digital Holocaust Memory*, 2022, https://reframe.sussex.ac.uk/digitalholocaustmemory/2022/03/24/can-you-learn-about-the-holocaust-in-60-seconds-on-tiktok/ (retrieved 8 September 2022). – The research for this paper was conducted as part of the project ›Algorithmic turn in Holocaust memory transmission: Challenges, opportunities, threats‹, funded by the Alfred Landecker Foundation.
2. Cayo Gamber, ›Emerging Technologies and the Advent of the Holocaust »Hologram«‹, in Maria Shehade and Theopisti Stylianou-Lambert (eds.), *Emerging Technologies and the Digital Transformation of Museums and Heritage Sites. First International Conference, RISE IMET 2021, Nicosia, Cyprus, June 2-4, 2021* (Cham: Springer, 2021), 217-231.
3. Paige L. Gibson and Steve Jones, ›Remediation and Remembrance: »Dancing Auschwitz« Collective Memory and New Media‹, *Journal for Communication Studies* 5/10 (2012), 107-131.
4. Meghan Lundrigan, ›#Holocaust# Auschwitz: Performing Holocaust memory on social media‹, in Simone Gigliotti and Hilary Earl (eds.), *A Companion to the Holocaust* (Hoboken/Chichester: Wiley Blackwell, 2020), 639-655.
5. Juan Manuel González-Aguilar and Mykola Makhortykh, ›Laughing to forget or to remember? Anne Frank memes and mediatization of Holocaust memory‹, *Media, Culture & Society* (2022), https://journals.sagepub.com/doi/10.1177/01634437221088951 (retrieved 8 September 2022; online first).
6. Malin Thor Tureby and Kristin Wagrell, ›Digitization, vulnerability, and Holocaust collections‹, *Santander Art and Culture Law Review* 2/6 (2020), 87-118.
7. Lital Henig and Tobias Ebbrecht-Hartmann, ›Witnessing Eva Stories: Media witnessing and self-inscription in social media memory‹, *New Media & Society* 24/1 (2022), 202-226.
8. Tomasz Łysak, ›Vlogging Auschwitz: new players in Holocaust commemoration‹, *Holocaust Studies* 28/3 (2022), 377-402.
9. News media, for example; see Mariella Bastian, Natali Helberger and Mykola Makhortykh, ›Safeguarding the Journalistic DNA: Attitudes towards the Role of Professional Values in Algorithmic News Recommender Designs‹, *Digital Journalism* 9/6 (2021), 835-863.
10. Sun Kyong Lee, Nathan J. Lindsey and Kyun Soo Kim, ›The effects of news consumption via social media and news information overload on perceptions of journalistic norms and practices‹, *Computers in Human Behavior* 75 (2017), 254-263.

11 Sadie Dempsey, Jiyoun Suk, Katherine J. Cramer, Lewis A. Friedland, Michael W. Wagner und Dhavan V. Shah, ›Understanding Trump supporters'‹ news use: Beyond the Fox News bubble‹, *The Forum* 18/3 (2020), 319-346.
12 Jacob L. Nelson and Harsh Taneja, ›The small, disloyal fake news audience: The role of audience availability in fake news consumption‹, *New Media & Society* 20/10 (2018), 3720-3737.
13 Paul Dourish, ›Algorithms and their others: Algorithmic culture in context‹, *Big Data & Society* 3/2 (2016), 1-11.
14 Such as the online tools provided by the Arolsen Archives; see Akim Jah, Katharina Menschick, Sabine Moller and Margit Vogt, ›Forschend-entdeckendes Lernen und digitale Tools: Zur Archivpädagogik der Arolsen Archives‹, *Geschichte in Wissenschaft und Unterricht* 73/5+6 (2022), 260-272.
15 Mykola Makhortykh, Aleksandra Urman and Roberto Ulloa, ›Hey, Google, is it what the Holocaust looked like?‹, *First Monday* 26/10 (2021), https://doi.org/10.5210/fm.v26i10.11562.
16 See Frank Pasquale, *The Black Box Society: The Secret Algorithms That Control Money and Information* (Cambridge, MA: Harvard University Press, 2015).
17 Aleksandra Urman and Mykola Makhortykh, ›»Foreign beauties want to meet you«: The sexualization of women in Google's organic and sponsored text search results‹, *New Media & Society* (2022), https://journals.sagepub.com/doi/10.1177/14614448221099536 (retrieved 8 September 2022; online first).
18 Such as in the case of the distorted representation of specific societal groups; see Safiya Umoja Noble, ›A Society Searching‹, in *Algorithms of Oppression: How Search Engines Reinforce Racism* (New York: New York University Press, 2018), 15-63.
19 See Tom Divon and Tobias Ebbrecht-Hartmann, ›#JewishTikTok: The JewToks' Fight against Antisemitism‹, in Trevor Boffone (ed.), *TikTok Cultures in the United States* (London/New York: Routledge, 2022), 47-58; Makhortykh, Urman and Ulloa, ›Hey, Google‹ (see note 15).
20 David Bathrick, ›Introduction: Seeing Against the Grain: Re-visualizing the Holocaust‹, in David Bathrick, Brad Prager, and Michael D. Richardson (eds.), *Visualizing the Holocaust: Documents, Aesthetics, Memory* (Rochester: Camden House, 2008), 1-18.
21 Jay Winter, ›Notes on the Memory Boom: War, Remembrance and the Uses of the Past‹, in Duncan Bell (ed.), *Memory, Trauma and World Politics: Reflections on the Relationship between Past and Present* (London: Palgrave Macmillan, 2006), 54-73.
22 Alejandro Baer, ›Consuming history and memory through mass media products‹, *European Journal of Cultural Studies* 4/4 (2001), 491-501.
23 Anna Reading, ›Digital interactivity in public memory institutions: the uses of new technologies in Holocaust museums‹, *Media, Culture & Society* 25/1 (2003), 67-85.
24 Victoria Grace Walden, ›What is »virtual Holocaust memory«?‹, *Memory Studies* 15/4 (2022), 621-633 (first published online on 22 November 2019).
25 Stefania Manca, ›Digital Memory in the Post-Witness Era: How Holocaust Museums use Social Media as New Memory Ecologies‹, *Information* 12/1 (2021), 31.
26 Tobias Ebbrecht-Hartmann, ›Commemorating from a distance: the digital transformation of Holocaust memory in times of COVID-19‹, *Media, Culture & Society* 43/6 (2021), 1095-1112.
27 Łysak (see note 8).
28 Mykola Makhortykh, ›Nurturing the pain: Audiovisual tributes to the Holocaust on YouTube‹, *Holocaust Studies* 25/4 (2019), 441-466.
29 Mykola Makhortykh, ›Framing the Holocaust online: Memory of the Babi Yar massacres on Wikipedia‹, *Digital Icons: Studies in Russian, Eurasian and Central European New Media* 18 (2017), 67-94.
30 A. Craig Wight, ›Visitor perceptions of European Holocaust Heritage: A social media analysis‹, *Tourism Management* 81 (2020), 104-142.
31 See Wulf Kansteiner, ›Transnational Holocaust Memory, Digital Culture and the End of Reception Studies‹, in Tea Sindbæk Andersen and Barbara Törnquist-Plewa (eds.), *The Twentieth Century in European Memory: Transcultural Mediation and Reception* (Leiden/Boston: Brill, 2017), 305-343.
32 See Gemma Commane and Rebekah Potton, ›Instagram and Auschwitz: a

critical assessment of the impact social media has on Holocaust representation‹, *Holocaust Studies* 25/1-2 (2019), 158-181.

33 Liat Steir-Livny, ›Is it OK to laugh about it yet? Hitler Rants YouTube parodies in Hebrew‹, *The European Journal of Humour Research* 4/4 (2016), 105-121.

34 Michael Whine, ›Countering Holocaust denial in the twenty-first century‹, *Israel Journal of Foreign Affairs* 14/1 (2020), 53-68.

35 Mykola Makhortykh, ›Memoriae ex machina: How algorithms make us remember and forget‹, *Georgetown Journal of International Affairs* 22/2 (2021), 180-185.

36 Divon and Ebbrecht-Hartmann, ›#JewishTikTok‹ (see note 19).

37 Makhortykh, Urman and Ulloa, ›Hey, Google‹ (see note 15).

38 Statcounter, ›Search Engine Market Share Worldwide‹, 2022, https://gs.statcounter.com/search-engine-market-share (retrieved 8 September 2022).

39 Statcounter, ›Search Engine Market Share Europe‹, 2022, https://gs.statcounter.com/search-engine-market-share/all/europe (retrieved 26 October 2022).

40 Statcounter, ›Search Engine Market Share Russian Federation‹, 2022, https://gs.statcounter.com/search-engine-market-share/all/russian-federation (retrieved 26 October 2022).

41 Diggit Magazine, ›»Dems Fraud«: Far Right and Data Voids on DuckDuckGo.com‹, 2020, https://www.diggitmagazine.com/articles/dems-fraud-data-voids (retrieved 26 October 2022). For an empirical analysis of the performance of DDG in relation to conspiratorial information, see Aleksandra Urman, Mykola Makhortykh, Roberto Ulloa and Juhi Kulshrestha, ›Where the earth is flat and 9/11 is an inside job: A comparative algorithm audit of conspiratorial information in web search results‹, *Telematics and Informatics* 72 (2022), 1-15.

42 For more information on the approach implementation, see Roberto Ulloa, Mykola Makhortykh and Aleksandra Urman, ›Scaling up search engine audits: practical insights for algorithm auditing‹, *Journal of Information Science* (2022), https://journals.sagepub.com/doi/full/10.1177/01655515221093029 (retrieved 8 September 2022).

43 For the review, see Jack Bandy, ›Problematic machine behavior: A systematic literature review of algorithm audits‹, *Proceedings of the ACM on Human-Computer Interaction* 5/CSCW1 (2021), 1-34.

44 Anniko Hannak, Piotr Sapiezynski, Arash Molavi Kakhki, Balachander Krishnamurthy, David Lazer, Alan Mislove and Christo Wilson, ›Measuring personalization of web search‹, in *Proceedings of the 22nd International Conference on World Wide Web* (New York: ACM, 2013), 527-538.

45 Mykola Makhortykh, Aleksandra Urman and Roberto Ulloa, ›How search engines disseminate information about COVID-19 and why they should do better‹, *HKS Misinformation Review* 1/1 (2020), 1-11.

46 Makhortykh, Urman and Ulloa, ›Hey, Google‹ (see note 15).

47 Julie Fedor, Simon Lewis and Tatiana Zhurzhenko, ›Introduction‹, in Julie Fedor, Simon Lewis and Tatiana Zhurzhenko (eds.), *War and Memory in Russia, Ukraine and Belarus* (Cham: Palgrave Macmillan, 2017), 1-40.

48 See Chloe Kliman-Silver, Anniko Hannak, David Lazer, Christo Wilson and Alan Mislove, ›Location, location, location: The impact of geolocation on web search personalization‹, in *Proceedings of the 2015 Internet Measurement Conference* (New York: ACM, 2015), 121-127.

49 Makhortykh, Urman and Ulloa, ›Hey, Google‹ (see note 15).

50 For more information about Yandex.Zen, see Olga Dovbysh, Marielle Wijermars and Mykola Makhortykh, ›How to Reach Nirvana: Yandex, News Personalisation, and the Future of Russian Journalistic Media‹, *Digital Journalism* (2022), https://www.tandfonline.com/doi/full/10.1080/21670811.2021.2024080 (retrieved 26 October 2022).

51 See Makhortykh, Urman and Ulloa, ›Hey, Google‹ (see note 15).

52 Makhortykh, ›Framing the Holocaust online‹ (see note 29).

53 See Makhortykh, Urman and Ulloa, ›Hey, Google‹ (see note 15).

Martina Staats

Digitale Vermittlungselemente in der Dauerausstellung der Gedenkstätte in der JVA Wolfenbüttel

Die Gedenkstätte in der Justizvollzugsanstalt (JVA) Wolfenbüttel erinnert seit 1990 an die Rolle der Justiz in der nationalsozialistischen Verfolgungs- und Mordpolitik, insbesondere an die im Strafgefängnis Wolfenbüttel, einer der wichtigsten Haftstätten für Männer in Norddeutschland, Inhaftierten und Hingerichteten.[1] Von 1933 bis zur Befreiung am 11. April 1945 sind über 15000 Personen in den Hafteingangsbüchern der Haftanstalt verzeichnet worden. Außerdem war das Strafgefängnis Wolfenbüttel eine der zentralen Hinrichtungsstätten im Deutschen Reich. Von 1937 bis 1945 wurden dort 526 Todesurteile an Frauen und Männern vollstreckt. Fast die Hälfte der zum Tode Verurteilten kam aus dem besetzten europäischen Ausland.

Die Gedenkstätte in der JVA Wolfenbüttel hat den Auftrag, die Geschichte von Verfolgung und Widerstand im Nationalsozialismus und ihre Folgen zu erforschen, im Bewusstsein der Menschen wachzuhalten und weiterzutragen.[2] Hierbei ist die Beachtung der Interessen der Überlebenden und ihrer Familienangehörigen wesentlich.

Die Gedenkstätte besteht heute aus zwei Bereichen, die sich beide auf dem Gelände der JVA Wolfenbüttel befinden: Zum einen sind dies innerhalb der JVA die historischen Orte – ehemalige Haftzellen und das Hinrichtungsgebäude – mit einer multimedialen Lernumgebung, zum anderen ist es das über einen Durchbruch in der Gefängnismauer frei zugängliche Dokumentationszentrum. Es wurde 2019 eröffnet und erfüllt die Funktion eines modernen Museums mit Dauerausstellung, Veranstaltungsräumen und Bibliothek.

Vor der Fertigstellung der Neugestaltung mit dem neu gebauten Dokumentationszentrum konnten Besucher:innen nur die historischen Orte innerhalb der JVA mit einer kleinen Dauerausstellung besuchen. Hierfür war eine mindestens zweiwöchige vorherige Anmeldung erforderlich, um die Sicherheitsüberprüfungen seitens der JVA zu ermöglichen, sodass spontane Besuche der Gedenkstätte nicht möglich waren. Diese Situation bestimmte die Arbeit der Gedenkstättenmitarbeiter:innen und den Eindruck der Besucher:innen: Alle Besucher:innen waren einerseits bekannt und überprüft, andererseits erwartete sie die Situation, sich in der vollkommen neuen und irritierenden Atmosphäre eines Hochsicherheitsgefängnisses zu befinden.

Die am 31. August 2016 abgeschlossene erste Phase der Neugestaltung[3] betraf die historischen Orte innerhalb der JVA: Dort wurde die alte Dauerausstellung entfernt, um die Orte behutsam unter Wahrung der Zeitspuren als Großexponate in ihren Funktionen sichtbar zu machen. Die ehemaligen Haftzellen und das Hinrichtungsgebäude wurden hierfür zurückgebaut und visuell zurückhaltend kommentiert. Digitale Vermittlungselemente waren hier bewusst nicht vorgesehen: Die Orte dienen als dauerhafter Beweis für die dort in der NS-Diktatur von Justiz und Strafvollzug verübten Verbrechen und sind für Angehörige von

Abb. 1: Das Dokumentationszentrum der Gedenkstätte in der JVA Wolfenbüttel, 2020. Foto: Steffen Spitzner, Quelle: Architekturfotografie Steffen Spitzner

dort Inhaftierten oder Hingerichteten Gedenk- und Trauerorte. Es wurden aber auch Anforderungen eines Informations- und Lernortes berücksichtigt. So wurde im früheren Hinrichtungsraum eine Erinnerungswand mit Glasstelen gestaltet, die die Namen der dort Getöteten tragen. Diese Namenswand ist der wichtigste Gedenkort für die Angehörigen geworden, an dem Blumen und Fotos niedergelegt werden und gemeinsam gedacht, gebetet und gesungen wird. Die Namen der 526 Hingerichteten sind dabei nicht in alphabetischer Folge, sondern chronologisch nach dem Tag der Vollstreckung aufgeführt. Namen lassen sich daher für Besucher:innen zwar schwerer finden, doch sind der starke Anstieg der Hinrichtungen besonders seit 1939 und die Exekutionen ganzer Widerstandsgruppen und Familien als wichtige Erkenntnisziele der Bildungsarbeit durch diese Anordnung leichter erkennbar. Da Besucher:innen dort aufgrund der Sicherheitsbestimmungen der JVA immer von Gedenkstättenmitarbeiter:innen begleitet werden und diese bei der Namenssuche helfen können, wiegt der Nachteil der chronologischen Anordnung der Namen nicht schwer.

Während der zweiten Phase der Neugestaltung wurde auf dem Gelände der JVA der Neubau für das Dokumentationszentrum errichtet, das für Besucher:innen ohne Anmeldung frei zugänglich ist (Abb. 1). Er befindet sich im Randbereich, bietet aber dennoch Sichtbezüge zu den historischen Orten innerhalb der JVA. Die dort gezeigte neu konzipierte Dauerausstellung »Recht. Verbrechen. Folgen. Das Strafgefängnis Wolfenbüttel im Nationalsozialismus« ist den übergeordneten Themen Justiz und Strafvollzug im Nationalsozialismus und ihren Folgen gewidmet.⁴ Eingebettet in eine gesamtgesellschaftliche Darstellung werden das Verfolgungssystem, das verbrecherische Wirken der Justiz, die Inhaftierung von in- und ausländischen Gefangenengruppen und die Funktion als eine der zentralen Hinrichtungsstätten im Deutschen Reich thematisiert. Weitere wesentliche, an ausgewählten Beispielen dargestellte Themen sind die Handlungsspielräume von Verantwortlichen im Justiz- und Strafvollzugswesen, Kontinuitäten und Diskontinuitäten in der frühen Bundesrepublik, die Geschichte der Gedenkstätte sowie die Erinnerungskultur von Überlebenden und Angehörigen. Ein Zeitstrahl und drei animierte Kontextfilme ermöglichen eine Orientierung über den Ort des Strafgefängnisses Wolfenbüttel und das Land Braunschweig hinaus. Ein interaktives pädagogisches Konzept erschließt beide Bereiche der Gedenkstätte.

Bei der didaktischen Konzeption der Dauerausstellung waren folgende Fragen leitend: Aus welchen Gründen kommen die Besucher:innen in die Gedenkstätte? Was sind ihre Erwartungen? Wie kann eine Ausstellung in einer Gedenkstätte zu Justiz und Strafvollzug und deren Folgen so interessant und spannend sein, dass Besucher:innen sich mit der Thematik auseinandersetzen und die Ausstellung ansehen wollen, bestenfalls sogar erneut kommen? Wie können Besucher:innen der Ausstellung einen Eindruck jener für sie nicht spontan zugänglichen historischen Orte erhalten? Wie können sie diese visuell erfahren?

Aufgrund der geringen Grundfläche des Neubaus musste die Dauerausstellung auf einer Fläche von nur 300 Quadratmetern realisiert und diese kleine Ausstellungsfläche optimal genutzt werden. Ausstellungen, die sich nicht an einem historischen Ort befinden, »leben« von den gezeigten Objekten. Die Aufgabe war daher, auf der beschränkten verfügbaren Fläche viele originale Objekte zu zeigen und sie nicht nur als Hintergrund bzw. Visualisierung für einen Ausstellungstext zu nutzen, sondern mit spezifischen Objektgeschichten zu kontextualisieren. Weitere wesentliche Fragen waren, ob und mit welchen Zielen digitale Vermittlungselemente eingesetzt werden sollen.

Bei der inhaltlichen Konzeption der neuen Dauerausstellung⁵ stand der Ort – das Strafgefängnis Wolfenbüttel mit der Hinrichtungsstätte – im Mittelpunkt. Die Darstellung dieser Institution, ihres Personals, der weiteren Beteiligten wie z.B. Staatsanwälten oder Ärzten sowie der Gefangenen sollten das Verhalten und die Bedeutung von Justiz und Strafvollzug im Nationalsozialismus bzw. in der NS-Gesellschaft erkennbar machen. Am Beispiel des Strafgefängnisses Wolfenbüttel sollte anhand von Schwerpunkten die Beteiligung von Justiz und Strafvollzug im nationalsozialistischen Verfolgungssystem durch zunehmende Radikalisierung und Ausnutzung von Entscheidungsspielräumen aufgezeigt werden: bei der Verfolgung und Ausschaltung von Gegner:innen und der Durchsetzung der NS-Ideologie, bei der Verfolgungs- und Mordpolitik besonders seit 1939 und bei der Durchsetzung der NS-»Volksgemeinschaft«.

Diesen Ausstellungsabschnitten folgen Darstellungen zur Befreiung und zur Phase der britischen Verwaltung sowie zu Kontinuitäten und Brüchen innerhalb von Justiz und Strafvollzug in der frühen Bundesrepublik. Den Abschluss der Dauerausstellung bildet ein

Abschnitt zur Erinnerungskultur, in dem u.a. das Weiterleben mit den Hafterfahrungen und die Geschichte der Gedenkstätte thematisiert werden.

Für die Umsetzung des Konzepts in eine Ausstellung waren mehrere Fragen zu klären: Wie können den Besucher:innen so viele, größtenteils vollkommen neue Informationen vermittelt werden? Wie ist mit dem Problem des begrenzten Raumes umzugehen? Wie können gerade für das Allgemeinpublikum schwer verständliche juristische Texte in einer Ausstellung lesbar und spannend dargestellt werden?

Eine überwiegende »Leseausstellung« sollte vermieden werden, doch sollten trotzdem viele Informationen gegeben werden. Hierbei erhielten Objekte und ihre Geschichte eine wesentliche Rolle. Aus Kostengründen wurde eine Tafelausstellung mit möglichst vielen digitalen Vermittlungselementen realisiert. Die digitalen Vermittlungselemente sollten den Besucher:innen weitere Zugänge eröffnen und zusätzliche Informationen verfügbar machen, im Zusammenhang mit den Objekten Geschichte in Erzählform vermitteln und auch Spannung erzeugen und so Interesse wecken. Visuelle Kommunikationsmöglichkeiten sowie Sehgewohnheiten waren dabei zu berücksichtigen.

Aus Besuchen von Museen im In- und Ausland und Gesprächen mit den dortigen Kurator:innen ergaben sich erste Anregungen und Ideen für die Konzeption der neuen Dauerausstellung. Anforderungen der Pädagog:innen an eine Nutzung der Ausstellung in der Bildungsarbeit, der gesetzte Zeitrahmen sowie die technischen und finanziellen Umsetzungsmöglichkeiten und das Know-how der Ausstellungs- bzw. Mediengestalter:innen waren ebenso zu beachten wie ethische Aspekte, die eine im Vergleich zu Museen sensiblere, teilweise auch eingeschränktere Nutzung der digitalen Möglichkeiten bedingen:[6] Sachlichkeit sollte überwiegen, der Erlebnisaspekt jedoch nicht ignoriert werden. Bei der Auswahl der vertiefenden Dokumente und Fotos wurden private Fotos priorisiert, die der Gedenkstätte von den Familien im Strafgefängnis Wolfenbüttel Inhaftierter oder Hingerichteter überlassen worden waren. Sofern möglich, wurden Fotos, auf denen Verurteilte bei Haftantritt fotografiert worden waren oder die aus Gerichtsakten stammten, u.a. aus ethischen Gründen nicht verwendet. Die Schrecken der Verhaftung, manchmal auch Misshandlungen, spiegeln sich auf diesen erzwungenen Fotos wider und bedürfen bei ihrer Verwendung ausführlicher Erläuterungen zu ihrer Entstehung. Fotos, auf denen die Verurteilten vor ihrer Haft in Freiheit in ihrem privaten Umfeld zu sehen sind und die mit ihrem Einverständnis entstanden sind, respektieren dagegen eher ihre Würde. Ferner wurde auf die Sensibilität der Daten geachtet, da manche Angehörigen von Inhaftierten sich durch die NS-Urteile bis heute stigmatisiert fühlen.

Die digitalen Vermittlungselemente entwickelte das Studio für Mediengestaltung schnellebuntebilder, Berlin. Die interaktive Installation am historischen Modell des Strafgefängnisses mithilfe einer Augmented-Reality-(AR-)Anwendung auf Tablets, das faksimilierte Hinrichtungsbuch als Interface für eine interaktive Medieninstallation mit Wandprojektion und der Medienschlitten an der Vitrine mit Objekten zur Geschichte der Gedenkstätte werden in diesem Beitrag im Einzelnen vorgestellt. Für die Implementierung wurde bereits bewährte Hardware gewählt, um eine möglichst ausfallfreie Nutzung in der sechs Tage pro Woche geöffneten Ausstellung zu gewährleisten. Im Eingangsbereich im Erdgeschoss führt zunächst der »Prolog«, eine Medieninstallation, als eine Art Zeitschleuse von der Gegenwart zurück zur Anfangsphase der NS-Diktatur mit der Zerstörung des Rechtsstaats 1933. Die Bewegungen der Besucher:innen entlang Zeitleisten im Boden von der Gegenwart in die NS-Zeit steuern hier eine mit drei Kameras, drei Beamern und einem PC realisierte interaktive Wandprojektion. Die Projektion lässt die im Grundgesetz der Bundesrepublik Deutschland verankerten Grundrechte mit der Bewegung der Besucher:innen an der Wand mitlaufen und bricht 1949 ab.

Das Historische Modell des Strafgefängnisses Wolfenbüttel

Im dritten Abschnitt »Räumliche Orientierung« am Beginn des Dauerausstellungsteils im ersten Stockwerk des Dokumentationszentrums können sich Besucher:innen an der Reproduktion eines historischen Modells des Strafgefängnisses Wolfenbüttel (Abb. 2) einen Überblick über die verschiedenen Gebäude der Haftanstalt im Jahr 1939 verschaffen. Das Modell des Strafgefängnisses Wolfenbüttel wurde im Maßstab 1:1250 angefertigt und zeigt akribisch genau den Gebäudestand vom 1. Januar 1939 mit einem erläuternden Übersichtsplan der fünfzehn Gebäude. Das Original befindet sich heute im Hafthaus III und dient dort für Besucher:innengruppen zur Erläuterung und Orientierung. Durch ein großes Sichtfenster hinter dem Modell führt der Blick zu den historischen Orten innerhalb der JVA. Finden Gefangenenbewegungen in der JVA stattfinden, ist das Fenster undurchsichtig, um den Persönlichkeitsschutz der Inhaftierten zu gewährleisten.

Da die innerhalb der JVA gelegenen historischen Orte für einen spontanen Besuch nicht zugänglich sind, viele Besucher:innen an diesen Gebäuden jedoch besonderes Interesse haben, bietet eine interaktive AR-Anwendung auf mehreren Tablets am historischen Gefängnismodell ihnen einen virtuellen Zugang zu den Gebäuden (Abb. 3).[7] Je nach Interesse können Ausstellungsbesucher:innen einen Überblick und vertiefende Erläuterungen in deutscher und englischer Sprache erhalten.

Mit den Tablets können am historischen Modell z.B. Hafthäuser oder das Hinrichtungsgebäude angesteuert werden, die dreidimensional auf diese Weise auch im Dokumentationszentrum sichtbar werden. Hierbei fungiert das historische Modell als Interface: Die AR-Anwendung erkennt das dreidimensionale Modell. Auf den Tablets erscheinen je nach angesteuertem Gebäude des Modells verschiedene Vertiefungsebenen. Das Modell bildet dabei den Startbildschirm. In der ersten Vertiefungsebene erscheint als neue Oberfläche der Grundriss des jeweils angesteuerten Gebäudes. Anschließend sind im Grundriss dargestellte Räume einzeln anwählbar. Die Innenansicht des angewählten Raumes kann mit einem 360-Grad-Blick erkundet werden – ein Drehen des Tablets verändert den Blickwinkel der Besucher:innen im virtuellen Raum. Sie bewegen sich dabei nicht durch virtuell rekonstruierte Räume, sondern sehen die mit 3-D-Kameras aufgenommenen historischen Orte. Wichtige Details im Raum, z.B.

DIGITALE VERMITTLUNGSELEMENTE

Abb. 2: Das Historische Modell des Strafgefängnisses Wolfenbüttel mit Tablets für die Augmented-Reality-Anwendung am Beginn der Dauerausstellung der Gedenkstätte in der JVA Wolfenbüttel im ersten Stockwerk des Dokumentationszentrums, links das Sichtfenster, 2020. Foto: Steffen Spitzner, Quelle: Architekturfotografie Steffen Spitzner

Abb. 3: Ein Tablet mit Augmented-Reality-Anwendung am historischen Modell des Strafgefängnisses Wolfenbüttel, 2019. Foto: Helge Krückeberg, Quelle: Gedenkstätte in der JVA Wolfenbüttel

Einritzungen, sind visuell hervorgehoben. Werden sie angewählt, erscheinen nähere Informationen. Weitere anwählbare Vertiefungsmöglichkeiten sind Fotos und Dokumente Bei der Anwahl ist Extrudieren – das Visualisieren als 3-D-Objekt aus einer zweidimensionalen Darstellung – und Vergrößern möglich. Diese Art der Interaktion ermöglicht ein eigenständiges Entdecken und Erforschen des Modells, einen Einblick in die gestalteten historischen Orte der heutigen Gedenkstätte und das Verknüpfen des Modells mit den realen Gebäuden.

Die AR-Anwendung kann von mehreren Besucher:innen unabhängig voneinander gleichzeitig genutzt werden. Für Gruppen steht ein mit einem Beamer zusammengeschaltetes Tablet zur Verfügung. Das jeweils angesteuerte Gebäude und die weiteren Vertiefungsebenen werden dabei vergrößert auf eine Wand projiziert.

Von Augmented- oder Virtual-Reality-Anwendungen, die nicht mehr vorhandene oder teilweise zerstörte Gebäude virtuell rekonstruieren,[8] unterscheidet sich die Augmented-Reality-Anwendung der Gedenkstätte in der JVA Wolfenbüttel dadurch, dass sie nicht zugängliche, aber noch vorhandene historische Orte innerhalb der JVA virtuell sichtbar macht.

Das faksimilierte Hinrichtungsbuch

Der fünfte Ausstellungsabschnitt thematisiert die Hinrichtungsstätte im Strafgefängnis Wolfenbüttel im Nationalsozialismus. Dort wurden die zwischen Oktober 1937 und März 1945 überwiegend von NS-Sondergerichten verhängten Todesurteile mit der Guillotine vollstreckt.

Im Wandbereich dieses Abschnitts werden die Rahmenbedingungen für den Vollzug von Todesurteilen während der NS-Zeit, Richter, Staatsanwälte und an den Hinrichtungen Beteiligte sowie die Behandlung der Verurteilten und der Ablauf der Hinrichtungen dargestellt.

Der übrige Raum ist den Biografien Hingerichteter gewidmet. In einem Bereich liegt auf einem Tisch mit Sitzgelegenheit ein faksimiliertes Hinrichtungsbuch, in dem ein Gefängnisbediensteter alle zwischen Oktober 1937 und Juli 1947[9] im Strafgefängnis Wolfenbüttel vollzogenen Hinrichtungen eingetragen hat. Die Hingerichteten sind mit laufender Nummer, ihrem Namen (»Nacht- und-Nebel«-Gefangene ohne den Namen) und dem Datum der Hinrichtung verzeichnet. Um die Hingerichteten trotz der eingeschränkten räumlichen Möglichkeiten mit einem Foto und weiteren Dokumenten biografisch darstellen zu können, fungiert das Hinrichtungsbuch als Interface für eine interaktive Medieninstallation mit einer großen Wandprojektion.[10] Besucher:innen können Biografien auswählen, indem sie Seiten des Hinrichtungsbuchs aufschlagen, wobei das Hinrichtungsbuch als Steuerelement fungiert: In der Lampe, die das Buch beleuchtet, ist eine Infrarotkamera eingebaut (Abb. 4), die die aufgeschlagenen Seiten erkennt. Nach einem Umblättern erscheint so auf Touchscreens (Abb. 5), die sich links und rechts neben dem Hinrichtungsbuch befinden, eine Auswahl von Namen Hingerichteter, die auf den beiden aktuell aufgeschlagenen Seiten eingetragen sind. Die Besucher:innen können dann interaktiv über die Touchscreens Einzelbiografien auswählen, die in deutscher oder englischer Sprache präsentiert werden. Nach dem Antip-

DIGITALE VERMITTLUNGSELEMENTE

Abb. 4: Der Ausstellungsabschnitt »Die Hinrichtungsstätte Wolfenbüttel 1937 bis 1945«, vorne rechts das von einer mit Infrarotkamera ausgestatteten Lampe beleuchtete faksimilierte Hinrichtungsbuch, 2019. Foto: Helge Krückeberg,
Quelle: Gedenkstätte in der JVA Wolfenbüttel

Abb. 5: Das faksimilierte Hinrichtungsbuch mit links und rechts angeordneten Touchscreens zur Auswahl einer Biografie, 2019. Foto: Helge Krückeberg,
Quelle: Gedenkstätte in der JVA Wolfenbüttel

Abb. 6: Eine auf die Wand projizierte ausgewählte Biografie eines im Strafgefängnis Wolfenbüttel Hingerichteten der interaktiven Medieninstallation am faksimilierten Hinrichtungsbuch, 2022. Foto: Tomke Blotevogel, Quelle: Gedenkstätte in der JVA Wolfenbüttel

pen eines Namens auf einem der Touchscreens erscheint die Projektion der entsprechenden Biografie auf der Wand (Abb. 6). Solche vertiefenden Biografien stehen für 30 Hingerichtete zur Verfügung. Ihre Präsentation erfolgt in kurzen Filmen: Nach einem Zitat, nach Möglichkeit aus einem Egodokument, z.B. einem Abschiedsbrief, folgen der Name mit Geburts- und Hinrichtungsdatum und, sofern vorhanden, ein Foto. Die Lebensläufe werden mit Dokumenten ergänzt, wobei auch hier möglichst Egodokumente verwendet wurden.

Der Medienschlitten an der Vitrine mit Objekten zur Geschichte der Gedenkstätte

Im achten Ausstellungsabschnitt »Raum für Erinnerungen?« werden der Umgang mit dem historischen Ort, die Entstehung der Gedenkstätte sowie die gesellschaftliche und politische Anerkennung von Justizverurteilten als NS-Opfer in der Bundesrepublik thematisiert. Dies geschieht anhand von 21 Objekten in einer großen wandhängenden horizontalen Vitrine (Abb. 7). Die in chronologischer Abfolge angeordneten Objekte stehen für wichtige Aspekte der Geschichte der Gedenkstätte. Bei den

DIGITALE VERMITTLUNGSELEMENTE

Abb. 7: Der Ausstellungsabschnitt »Raum für Erinnerungen?«, im Hintergrund die Vitrine mit 21 Objekten zur Geschichte der Gedenkstätte und dem erleuchteten Medienschlitten, 2019. Foto: Helge Krückeberg, Quelle: Gedenkstätte in der JVA Wolfenbüttel

Abb. 8: Eine Exponaterklärung mit dem Startbildschirm zu dem ausgewählten Objekt auf dem Monitor des Medienschlittens an der Vitrine mit 21 Objekten zur Geschichte der Gedenkstätte, 2019. Foto: Katrin Unger, Quelle: Gedenkstätte in der JVA Wolfenbüttel

Objekten befinden sich kurze Objektbeschreibungen mit Datierungen und Angaben zur Provenienz.

Ursprünglich war erwogen worden, einzelne drehbare Vitrinen für jedes Objekt mit vertiefenden, multimedialen Informationen auf den Rückseiten der Vitrinen zu platzieren. Wegen befürchteter Ausfälle der Technik aufgrund der zu erwartenden hohen Beanspruchung durch viele Drehungen wurde stattdessen aufbauend auf Erfahrungen des Messebaus ein Medienschlitten entwickelt. Jedes der 21 Objekte kann mit dem auf Schienen laufenden Medienschlitten – einem seitlich fahrbaren Monitor – angesteuert werden. Nach der Ansteuerung eines Objekts werden, über Infrarotsensorik ausgelöst, automatisch vertiefende Informationen zum jeweiligen Objekt und zu dem Thema, für das es steht, gezeigt[11] (Abb. 8). Zum Thema »Überlebendenverbände« wird z. B. in der Vitrine als Objekt die als Pferd gestaltete Spitze der Fahne des belgischen Überlebendenverbands Amicale des Prisonniers Politiques Rescapés des Wolfenbüttel aus dem Jahr 1948 gezeigt. Nach dem Ansteuern des Objekts erscheint dessen Abbildung auf dem Bildschirm des Medienschlittens, anschließend werden kurze Texte in deutscher und englischer Sprache eingeblendet, gefolgt von Fotos, Dokumenten und Interviewausschnitten. So erhalten Besucher:innen mithilfe des Medienschlittens auf raumsparende Weise weitergehende Informationen zu den Objekten. Die Technik hat sich als nicht störanfällig erwiesen.

Die Präsentation von Informationen mittels des Medienschlittens ermöglicht es, die gerade im Bereich der Erinnerungskultur wichtigen verschiedenen Zeitebenen der Erinnerung – die jeweils unterschiedliche Wahrnehmung und Interpretation von Ereignissen zu unterschiedlichen Zeiten – sichtbar zu machen.

Fazit

Zum Einsatz digitaler Vermittlungselemente in der neuen Dauerausstellung der Gedenkstätte in der JVA Wolfenbüttel kann ein positives Resümee gezogen werden. Die interaktive Installation am historischen Modell des Strafgefängnisses mithilfe einer AR-Anwendung auf Tablets, das faksimilierte Hinrichtungsbuch als Interface für eine interaktive Medieninstallation mit einer Wandprojektion und der Medienschlitten an der Vitrine mit Objekten zur Geschichte der Gedenkstätte haben die in der Konzeption formulierten Erwartungen erfüllt. Die digitalen Vermittlungselemente bieten mehr Zugänge und eröffnen mehr Erzähl- und Vermittlungsmöglichkeiten der Hintergründe und Geschichten der Objekte. Sie werden von den Ausstellungsbesucher:innen als ansprechend und modern empfunden[12] und werden, da sie einfach und intuitiv selbsterklärend sind und gängigen Erfahrungen in der Bedienung von Touchscreens entsprechen, gut angenommen. Besonders die AR-Anwendung am historischen Modell des Strafgefängnisses am Beginn der Ausstellung weckt Neugier und regt Besucher:innen zu einer intensiven Auseinandersetzung an.

Ein weiteres, aus Sicht des Neugestaltungsteams notwendiges digitales Element, eine interaktive Karte mit den ca. 70 Außenarbeitsorten des Strafgefängnisses in der NS-Zeit, konnte aus zeitlichen und finanziellen Gründen bis zur Eröffnung der Dauerausstellung im November 2019 leider nicht realisiert werden. Dies erfolgte allerdings 2021 mit dem Projekt »outSITE Wolfenbüttel«[13].

Insbesondere als während der Coronapandemie der Zutritt zur JVA nicht möglich war, ermöglichte die AR-Anwendung am historischen Modell des Strafgefängnisses einen visuellen Einblick in die historischen Orte innerhalb der JVA. Einzelne Informationen zu den Objekten zur Geschichte der Gedenkstätte konnten zudem herausgenommen und als kurze Filme auf YouTube veröffentlicht werden, als im Zuge der Maßnahmen zur Pandemiebekämpfung auch das Dokumentationszentrum geschlossen war. So blieb die Gedenkstätte in der JVA Wolfenbüttel digital präsent und wurde von Interessierten weltweit wahrgenommen.

Ein weiterer Vorteil der digitalen Vermittlungselemente ist die relativ einfache Aktualisierung und Ergänzung der Hintergrundinformationen. Zu den Erfahrungen zählt aber auch, Wartungsverträge für Hard- und Software möglichst frühzeitig, nach Möglichkeit bereits bei der Auftragsvergabe, abzuschließen und die Beauftragung von Hard- und Softwareleistungen zusammen zu vergeben, um Klarheit hinsichtlich der Zuständigkeiten bei Fehlerbehebungen zu gewährleisten.

Für die Planungsphase einer solchen Ausstellung hat sich gezeigt, dass die gemeinsame Erarbeitung durch Historiker:innen, Gestalter:innen und Softwareentwickler:innen sehr zeitaufwendig ist und eine technische Einarbeitung erforderlich sein kann, um gut kommunizieren und die jeweiligen Wünsche und die daraus resultierenden Optionen einschätzen zu können. Auch für digitale Vermittlungselemente sind zudem »Drehbücher« notwendig.

Eine Beratungsstelle oder ein Beratungsnetzwerk für Historiker:innen könnte hier sinnvoll sein, denn die Weitergabe gemachter Erfahrungen kann anderen viel Zeit ersparen und zugleich Anregungen für Ausstellungsgestaltungen geben. In Ausstellungen bereits realisierte digitale Vermittlungselemente ließen sich sammeln, würden so eine schnelle Information und bessere Übersicht ermöglichen und könnten für andere Gedenkstätten und Museen nutzbar gemacht werden. Dies wäre nicht nur wegen der erheblichen Entwicklungskosten ressourcensparend, sondern zugleich demokratischer und inklusiver, da auch Institutionen, denen nur geringe Mittel zur Verfügung stehen, die Vorteile digitaler Vermittlungselemente nutzen könnten.

Anmerkungen

1 Zum Strafgefängnis Wolfenbüttel und zur Gedenkstätte in der JVA Wolfenbüttel vgl. Martina Staats/Jens-Christian Wagner (Hg.): Recht. Verbrechen. Folgen. Das Strafgefängnis Wolfenbüttel im Nationalsozialismus, Göttingen 2019; Maria Bormuth: »Ein Mann, der mit einem anderen Mann Unzucht treibt […], wird mit Gefängnis bestraft«. § 175 StGB – 20 Jahre legitimiertes Unrecht in der Bundesrepublik am Beispiel des Strafvollzugs in Wolfenbüttel, Celle 2019; Jannik Sachweh: Strafvollzug und Zwangsarbeit. Niederländische Strafgefangene bei den Reichswerken Hermann Göring, in: Janna Lölke/Martina Staats

(Hg.): richten – strafen – erinnern. Nationalsozialistische Justizverbrechen und ihre Nachwirkungen in der Bundesrepublik, Göttingen 2021, S. 101-117; Thomas Kubetzky: Alles Opfer?! Möglichkeiten und Grenzen der Darstellung von Biografien hingerichteter Personen in der Dauerausstellung der Gedenkstätte in der JVA Wolfenbüttel, in: ebd., S. 153-168; Janna Lölke: »Ergreifen Sie umgehend Maßnahmen, die Guillotine wieder einsatzfähig zu machen.« Hinrichtungen in der britischen Besatzungszone am Beispiel Wolfenbüttels, in: ebd., S. 169-188; Martina Staats: Unerzählte Geschichte(n). Die Bedeutung von NS-Justizurteilen für die Familienangehörigen von Verurteilten, in: ebd., S. 253-270; outSITE Wolfenbüttel – Das Strafgefängnis Wolfenbüttel und sein Netzwerk im Land Braunschweig. outSITE Wolfenbüttel – The Wolfenbüttel Prison and its Network in the State of Braunschweig, hg. v. Tomke Blotevogel/Janna Lölke/Gustav Partington/Martina Staats, Celle 2022.
2 Vgl. § 2 Gesetz über die »Stiftung niedersächsische Gedenkstätten« (GedenkStG) v. 18.11.2004, Niedersächsisches Gesetz- und Verordnungsblatt, Nr. 35, 30.11.2004, S. 494-497.
3 Vorausgegangen war ein Forschungs- und Aktenerschließungsprojekt als Grundlage der Neugestaltung. Als Projektergebnis wurde die Sonderausstellung »1933 und das Recht« entwickelt, die 2013 in verschiedenen Orten in Niedersachsen gezeigt wurde.
4 Zur Dauerausstellung vgl. Staats/Wagner (Anm. 1); Martina Staats: »Recht. Verbrechen. Folgen.« Die neue Dauerausstellung der Gedenkstätte in der JVA Wolfenbüttel, in: museums:zeit (2020), Nr. 1, S. 43, 44. Die Realisierung der Dauerausstellung erfolgte in Zusammenarbeit mit dem Gestaltungsbüro büroberlin und dem ebenfalls in Berlin ansässigen Studio für Mediengestaltung schnellebuntebilder.
5 Die Dauerausstellung der Gedenkstätte in der JVA Wolfenbüttel umfasst neun Abschnitte: 1. Prolog, 2. Strafvollzug heute, 3. Räumliche Orientierung, 4. Das Strafgefängnis Wolfenbüttel im Nationalsozialismus, 5. Die Hinrichtungsstätte Wolfenbüttel 1937 bis 1945, 6. Befreiung, Kriegsende, und Besatzung, 7. Kontinuitäten und Brüche in der jungen Bundesrepublik, 8. Raum für Erinnerungen?, 9. Epilog.
6 Für einen in dieser Hinsicht nicht beschränkten Einsatz von digitalen Elementen vgl. z.B. die neue, von zwölf Künstler:innen gestaltete Dauerausstellung des H.C. Andersens Hus in Odense, Dänemark, in der keine Erklärungen gegeben, sondern Märchen in szenischen Ensembles interaktiv in Bild, Figur, Ton und Bewegung über Empfindungen erzählt werden.
7 Vgl. hierzu Jens-Christian Wagner: Simulierte Authentizität? Chancen und Risiken von augmented und virtual reality an Gedenkstätten, in: GedenkstättenRundbrief (2019), Nr. 196, S. 3-9, hier S. 6 (Abschnitt »Fall 1: Wolfenbüttel: Zellen und Hinrichtungsstätte sind nicht zugänglich«).
8 Vgl. für eine Augmented-Reality-Anwendung z.B. Museum of London »Streetmuseum«/The Best in Heritage 2012, The Museum of London, https://m.youtube.com/watch?v=pZKQBL8hN1g, für Virtual-Reality-Anwendungen z.B. Notre-Dame de Paris: The Augmented Exhibition, National Building Museum, Washington, D.C., https:www.nbm.org/exhibition/notre-dame-de-paris-the-augmented-exhibition, und ZWINGER VR XPERIENCE, Schlösserland Sachsen, https://www.m-box.de/en/zwinger-vr-experience, Zugriffe: 15.1.2023.
9 Im Hinrichtungsbuch wurden alle in der NS-Zeit vollstreckten Hinrichtungen verzeichnet. Hier erfolgte der letzte Eintrag am 15. März 1945. Die britische Militärregierung nutzte die Hinrichtungsstätte im Strafgefängnis Wolfenbüttel für die Vollstreckung von Todesurteilen vom 6. Juni 1945 bis 7. Juli 1947 weiter. Danach fanden keine weiteren Hinrichtungen in Wolfenbüttel statt. Im Hinrichtungsbuch sind für diese zwei Jahre 44 Hinrichtungen durch die Guillotine und 23 weitere Urteilsvollstreckungen durch Erschießen an der Kaserne an der Lindener Straße in Wolfenbüttel verzeichnet.
10 Angeregt war diese Lösung durch eine Augmented-Reality-Anwendung in einer der Ausstellungen im Nobel Peace Center in Oslo.
11 Einzelne dieser vertiefenden Medien-

installationen sind auf YouTube abrufbar, vgl. z.B. ObjektGESCHICHTEN aus der GEDENKSTÄTTE in der JVA WOLFENBÜTTEL, https://www.youtube.com/watch?v=SAZtms6pZM4, Zugriff: 16.2.2023.

12 Vgl. Einträge im Bereich »Epilog« der neuen Dauerausstellung, in dem die Besucher:innen um ihre Meinung zur Ausstellung und zu ihren Themen gebeten werden. Hierfür liegen Postkarten von Ausstellungsobjekten aus, auf die Besucher:innen Eindrücke und Kommentare schreiben und die sie auf Wandborde stellen können. Auf Führungen und in Workshops äußern sich die Teilnehmer:innen ebenfalls entsprechend.

13 Vgl. outSITE Wolfenbüttel. Das Strafgefängnis Wolfenbüttel und sein Netzwerk im Land Braunschweig, https://wolfenbuettel.stiftung-ng.de/de/forschen-recherchieren/outsite-wolfenbuettel-das-strafgefaengnis-wolfenbuettel-und-sein-netzwerk-im-land-braunschweig, Zugriff: 31.1.2023. Vgl. auch outSITE Wolfenbüttel (Anm. 1).

Henning Borggräfe

#everynamecounts
Die Digitalisierung der Arolsen Archives und die Erinnerung an die NS-Verbrechen im 21. Jahrhundert

Für Archive, Gedenkstätten und Dokumentationszentren, die der Erinnerung an die NS-Verbrechen gewidmet sind, ist Digitalisierung seit Jahren ein Dauerthema. Ein Fokus liegt dabei in vielen Einrichtungen auf der eigenen Sammlung, d.h. auf dem Scannen, der datenmäßigen Erschließung und der Onlineveröffentlichung des Sammlungsguts. Hierin wiederum hat die Überlieferung zu Opfern der Verfolgung einen besonderen Stellenwert, denn sie ist nicht allein für die Forschung, sondern auch für die oft biografisch orientierte historische Bildung und für Auskünfte an Familienangehörige ehemals Verfolgter sowie für neue Formen des Erinnerns in einer digitalisierten Welt wichtig. Digitalisierte Dokumente, Fotografien und audiovisuelle Quellen sind nicht nur leichter zugänglich, tiefer durchsuchbar und besser zu kontextualisieren – es ergeben sich zugleich neue Möglichkeiten der Narration bis hin zur automatisierten Darstellung von Millionen Lebenswegen und außerdem neue Formen der Partizipation von Freiwilligen.[1]

Im ersten Teil dieses Beitrags beschreibe ich anhand der Arolsen Archives, des Archivs mit den weltweit größten Beständen zu Opfern der NS-Verbrechen, Wege und Herausforderungen der Digitalisierung von Sammlungen. Bei den Arolsen Archives ist dieser Prozess weit fortgeschritten. Seit der 2007 eingeleiteten Öffnung des über lange Zeit verschlossenen Archivs hat sich die Einrichtung stark gewandelt und setzt heute auf den Aufbau eines großen Onlinearchivs und auf Kampagnen, die neben der Erinnerung an die Verbrechen das Ziel haben, die Digitalisierung weiter voranzutreiben.

In diesem Kontext steht die Crowdsourcing-Kampagne #everynamecounts, die Gegenstand des zweiten Teils ist. Freiwillige erfassen hierbei über ein Onlineportal Namen und weitere biografische Informationen aus historischen Dokumenten insbesondere der KZ-Häftlingsverwaltung. Dies hat nicht allein das Ziel, die Durchsuchbarkeit des Archivs zu verbessern, sondern soll dazu beitragen, ein »digitales Denkmal« aufzubauen. Dieses »Denkmal«, dessen Form noch nicht gefunden ist, soll voraussichtlich auch durch Software generierte biografische Darstellungen beinhalten, Interessierten soll es breitere Beteiligungsmöglichkeiten bieten.

Vor diesem Hintergrund wird im dritten Teil die automatische Narration und die Partizipation betrachtet. Der Blick richtet sich zum einen auf das niederländische Portal »Netwerk Oorlogsbronnen«, das bei der automatischen Narration von Lebenswegen weit fortgeschritten ist – dies auch auf Basis von Daten aus den Arolsen Archives. Zum anderen geht es um Formen und Herausforderungen der Partizipation im digitalen Raum bei der Erschließung von Daten zu den NS-Verbrechen. Denn die automatische Narration und die verstärkte Partizipation von Freiwilligen zeigen neben der Eröffnung neuer Möglichkeiten ambivalente, durchaus schwierige Aspekte. Dies gilt für einzelne Projekte ebenso wie für die Entwicklung der digitalen Erinnerung insgesamt.² Zwei hieraus abgeleitete übergreifende Herausforderungen werden resümierend angesprochen.

Zunächst ist aber zu konstatieren, dass bei der Digitalisierung von Sammlungen noch sehr viel zu tun bleibt. Einer Umfrage unter europäischen Kulturerbeinstitutionen zufolge waren 2017 nur etwa 10% des Sammlungsguts gescannt, 40% der Bestände waren noch nicht einmal elektronisch verzeichnet.³ Zwar ist die Digitalisierung seitdem weiter fortgeschritten, doch sind die Einrichtungen vielerorts weit davon entfernt, Besuche in Lesesälen durch Onlinerecherchen ersetzen zu können. Da das Internet als Informationsquelle jedoch stark an Bedeutung gewinnt, drohen Kulturerbeinstitutionen Nutzer:innen zu verlieren: »Especially for younger generations, if something cannot be found online, it does not exist at all. New generations are often unfamiliar with heritage institutions but simply looking for information.«⁴ Wer mit seiner Sammlung nicht online ist, würde gegebenenfalls also immer weniger öffentlich wahrgenommen werden und damit schlechtere Chancen haben, die dringend benötigten Fördermittel zu erhalten. Man muss dieser Einschätzung nicht gänzlich zustimmen, zumal angesichts anhaltend hoher und steigender Besucher:innenzahlen in den Gedenkstätten. Es könnte dennoch sein, dass Einrichtungen, die im Bereich der Digitalisierung stark sind, künftig noch mehr Aufmerksamkeit und Ressourcen erhalten, wodurch sich das Gefüge der dezentral gewachsenen (physischen) Erinnerungslandschaft verschieben würde. Auch deshalb ist es wichtig, darüber nachzudenken, wie sich die Digitalisierung von Sammlungen und der Aufbau darauf basierender Portale auf die künftige Erinnerung an die NS-Verbrechen auswirken.

Arolsen Archives: Vom verschlossenen Papierarchiv zum offenen Datenspeicher

Die Arolsen Archives sind ein internationales Zentrum der Information über die NS-Verfolgung mit Sitz im nordhessischen Bad Arolsen. Von den Alliierten nach Ende des Zweiten Weltkrieges als zentrale Such- und Auskunftsstelle gegründet, schuf die bis 2019 als International Tracing Service (ITS) firmierende Einrichtung durch ihre Tätigkeit die weltweit größte Sammlung zu Opfern der NS-Verbrechen. Denn um Vermisste zu suchen und Schicksale aufzuklären, waren die Mitarbeiter:innen auf Dokumente angewiesen: Karteikarten, Listen oder Fallakten, die bei Verhaftungen oder Deportationen, bei der KZ-Häftlingsverwaltung, bei der Ausbeutung ausländischer Zwangsarbeiter:innen und nach der Befreiung bei der Betreuung der Displaced Persons entstanden sind. In Arolsen wurden im Verlauf der Jahrzehnte mehr als 30 Millionen solcher Dokumente gesammelt und durch eine »Zentrale Namenskartei« erschlossen.⁵

Doch zur Geschichte des ITS gehören nicht nur der Aufbau der einzigartigen Sammlung, sondern auch die Art und Weise der Auskunftstätigkeit und die Frage der Zugänglichkeit. In dieser Hinsicht lässt sie sich als jahrzehntelange Skandalgeschichte erzählen: Nach einer kurzen Phase der Zugänglichkeit in den 1970er-Jahren war der ITS seit den frühen 1980er-Jahren für Forschung und Öffentlichkeit verschlossen. Zugleich mussten Hunderttausende hochbetagte Überlebende, die sich in den 1990er-Jahren für Nachweise in Entschädigungsverfahren an den ITS wandten, teils jahrelang auf Auskünfte warten. Erhielten Anfragende eine Auskunft, sahen sie sich mit einer unhinterfragten bürokratischen Wiedergabe der Tätersprache konfrontiert, die Dokumente wurden weder kontextualisiert noch erklärt. Erst Ende der 2000er-Jahre gelang es infolge großen politischen und medialen Drucks, das Archiv erneut zu öffnen und in der Folgezeit Arbeitsprozesse neu zu strukturieren und auszurichten.[6]

Seit 2013 zählt die Sammlung der Arolsen Archives zum UNESCO-Weltdokumentenerbe. Das Herzstück der virtuellen Präsenz ist ein großes Onlinearchiv. Es umfasst 2023 nahezu sämtliche 30 Millionen Dokumente und die zugehörigen Erschließungsdaten. Neben einer Personensuche und einer thematischen Suche bietet es Nutzer:innen die Möglichkeit, manuell durch die Struktur der Sammlung zu navigieren, als würden sie an den Regalen stehen.[7] In den Such- und Filtermöglichkeiten ist das Onlinearchiv gegenüber dem eigentlichen digitalen Archiv der Arolsen Archives, das Forscher:innen im Lesesaal und per Remote Access nutzen können, zwar noch eingeschränkt, doch es bietet einen umfassenden, mehrsprachigen Einstieg und weltweit leichten Zugriff. Dies ist nicht zuletzt für viele Familienangehörige von Opfern der NS-Verbrechen hilfreich und bedeutsam.

Die Dokumente in so großer Zahl online bereitstellen zu können, beruht auf zwei Voraussetzungen. Zum einen ist dies die besondere Rechtslage der Arolsen Archives als Einrichtung mit internationalem Charakter.[8] Zum anderen wurde schon Ende der 1990er-Jahre begonnen, die Sammlung zu digitalisieren. Dies sollte ursprünglich die langen Wartezeiten auf Auskünfte verkürzen. Später wurde die Digitalisierung intensiv fortgesetzt, um Mitgliedstaaten des Internationalen Leitungsausschusses des ITS digitale Kopien des Archivs zur Verfügung zu stellen.[9] Heute ist daher fast die gesamte Sammlung gescannt. Doch gescannte Dokumente ins Internet zu stellen, bedeutet noch nicht, dass sie leicht gesucht und gefunden werden können. Zur Digitalisierung gehört auch, Bestände, Serien und Akten in einer Archivdatenbank zu beschreiben und Informationen aus Einzeldokumenten (z.B. biografische Angaben von Opfern, Orts- und Zeitangaben zu Haftstationen, Haftkategorien) maschinenlesbar zu erfassen.

In der Vergangenheit war dies händisch unter hohem Personaleinsatz erfolgt, in den letzten Jahren zusätzlich in Kooperation mit Dienstleistern: durch den Einkauf von Leistungen privater Anbieter, deren Qualität sich u.a. durch die Zusammenarbeit schnell stark verbessert hat, durch Pro-bono-Kooperationen im Rahmen unternehmerischer Aktivitäten im Bereich der Corporate Social Responsibility und durch den Tausch von Erschließungsleistungen gegen kommerzielle Datennutzungen. Seit Kurzem wenden die Arolsen Archives softwarebasierte Verfahren der Texterkennung (OCR) und Formularerkennung (Clustering) erfolgreich selbst an.[10] Ebenso notwendig ist die Standardisierung der auf diese Weise generierten Massendaten, bei der IT- und historische Expertise zusammenkommen. Doch obschon bereits Millionen Namen und weitere Informationen digital erfasst sind, gibt es nach wie vor große Datenlücken. Dokumente zu einer Person, zu einem Ort oder zu einem thematischen Aspekt der Verfolgung können im Onlinearchiv also nicht immer gefunden werden, obwohl Scans bereitstehen. Dies erschwert Recherchen von Nutzer:innen, zugleich stellt es ein Hemmnis für das anvisierte Ziel des »digitalen Denkmals« dar. Hier setzt das Projekt #everynamecounts an.

Bevor ich diese Kampagne näher vorstelle, ist darauf hinzuweisen, dass sich bei der Digitalisierung und der Schaffung eines offenen Zugangs zu Sammlungen über die NS-Verbrechen nicht nur technische, sondern auch ethische Fragen stellen. Dies betrifft nicht allein die Würde der Menschen, um die es in den Dokumenten geht, ungeachtet dessen, dass nur noch sehr wenige von ihnen am Leben sind. Es geht ebenso um die Angehörigen, wenn Dokumente zu den Verfolgten Informationen enthalten, die sie selbst unmittelbar betreffen. Bisher ist es im Onlinearchiv der Arolsen Archives nicht möglich, personenbezogene Bestände tief und mehrfach zu filtern – etwa nach Haftkategorie und Wohnort. Sobald die Daten vorliegen, wäre dies jedoch leicht zu implementieren, z.B. in einer Form, bei der alle in KZ-Dokumenten genannten Wohnadressen auf einer digitalen Karte georeferenziert dargestellt werden. Es wäre jedoch z.B. äußerst problematisch, wenn Nutzer:innen sich die Adressen von Menschen aus dem eigenen Wohnort nach Haftkategorien klassifiziert anzeigen lassen könnten und Familienangehörige eventuell weiterhin dort wohnen.

Andererseits bietet die tiefe datenmäßige Erschließung von Dokumenten zur NS-Verfolgung neue Möglichkeiten für digital gestützte historische Forschungen. Dies gilt z.B. für die Geschichte »vergessener Opfer«, die aufgrund fortwirkender Diskriminierung in der Nachkriegszeit kaum Selbstzeugnisse hinterließen und bis heute in der Erinnerung marginalisiert sind.[11] Es muss bei der Digitalisierung von Sammlungen daher darum gehen, Lösungen zu entwickeln, die für die Informationen zu einzelnen Verfolgten einen ethisch angemessenen Umgang finden, die die berechtigten Interessen der Familienangehörigen schützen und die zugleich neue Forschungen wie andere (z.B. künstlerische) Formen der massendatengestützten Auseinandersetzung mit den NS-Verbrechen ermöglichen.

Die Crowdsourcing-Kampagne #everynamecounts und ihre Nutzer:innen

Um gescannte Sammlungen zu erschließen, gibt es neben den genannten Möglichkeiten, dies mit eigenen Mitarbeiter:innen oder in Zusammenarbeit mit IT-Partnerinstitutionen durchzuführen, die Möglichkeit des Crowdsourcings, also der Einbindung von Freiwilligen bei der digitalen Erfassung von Informationen. Angesichts der zunehmenden Bedeutung der Partizipation für Kulturerbeinstitutionen findet diese Form immer mehr Verbreitung. Die Kampagne #everynamecounts ist ein solcher Ansatz. Ihren Erfolg verdankt sie nicht zuletzt umfangreichen PR-Maßnahmen, denn Freiwillige finden sich nicht von allein. Die Arolsen Archives starteten #everynamecounts am 27. Januar 2020 zunächst als begrenztes Schulprojekt mit etwa 1000 hessischen Schüler:innen. Als kurze Zeit später die Gedenkfeiern zu den 75. Jahrestagen der Befreiung der Lager wegen der Coronapandemie abgesagt werden mussten, wurde #everynamecounts als Ersatz in Form digitalen Erinnerns stark ausgeweitet. Es fand große Medienaufmerksamkeit und breite Resonanz.[12] Am 27. Januar 2021 erfolgte eine nochmalige Erweiterung hinsichtlich des Dokumentenmaterials und der Begleitangebote.[13] Seither wird die Kampagne mit Höhepunkten rund um etablierte Gedenktage sowie internationale Aktionstage fortgeführt.

Das Crowdsourcing für #everynamecounts läuft über »Zooniverse«, die international größte nicht kommerzielle Citizen-Science-Plattform, auf der weltweit Zehntausende dabei helfen, Forschungsdaten für die Naturwissenschaften ebenso wie das Sammlungsgut von Kulturerbeinstitutionen zu erschließen. Die Datenerfassung erfolgt in sogenannten Workflows zu einzelnen Typen von Dokumenten.[14] Bisher standen beim Projekt #everynamecounts individuelle Häftlingsunterlagen aus Konzentrationslagern im Mittelpunkt. Zum Dokument und zu jedem Eingabefeld sind Erklärungen hinterlegt. Die Dokumente werden nach einem Zufallsprinzip angezeigt und jedes Dokument muss von drei Nutzer:innen erfasst werden. Anschließend werden die jeweils drei Datensätze bei den Arolsen Archives dedupliziert (d.h., bei völlig identischen Erfassungen werden zwei der drei Datensätze gelöscht) und die verbliebenen Daten qualitätsgesichert und standardisiert. Die Zahlen zur Kampagne sind durchaus beeindruckend: Bis Anfang 2022 haben sich über 22 500 registrierte Nutzer:innen sowie viele Tausend nicht registrierte Freiwillige beteiligt und mehr als 5,1 Millionen Dokumentenerfassungen durchgeführt.[15]

Die Datenerfassung bei #everynamecounts ist einfach und die Beteiligung niedrigschwellig organisiert. Mit jedem Dokument, das Freiwillige bearbeiten, sind sie mit einem neuen Verfolgungsschicksal, einer oft unbekannten Haftkategorie, überraschenden Herkunftskontexten oder ihnen bisher nicht bekannten Lagern konfrontiert. Wie aus zahlreichen von den Arolsen Archives per Videokonferenz begleiteten Veranstaltungen für Schüler:innen, Initiativen und Unternehmen ersichtlich wird, funktioniert #everynamecounts damit auch als ein Vermittlungsprojekt für historisches Wissen, das in der Lage ist, bisherige Vorstellungen von Nutzer:innen über die Opfer und Orte der Verbrechen zu irritieren und aufzufächern. Während das primäre Ziel der Kampagne ist, Daten zu erfassen, um so die Grundlage für eine künftige Form digitalen Erinnerns zu schaffen, erweist sich das Crowdsourcing selbst zugleich als eine erinnerungskulturelle Praxis: »As I document each card, at first I merely transcribed the data needed for the archives. Then as days have passed, I started researching the camp admittance form. The cards reveal so much more than just the names […]. As each name appears on my screen, a snapshot of who they were becomes apparent – making them even more precious and missed.«[16]

Viele Freiwillige beschränken sich dabei nicht auf den Akt der Datenerfassung, sondern setzen sich weitergehend mit den Opfern der Verfolgung auseinander. Hiervon zeugt der Bereich »Talk« von »Zooniverse«, ein Forum für registrierte Nutzer:innen, in dem im Projekt #everynamecounts bis Anfang 2022 über 200000 Kommentare verfasst wurden. Einzelne Dokumente, die Nutzer:innen zuvor erfasst haben, können hier über Hashtags virtuellen Sammlungen hinzugefügt und kommentiert werden. Einige nutzen die Hashtags, um Dokumente mit Zusatzinformationen zu versehen, nach denen im Workflow nicht gefragt wurde. Andere legen hierüber eigene Sammlungen zu Verfolgten an, die Alter, Beruf oder Nationalität gemein hatten oder einer bestimmten Häftlingsgruppe angehörten. Dies zeigt ein verbreitetes Interesse, die Masse an Daten sinnhaft zusammenzuführen. Wieder andere recherchieren online nach einer in einem Dokument genannten Person und posten Links ihrer Fundstücke (z.B. weitere Dokumente, Fotos, Einträge in Onlinegedenkbüchern) oder biografische Texte.[17] Neben den eigentlichen Erschließungsdaten entsteht so eine weitere Datensammlung, die eindrucksvoll das Bedürfnis vieler Nutzer:innen zeigt, bei der digitalen Erinnerung an die NS-Verbrechen stärker als nur durch eine Datenerfassung zu partizipieren.

Aus dem Projekt ergeben sich drei wesentliche Erkenntnisse: Erstens ist zu konstatieren, dass ein großes Crowdsourcing-Projekt keine einfache und kostengünstige Alternative für die Digitalisierung von Sammlungen ist. Die Erstellung von Workflows, begleitende PR, Datenaufbereitung und Betreuung der Freiwilligen[18] sind personalintensiv und erfordern außerdem Sachmittel. Im Ergebnis gewinnt die Institution, die sich auf das Crowdsourcing einlässt, im günstigen Fall aber viel mehr als Daten, nämlich eine aktive Onlinecommunity von Unterstützer:innen sowie öffentliche Aufmerksamkeit. Zweitens lassen sich wenigstens zwei Gruppen von Nutzer:innen identifizieren. Die meisten sind Einmalnutzer:innen, z.B. Schüler:innen oder Interessierte, die durch einen Medienbericht neugierig geworden sind. Sie beteiligen sich vielleicht für eine halbe Stunde und haben wahrscheinlich ein eher kurzfristiges Lernerlebnis. Daneben gibt es einen kleineren, jedoch signifikanten Kreis von »Superusern«, die regelmäßig aktiv sind. Sie begreifen #everynamecounts als ihr eigenes Projekt, wollen mitgenommen werden, helfen der Moderation, äußern Kritik. Ein Teil von ihnen wünscht sich mehr Möglichkeiten zur Partizipation. Drittens hat sich gezeigt, dass viele Nutzer:innen vor allem die Schicksale einzelner Verfolgter interessieren. Dies gilt gleichermaßen für das Crowdsourcing wie für Recherchen im Onlinearchiv. Für viele wäre es dabei hilfreich, vorhandene Dokumente und Informationen zu einer Person nicht selbst kompilieren und einordnen zu müssen, sondern aufbereitet präsentiert zu bekommen. Denn ein Gutteil der Arbeit, die Freiwillige darin investieren, verstreute Informationen zu einer Person zusammenzuführen, kann durch den Computer erfolgen, sobald die Daten maschinenlesbar vorliegen. Neben der Partizipation ist daher die automatische Narration, d.h. die auf Algorithmen basierende, sinnhafte Präsentation der Daten, ebenfalls ein Thema für das digitale Erinnern.

Partizipation und automatische Narration in digitalen Erinnerungsportalen

Ist eine Sammlung zu Opfern der NS-Verbrechen digitalisiert, stellt sich die Frage, wie die Fülle an Daten und Dokumenten präsentiert werden soll. Die klassische Präsentationsform ist die Trefferliste mit sämtlichen digitalen Objekten zu einem Suchbegriff. Wie im Onlinearchiv der Arolsen Archives stehen die in der zugrunde liegenden Datenbank verfügbaren Einträge unverbunden nebeneinander. Alternativ gibt es die Möglichkeit, die Datenstruktur mittels Semantic-Web-Technologie und Event-Modeling-Methode so zu verknüpfen, dass der Computer alle Informationen zu Personen, Orten oder Ereignissen automatisch in einer sinnhaften Ordnung präsentiert. Wie dies aussehen kann, zeigt das niederländische Portal »Netwerk Oorlogsbronnen«.[19]

»Netwerk Oorlogsbronnen« führt die Daten Dutzender Kulturerbeinstitutionen zur Geschichte des Zweiten Weltkrieges zusammen. Teil des Portals sind auch Zehntausende digitalisierte Dokumente aus den Arolsen Archives zu niederländischen NS-Verfolgten. Für die Personensuche bietet das Portal eine automatische Visualisierung von Lebenswegen: Die zu einer Person vorliegenden Daten werden gebündelt, Aufenthalte an Orten herausgelesen und entlang einer Lebenslinie untereinander chronologisch angeordnet. Die Darstellung wird mit Landkarten unterlegt und durch lexikalische Informationen zu Ereignissen oder Haftorten sowie Fotos und Dokumente ergänzt. Zusätzlich werden sozialbiografische Daten zu allen Personen im Portal, die gemeinsam mit der gesuchten Person ein Ereignis erlebt haben (z. B. die Deportation in ein Lager), ebenfalls automatisch als Infografiken dargestellt, und es kann mit einem Klick zwischen den Personen und den zur Ansicht gescannten Dokumenten gewechselt werden.[20] Das Portal zeigt eindrucksvoll, wie Millionen von digitalisierten Dokumenten auch für Lai:innen sinnhaft präsentieren werden können. Das Portal gibt dabei Recherchewege vor, sodass Nutzer:innen sich in der Masse an Daten nicht verlieren. Hier zeichnet sich ab, wie eine Präsentation der Sammlung der Arolsen Archives einmal aussehen könnte, sobald sie im Rahmen von #everynamecounts und weiteren Projekten tief erschlossen wurde.

Am Beispiel von »Netwerk Oorlogsbronnen« zeigen sich jedoch auch Schwächen und Mängel der automatischen Narration, denn es kommt darauf an, wie und als was die Daten präsentiert werden. »Netwerk Oorlogsbronnen« macht derzeit nicht transparent, dass nicht umfänglich recherchierte Biografien einzelner NS-Opfer, nicht einmal Verfolgungswege anhand sämtlicher bei Projektpartnern vorhandener Quellen angezeigt werden, sondern dass lediglich standardisierte biografische Erzählungen auf Basis des aktuell maschinenlesbaren Teils dieser Quellen sowie lexikalischer Zusatzinformationen angezeigt werden. Das Portal suggeriert durch die Darstellung mit durchlaufenden Linien von der Geburt über erste Stationen der Verfolgung bis zum letzten datenmäßig erfassten Haftaufenthalt jedoch Vollständigkeit und Eindeutigkeit.

Bei einem Vergleich einiger vom Algorithmus generierter biografischer Erzählungen über KZ-Häftlinge und Opfer des Holocaust im Portal »Netwerk Oorlogsbronnen« mit Darstellungen derselben Personen, die für andere Erinnerungsprojekte oder Forschungen manuell recherchiert wurden, fällt auf, dass die automatische Narration vielfach bereits nach einer ersten dokumentierten Haft in einem Durchgangslager mit der Erstankunft in einem Konzentrations- oder Vernichtungslager endet. Weitere Verfolgungswege innerhalb des KZ-Systems werden oft nicht dargestellt. Der Haftausgang wird mitunter nicht oder sogar falsch kontextualisiert. Im Fall des niederländischen Polizisten Johannes Berens, dessen Biografie die Arolsen Archives als Teil ihrer Kampagne #StolenMemory online präsentieren, fehlen bei »Netwerk Oorlogsbronnen« Angaben zur Haft und zur Zwangsarbeit in einem Außenlager des KZ Neuengamme. Auch wird sein Tod im Lager Sandbostel kurz nach der Befreiung nicht in Beziehung zur Räumung der Lager in der Kriegsendphase gesetzt, obwohl der Todesort im Kopf der Seite benannt wird und der Thesaurus, der »Netwerk Oorlogsbronnen« zugrunde liegt, einen Eintrag zum Lager Sandbostel enthält.[21] Im Fall der im März 1943 über Westerbork nach Sobibór deportierten Jüdin Judith Eliazar endet die in »Netwerk Oorlogsbronnen« dargestellte Lebenslinie mit der Ankunft im Vernichtungslager. Im Kopf der Seite findet sich die falsche Information, dass sie dort zu einem unbekannten Datum gestorben sei. Tatsächlich wurde sie zur Zwangsarbeit ausgewählt und durchlief neun weitere Lager, ehe sie im April 1945 in einem Außenlager des KZ Neuengamme befreit wurde. Ähnlich verhält es sich bei der Darstellung weiterer Frauen aus einer etwa 30-köpfigen Gruppe um Judith Eliazar, die bei der Ankunft in Sobibór nicht sofort ermordet wurden und deren Wege durch das KZ-System der Historiker Daan de Leeuw rekonstruiert hat.[22] Entsprechend suggeriert ein zu den Opfern dieses Transports angebotenes Zeitverlaufsdiagramm zu Todesfällen fälschlich eine präzise Abbildung der Geschehnisse. Wulf Kansteiner und Todd Presner konstatierten schon 2016: »In a computational mode of representation, it is common to toggle between the singular and the global, the microhistory and the macrohistory [...]. Importantly, the latter does not represent the reality of ›the Holocaust‹ (as a complete or total event) but rather the totality of the data in the database or archive.«[23] Diese Einschränkung gilt gleichfalls für die automatisch erzeugte Darstellung einzelner Biografien.

In der Gesamtschau vieler dargestellter Lebenswege zeigen sich so wiederum Konsequenzen für das vermittelte Bild der NS-Verfolgung. Je nach Überlieferungsgrad ihrer Akten sind die Konzentrationslager unterschiedlich stark repräsentiert. Zugleich erfolgt eine Zentralisierung der Narration auf KZ-Hauptlager sowie die Orte der Massendeportationen. Denn während Deportationslisten und individuelle Häftlingsdokumente bisher prioritär digitalisiert wurden, sind die zahlreichen Listen zu Transporten innerhalb des KZ-Systems und zum Arbeitseinsatz in Außenlagern noch kaum maschinenlesbar erfasst. Die so erzeugte Erzählung, die sich beim Klicken durch das Portal einstellt, widerspricht damit den Erfahrungen sehr vieler Häftlinge und vermittelt auch ein schiefes Bild des KZ-Systems in der zweiten Kriegshälfte. Hieraus folgt, dass die automatische Narration auf Basis maschinenlesbarer Häftlingsunterlagen die flächendeckende Verbreitung der vielen Hundert Außenlager in der öffentlichen Wahrnehmung tendenziell verschwinden lässt.

Weitere kritische Aspekte dieser Form der digitalen Erinnerung können hier nur angedeutet werden. Zunächst ist der Umstand zu nennen, dass bei der Nutzung des Portals »Netwerk Oorlogsbronnen« zu konkreten Hintergründen der Verfolgung einer Person oft nichts zu erfahren ist, weil hierzu entweder nichts in den seriellen Täterdokumenten enthalten ist oder diese nicht tief genug erschlossen sind. Ferner besteht ein Grundproblem darin, dass eine Objektivierung von Aussagen über die Biografie eines Opfers fast immer ausschließlich aus Täterquellen erfolgt. Eine Folge ist, dass widerständige Praktiken im Prozess der Registrierung in den Lagern, etwa das »Ältermachen« oder ein Identitätswechsel, den Algorithmus heute ebenso täuschen, wie sie die SS täuschen sollten. Als Weiteres werden in die Darstellung der Lebenswege – mit dem Ziel einer ansprechenden Gestaltung – viele Bilder eingebunden, jedoch nicht als Quellen, sondern in illustrativer Verwendung. Ein schwerwiegendes Problem ist dies dort, wo Fotografien und Zeichnungen als »Porträts« der jeweiligen Personen deklariert sind, der Entstehungszusammenhang jedoch völlig unklar ist. Tatsächlich dürften darauf oft andere Personen zu sehen sein. Eine solche Vorgehensweise widerspricht dem gebotenen Respekt gegenüber den Opfern und ihren Angehörigen. Schließlich erfolgt notwendigerweise eine Reduzierung der Vielzahl komplexer Biografien auf vordefinierte Fallmuster, die der Algorithmus zusammenstellen und ausgeben kann. Auch wer nicht so weit gehen will, dies als »dehumanisierend«[24] zu bezeichnen, wird doch »the lack of homology between the reality of ›what happened‹ and the modalities of representation«[25] anerkennen müssen. Damit verbunden ist die Frage, ob Erinnerungsportale, die auf automatischer Narration basieren, nicht schnell eintönig wirken. Gerade bei intensiverer Nutzung fallen mangelnde Varianz und wiederkehrende Informationsblöcke unweigerlich ins Auge.[26]

Beim Aufbau solcher Portale ist es daher sehr wichtig, darauf zu achten, wie und als was computergenerierte Biografien präsentiert werden. Statt durchgehende Verbindungslinien zwischen Orten zu ziehen und dokumentierte Zeiträume lückenlos aneinanderzureihen, müsste es darum gehen, die Kennzeichnung der Bruchstückhaftigkeit der Überlieferung und von Wissenslücken als Darstellungsprinzip zugrunde zu legen. Außerdem müsste die Abhängigkeit der biografischen Konstruktion vom aktuellen Datenbestand und damit ihre Veränderbarkeit klar ausgewiesen werden. Eine andere naheliegende Weiterentwicklung wäre, die automatische Narration manuell korrigieren und ergänzen zu können, sei es durch Institutionen, die auf dem Weg der Digitalisierung noch nicht so weit fortgeschritten sind, dass sie strukturierte Daten anbieten können, sei es durch Freiwillige, z.B. Lokalhistoriker:innen, Schüler:innen oder Familienangehörige.

Dies führt zum Thema Partizipation in Erinnerungsportalen, das hinsichtlich Formen und Herausforderungen kurz umrissen werden soll. Aus der Erfahrung mit Nutzer:innen der Kampagne #everynamecounts ist bekannt, dass sich ein Teil der Freiwilligen ein Mehr an Partizipation wünscht. Denkbar sind dabei neben der Mitwirkung an der datenmäßigen Erfassung von Sammlungsgut, die durchaus komplexere Arbeiten umfassen kann,[27] zwei weitere Partizipationsformen. Eine Möglichkeit ist die Anreicherung vorhandener Informationen durch einen Upload digitalisierter Quellen aus Privatbesitz oder durch Verlinkungen auf andere Websites, die Quellen oder Informationen enthalten. Auf der Ebene der Darstellung einzelner NS-Opfer ist dies in einigen Portalen bereits möglich – etwa beim Portal »Raum der Namen«, einem virtuellen Totenbuch der KZ-Gedenkstätte Mauthausen, oder (strukturierter und umfangreicher) bei »Joods Monument«, einem Erinnerungsportal für die ermordeten Jüdinnen und Juden aus den Niederlanden.[28] Eine andere Möglichkeit der Partizipation, die die beiden genannten Portale ebenfalls bereits bieten, besteht darin, dass die Nutzer:innen selbst textliche Inhalte erstellen und posten – in diesem Fall also einzeln oder kollektiv Biografien erarbeiten.

Solche freieren Partizipationsformen bieten eine große Chance, die Portale anzureichern und lebendig zu gestalten, aber auch Quellen zu sichern, die sonst verloren gehen würden. Für die betreibenden Institutionen besteht dabei die Anforderung, eine redaktionelle Prüfung zu gewährleisten, die umso mehr Ressourcen benötigt, je mehr Personen sich an dem Angebot beteiligen. Neben der inhaltlichen Prüfung (bezüglich Plausibilität, aber z. B. auch rechter Hetze, offensichtlicher Apologien oder möglicher Urheberrechtsverletzungen sowie Verletzungen der Persönlichkeitsrechte Dritter) steht die Frage der Quellenkritik: Wie gehen Kulturerbeinstitutionen, die für die Authentizität der Objekte in ihren Sammlungen bürgen, mit hochgeladenen Bilddateien von Dokumenten oder Fotos um, deren Originale ihnen nicht zur Prüfung vorliegen? Für digitale Erinnerungsportale, die im Kern auf Sammlungen basieren, sollte als Minimalanforderung gelten, dass immer transparent gemacht wird, was aus der eigenen Sammlung stammt und was durch Freiwillige hinzugefügt wurde. Für die durch Nutzer:innen generierten Textinhalte sollte zudem die Bedingung gelten, dass sie durch Verweise auf Quellen intersubjektiv überprüfbar sind.

Vorbildhaft in dieser Hinsicht ist »London Lives«, eines der Pionierprojekte partizipativer Quellenportale, das Mitte der 2010er-Jahre in Großbritannien an der University of Sheffield entwickelt wurde. Das Portal bietet die Möglichkeit, auf Basis eines großen, gut erschlossenen Quellenkorpus zur Geschichte von Kriminalität, Armut und Sozialpolitik im London des 18. Jahrhunderts biografische Texte über Menschen aus der städtischen Unterschicht zu verfassen. Die zugrunde liegenden Quellen aus dem Portal werden im Biografietext als Links hinterlegt, externe Quellen sind zusätzlich aufgeführt.[29] Zugleich ist »London Lives« aber auch ein warnendes Beispiel, dass aufwendig erstellte partizipative Geschichtsportale schnell zu digitalen Ruinen werden können. Insgesamt wurden auf Basis des Quellenmaterials, das Zugang zu 3,35 Millionen Namen bietet, nur 77 biografische Texte verfasst. Das letzte Update stammt aus dem Frühjahr 2018. Für den Kontext der NS-Verfolgung zeigt sich hieran, dass es einerseits sinnvoll sein kann, bei der Errichtung eines »digitalen Denkmals« nicht allein auf Freiwillige zu setzen, sondern – trotz der skizzierten Schwierigkeiten – auch auf die automatische Narration. Andererseits wäre zu überlegen, wie durch Begleitangebote oder durch andere Ergebnisse der eigenen Arbeit (im Fall der Arolsen Archives oder der KZ-Gedenkstätten etwa die Auskünfte an Familienangehörige) laufend neue Inhalte produziert und in ein digitales Portal eingespeist werden können, um dieses lebendig zu halten.

Herausforderungen einer digitalen Erinnerungslandschaft

Die vorgestellten Überlegungen zielen vornehmlich auf konkrete Herausforderungen bei der Umsetzung automatischer Narration und der Ermöglichung eines Mehr an Partizipation in digitalen Erinnerungsportalen. Abschließend soll die Perspektive erweitert und gefragt werden, welche Konsequenzen der Weg in diese Richtung für die inhaltliche Ausrichtung der Erinnerung an die NS-Verbrechen insgesamt haben könnte und welche übergreifenden infrastrukturellen Voraussetzungen zukünftig noch geschaffen werden müssten.

Zunächst einmal bieten Onlineportale zur Geschichte der NS-Verbrechen, die auf Basis digitalisierter Sammlungen mit Verfahren der automatischen Narration arbeiten und breitere Partizipationsformen ermöglichen, eine große Chance. Sie eröffnen einem potenziell globalen Kreis von Nutzer:innen einen niedrigschwelligen Zugang zum Thema, regen zur Auseinandersetzung mit der Verfolgungsgeschichte an, stimulieren gegebenenfalls sogar die gemeinsame Erarbeitung dieser Geschichte durch Menschen mit unterschiedlichster Expertise und vielfältigsten Erfahrungshintergründen. Sie können zudem dabei helfen, verstreute Quellen und Informationen zusammenzutragen und digital zu sichern. Vor diesem Hintergrund werden solche Projekte derzeit stark gefördert. Doch zeichnet sich ab, dass aufgrund des bisherigen Fokus auf Opferdaten bei der Digitalisierung und aufgrund des redaktionellen Aufwands – wie vielleicht auch des unterstellten Interesses von Nutzer:innen – durch diese Form der digitalen Erinnerung eine bestimmte Perspektive auf die NS-Verbrechen gestärkt wird: der Blick auf die Geschichte einzelner Opfer und ihrer Leidenswege. Eine eingehende Beschäftigung mit Täter:innen, Tatstrukturen und -motiven, mit den Verfolgungsorten und -ereignissen ist in den vorherrschenden Erzähl- und Partizipationsmodi nicht vorgesehen. Es sollte jedoch vermieden werden, die digitale Erinnerung an die NS-Verfolgung durch datentechnische und redaktionelle Beschränkungen zu kanonisieren. Für die Zukunft müssen Formen gefunden und Portale entwickelt werden, in denen eine multiperspektivische Auseinandersetzung mit den NS-Verbrechen möglich ist. Als Voraussetzung hierfür müssen bereits im Prozess der Digitalisierung von Sammlungen möglichst viele Informationen aus Dokumenten und weiteren Quellen maschinenlesbar erfasst werden. Nicht zuletzt bei den Arolsen Archives gibt es hier großen Nachholbedarf.

Ein zweiter Aspekt, der für eine digitale Erinnerungslandschaft immer wichtiger wird, ist eine übergreifende Infrastruktur. Hier ist an eine bessere Übersicht für die kaum noch zu überblickende Zahl an digitalen Erinnerungsprojekten zu denken,[30] vor allem aber an grundlegende Services im Bereich von Normdaten, auf denen einzelne Projekte aufsetzen und auf deren Basis die Daten eines Projekts in andere Projekte einfließen können. Denn während aktuell vielerorts digitale Insellösungen entstehen – etwa zu Menschen aus einer Stadt oder aus einem Lager – war die NS-Verfolgung ja gerade dadurch gekennzeichnet, dass die Wege von Verhafteten, Emigrierten und Deportierten wie die Wege der Täter:innen über viele Stationen liefen. Zugleich ereigneten sich bestimmte Verfolgungsaktionen oft nicht nur an einem, sondern an vielen verschiedenen Orten. Es sind deshalb Quellen zu denselben Personen, Orten oder Ereignissen bei vielen Institutionen überliefert, und es wird daher vielerorts zu ihnen gearbeitet. In einzelnen Projekten und Konsortien wie der European Holocaust Research Infrastructure (EHRI) werden Datensätze zu Verfolgungsorten und -ereignissen schon seit Längerem (allerdings nicht systematisch) mit Wikidata-Identifiern ausgewiesen, um Daten austauschen und weiternutzen zu können. Dagegen fehlt vor allem für die Millionen Personendaten, die zur Geschichte der NS-Verfolgung existieren und laufend weiter erzeugt werden, ein Normdatenstandard, wie er im deutschsprachigen Raum vornehmlich für den Bibliotheksbereich mit der Gemeinsamen Normdatei (GND) existiert.[31] In den derzeitigen Förderstrukturen wird durchaus viel Geld für die digitale Erinnerung an die NS-Verbrechen bereitgestellt. Das Förderinteresse zielt jedoch stark auf immer neue, kurzfristig produzierte, möglichst innovative Formate mit möglichst großer Reichweite. Die notwendige Finanzierung des Aufbaus einer dauerhaften digitalen Infrastruktur, auf der viele Institutionen und Projekte mit ihren Daten aufsetzen können, wäre daher die naheliegende Aufgabe einer Bundesregierung, die sich, wie im Koalitionsvertrag vom 7. Dezember 2021 niedergelegt,[32] zum Ziel gesetzt hat, die Gedenkstättenkonzeption des Bundes zu aktualisieren und die Gedenkstättenarbeit auskömmlich zu finanzieren.

Anmerkungen

1 Dieser Beitrag basiert auf den praktischen Erfahrungen mit der Erschließung und Zugänglichmachung digitalisierter Sammlungen bei den Arolsen Archives.
2 Vgl. hierzu Henning Borggräfe: Über die Potentiale digitaler Archivbestände zum Holocaust, in: Medaon 9 (2015), Nr. 17, S. 1-5, https://www.medaon.de/de/artikel/ueber-die-potentiale-digitaler-archivbestaende-zum-holocaust, Zugriff: 15.11.2022; ders.: Zeithistorische Verbundportale zur nationalsozialistischen Verfolgung: Typen, Leerstellen und Herausforderungen der Partizipation, 17.6.2022 [Blogbeitrag], https://dhnsportal.hypotheses.org/352, Zugriff: 25.10.2022.
3 Vgl. Puck Huitsing/Edwin Klijn: Linking and Enriching Archival Collections in the Digital Age. The Dutch War Collections Network, in: Henning Borggräfe/Christian Höschler/Isabel Panek (Hg.): Tracing and Documenting Nazi Victims Past and Present, München 2020, S. 315-338, hier S. 317.
4 Ebd.
5 Vgl. Henning Borggräfe/Christian Höschler/Isabel Panek (Hg.): Ein Denkmal aus Papier: Die Geschichte der Arolsen Archives. Begleitband zur Dauerausstellung, Bad Arolsen 2019, S. 73-77, 133-157.
6 Vgl. ebd., S. 187-205.
7 Vgl. die Startseite der Onlinesuche in den Arolsen Archives, https://collections.arolsen-archives.org/de/search, Zugriff: 25.10.2022.
8 So gilt eine nur 25-jährige Schutzfrist für sämtliche Dokumente (vgl. Allgemeine Nutzungsbedingungen, https://arolsen-archives.org/content/uploads/general-terms-of-use-arolsen-archives-2019-10-de.pdf, Zugriff: 15.11.2022). Die Verantwortung für die Achtung von Persönlichkeitsrechten wird zudem auf die Nutzer:innen übertragen. Vgl. Übereinkommen über den Internationalen Suchdienst v. 9.12.2011, Bundesgesetzblatt II, Nr. 31, 17.10.2012, S. 1090-1106, Art. 8e, S. 1096.
9 Vollständige Kopien des digitalen Archivs sind seit den 2010er-Jahren u.a. beim United States Holocaust Memorial Museum (USHMM) in Washington, D.C., bei Yad Vashem in Jerusalem und bei der Wiener Library in London nutzbar.
10 Vgl. Geschichte geht online: Historische Dokumente leichter zugänglich mit OCR, https://arolsen-archives.org/

ueber-uns/standpunkte/geschichte-geht-online-historische-dokumente-leichter-zugaenglich-mit-ocr, Zugriff: 25.10.2022.

11 Vgl. Henning Borggräfe/Lukas Hennies/Christoph Rass: Geoinformationssysteme in der zeithistorischen Forschung. Praxisbeispiele aus der Untersuchung von Flucht, Verfolgung und Migration in den 1930er bis 1950er Jahren, in: Zeithistorische Forschungen/Studies in Contemporary History 19 (2022), Nr. 1, S. 148-169.

12 Zur Genese und zu den technischen Hintergründen vgl. Ramona Bräu/Kerstin Hofmann/Sonja Nilson/Christa Zwilling-Seidenstücker: #EveryNameCounts – Die Crowdsourcing-Initiative der Arolsen Archives. Ein Erfahrungsbericht, in: Information. Wissenschaft & Praxis 72 (2021), Nr. 4, S. 177-184. Für eine archivfachliche Einordnung vgl. Kim Dresel: What counts and who does it? Crowdsourcing und Arolsen Archives 2.0, in: Medaon 15 (2021), Nr. 29, S. 1-6, https://www.medaon.de/pdf/medaon_29_dresel.pdf, Zugriff: 25.10.2022.

13 Vgl. #everynamecounts. Eine Initiative der Arolsen Archives, https://arolsen-archives.org/enc-intro/de, Zugriff: 25.10.2022.

14 Vgl. Every Name Counts, https://www.zooniverse.org/projects/arolsen-archives/every-name-counts, Zugriff: 25.10.2022.

15 Da einige Dokumentenerfassungen aufgrund der Komplexität auf mehrere Workflows aufgeteilt wurden, beläuft sich die Gesamtzahl dreifach erfasster Dokumente auf etwa eine Million.

16 @LINDYS, Kommentar v. 15.6.2020, https://www.zooniverse.org/projects/arolsen-archives/every-name-counts/talk/3279/1464353?comment=2402103&page=1, Zugriff: 25.10.2022.

17 Vgl. z.B. @velthove, Kommentar v. 10.11.2020, https://www.zooniverse.org/projects/arolsen-archives/every-name-counts/talk/3232/1703134?comment=2765356&page=1, Zugriff: 25.10.2022.

18 Vgl. hierzu auch Bräu/Hofmann/Nilson/Zwilling-Seidenstücker (Anm. 12), S. 183.

19 Zur technischen Grundlage des Portals vgl. Huitsing/Klijn (Anm. 3), S. 321-324, 332-336.

20 Vgl. https://www.oorlogsbronnen.nl, Zugriff: 25.10.2022. Zu einer kurzen Charakterisierung und Kritik des Portals vgl. Borggräfe: Verbundportale (Anm. 2).

21 Vgl. die Darstellung in Johannes Wilhelmus H. Berens. Rotterdam, 27 januari 1924 – Sandbostel, 11 mei 1945, https://www.oorlogsbronnen.nl/tijdlijn/Johannes-Wilhelmus-H-Berens/16/5048, mit der Darstellung in Das ist Johannes Berens, https://stolenmemory.org/story/johannes-berens (Zugriffe: 25.10.2022).

22 Vgl. die Darstellung in Judith Eliazar. Rotterdam, 3 december 1914 – Sobibor, datum onbekend, https://www.oorlogsbronnen.nl/tijdlijn/Judith-Eliazar/03/0004 (Zugriff: 25.10.2022), mit der Darstellung in Daan de Leeuw: Mapping Jewish Slave Laborers' Trajectories Through Concentration Camps, in: Henning Borggräfe/Akim Jah (Hg.): Deportations in the Nazi Era. Sources and Research, München 2022, S. 363-384. Vgl. auch Debora van Praag. Amsterdam, 6 maart 1926 – Sobibor, datum onbekend, https://www.oorlogsbronnen.nl/tijdlijn/Deborah-van-Praag/03/0004, oder Jetje Veterman. Zwolle, 3 juni 1923 – Sobibor, datum onbekend, https://www.oorlogsbronnen.nl/tijdlijn/Jetje-Veterman/03/0004 (Zugriffe: 25.10.2022). Es muss allerdings hinzugefügt werden, dass die falsche Information des Todes in Sobibór bereits innerhalb des Portals durch kurze biografische Texte der niederländischen »Stichting Sobibor« korrigiert wird. Da der Algorithmus diese Texte mittels der Namen zwar der Biografie zuordnen kann, aber nicht in der Lage ist, ihren Inhalt zu verarbeiten, werden die falsche Narration über die Lebenslinie und der Kopf der Seite nicht geändert, sondern die Korrektur ist nur über einen Button zugänglich, der jeweils bei der Station der Geburt zur Lebenslinie hinzugefügt ist.

23 Wulf Kansteiner/Todd Presner: Introduction: The Field of Holocaust Studies and the Emergence of Global Holocaust Culture, in: Claudio Fogu/Wulf Kansteiner/Todd Presner (Hg.): Probing the Ethics of Holocaust Culture, Cambridge, Mass./London 2016, S. 1-42, hier S. 30.

24 Todd Presner: The Ethics of the Algorithm: Close and Distant Listening to the Shoah Foundation Visual History Archive, in: Fogu/Kansteiner/Presner (Anm. 23), S. 175-202, hier S. 179.

25 Ebd., S. 181.

26 Dies gilt im Vergleich zum Portal »Netwerk Oorlogsbronnen« noch mehr für das Portal »Stolpersteine NRW«, das die biografische Darstellung ebenfalls automatisiert mit einem wiederkehrenden Set an Zusatzinformationen anreichert. Vgl. Stolpersteine NRW, https://stolpersteine.wdr.de/web/de, Zugriff: 25.10.2022.

27 Hierzu zählen Prozesse wie die Georeferenzierung von Orten, die Datenstandardisierung oder das Clustern personenbezogener Dokumente, die eine Software nicht ausführen kann.

28 Siehe die Partizipationsmöglichkeiten zur Darstellung der Daten einzelner Personen in den Portalen »Raum der Namen. Digitales Gedenkbuch für die Toten des KZ Mauthausen und seiner Außenlager 1938-1945«, https://raumdernamen.mauthausen-memorial.org/index.php?, und »Joods Monument«, https://www.joodsmonument.nl (Zugriffe: 25.10.2022).

29 Vgl. London Lives. 1690 to 1800. Crime, Poverty and Social Policy in the Metropolis, https://www.londonlives.org, und dort als Beispiel einer nutzergenerierten Biografie John Page fl. 1742-1757, https://www.londonlives.org/static/PageJohn1754.jsp#fnr1_1, Zugriffe: 25.10.2022.

30 Vgl. hierzu ausführlicher Borggräfe: Verbundportale (Anm. 2).

31 Vgl. hierzu Maximilian Strnad: Potential of Databases for Research and Culture of Remembrance Using the Deportation of Jews under the Nazi Regime as an Example, in: Borggräfe/Jah (Anm. 22), S. 83-101. Ein Anschluss an die GND wird für die Massendaten zur NS-Verfolgung und für Personendaten in Archiven insgesamt kaum praktikabel sein, obwohl einige Archive damit begonnen haben, Personendaten mit existierenden GND-Identifiern auszuweisen.

32 Vgl. Mehr Fortschritt wagen. Koalitionsvertrag 2021-2025 zwischen der Sozialdemokratischen Partei Deutschlands (SPD), Bündnis 90/Die Grünen und den Freien Demokraten (FDP), Berlin, 7.12.2021, S. 99, https://www.spd.de/fileadmin/Dokumente/Koalitionsvertrag/Koalitionsvertrag_2021-2025.pdf, Zugriff: 25.10.2022.

Karola Fings
»Voices of the Victims«
Eine virtuelle Gegenerzählung

»Voices of the Victims«[1] ist eine digitale Edition, die 2019 veröffentlicht wurde. Sie präsentiert Schriftquellen von Sintize und Sinti sowie Romnja und Roma, die von Verfolgung und Völkermord zeugen. Mit 60 Quellen wirkt die Edition auf den ersten Blick auffallend schmal. Im Hinblick auf die Konzeption und die Art der Aufbereitung hebt sich die Präsentation jedoch stark von anderen im Internet aufzufindenden Angeboten zum Völkermord an Sinti:ze und Rom:nja ab. Das kuratorische Konzept und die inhaltlichen Schwerpunkte sowie die Besonderheiten dieser digitalen Edition sollen hier vorgestellt werden.

Wer im digitalen Raum etwas über die europäische Dimension der Verfolgung von Sinti:ze und Rom:nja erfahren will, findet nur wenige Angebote. Die Internetseiten weisen unterschiedliche Schwerpunkte und Zugänge auf, mit je eigenen Stärken und Schwächen in der inhaltlichen oder gestalterischen Umsetzung. Das umfangreichste Projekt, »Das Schicksal der europäischen Roma und Sinti während des Holocaust«[2], ist bei dem österreichischen Verein erinnern.at angesiedelt. Es wurde vom österreichischen Bundesministerium für Bildung und Frauen, der Fondation pour la Mémoire de la Shoah, Paris, und der International Holocaust Remembrance Alliance (IHRA), einer 1998 in Stockholm gegründeten zwischenstaatlichen Organisation, gefördert. Das im Jahr 2012 aufgesetzte, inzwischen in zwölf Sprachen verfügbare Portal zielt auf die Bereitstellung von Bildungsmaterial zum Völkermord an Sinti:ze und Rom:nja. Bibliografien, ein Glossar sowie Handreichungen für Lehrer:innen ergänzen das Angebot. Die Inhalte werden über »Arbeitsblätter« im PDF-Format, die jeweils von einer Fotografie dominiert werden, vermittelt. Da diese meist aus mehrheitsgesellschaftlicher Perspektive aufgenommen wurden, herrschen antiziganistische Blickwinkel vor, deren Wirkung, so steht zu befürchten, kaum durch noch so guten Unterricht aufgefangen werden kann. Aktuell wird dieses Angebot inhaltlich und technisch überarbeitet. Ein zweites von der IHRA gefördertes Projekt, »Der Vergessene Völkermord. Das Schicksal der Sinti und Roma«[3], entwickelte das niederländische Nationaal Comité 4 en 5 mei. Im Zentrum der ebenfalls 2012 veröffentlichten Internetseite stehen biografische Erzählungen von Sinti:ze und Rom:nja, die als Kinder und Jugendliche verfolgt wurden. Jede der neun multimedial präsentierten Biografien steht repräsentativ für ein Land. Das in acht Sprachen verfügbare Angebot ist anspruchsvoll gestaltet und nutzt die technischen Möglichkeiten des Digitalen, um Texte, Dokumente, Fotografien und Filme zu lebensgeschichtlichen Erzählungen mit historischen Kontextinformationen zu verweben. Schließlich ist die auf Deutsch und Englisch verfügbare Internetseite »»Rassendiagnose Zigeuner‹. Der Völkermord an den Sinti und Roma und der lange Weg zur Anerkennung«[4] zu nennen. Dabei handelt es sich um eine Wanderausstellung des Dokumentations- und Kulturzentrums Deutscher Sinti und Roma, deren Inhalte seit 2018 online zur Verfügung gestellt werden, ohne jedoch zusätzliche Verknüpfungen oder Recherchemöglichkeiten zu bieten.

Marginalisierung und Delegitimierung der Stimmen der Überlebenden

Sinti:ze und Rom:nja waren in der Bundesrepublik Deutschland lange eine marginalisierte Opfergruppe. Die seit 1933 auf der lokalen Ebene mit rassistischen Ausgrenzungspraktiken einsetzende Verfolgung, die Stigmatisierung als »Fremdrasse« mit den »Nürnberger Rassengesetzen« im Jahr 1935, der Ausschluss aus dem Berufsleben, die zunehmende Einschränkung der Freizügigkeit bis hin zur Internierung in eigens für Sinti:ze und Rom:nja eingerichteten Zwangslagern, die Deportation von rund 2500 Männern, Frauen und Kindern in das deutsch besetzte Polen, Zwangsarbeit, Zwangsscheidungen, Zwangssterilisationen und Verschleppungen in Konzentrationslager im Rahmen der »Vorbeugenden Verbrechensbekämpfung« – all dies wurde nach 1945 nicht als nationalsozialistische Verfolgung anerkannt. Nur diejenigen, die aufgrund des Befehls Heinrich Himmlers vom 16. Dezember 1942 ab Ende Februar 1943 in das Konzentrations- und Vernichtungslager Auschwitz-Birkenau deportiert worden waren, konnten auf eine Anerkennung hoffen. Erst 1963 entschied der Bundesgerichtshof, dass für die Verfolgung zumindest seit 1938 »auch rassenpolitische Gründe mit ursächlich« gewesen seien.[5]

Für Entstehung und Konzeption von »Voices of the Victims« stellt die nach 1945 verweigerte Anerkennung einen ebenso zentralen historischen Hintergrund dar wie die NS-Verfolgung selbst. Denn die verweigerte Anerkennung basierte auf einem perfiden System der Schuldumkehr, mit dem die maßgeblichen Täter:innen die Verantwortung für die begangenen Verbrechen abwehrten, nicht zuletzt, um selbst einer Strafverfolgung zu entgehen.[6] Fortgesetzt wurden die rassische Sondererfassung und die Stigmatisierung aller Sinti:ze und Rom:nja als »kriminell« und »asozial«. Um die Ansprüche der Überlebenden zurückzuweisen, wurden ihre Stimmen marginalisiert und delegitimiert. Dies war immer dann besonders augenfällig, wenn die Ansprüche im Rahmen von Entschädigungsverfahren oder bei den zahlreichen Versuchen, die Täter:innen zur Rechenschaft zu ziehen, verhandelt wurden.[7]

Drei Beispiele sollen illustrieren, wie fundamental diese Abwehr war und wie Sinti:ze und Rom:nja kollektiv und als Individuen abgewertet wurden. 1950 kursierte in den Wiedergutmachungsämtern der Bundesrepublik ein Runderlass des Württembergisch-Badischen Justizministeriums, in dem behauptet wurde, dass die »Prüfung der Wiedergutmachungsberechtigung der Zigeuner und Zigeunermischlinge« zu dem Ergebnis geführt habe, dass »der genannte Personenkreis überwiegend nicht aus rassischen Gründen, sondern wegen seiner asozialen und kriminellen Haltung verfolgt und inhaftiert worden« sei.[8]

Nicht nur in behördeninternen Anweisungen, sondern auch in den Gerichtssälen war der Rassismus gegen Sinti:ze und Rom:nja allgegenwärtig und salonfähig. Ein Kölner Überlebender, der im Mai 1940 deportiert worden war, ging bis vor den Bundesgerichtshof, um seine Ansprüche durchzusetzen. Doch auch seine Klage wurde abgewiesen. In der Urteilsbegründung aus dem Jahr 1959 heißt es: »Ein Vergleich mit gegen die Juden gerichteten Maßnahmen ist [...] schon deshalb nicht möglich, weil diese nicht die Eigenschaften besitzen, die den nach ›Zigeunerart‹ lebenden Zigeuner schon lange vor dem Nationalsozialismus zu einer Landplage gemacht haben.«[9]

Einer der Täter, der seine Karriere fortsetzen konnte und auf den Überlebende die Justizbehörden aufmerksam machten, war Robert Ritter. Als Leiter der »Rassenhygienischen und bevölkerungsbiologischen Forschungsstelle« beim Reichsgesundheitsamt war Ritter maßgeblich für die Wegbereitung von Deportationen und Zwangssterilisationen mit verantwortlich. Er war trotz seiner exponierten Stellung nach 1945 unbestraft geblieben und von der Stadt Frankfurt am Main eingestellt worden. Obwohl zahlreiche Zeugenaussagen von Überlebenden vorlagen, in denen die entwürdigenden Praktiken der Erfassung und die daraus resultierenden Verfolgungsmaßnahmen geschildert wurden, stellte die Staatsanwaltschaft Frankfurt am Main das Ermittlungsverfahren ein.[10] In dem Beschluss vom 28. August 1950 heißt es: »Damit erhebt sich die Hauptfrage, ob und inwieweit überhaupt den Darstellungen der Zeugen zu glauben ist. Es handelt sich dabei um die grundsätzliche Frage, ob und inwieweit Aussagen von Zigeunern zur Grundlage richterlicher Überzeugung gemacht werden können. [...] Zahlreiche Wissenschaftler haben lange vor 1933 die Anschauung vertreten, dass Zigeuneraussagen grundsätzlich für die richterliche Überzeugungsbildung ausscheiden müssen.«[11] Bei dieser Beurteilung bezog sich die Staatsanwaltschaft explizit auf diejenigen Kriminalbeamten, die in der früheren Berliner »Reichszentrale zur Bekämpfung des Zigeunerunwesens« gewirkt hatten und in der demokratischen Bundesrepublik nunmehr von München aus die Totalerfassung der Angehörigen der Minderheit fortsetzten.

Ein Anliegen von »Voices of the Victims« ist es daher, die herabgewürdigten Stimmen von Sinti:ze und Rom:nja aus den Archiven zu bergen und den Zeugnissen im öffentlichen ebenso wie im wissenschaftlichen Diskurs Geltung zu verschaffen.

Sprach- und namenlose Opfer?

Mit dem Entstehen der Bürgerrechtsbewegungen seit den 1970er-Jahren in der Bundesrepublik Deutschland und in anderen Ländern Europas gewannen die Anliegen der Communitys der Sinti:ze und Rom:nja mehr Sichtbarkeit als jemals zuvor. Sie forderten eine gleichberechtigte Teilhabe sowie Anerkennung der erlittenen Verfolgung. Diese Emanzipationsbewegung hat erheblich dazu beigetragen, dass Überlebende sich ermutigt fühlten, über ihre Verfolgung zu berichten, zumal allmählich ein Publikum entstand, das sich dafür interessierte. Eine Fülle von biografischen und autobiografischen Texten ist seit den 1980er-Jahren in nahezu allen europäischen Ländern erschienen, darunter einige – wie die Bücher der österreichischen Romni und Auschwitz-Überlebenden Ceija Stojka – mit beachtlichem Erfolg.[12]

Doch es wäre falsch, daraus zu schließen, dass Sinti:ze und Rom:nja sich erst seit dieser Zeit artikuliert hätten. Wie die Beispiele aus den Entschädigungs- und Justizverfahren zeigen, haben Sinti:ze und Rom:nja sich schon unmittelbar nach Kriegsende auf verschiedene Weise zu Verfolgung und Völkermord geäußert und sind als Vertreter:innen ihrer eigenen Interessen trotz aller Ressentiments, die ihnen entgegengebracht wurden, aktiv in Erscheinung getreten. Zu den frühen Zeugnissen zum Völkermord zählen Aufsätze, die der französische Schriftsteller Matéo Maximoff[13] und der aus Litauen stammende Linguist Vanya Kochanowski[14] – beide Angehörige der Minderheit – schon 1946 publizierten. Viele Rom:nja haben bereits seit 1944 in den befreiten Ländern, insbesondere in Polen, im damaligen Jugoslawien und in der Sowjetunion, vor staatlichen Kommissionen, die Tausende von Befragungen zu den Kriegsverbrechen der deutschen Besatzer vornahmen, ausgesagt. In Deutschland haben sich zahlreiche Sinti:ze und Rom:nja als Zeug:innen in Prozessen gegen NS-Täter:innen zur Verfügung gestellt, so in den Nürnberger Prozessen und in den Auschwitz-Prozessen.

Darüber hinaus haben Sinti:ze und Rom:nja sich nicht erst nach der Befreiung geäußert, sondern sich schon im Angesicht der Verfolgung zu Wort gemeldet: Briefe wurden aus Konzentrationslagern an Angehörige geschrieben oder aus Vernichtungslagern herausgeschmuggelt, Protestschreiben an Verantwortliche auf allen möglichen Verwaltungsebenen gerichtet, manche sogar an Heinrich Himmler oder Adolf Hitler. Tausende Petitionen sind von rumänischen Rom:nja überliefert, die 1942 nach Transnistrien deportiert worden waren. In Gefängnissen im deutsch besetzten Belgien, in Zwangslagern im besetzten Frankreich, in Verbannungsorten im faschistischen Italien, in den Zwangsarbeitskolonnen im besetzten Polen – überall entstanden Briefe, die Sinti:ze und Rom:nja geschrieben haben oder haben schreiben lassen.

Um solche Quellen aus der Zeit der Verfolgung geht es bei »Voices of the Victims« in erster Linie. Eine zentrale Überlegung war, dass Selbstzeugnisse aus der Zeit der Verfolgung die Individualität der Opfer und ihr unmittelbares Erleben besonders gut veranschaulichen. Auf diese Weise kann eine Empathie entstehen, die für die Opfer der Sinti:ze und Rom:nja lange nicht vorhanden war. Auch die Shoah ist nicht durch Geschichtsbücher, sondern – von der TV-Serie »Holocaust« aus dem Jahr 1978 einmal abgesehen – vor allem durch die Tagebücher von Anne Frank oder Victor Klemperer stark ins öffentliche Bewusstsein gedrungen. Zudem gibt es eine kaum zu quantifizierende, große Zahl von Selbstzeugnissen aus der Zeit vor der Befreiung, die Jüd:innen sowohl in Form von Tagebüchern und Chroniken als auch in Form von Briefen, Kassibern, Memoranden oder Artikeln verfasst haben. Viele davon sind gedruckt oder online publiziert und werden in Archiven aufbewahrt, erschlossen und zugänglich gemacht. Ein vergleichbares Quellenkorpus gibt es für Sinti:ze und Rom:nja nicht. Dies ist nicht allein darin begründet, dass die Zahl der Sinti:ze und Rom:nja, die unmittelbaren Verfolgungsmaßnahmen ausgesetzt waren, geringer war – z.B. lebten im Deutschen Reich 1933 rund 500000 Jüd:innen und etwa 20000 Sinti:ze und Rom:nja. Hinzu kommt, dass bei den meisten Sinti:ze und Rom:nja in Europa das in vielen Varianten gesprochene Romanes als eine der Muttersprachen gebräuchlich war. Wegen der Oralität des Romanes, aber auch aufgrund armutsbedingten Mangels an Schulbildung und rassistisch motivierter Zwangsausschlüsse aus dem Bildungswesen hat die Schriftkultur bis in die zweite Hälfte des 20. Jahrhunderts hinein eine geringe Bedeutung gehabt.

Daraus kann jedoch nicht geschlossen werden, dass *alle* Sinti:ze und Rom:nja einen niedrigen Bildungsstand gehabt hätten und daher größtenteils Analphabet:innen gewesen seien. Diese Vorstellung ist allerdings weit verbreitet und zählt zum Kernbestand antiziganistischer Überzeugungen: Mit der Aufklärung wurden »Zigeuner« zu den »kulturlosen Völkern« gezählt, denen individuelle kulturelle Leistungen und überhaupt jede geistige Entwicklung und Bildungsfähigkeit abgesprochen wurden. »Zigeunern« wurde als »Naturvolk« in den europäischen Gesellschaften eine randständige Position zugewiesen, die sie zu internen Fremden abstempelte und jede Zugehörigkeit negierte.[15] In der Folge wurden – und werden – Sinti:ze und Rom:nja häufig nicht als historische Subjekte mit Artikulationsfähigkeit wahrgenommen, auch wird unterstellt, sie beherrschten die kommunikativen Regeln einer Gesellschaft nicht.

Tatsächlich stellte die Vorstellung, Sinti:ze und Rom:nja hätten nicht geschrieben, weil sie nicht hätten schreiben können oder sich nicht gegenüber der Mehrheitsgesellschaft artikuliert hätten, eine der Hürden bei der Erarbeitung von »Voices of the Victims« dar. Eine der Herausforderungen bestand darin, für 20 Länder, aus denen Dokumente aufgenommen werden sollten, um die europäische Dimension des Völkermords abzubilden, Kolleg:innen zu finden, die Kenntnisse über schriftliche Selbstzeugnisse aus der Zeit der Verfolgung oder aus den ersten Nachkriegsjahren hatten. Etliche Historiker:innen hatten derartige Quellen entweder noch nicht in Archiven gefunden bzw. nicht nach solchen Quellen Ausschau gehalten oder ihnen, was häufig der Fall war, keine besondere Bedeutung beigemessen. Dennoch gelang es, in einem Team zusammen mit 13 Kolleg:innen[16] die digitale Edition zu erarbeiten.

Weil der Ausgang des 2016 konzipierten Projekts ungewiss war, wurde entschieden, sich auf jeweils drei Quellen pro Land zu beschränken – Prägnanz und Signifikanz der Selbstzeugnisse sollten Vorrang vor einer durch Quantität geprägten Sammlung haben. Auch sollte genügend Zeit für Recherchen und die aufwendige Aufbereitung der Quellen, die vor allem in den Jahren 2017 und 2018 geleistet wurden, zur Verfügung stehen.

»Voices of the Victims« zielt darauf, den Mangel an umfangreichen individuellen Schriftzeugnissen aus der Verfolgungszeit durch eine vielstimmige Erzählung zu kompensieren. Mit den Zeugnissen werden die Individualität und Heterogenität der Angehörigen der Minderheit und die Agency der Verfolgten dieser Opfergruppe in den Mittelpunkt gerückt. Dabei ist zugleich eine heterogene Gegenerzählung zu dem lange vorherrschenden Narrativ der Nachkriegsgesellschaften entstanden, wonach Sinti:ze und Rom:nja nicht Opfer einer rassistischen Verfolgung gewesen seien.

Selbstrepräsentation statt hegemonialer Fremdbestimmung: RomArchive

Eine weitere Besonderheit von »Voices of the Victims« ist, dass die Geschichte des Völkermords in seiner europäischen Dimension erstmals *ausschließlich* anhand von Quellen, die aus der Perspektive von der Verfolgung Betroffener stammen, erzählt wird. Die Sammlung enthält keine Dokumente aus der Perspektive der Täter:innen.

Die Möglichkeit, eine solche Fokussierung vorzunehmen, entstand im Zusammenhang mit RomArchive.[17] Dabei handelt es sich um ein digitales Archiv der Sinti und Roma, das 2015 von den Kulturmanagerinnen Isabel Raabe und Franziska Sauerbrey angestoßen und mit der Finanzierung durch die Kulturstiftung des Bundes bis 2019 umgesetzt wurde. RomArchive setzte von Anfang an darauf, einen international zugänglichen Ort zu schaffen, der die Künste, Kulturen und Geschichten von Sinti:ze und Rom:nja sichtbar macht, um den dominanten Fremdbeschreibungen mit einer selbst erzählten Gegengeschichte zu begegnen. RomArchive wurde inzwischen mehrfach ausgezeichnet, so 2020 mit dem Grimme Online Award in der Kategorie »Wissen und Bildung«.[18]

Von besonderer Bedeutung für den Entstehungsprozess von RomArchive war die Beachtung von »Romani Leadership«: In allen entscheidenden Positionen haben Sinti:ze und Rom:nja das Projekt gestaltet. Sowohl der internationale Beirat als auch die Positionen der Kurator:innen waren mehrheitlich mit Angehörigen der Communitys besetzt. Dies hat einen diversitätsorientierten und rassismuskritischen Diskursraum unter einer Vielzahl von Beteiligten – einer Kerngruppe von 40 Personen sowie insgesamt 150 Mitwirkenden – eröffnet, den es in dieser Form im Zusammenhang mit Repräsentationen von Sinti:ze und Rom:nja bis dahin nicht gegeben hat.

Ausdruck und Ergebnis der Diskussionen aller Beteiligten sind die ethischen Richtlinien[19] und die Leitlinien für die Sammlungspolitik[20]. Diese zeigen nicht nur die Prinzipien, denen RomArchive folgt, sowie die gesetzten Schwerpunkte auf. Ebenso unerlässlich – wie vorbildhaft – ist die Offenlegung der Diskurse, die der Erstellung von RomArchive vorausgingen und die die Arbeit der Beteiligten in einem von Antiziganismus belasteten Wirkungsfeld begleiteten. Gerade in der Wissenschaft fehlt es nach wie vor an forschungsethischen Reflexionen, wie auch die Unabhängige Kommission Antiziganismus in ihrem 2021 erschienenen Bericht herausgestellt hat.[21]

RomArchive enthält über 5000 verschiedene Einzelobjekte, darunter Bilder und Fotografien, Audio- und Videoaufnahmen sowie Dokumente, die in zehn kuratierten Sektionen zusammengestellt sind: Bilderpolitik, Bildende Kunst, Film, Musik, Flamenco, Tanz, Theater und Drama, Literatur, Bürgerrechtsbewegung der Sinti und Roma sowie »Voices of the Victims« (Abb. 1). Für »Voices of the Victims« hat das Entstehen im Rahmen dieses Pionierprojekts weitere qualitative Vorzüge gebracht. Zum einen ist es die hochwertige technische und gestalterische Aufmachung, die durch die Förderung der Kulturstiftung des Bundes in Höhe von 3,75 Millionen Euro erst möglich wurde. Zum anderen gewährleisten die konsequent dreisprachige Aufbereitung – neben Deutsch auch Englisch und Romanes – und die Lizenzierung der Inhalte unter Creative Commons[22] einen internationalen, offenen Zugang.

Durch die Verschlagwortung der Inhalte über die Sektionen hinweg sind außerdem Verknüpfungen möglich, die auf einer zusätzlichen Ebene zeigen, welche Rolle der Völkermord in kulturellen Werken und politischen Ak-

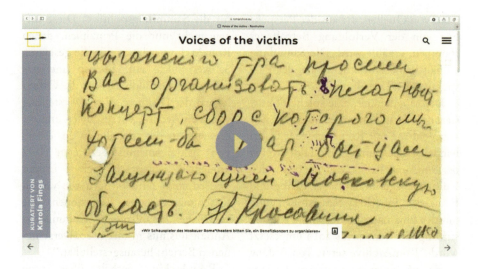

Abb. 1: Das Faksimile einer Quelle mit der Möglichkeit der Audiowiedergabe als eines der Startbilder der Sektion »Voices of the Victims«. Quelle: RomArchive, https://www.romarchive.eu/de/voices-of-the-victims, Zugriff: 19.9.2022. Screenshot: Karola Fings

tivitäten der Communitys spielt. Eine Suche nach »Auschwitz« ergibt z. B. 194 Treffer, von denen nur 36 auf die Sektion »Voices of the Victims« entfallen. So werden literarische, filmische oder künstlerische Bearbeitungen des Themas ebenso sichtbar wie die lang anhaltenden Auswirkungen der Verfolgung, auch auf die nachfolgenden Generationen.

Die digitale Edition

»Voices of the Victims« (Abb. 2) enthält unter der Rubrik »Kontexte« vier einführende Texte, in denen die Edition kontextualisiert wird. Neben einer allgemeinen Einleitung zur Sektion, die auch die kuratorischen Eingriffe offenlegt, werden die verwendete Terminologie erläutert, die erinnerungspolitisch komplexe Frage der Opferzahlen behandelt und die Bedeutung von Selbstzeugnissen dargelegt. Der Zugang zu den Quellen ist auf drei Wegen möglich.

Unter der Rubrik »Touren« wird unter der Überschrift »Orte und Konstellationen des Völkermordes« eine virtuelle Führung durch die Quellen, die einen Überblick zum Verfolgungsgeschehen in seiner europäischen Dimension gibt, angeboten. Ein weiterer Einstieg ist unter der Rubrik »Überblick nach Ländern« über die präsentierten 20 Länder möglich. Für jedes Land steht dabei eine Einführung zur Verfolgung während Nationalsozialismus und Zweitem Weltkrieg zur Verfügung, die jeweils auch eine knappe Literaturübersicht enthält und die Quellen anzeigt, die mit dem Land verbunden sind. Ebenfalls möglich ist ein Einstieg unter der Rubrik »Archiv« durch die direkte Auswahl einer der Quellen, die jeweils mit einem den Inhalt charakterisierenden Zitat als Überschrift versehen sind.

Alle Quellen stehen als Faksimile (Scans) zur Verfügung. Sie sind transkribiert und werden in der Originalsprache sowie in Übersetzungen in die drei

»VOICES OF THE VICTIMS«

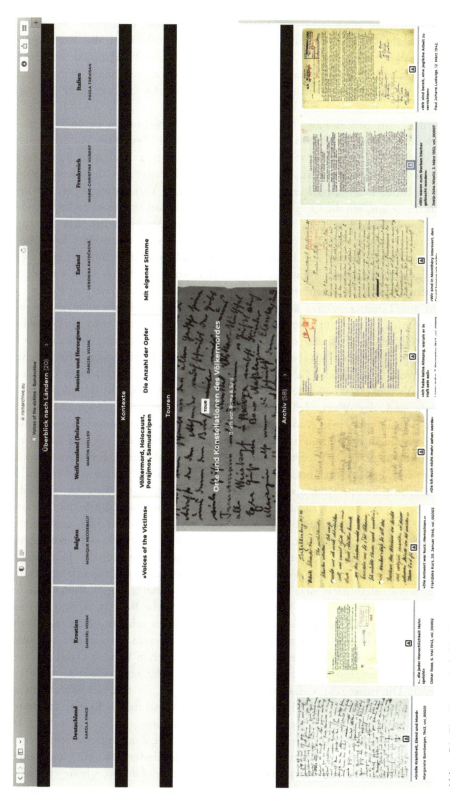

Abb. 2: Die Einstiegsmöglichkeiten in die Sektion »Voices of the Victims« über die Rubriken »Überblick nach Ländern«, »Kontexte«, »Touren« und »Archive«. Quelle: RomArchive, https://www.romarchive.eu/de/voices-of-the-victims, Zugriff: 10.10.2022. Screenshot: Karola Fings

Projektsprachen wiedergegeben. Damit sind zentrale Barrieren – nicht öffentliche Zugänglichkeit, schwere Lesbarkeit, nicht verständliche Fremdsprache – abgebaut worden. Jede Quelle ist mit einem kurzen Kommentar versehen, der über den Schreibenden bzw. die Schreibende, den Verfolgungszusammenhang und, sofern bekannt, über die weitere Lebensgeschichte informiert. Das Projekt zeichnet sich durch kurze, prägnante Texte aus, um die Quellen in den Mittelpunkt zu rücken

Eine weitere kuratorische Entscheidung ist der Verzicht auf Fotografien. Fotografien, selbst wenn sie aus privatem Besitz stammen und damit nicht aus Täterperspektive aufgenommen wurden, wirken auf einer anderen Bedeutungsebene, sie sind in der Wahrnehmung dominanter als Schrift, sie lenken vom Geschriebenen ab. »Voices of the Victims« setzt dagegen auf die Schrift und das Wort. Jede Quelle wird deshalb mit einer Audioaufnahme – wenn auch teils nur in Auszügen – hörbar gemacht. Damit wird der bereits eingangs betonte konzeptionelle Ansatz, Sinti:ze und Rom:nja nicht als stumme Opfer zu zeigen und ihren nach 1945 marginalisierten Stimmen Gewicht zu geben, umgesetzt.

Die Entscheidung, sich auf Selbstzeugnisse aus der Zeit der Verfolgung oder unmittelbar nach der Befreiung zu konzentrieren, ist für »Voices of the Victims« grundlegend. Diese frühen Zeugnisse haben eine Unmittelbarkeit, Anschaulichkeit und Detailliertheit, die in späteren Zeugnissen nicht erreicht werden. Die meist sehr viel später datierten Autobiografien oder Interviews sind Zeugnisse, die bereits mehrere Bearbeitungen und Überformungen erfahren haben. Sie sind Interpretationen der Vergangenheit, die sich mit zeitlichem Abstand zum Geschehen verändern können. Auch wird die Vergangenheit in späteren Erzählungen oftmals in einen Sinnzusammenhang gestellt, den es zur Zeit des Erlebten nicht gegeben hat.

Ein Beispiel für die besondere Qualität solcher Zeugnisse ist der Brief, den die Sinteza Margarete Bamberger vermutlich 1943 aus dem Konzentrations- und Vernichtungslager Auschwitz-Birkenau an ihre in Berlin lebende Schwester geschickt hat. Ein Auszug aus dem Brief, der aus dem Lager herausgeschmuggelt wurde: »Liebe Banetla, komme endlich nach so langer Zeit dazu[,] an [dich] ein paar Zeilen zu schreiben. Ich hätte dir schon eh[e]r geschrieben, aber hier wird nur Schreiberlaubnis an ganz nahe Verwandte sowie Bruder Mutter oder Vater erteilt. [N]un hilft mir ein ganz guter Bekannter, dass ich an [dich] schreiben kann. [M]uss dir mitteilen, dass meine beiden kleinsten Kinder gestorben sind und deine Pakete habe ich alle erhalten, wofür ich dir ganz besonders danke. [L]iebe Banetla, w[e]nn du kein Geld von meinem Geld hast so verkaufe du nach und nach die Sachen, damit es dir nicht so schwerfällt, uns Pakete zu schicken. [B]loß mein Saxophon behäl[t]st du bis zuletzt. [V]ielleicht kann ich es doch noch einmal benutzen. [U]nd wenn alles weg ist, dann verkaufe es auch. Liebe Banetla, w[e]nn du uns wieder etwas schickst, dann lege doch etwas Lebertran, Hustensaft und ein pa[a]r Tabletten Vitamin C mit rein für meine Kinder und vielleicht, wenn es möglich ist, ein bisschen Waschpulver und ein Mittel für die Krätze, das Beste ist Mitigahl.«[23]

Margarete Bamberger berichtet vom Tod ihrer Kinder im Lager, gleichzeitig zeugt der Brief davon, wie sie versucht, für sich und die noch lebenden Kinder und Angehörigen das Überleben zu organisieren, Hilfe zu finden und den Kontakt nach außen zu halten. Nie hätte Margarete Bamberger, die überlebt hat, nach der Befreiung auf diese Weise in einem Interview über die Zeit in Auschwitz berichtet. Auch zeugt der Brief von dem Bemühen, ihrer Schwester ein klares Bild der Verhältnisse im Lager zu übermitteln. Sie sendet Grüße von anderen Mithäftlingen im Lager, und in der Aufzählung der Romanes-Namen versteckt sie eine Botschaft: »Grüße auch von Baro Naßlepin – Elenta – Marepin«, was »Große Krankheit – Elend – Mord« bedeutet. Margarete Bamberger wusste augenscheinlich um die Gefahr, dass der Brief aufgefunden werden und für sie oder die Empfängerin schwere Folgen haben könnte.

Die digitale Edition macht Quellen zugänglich, die in den meisten Fällen bislang unveröffentlicht waren, wie eine Aussage von Karl Höllenreiner, der Opfer medizinischer Experimente geworden war.[24] Über Auschwitz-Birkenau und das Konzentrationslager Buchenwald war er in das Konzentrationslager Dachau deportiert worden. Dort musste er die folterähnlichen Meerwasserexperimente erleiden, die auf Veranlassung der Luftwaffe und ausschließlich an einer Gruppe aus männlichen Sinti und Roma durchgeführt wurde. Karl Höllenreiner überlebte und sagte im Juni 1947 im Nürnberger Ärzteprozess aus. Nach einer kurzen Befragung durch den Anklagevertreter erblickte er seinen ehemaligen Peiniger, den SA-Arzt Wilhelm Beiglböck. Emotional überwältigt, versuchte er, diesen zu attackieren. Daraufhin verurteilte der Vorsitzende Richter den Zeugen Höllenreiner noch im Gerichtssaal zu 90 Tagen Haft und beendete die Befragung. Erst später wurde die Haftstrafe auf Bewährung ausgesetzt. Bislang war lediglich dieser kurze Auftritt von Karl Höllenreiner im Nürnberger Gerichtssaal als Mitschrift öffentlich zugänglich. In »Voices of the Victims« ist nun seine auf sechs Seiten eng niedergeschriebene Aussage, die er am 17. Juni 1947 gegenüber einem der US-amerikanischen Ermittler gemacht hatte, zu lesen (und in Auszügen auch zu hören).

In der digitalen Edition sind Quellen zu Belarus, Belgien, Bosnien und Herzegowina, Deutschland, Estland, Frankreich, Italien, Kroatien, Lettland, den Niederlanden, Österreich, Polen, Rumänien, Russland, der Schweiz, Serbien, der Slowakei, Tschechien, der Ukraine und Ungarn zu finden. Diese europäische Perspektive auf den Völkermord erlaubt Einblicke in Taträume und Verbrechenskomplexe, die weniger bekannt sind. Aufgehellt werden Verfolgungswege, die oftmals auch in Konzentrationslager führten, ohne dass die Geschichte dieser Opfer in den Gedenkstätten bekannt ist.

Dies gilt z.B. für Charles Henrique, zu dem drei Briefe gezeigt werden, die seine Frau Marguerite Henrique im Rahmen ihrer Suche nach ihrem im Januar 1943 deportierten Mann versandte.[25] Die Familie war in dem Zwangslager in Poitiers interniert gewesen. Von dort wurde Charles Henrique im Zuge der »Operation Meerschaum« – einer Repressionsmaßnahme gegen politische Gegner:innen des Regimes – nach Sachsenhausen und dann nach Dachau deportiert. Er überlebte nicht.

Auch die Geschichte von Štefan Nikolić, einem Pferdefuhrmann, der aus einem Vorort von Zagreb stammte, war bislang nicht bekannt.[26] Zusammen mit seiner schwangeren Frau und seiner

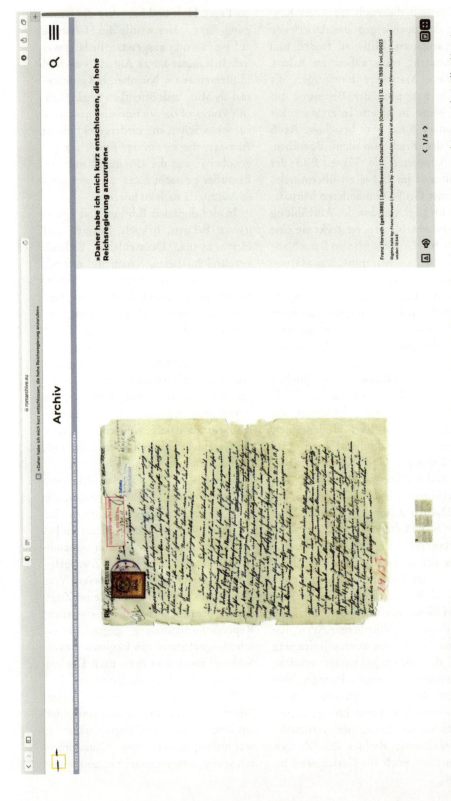

Abb. 3: Erste Seite eines Briefes sieben burgenländischer Roma vom 12. Mai 1938. Quelle: RomArchive, https://www.romarchive.eu/de/collection/daher-habe-ich-mich-kurz-entschlossen-die-hohe-reichsregierung-anzurufen, Zugriff: 10.10.2022. Screenshot: Karola Fings

drei Jahre alten Tochter wurde er im Mai 1942 in das Lager Jasenovac deportiert. Bei der Ankunft im Lager wurde er von seiner Frau und seiner Tochter getrennt. Er sah sie nie wieder. Er selbst musste Gruben für die Erschießungen von Gefangenen ausheben. Nach 14 Tagen gelang ihm die Flucht, er wurde jedoch in Slowenien gefangen genommen und von dort über zwei weitere Außenlager nach Dachau gebracht. Ab November 1942 wurde er als Testperson für medizinische Experimente gefoltert. Er überstand die Infektion mit Malaria und erlebte am 29. April 1945 seine Befreiung. 1952 sagte er im Prozess gegen Andrija Artuković aus, den ehemaligen Innenminister des Unabhängigen Staates Kroatien.

Das letzte Beispiel ist ein Brief, der auf den 12. Mai 1938 datiert ist und damit das früheste Zeugnis in der Edition darstellt.[27] Er hat auch im Scan eine besondere optische Wirkung (Abb. 3). Der Brief ist von sieben Roma aus dem österreichischen Burgenland verfasst und wurde an Adolf Hitler geschickt. Sehr eindrücklich werden die unmittelbar nach dem »Anschluss« Österreichs eingeleiteten Maßnahmen gegen Rom:nja und Sinti:ze geschildert. Der Brief spiegelt die den Rom:nja im Frühjahr 1938 offen entgegengebrachte Verachtung und Diskriminierung sowie die von Drohungen und Schmähungen geprägte Situation in den Dörfern des Burgenlandes wider. Er zeugt zugleich von dem Selbstbehauptungswillen der Schreibenden und ihrem Beharren auf der Bewahrung ihrer bürgerlichen Rechte. Die Verfasser des Briefes wurden festgenommen und deportiert, u.a. nach Auschwitz-Birkenau und Dachau.

Ausblick

»Voices of the Victims« zeigt exemplarisch, wie ein Perspektivwechsel auf den Völkermord an den Sinti:ze und Rom:nja in Europa möglich ist, indem Selbstzeugnisse in das Zentrum der Wahrnehmung gerückt werden. Dies setzt neue Akzente für die Forschung, aber auch für die Bildungsarbeit, und es kann eine Inspiration sein, weitaus aktiver als zuvor nach solchen Selbstzeugnissen zu suchen und dadurch auch die Kenntnisse über den Völkermord zu erweitern. Zu den Vorteilen der mehrsprachigen, digitalen Präsentation zählt nicht nur der niedrigschwellige Zugang, sondern auch die Möglichkeit, das Angebot zu erweitern, und zwar sowohl um zusätzliche Quellen als auch um weitere Länder. Ob dies gelingt, ist jedoch von den materiellen und personellen Kapazitäten des Betreibers abhängig. Nach dem Launch im Januar 2019 ging die Verantwortung für RomArchive auf das Dokumentations- und Kulturzentrum Deutscher Sinti und Roma über.

Die Rezeption des Angebots ist unmittelbar verbunden mit dem Bekanntheitsgrad von RomArchive. Die 2022 erschienene Publikation »Widerstand durch Kunst. Sinti und Roma und ihr kulturelles Schaffen«[28], die sich als »Kompendium der Künste und Kulturen der Sinti und Roma« und gleichzeitig als »eine Art analoge Einleitung in das digitale Archiv«[29] versteht, könnte zu einer besseren Wahrnehmung beitragen. Inwiefern das Angebot »Voices of the Victims« seinen Weg in einen fachwissenschaftlichen Diskurs findet, ist offen. Im wissenschaftlichen Rezensionswesen erfahren digitale Editionen noch kaum Aufmerksamkeit, wie jüngst Frederike Neuber und Patrick

Sahle kritisch anmerkten.³⁰ In welchem Umfang »Voices of the Victims« in der schulischen oder außerschulischen Bildungsarbeit genutzt wird, ist bislang nicht erhoben worden. Zweifellos bedürfte es zusätzlicher didaktischer Handreichungen, um das Angebot für Lehrende handhabbar zu gestalten.

Im Hinblick auf die Rezeption lässt sich jedoch sagen, dass seit 2019 Kulturschaffende aus den Communitys international in einer Fülle von kulturellen Projekten auf die Selbstzeugnisse zurückgegriffen haben. So gab es Lesungen³¹, Theaterstücke³² und musikalisch-tänzerische Bearbeitungen³³ des Materials. Es ist kaum denkbar, dass dieser produktive Prozess von Selbstaneignung und Transfer stattgefunden hätte, wären die Quellen zwischen zwei Buchdeckeln publiziert worden.

Anmerkungen

1 Voices of the Victims, https://www.romarchive.eu/de/voices-of-the-victims, Zugriff: 7.10.2022. Zwei Quellen sind dort wegen ausstehender Genehmigungen nicht öffentlich sichtbar.
2 Das Schicksal der europäischen Roma und Sinti während des Holocaust, https://www.romasintigenocide.eu/de/home, Zugriff: 7.10.2022. Vgl. zu Darstellung und Kritik des Angebots Steffen Jost: Expertise zum Thema »Antiziganismus und Gedenkstätten« für die Unabhängige Kommission Antiziganismus, o.O. o.J. [2021], https://www.bmi.bund.de/SharedDocs/downloads/DE/veroeffentlichungen/themen/heimat-integration/antiziganismus/jost-expertise-gedenkstaetten.pdf;jsessionid=4EA82D948E9F60905A970D1B54CC6413.2_cid295?__blob=publicationFile&v=3, Zugriff: 7.10.2022.
3 Der Vergessene Völkermord. Das Schicksal der Sinti und Roma, https://romasinti.eu/#/home, Zugriff: 7.10.2022.
4 »Rassendiagnose Zigeuner«. Der Völkermord an den Sinti und Roma und der lange Weg zur Anerkennung, https://www.sintiundroma.org/de, Zugriff: 7.10.2022.
5 BGH, Urteil v. 18.12.1963 – IV ZR 108/63, https://www.prinz.law/urteile/bgh/IV_ZR_108-63-ok, Zugriff: 21.10.2022. Vgl. allgemein zur Entschädigung nach 1945 Julia von dem Knesebeck: The Roma Struggle for Compensation in Post-War Germany, Hatfield 2011.
6 Vgl. Karola Fings: Schuldabwehr durch Schuldumkehr. Die Stigmatisierung der Sinti und Roma nach 1945, in: Oliver Mengersen (Hg.): Sinti und Roma. Eine deutsche Minderheit zwischen Diskriminierung und Emanzipation, Bonn 2015, S. 145-164; Hannah Eitel: Porrajmos und Schuldabwehr. Zum Antiromaismus in der postnationalsozialistischen Gesellschaft, in: Wolfram Stender (Hg.): Konstellationen des Antiziganismus. Theoretische Grundlagen und Vorschläge für die Praxis, Wiesbaden 2016, S. 189-210.
7 Vgl. Katharina Stengel: Bezweifelte Glaubwürdigkeit. Sinti und Roma als Zeugen in NS-Prozessen, in: Zeitschrift für Geschichtswissenschaft 69 (2021), Nr. 5, S. 444-463; Ulrich F. Opfermann: Zum Umgang der deutschen Justiz mit an der Roma-Minderheit begangenen NS-Verbrechen nach 1945. Das Sammelverfahren zum »Zigeunerkomplex« (1958-1970). Gutachten im Auftrag der Unabhängigen Kommission Antiziganismus, hg. v. Bundesministerium des Innern, für Bau und Heimat, Berlin 2021, https://www.bmi.bund.de/SharedDocs/downloads/DE/veroeffentlichungen/themen/heimat-integration/antiziganismus/opfermann-nsg-verfahren.pdf;jsessionid=4EA82D948E9F60905A970D1B54CC6413.2_cid295?__blob=publicationFile&v=3, Zugriff: 7.10.2022. Das Gutachten soll 2023 in erweiterter Fassung bei Heidelberg University Publishing im Druck erscheinen: Ulrich Friedrich Opfermann:

»Stets korrekt und human«. Der Umgang der westdeutschen Justiz mit dem NS-Völkermord an den Sinti und Roma.
8 Wiedergutmachungsanträge der Zigeuner. Runderlaß E 19 an die Wiedergutmachungsbehörden v. 22.2.1950, Amtsblatt des Württembergisch-Badischen Justizministeriums, Nr. 4, 1.4.1950, S. 24. Vgl. hierzu auch Laura Hankeln: Antiziganistische Kontinuitäten in Baden-Württemberg. Die Rolle der Kriminalpolizei in der Entschädigungspraxis von Sintize und Sinti sowie Romnja und Roma, in: Beiträge zur Geschichte der nationalsozialistischen Verfolgung 3 (2022) [Schwerpunktthema: NS-Verfolgte nach der Befreiung. Ausgrenzungserfahrungen und Neubeginn], S. 187-202.
9 Urteil des Bundesgerichtshofs, 30.10.1959, AZ IV ZR 144/59, auszugsweise abgedruckt in Rechtsprechung zur Wiedergutmachung 11 (1960), Nr. 4, S. 162-163, Zitat S. 162.
10 Vgl. Peter Sandner: Frankfurt. Auschwitz. Die nationalsozialistische Verfolgung der Sinti und Roma in Frankfurt am Main, Frankfurt am Main 1998, S. 283-297.
11 Staatsanwaltschaft Frankfurt am Main, Ermittlungsverfahren gegen Robert Ritter, Einstellungsbeschluss, 28.8.1950, Js 429/61, Bd. 1, Bl. 35, zit. nach Arnold Spitta: Entschädigung für Zigeuner? Zur Geschichte eines Vorurteils, in: Ludolf Herbst/Constantin Goschler (Hg.): Wiedergutmachung in der Bundesrepublik Deutschland, München 1989, S. 385-401, hier S. 399.
12 Vgl. Frank Reuter: Die Stimmen der Opfer. Autobiografische Zeugnisse von Sinti und Roma und der lange Weg der Erinnerung, in: Matthias Bahr/Peter Poth (Hg.): Hugo Höllenreiner. Das Zeugnis eines überlebenden Sinto und seine Perspektiven für eine bildungssensible Erinnerungskultur, Stuttgart 2014, S. 179-188; Gerhard Baumgartner: Selbstzeugnisse von Sinti und Roma. Die Erfahrung von rassistischer Verfolgung und von Widerstand am Beispiel Österreichs, in: Karola Fings/Sybille Steinbacher (Hg.): Sinti und Roma. Der nationalsozialistische Völkermord in historischer und gesellschaftspolitischer Perspektive, Göttingen 2021, S. 138-163; Eliana R. Adler/Kateřina Čapková (Hg.): Jewish and Romani Families in the Holocaust and its Aftermath, New Brunswick, N.J., 2021. Siehe auch die von Beate Eder-Jordan kuratierte Sektion »Literatur«, auf der Website »RomArchive«, https://www.romarchive.eu/de/literature, Zugriff: 7.10.2022.
13 Matéo Maximoff: Germany and the Gypsies. From the Gypsy's Point of View, in: Journal of the Gypsy Lore Society 25 (1946), Nr. 3-4, July-October, S. 104-108, https://www.romarchive.eu/de/collection/die-bestrafung-der-moerder-von-500000-sinti-and-roma, sowie https://babel.hathitrust.org/cgi/pt?id=inu.30000105045409&view=1up&seq=128, Zugriffe: 7.10.2022.
14 Vanya Kochanowski: Some Notes on the Gypsies of Latvia. By One of the Survivors, in: Journal of the Gypsy Lore Society 25 (1946), Nr. 3-4, July-October, S. 112-116, https://www.romarchive.eu/de/collection/sie-wurden-in-einer-grossen-synagoge-eingesperrt-wo-sie-starben, sowie https://babel.hathitrust.org/cgi/pt?id=inu.30000105045409&view=1up&seq=136, Zugriffe: 7.10.2022.
15 Vgl. hierzu Perspektivwechsel. Nachholende Gerechtigkeit. Partizipation. Bericht der Unabhängigen Kommission Antiziganismus, hg. v. Bundesministerium des Innern, für Bau und Heimat, Berlin 2021, Kap. 2 »Die lange Geschichte des Antiziganismus«, S. 48-63, https://www.bmi.bund.de/SharedDocs/downloads/DE/publikationen/themen/heimat-integration/bericht-unabhaengige-kommission-Antiziganismus.html;jsessionid=1675FF02EEA8879DC4707CC3BD83EE28.2_cid350, Zugriff: 7.10.2022.
16 Viorel Achim, Gerhard Baumgartner, Jana Habrovcová, Monique Heddebaut, Martin Holler, Marie-Christine Hubert, Veronika Patočková, Milovan Pisarri, Dušan Slačka, Joanna Talwewicz-Kwiatkowska, Paola Trevisan, Mikhail Tyaglyy und Daniel Vojak.
17 RomArchive, https://www.romarchive.eu/de, Zugriff: 10.10.2022.
18 Vgl. Grimme Online Award 2020. Die Preisträger, https://www.grimme-online-award.de/archiv/2020/preistraeger, Zugriff: 7.10.2022.
19 Vgl. Ethische Richtlinien für RomArchive, https://www.romarchive.eu/de/about/ethical-guidelines, Zugriff: 7.10.2022.
20 Vgl. Sammlungspolitik, https://www.ro

marchive.eu/de/about/collection-policy, Zugriff: 10.10.2022.

21 Vgl. Perspektivwechsel (Anm. 15), Kapitel 12 »Antiziganismus/Rassismus gegen Sinti:ze und Rom:nja in der Wissenschaft«, S. 352-372.

22 Vgl. Lizenzart CC BY-NC-ND 4, https://creativecommons.org/licenses/by-nc-nd/4.0, Zugriff: 10.10.2022.

23 »Große Krankheit, Elend und Mord«, Margarete Bamberger, Selbstbeweis, Deutsches Reich, 1943, voi_00001, https://www.romarchive.eu/de/collection/grosse-krankheit-elend-und-mord, Zugriff: 10.10.2022.

24 Vgl. »Der Doktor der Luftwaffe goss ihm gewalttätig das Seewasser herunter«, Karl Höllenreiner, Selbstbeweis, Deutschland (amerikanische Besatzungszone), 17. Juni 1947, voi_00047, https://www.romarchive.eu/de/collection/der-doktor-der-luftwaffe-goss-ihm-gewalttaetig-das-seewasser-herunter, Zugriff: 10.10.2022.

25 Vgl. »Ich bin ohne Nachricht seit dem 13. April 1944«, Marguerite Henrique, Selbstbeweis, Französische Republik, 13. Juni 1945 – 20. November 1945, voi_00013, https://www.romarchive.eu/de/collection/ich-bin-ohne-nachricht-seit-dem-13-april-1944, Zugriff: 10.10.2022.

26 Vgl. »An diesen neun Tagen sah ich jeden Morgen Haufen mit getöteten Roma«, Stefan Nikolić, Selbstbeweis, Jugoslawien, 14. März 1952, voi_00016, https://www.romarchive.eu/de/collection/an-diesen-neun-tagen-sah-ich-jeden-morgen-haufen-mit-getoeteten-roma, Zugriff: 10.10.2022.

27 Vgl. »Daher habe ich mich kurz entschlossen, die hohe Reichsregierung anzurufen«, Franz Horvath (geb. 1885), Selbstbeweis, Deutsches Reich (Ostmark), 12. Mai 1938, voi_00023, https://www.romarchive.eu/de/collection/daher-habe-ich-mich-kurz-entschlossen-die-hohe-reichsregierung-anzurufen, Zugriff: 10.10.2022.

28 Moritz Pankok/Isabel Raabe/Romani Rose (Hg.): Widerstand durch Kunst. Sinti und Roma und ihr kulturelles Schaffen, Berlin 2022.

29 Widerstand durch Kunst. Sinti und Roma und ihr kulturelles Schaffen, 19.4.2022, https://dokuzentrum.sintiundroma.de/publikationen/widerstand-durch-kunst, Zugriff: 10.10.2022.

30 Vgl. Forum: Rez: F. Neuber/P. Sahle: Nach den Büchern: Rezensionen digitaler Forschungsressourcen, in: H-Soz-Kult, 10.5.2022, https://www.hsozkult.de/debate/id/diskussionen-5367, Zugriff: 10.10.2022.

31 So z.B. in Bukarest am 28. Februar 2019 in Kooperation mit dem Roma National Cultural Centre (vgl. https://blog.romarchive.eu/wp-content/uploads/2019/02/RomArchive_Eveniment_lansare_Bucuresti_RO.pdf, Zugriff: 10.10.2022).

32 So z.B. die mehrfach aufgeführte szenische Lesung »Mit eigener Stimme« des TKO Theaters, in dem der prominente Schauspieler Nedjo Osman mitwirkt (vgl. http://www.tko-theater.de/logicio/pmws/indexDOM.php?client_id=tko&page_id=stuecke&lang_iso639=de&stueck_id=miteigenerstimme, Zugriff: 10.10.2022).

33 2020 setzte eine Vereinigung von Studierenden aus Barcelona, Rromane Siklövne, eine künstlerische Bearbeitung des Briefes von Margarete Bamberger um. Zu sehen ist sie auch auf der Website zum 2. August, dem Europäischen Holocaust-Gedenktag für Sinti und Roma (vgl. https://www.roma-sinti-holocaust-memorial-day.eu/de/remembrance/porrajmos-a-silenced-genocide, Zugriff: 10.10.2022).

Swenja Granzow-Rauwald und Natascha Höhn

Das Multimediaprojekt #WaswillstDutun?
Digitale Angebote zu Familiengeschichten während des Nationalsozialismus und des Zweiten Weltkrieges

»Wir müssen unsere Demokratie vor Bedrohungen schützen. Wenn Dir auffällt, dass jemand etwas Rassistisches sagt, höre nicht weg und klär auf!« So formulierte Friederike Thien, Teilnehmerin an einem Seminar des Multimediaprojekts #WaswillstDutun? an der HafenCity Universität Hamburg (HCU)[1] in einer Instagram Story ihre Aufforderung, gesellschaftlich etwas zu verändern. Sie nutzte dazu den Projektaccount @family.history1933tilltoday bei Instagram. Das von der Bundesbeauftragten für Kultur und Medien im Rahmen von »Jugend erinnert« von Januar 2020 bis Dezember 2022 geförderte Projekt der KZ-Gedenkstätte Neuengamme beschäftigte sich mit der Gegenwartsrelevanz von Familiengeschichten während der Zeit des Nationalsozialismus und des Zweiten Weltkrieges. Zielgruppe des Projekts waren junge Menschen zwischen 16 und 27 Jahren mit unterschiedlichen biografischen Bezügen zur Zeit des Nationalsozialismus und des Zweiten Weltkrieges. Zwischen dem Seminar an der HCU und der Erprobung im Projekt entwickelter pädagogischer Konzepte und Bildungsmaterialien in Seminaren und Workshops an Schulen und außerschulischen Bildungseinrichtungen lagen knapp einhalb Jahre. Basierend auf den Erfahrungen aus dem Seminar mit den Studierenden der HCU wurden pädagogische Angebote entwickelt, die junge Menschen dabei unterstützen, sich mit ihrer eigenen Familiengeschichte auseinanderzusetzen, zu reflektieren, wie werteorientiertes und demokratieförderndes Handeln aussehen kann, und Ideen für ein gutes gesellschaftliches Zusammenleben zu entwickeln.

Ab März 2020 führten das Projektteam und Honorarkräfte der KZ-Gedenkstätte Neuengamme Interviews mit Nachkomm:innen von NS-Verfolgten. Aus dem Seminar an der HCU entstanden weitere audiovisuelle Interviews mit einigen der Studierenden zu ihren Familiengeschichten. Alle Interviews flossen in die Onlineausstellung »#WaswillstDutun?«[2] ein, zu der Bildungsmaterialien entwickelt und in mehreren Workshops erprobt wurden.

Unter den Bedingungen der Coronapandemie verlagerte sich das Projekt nach positiven Erfahrungen mit der Durchführung von digitalen Angeboten immer mehr in den digitalen Raum. Aufbauend auf den im Projekt gesammelten Erfahrungen beschäftigt sich dieser Beitrag daher insbesondere mit den Potenzialen und Hürden digitaler Angebote zu Familiengeschichten während der Zeit des Nationalsozialismus und des Zweiten Weltkrieges.

Lebensgeschichtliche Interviews mit Nachkomm:innen von NS-Verfolgten

Die meisten Interviews mit Nachkomm:innen von NS-Verfolgten aus mehreren Ländern Europas (Belgien, Deutschland, Frankreich, Kroatien, Niederlande, Polen und Spanien) fanden im ersten Jahr des Projekts statt. Bis zum Beginn der Pandemie konnten zwei Interviews geführt werden, beide noch in den Wohnungen der Interviewten. Das analoge Kennenlernen, die vertraute Umgebung sowie die Gespräche vor, zwischen und nach der Aufzeichnung hatten dabei schnell eine entspannte Atmosphäre zwischen Interviewer:innen und Interviewten entstehen lassen.

Wegen der coronabedingten Hygiene- und Abstandsregeln wurde ein Teil der weiteren Interviews in den digitalen Raum verlegt. Anfänglich herrschte im Projektteam Sorge, ob sich trotz der räumlichen Distanz eine Atmosphäre erzeugen ließe, in der die Interviewpartner:innen über sensible Themen wie die Verfolgungsgeschichte und den Verlust von Familienmitgliedern, nach 1945 erlebte Ungerechtigkeiten und eigene Ausgrenzungs- und Diskriminierungserfahrungen sprechen würden. Obwohl einige der angefragten Nachkomm:innen von NS-Verfolgten Bedenken äußerten, ihnen bis dahin fremden Menschen Persönliches zu erzählen, trugen Telefonate, E-Mails und die Möglichkeit, in der eigenen Muttersprache interviewt zu werden, dazu bei, dass – wie angestrebt – Menschen mit vielfältigen Verfolgungserfahrungen in den Familien interviewt werden konnten.

Die Verlegung in den digitalen Raum ermöglichte es trotz eines begrenzten Projektbudgets, doppelt so viele Interviews wie ursprünglich geplant zu führen. Unter den 21 Interviewten waren 14 Nachkomm:innen von NS-Verfolgten sowie 6 Studierende aus dem Seminar an der HCU und eine Enkelin eines US-amerikanischen Befreiers. Für die Durchführung der zusätzlichen Interviews entschieden wir uns, weil sich im Verlauf des Seminars an der HCU zeigte, dass die Studierenden großes Interesse an den Geschichten ihrer Kommiliton:innen zeigten, die selbst oder deren Familien aus verschiedenen Ländern Europas, Asiens und Afrikas kamen. Zudem setzten sich einige der Studierenden in ihren Studienleistungen auf beeindruckende Art und Weise mit ihrer Familiengeschichte auseinander, reflektierten deren Bedeutung für ihr Leben, begründeten ihr Interesse an einem würdigen Gedenken an die NS-Opfer und formulierten Ideen für ein gutes Zusammenleben. Der ursprüngliche Fokus der Onlineausstellung auf der Darstellung der Geschichten von Nachkomm:innen von NS-Verfolgten veränderte sich so hin zu vielfältigeren Geschichten zur Zeit des Nationalsozialismus und des Zweiten Weltkrieges.

Es entstanden mehrstündige Interviews, in denen unsere Interviewpartner:innen nicht nur tiefe Einblicke in die Geschichte ihrer Familien, sondern auch in die eigene Biografie, die Bedeutung der Familiengeschichte für ihr Leben sowie ihr soziales, politisches und gesellschaftliches Engagement gewährten. Der reiche Inhalt der aufgezeichneten Gespräche wog zumindest zum Teil die technischen Schwierigkeiten wie die vergleichsweise schlechtere Videoqualität von Zoom-Aufzeichnungen auf.

In vielen Fällen blieb es nicht bei einem einmaligen digitalen Treffen, sondern es entstanden enge Kontakte zu Menschen, die wir vorher teilweise nie persönlich getroffen hatten. Dazu beigetragen hat auch eine entspannte Atmosphäre während der digitalen Interviews und Treffen. Beide Seiten, Interviewer:innen wie Interviewte, befanden sich während der online geführten Interviews in einer

Abb. 1: Für die Onlineausstellung »#WaswillstDutun?« angefertigte Zeichnung von Josip Bančić. Zeichnung: Natyada Tawonsri, Quelle: Stiftung Hamburger Gedenkstätten und Lernorte zur Erinnerung an die Opfer der NS-Verbrechen

vertrauten Umgebung. Um es unseren Interviewpartner:innen zu erleichtern, über sensible Themen wie die Familiengeschichte zu sprechen, haben auch wir uns geöffnet und von eigenen familiären Hintergründen erzählt. Darüber hinaus haben wir intensiv Kontakt zu unseren Interviewpartner:innen gehalten und sind mit den meisten von ihnen über die Interviews hinaus im Austausch geblieben.

Ein Beispiel ist Aleksandar Bančić, Enkelsohn des istrischen Partisanen Josip Bančić, der im KZ Neuengamme ermordet wurde. Aleksandar Bančić nahm einige Monate vor Projektbeginn Kontakt mit dem Young Committee der Amicale Internationale KZ Neuengamme auf. Das Young Committee, eine Gruppe Nachkomm:innen der dritten und vierten Generation innerhalb des internationalen Dachverbands ehemaliger Häftlinge und ihrer Angehörigen, war Mitglied im Projektbeirat[3]. So wurde der Kontakt weitergegeben und es ergaben sich ein Interview und mehrere digitale Treffen mit Aleksandar Bančić. Im Mai 2022 luden wir ihn zur Gedenkveranstaltung anlässlich des 77. Jahrestages des Kriegsendes und der Befreiung der Konzentrationslager in die KZ-Gedenkstätte Neuengamme ein. Dort erzählte er vor 500 Gäst:innen, wie ihn die Geschichte seines Großvaters geprägt hat. Wir begleiteten Aleksandar Bančić in das Haus des Gedenkens, wo er ein Gedenkzeichen für seinen Großvater setzte. Im Rahmen der Gedenkfeiern traf sich Aleksandar Bančić auch mit anderen Nachkomm:innen ehemaliger Häftlinge des KZ Neuengamme, die er zwei Jahre zuvor im Rahmen der digitalen Begegnungen mit am Seminar an der HCU teilnehmenden Studierenden kennengelernt hatte.

Der Instagram-Account des Projekts

Auf dem Projektaccount @family.history1933tilltoday bei Instagram veröffentlichten wir Fotos von dem bewegenden Nachmittag mit Aleksandar Bančić in der KZ-Gedenkstätte Neuengamme im Mai 2022. Auf diese und ähnliche Beiträge erhielten wir im Vergleich zu anderen Postings auf dem

Projektaccount viele Likes. Wir gaben auf dem Account nicht nur Einblicke in das Projekt, sondern beleuchteten ebenso Familiengeschichten zwischen 1933 und 1945, die meist wenig öffentliche Beachtung finden bzw. wenig thematisiert werden. So kamen z. B. Nachkomm:innen von Opfern der NS-»Euthanasie«, Menschen mit eigener oder familiärer Zuwanderungserfahrung, denen ein biografischer Bezug zur Zeit des Nationalsozialismus und des Zweiten Weltkrieges häufig abgesprochen wird[4], sowie Nachkomm:innen von Zuschauenden, Profiteur:innen und Mitläufer:innen zu Wort. Darüber hinaus bot der Projektaccount den am Seminar an der HCU teilnehmenden Studierenden die Möglichkeit, Gedanken zu ihren eigenen und zu anderen Familiengeschichten mitzuteilen.

Die Funktion des Instagram-Accounts änderte sich im Laufe des Projekts. In dem 2019 gestellten Förderantrag und in den ersten Monaten des Projekts hatte Instagram im Fokus des Gesamtprojekts gestanden. Zeit- und Ressourcenmangel führten jedoch zu einer Verschiebung der Prioritäten von der Kommunikation in den sozialen Medien hin zur Erarbeitung der Onlineausstellung und der Bildungsmaterialien. Dennoch hat sich die Plattform Instagram für das Projekt bewährt – als Plattform für eine kreative und reflektierte Auseinandersetzung der Teilnehmenden des HCU-Seminars mit ihrer Familiengeschichte, als Möglichkeit, junge Menschen auf die Angebote der KZ-Gedenkstätte Neuengamme und des Projekts aufmerksam zu machen, und als Mittel, um in Kontakt mit den Teilnehmenden des HCU-Seminars zu bleiben.

Der Wahl der Plattform Instagram hatte der Gedanke zugrunde gelegen, die Zielgruppe der 16- bis 27-Jährigen mit einer bei jungen Menschen beliebten Social-Media-App besser erreichen, Abwehrhaltungen gegenüber der Auseinandersetzung mit der NS-Geschichte abbauen und gleichzeitig niedrigschwellig dazu motivieren zu können, sich mit der eigenen Familiengeschichte zu beschäftigen. Dies erschien möglich über die zu jenem Zeitpunkt populären Instagram Stories[5]. Im Rahmen des Seminars an der HCU verarbeiteten die Studierenden in Instagram Stories ihre Familiengeschichte und damit verbundene Reflexionsprozesse. Ziel war, dem Wunsch junger Menschen nach einer Auseinandersetzung mit der NS-Geschichte unter Berücksichtigung ihrer individuellen Lebensrealität zu entsprechen[6] und die Studierenden zum Nachdenken über ihre eigenen Handlungen, Werte und Wünsche sowie über die ihrer damals lebenden Verwandten anzuregen.

Einige Studierende gaben an, dass die in Aussicht gestellte Nutzung von Instagram im Seminar ihre Kurswahl beeinflusst habe. Es zeigte sich aber, dass die meisten von ihnen zwar über einen Account verfügten, diesen jedoch eher passiv nutzten und bis dahin nur wenige Instagram Stories veröffentlicht hatten. Da viele Studierende – vor allem wegen der pandemiebedingten Reisebeschränkungen – kein Bildmaterial zu ihrer Familiengeschichte zur Verfügung hatten, engagierten wir zwei Künstler:innen, die den Studierenden das Zeichnen von Menschen mithilfe einfacher geometrischer Formen vermittelten. Mit den selbst angefertigten Zeichnungen sollten die Studierenden ihre Instagram Stories illustrieren.

Als Studienleistung fertigten die Teilnehmenden jeweils zwei Instagram Stories für den Projektaccount an. In der ersten Story setzten sie sich mit ihrer eigenen Familiengeschichte auseinander, in der zweiten Story reflektierten sie ihre Erfahrungen aus der digitalen Begegnung mit Nachkomm:innen von NS-Verfolgten. Vor dem Veröffentlichen der Studienleistungen erhielten die Studierenden Feedback vom Projektteam. Manchen rieten wir, nicht zu viele persönliche Details zu veröffentlichen. Anderen schlugen wir vor, ihre Aussagen stärker zu pointieren. Wieder andere ermunterten wir, ihre Familiengeschichte – viele Studierende verfügten über eigene oder familiäre Zuwanderungserfahrungen – mehr einzubringen. Dieser Austausch mit den Studierenden zeigte zum einen, welche Seminarinhalte noch unklar waren, zum anderen hat er dazu geführt, im weiteren Projektverlauf die Diversität von Familiengeschichten in Deutschland stärker zu berücksichtigen.

Die Instagram Stories der Studierenden führten dazu, dass regelmäßig Inhalte auf dem Account veröffentlicht wurden. Die vergleichsweise hohe Frequenz zu Projektbeginn konnte allerdings nicht aufrechterhalten werden. Ein Instagram-Account in einem Projekt mit nur drei Teilzeitstellen, bei dreijähriger Laufzeit und der Aufgabe, Workshops durchzuführen und eine Onlineausstellung sowie Bildungsmaterialien zu erstellen, lässt sich nicht nebenbei betreiben. Sporadisch haben wir auf dem Projektaccount jedoch weiterhin Einblicke in die Arbeit des Projekts gegeben, durch bestimmte Hashtags neue Zielgruppen auf das Projekt aufmerksam gemacht und Veranstaltungen beworben.

Mit unserer Interviewpartnerin Julia Gilfert, deren Großvater im Rahmen der NS-»Euthanasie« ermordet wurde, haben wir im November 2020 zum

Abb. 2: Für die Onlineausstellung »#WaswillstDutun?« angefertigtes Porträt von Julia Gilfert. Zeichnung: Paula Mittrowann, Quelle: Stiftung Hamburger Gedenkstätten und Lernorte zur Erinnerung an die Opfer der NS-Verbrechen

ersten Mal Instagram Live[7] für ein öffentliches Gespräch genutzt. Mit der Resonanz von 50 Zuschauer:innen waren wir sehr zufrieden. Wir erreichten so auch Menschen, die die Angebote der KZ-Gedenkstätte Neuengamme zuvor nicht kannten. Erfreulich war, dass die Zuschauer:innen im Verlauf des Gesprächs viele Fragen stellten. Darüber hinaus verzeichneten wir nach der Veranstaltung neue Abonnent:innen. Da es Interessierten ohne Instagram-Account jedoch nicht möglich war, an dem Gespräch mit Julia Gilfert teilzunehmen, wurden alle folgenden Veranstaltungen des Projekts trotz der positiven Resonanz auf Zoom abgehalten.

Begegnungen von Studierenden mit Nachkomm:innen von NS-Verfolgten

Trotz der Orientierung auf eine digitale Plattform sollten im Projekt Menschen auch in Präsenz miteinander ins Gespräch gebracht werden. Recherche und Reflexion der eigenen Familiengeschichte sollten an Seminaren und Workshops teilnehmende junge Menschen darauf vorbereiten, sich mit anderen auszutauschen.

Als besonderer Moment des Seminars an der HCU war eine mehrtägige Begegnung zwischen den Studierenden und Nachkomm:innen von NS-Verfolgten geplant. Doch konnten aufgrund der pandemiebedingten Reisebeschränkungen die Nachkomm:innen aus dem Ausland nicht nach Deutschland reisen und die Studierenden konnten wegen universitärer Schutzmaßnahmen nicht in die KZ-Gedenkstätte Neuengamme kommen. Gleichzeitig war der akademische Kalender so geändert worden, dass die Studierenden in der Woche, die für die mehrtägige Begegnung vorgesehen gewesen war, Pflichtveranstaltungen besuchen mussten. Statt der geplanten Begegnung in Präsenz an vier Tagen fand daher ein dreistündiges Gespräch im digitalen Raum statt.

Nach zwei Monaten digitaler Lehre hatten viele Studierende allerdings Vorbehalte gegenüber Zoom. Viele befürchteten, die räumliche Trennung von den Interviewpartner:innen würde sie hemmen, Englisch zu sprechen, oder dass Gespräche schnell ins Stocken geraten könnten, weil ihnen das Vokabular für die richtigen Nachfragen fehlen würde. Daraufhin wurden mit den Studierenden im Vorfeld Grundlagen der Gesprächsführung herausgearbeitet. Außerdem wurde die Gesamtgruppe – 15 Studierende und 10 Nachkomm:innen von NS-Verfolgten – in sieben Kleingruppen in Form von Breakout Rooms[8] aufgeteilt, um eine vertrautere Atmosphäre zu ermöglichen. Die Moderation der beiden englischsprachigen Begegnungen übernahmen Lehrende.

Doch in den Gesprächen verflogen die anfänglichen Sorgen schnell. Die Studierenden waren gut vorbereitet, und sie waren erleichtert, dass sich keine einseitige Interviewsituation ergab und die Nachkomm:innen von NS-Verfolgten auch ihnen Fragen stellten. Darum waren die Nachkomm:innen im Vorfeld gebeten worden, weil in den Vorgesprächen mit den Studierenden zu spüren war, dass viele unsicher waren, ob ihre Geschichten für die Nachkomm:innen überhaupt interessant sein könnten. Manche der teilnehmenden Studierenden reflektierten während der Gespräche, welche Gemeinsamkeiten sie bei sich und Verwandten sahen. Andere Studierende mit eigener oder familiärer Zuwanderungserfahrung diskutierten gegenwärtige Formen von Diskriminierung und Vorurteile, mit denen sie konfrontiert wurden. Immer wieder gab es auch bewegende Momente, etwa wenn über den gewaltsamen Tod von Verwandten oder über Flucht und Heimatverlust gesprochen wurde. Trotz der Schwere mancher Themen schloss ein Nachkomme ein Gespräch mit den Worten: »Jetzt würde ich gerne ein Eis mit euch essen.«

Vor Beginn der digitalen Begegnung mit den Studierenden und der Aufteilung in Kleingruppen trafen sich die Nachkomm:innen zunächst unter sich im digitalen Raum. Viele kannten sich noch nicht persönlich, kamen aber schnell ins Gespräch. Für diese Begegnung war die vorgesehene Zeit allerdings offenbar zu kurz bemessen. Obwohl sich alle auf das Zusammentreffen mit den Studierenden freuten, war ihre Enttäuschung zu spüren, als sie sich voneinander verabschieden mussten. Wir planten daraufhin eine Begegnung nur für Nachkomm:innen von NS-Verfolgten. Während der zweiten Pandemiewelle bestanden noch Hoffnungen, dass die Bedingungen im Frühjahr 2021 es erlauben würden, dass viele Menschen aus dem In- und Ausland anlässlich der Gedenkfeierlichkeiten zum 76. Jahrestag des Endes des Zweiten Weltkrieges und der Befreiung der Konzentrationslager in die KZ-Gedenkstätte Neuengamme kommen könnten. Dies wäre ein guter Rahmen für eine physische Begegnung zwischen Nachkomm:innen ehemaliger Häftlinge des KZ Neuengamme gewesen. Die Entwicklung der Pandemie erforderte jedoch abermals eine Verlegung in den digitalen Raum, in dem Nachkomm:innen aus Belgien, Deutschland, Frankreich, Kroatien und Spanien daher am 2. Mai 2021 zusammenkamen. Teils waren sie am Projekt #WaswillstDutun? beteiligt, teils hatten sie keinen direkten Bezug zum Projekt.

In der Ankündigung für das digitale Treffen der Nachkomm:innen waren Deutsch und Englisch als Veranstaltungssprache genannt worden. Dolmetscher:innen waren zugeschaltet. Für komplexe Themen wie die Verfolgung von Verwandten und den eigenen Umgang mit der Familiengeschichte reichten bei einigen der Nachkomm:innen die Englischkenntnisse nicht aus – in analogen Settings kann dies schneller und unproblematischer durch Gestik oder das Soufflieren von anderen Teilnehmenden ausgeglichen werden. Doch auch im digitalen Raum wurde eine Lösung gefunden: Teilnehmende Nachkomm:innen dolmetschten spontan über den Hauptaudiokanal, während die professionellen Dolmetscher:innen über die vorgesehenen Kanäle arbeiteten. Es herrschte so immer wieder ein Sprachdurcheinander. Die Stimmung war dadurch zwar heiter, der Gesprächsfokus drohte jedoch verloren zu gehen. Um dies zu vermeiden, waren zwei Positionierungsübungen entwickelt worden. Zunächst wurden die teilnehmenden Nachkomm:innen gebeten, einzuschätzen, wie intensiv sie sich bisher mit ihrer Familiengeschichte auseinandergesetzt hatten. Ihre Antworten – gestuft nach »sehr wenig«, »wenig«, »mittel«, »viel« und »sehr viel« – konnten sie in den Chat schreiben oder mündlich mitteilen. In einem allen zugänglichen Dokument wurde die Verteilung der Antworten visualisiert. Die teilnehmenden Nachkomm:innen konnten ihre Antwort auch erläutern. So entwickelten sie ein besseres Gefühl für die anderen Teilnehmenden.

Bei der zweiten Frage »Wie zufrieden sind Sie mit dem gesamtgesellschaftlichen Umgang mit der Erinnerung an die ehemaligen Häftlinge?« wurde gleichermaßen verfahren. Die Erläuterungen der Nachkomm:innen waren sehr eindrücklich. So waren deutsche Nachkomm:innen erstaunt, dass sich auch in Ländern wie Frankreich, wo der Widerstand gegen die deutsche Besatzung einen wichtigen erinnerungskulturellen Ankerpunkt bildet, Nachkomm:innen ehemaliger politischer Häftlinge nicht ausreichend gesehen fühlen. Am Ende dieser digitalen Begegnung äußerten viele der Nachkomm:innen den Wunsch nach einer weiteren Begegnung.

Diese und weitere digitale Begegnungen zeigten, dass diese Form von

Treffen eine besonders intensive Moderation erfordert. Moderator:innen sollten einen gut strukturierten Ablauf präsentieren und an diesem festhalten. Darüber hinaus sind bei sensiblen Themen wie z.B. Familiengeschichte die Reaktionen, insbesondere die Emotionen, der Teilnehmenden im Blick zu behalten, um unterstützend oder gegebenenfalls deeskalierend wirken zu können. Im Tandem lassen sich diese Aufgaben besser bewerkstelligen.

Digitale Formate haben den Vorteil, Menschen aus verschiedenen Ländern und auch Zeitzonen zusammenzubringen. So nahmen an der geschilderten digitalen Begegnung am 2. Mai 2021 Interessierte aus sieben Ländern teil. Der Wegfall von Reise- und Unterbringungskosten ermöglicht es zudem Menschen mit geringen finanziellen Mitteln oder ohne institutionelle Förderung, an Veranstaltungen teilzunehmen. Ebenso erleichtern digitale Veranstaltungen die Teilnahme von Menschen, die wegen familiärer oder dienstlicher Verpflichtungen ihrem Wohnort nicht lange fernbleiben können. Auch für mobilitätseingeschränkte Menschen ist es angenehmer, keine beschwerliche Anfahrt auf sich nehmen zu müssen – die Altersspanne der Teilnehmenden an der digitalen Begegnung von Nachkomm:innen von NS-Verfolgten reichte entsprechend von Mitte 40 bis Mitte 80. Auch war festzustellen, dass die Hemmschwelle, an einer digitalen Veranstaltung teilzunehmen, viel geringer ist als an einem Treffen in Präsenz, für das weite Wege in Kauf genommen werden müssten. Ungefähr die Hälfte der Teilnehmenden an der ersten Begegnung von Nachkomm:innen im Mai 2021 war zuvor noch nie bei einer Veranstaltung für Nachkomm:innen in der KZ-Gedenkstätte Neuengamme gewesen.

Online durchgeführte Podiumsgespräche

Im Projekt fanden drei öffentliche Veranstaltungen zu den Nachwirkungen von Familiengeschichte mit Podiumsteilnehmer:innen, die unterschiedliche familiäre Bezüge zum Nationalsozialismus und zum Zweiten Weltkrieg haben, statt.

Zur ersten Veranstaltung luden wir anlässlich des 6. Forums »Zukunft der Erinnerung« der KZ-Gedenkstätte Neuengamme[9] im November 2020 drei unserer Interviewpartner:innen zu einem Gespräch über Familiengeschichte und ihre Auswirkungen auf die Gegenwart sowie über die Zukunft der Erinnerungskultur ein. An dem Gespräch beteiligten sich Viviane Anderegger, Enkelin ungarischer Holocaustüberlebender, Jonas Reinhardt, Urenkel eines NSDAP-Mitglieds, und Santiago Gimeno, dessen Urgroßonkel gegen den Franquismus kämpfte und später in ein Außenlager des KZ Neuengamme deportiert wurde. Das analog geplante Podiumsgespräch musste pandemiebedingt ebenfalls auf Zoom verlegt werden. Auch das Vortreffen und das gegenseitige Kennenlernen der Podiumsteilnehmer:innen fand digital statt.

Die zweite Veranstaltung unter dem Titel »There is a bond between us« mit Jennifer Orth-Veillon im Januar 2021 war bereits im digitalen Format geplant worden, da Jennifer Orth-Veillon in Frankreich lebt und die englischsprachige Veranstaltung ein überregionales und internationales Publikum erreichen sollte. Die Abendveranstaltung war mit 43 Zuschauer:innen aus Deutschland, Frankreich, den USA und den Niederlanden gut besucht. In einem zweistündigen Gespräch erzählte Jennifer Orth-Veillon von der Geschichte ihres Großvaters, der als junger Arzt in der US-Armee an der Befreiung des Außenlagers Hannover-Ahlem des KZ Neuengamme beteiligt war und dort eine Freundschaft mit einem niederländischen Überlebenden schloss. Sie sprach auch darüber, auf welche Weise sie die Erlebnisse ihres Großvaters geprägt haben, und über die bis heute anhaltende Freundschaft zwischen beiden Familien.

Die dritte Veranstaltung unter dem Titel »Fragen an mich und meine Familie« im Juni 2021 fand in enger Abstimmung mit den drei Podiumsteilnehmer:innen und den Teilnehmenden des Seminars an der HCU Michael Bratkowski, Sumit Kaur und Katinka Oertzen ebenfalls auf Zoom statt, obwohl eine analoge Veranstaltung bereits wieder hätte durchgeführt werden können – an der Veranstaltung nahmen mit 28 Zuschauer:innen mehr Menschen teil, als dies in Präsenz aufgrund der zu der Zeit geltenden coronabedingten Auflagen möglich gewesen wäre. Dieses Podiumsgespräch wurde von Menschen aus unterschiedlichen Teilen Deutschlands sowie einigen deutschsprachigen Interessierten aus den Niederlanden und den USA besucht. Zwischen den drei Podiumsteilnehmer:innen, die sich im Rahmen des Seminars an der HCU kennengelernt hatten, entspann sich ein intensiver Dialog über die Auswirkungen der eigenen Familiengeschichte auf die Gegenwart und Vorstellungen eines guten gesellschaftlichen Zusammenlebens. Die vielen Chatbeiträge und Fragen zeigten, dass das Publikum dem Gespräch mit großem Interesse gefolgt ist.

Michael Bratkowski, dessen Familie aus Polen nach Deutschland emigrierte, Sumit Kaur, deren Familie aus Indien stammt, und Katinka Oertzen, deren Großvater in der Wehrmacht diente, waren zuvor noch nie analog zusammengetroffen. Ein kontinuierlicher Austausch, mehrere digitale Treffen sowie ein offener, interessierter und wertschätzender Umgang führten dazu, dass zwischen den Podiumsteilnehmer:innen und dem Projektteam schnell eine vertrauensvolle Atmosphäre entstand, die einen tiefgehenden Austausch ermöglichte. Dazu trug auch bei, dass die Podiumsteilnehmer:innen während der Veranstaltung dem moderierendem Projektteam ebenfalls Fragen zu den jeweiligen Familiengeschichten stellten. Zudem konnten Michael Bratkowski, Sumit Kaur und Katinka Oertzen als Interviewpartner:innen für die Onlineausstellung gewonnen werden.

Das Projekt hat gezeigt, dass digitale Veranstaltungen sowohl Inklusions- als auch Ausschließungspotenzial haben. Sie haben auf der einen Seite den Vorteil, in bestimmter Hinsicht barrierefreier zu sein, z.B. für Rollstuhlfahrer:innen. Es entfallen zudem lange An- und Abreisewege, sie sprechen mit ihrer Ortsunabhängigkeit ein überregionales und internationales Publikum an und erreichen breitere und auch jüngere Zielgruppen, als dies bei klassischen Veranstaltungsangeboten von Gedenkstätten vielfach der Fall ist. Auf der anderen Seite zeigen sich Nachteile digitaler Formate. Was für viele zu Anfang der Pandemie eine Möglichkeit war, am sozialen und gesellschaftlichen Leben teilzuhaben, schlug bei manchen aufgrund der Fülle von digitalen Angeboten in ein Übersättigungsgefühl um. Zudem bergen auch digitale Formate Barrieren, denn für Menschen ohne die erforderliche technische Ausstattung und das nötige Know-how sind digitale Veranstaltungsangebote schlechter zugänglich.

Konzepte für Workshops

Im Verlauf des Projekts entwickelten wir familiengeschichtlich ausgerichtete Konzepte für modulare Workshops[10] sowie Übungen, in denen u.a. die für die Onlineausstellung aufbereiteten Ausschnitte aus den Interviews zum Einsatz kommen. Die Module entsprechen dabei den vier Teilen »Familiengeschichten«, »Alles vorbei?«, »Was tust Du?« und »Miteinander sprechen« der Onlineausstellung. Im Sommer 2021 waren die Workshopkonzepte bereit für die Erprobung. Insgesamt führten wir sieben digitale und analoge Erprobungen der modularen Workshops mit Lernenden verschiedener Altersklassen und Leistungsstufen im schulischen und außerschulischen Kontext durch. Die Lernenden hatten unterschiedliche familiäre Bezüge zum Nationalsozialismus und zum Zweiten Weltkrieg. Es zeigte sich, dass aktivierende Methoden, die auf frontale Vorträge der Multiplikator:innen verzichten und Lernende stattdessen ermutigen, sich selbst, ihre Familiengeschichte und ihre Gedanken zu verschiedenen Themen einzubringen, im digitalen wie im analogen Raum funktionieren.

Im Vorfeld der Erprobungen hatten sowohl Lehrende an allgemeinbildenden Schulen als auch Multiplikator:innen der außerschulischen Bildungsarbeit die Sorge formuliert, dass ein Projekt zur Familiengeschichte während der Zeit des Nationalsozialismus und des Zweiten Weltkrieges mit ihren Lernenden nicht funktionieren könnte. Ein großer Teil der Lernenden hätte die Erlebnisgeneration nicht selbst kennengelernt, viele Lernende verfügten zudem über eine eigene oder familiäre Zuwanderungsgeschichte. Diese Fragen hatten wir bereits in den vorigen Projektphasen intensiv diskutiert. Zwei Einstiegsmethoden haben sich dabei für Lernende mit unterschiedlichen familiären Bezügen sowie aus unterschiedlichen Alters- und Leistungsstufen in Präsenz und digital bewährt.

Die Übung »Welcher Schuh passt?« bietet Lernenden eine niedrigschwellige Möglichkeit, zu erfahren, dass jede:r familiär mit der Zeit des Nationalsozialismus und des Zweiten Weltkrieges verbunden ist und dass die Erlebnisse und das Handeln von Verwandten Details der (Alltags-)Geschichte dieser Zeit darstellen. Die Künstlerin Paula Mittrowann hat für diese Übung ein Plakat mit unterschiedlichen Schuhen entworfen. Das Plakat stand den Teilnehmenden von Workshops digital als PDF oder ausgedruckt im Gruppenraum zur Verfügung gestellt. Sie erhielten die Aufgabe, sich zu überlegen, welche Schuhe ihre Verwandten zwischen 1933 und 1945 getragen haben könnten. In Kleingruppen tauschten sie sich über ihre Vermutungen aus. Für viele an den Workshops teilnehmende junge Menschen waren die Großeltern, die damals Kinderschuhe trugen, das Verbindungsglied zu dieser Zeit. Es wurden auch überraschende Geschichten erzählt, z.B. über einen Widerstandskämpfer, der durch den Schnee vor den Nationalsozialist:innen fliehen musste. Manche Workshopteilnehmende, die sich bei der Wahl der Schuhe unsicher waren, kontaktierten ihre Eltern oder Großeltern.

Kreativität bei der Problemlösung zeigten Teilnehmer:innen der Workshops in der Erprobungsphase auch in der Übung »Mein Objekt«. Für die Übung brachten sie einen Gegenstand mit, den sie mit ihrer Familiengeschichte verbanden. Ein Playmobil-Boot stand in einem der Workshops z.B. für

Abb. 3: Plakat für die Übung »Welcher Schuh passt?«.
Grafik: Paula Mittrowann, Quelle: Stiftung Hamburger Gedenkstätten und Lernorte zur Erinnerung an die Opfer der NS-Verbrechen

die generationenübergreifende Leidenschaft für das Paddeln, ein Handy für die gute Kommunikation innerhalb der Familie, eine goldene Miniatur einer religiösen Stätte für den Glauben der Familie. In dieser Übung brachten die Teilnehmenden damit mehr von sich und der eigenen Gegenwart in die Auseinandersetzung mit der Geschichte ein, wodurch es ihnen leichter fiel, ein Verständnis für das Kontinuum Vergangenheit, Gegenwart und Zukunft zu entwickeln. Das funktionierte gleichermaßen gut im analogen Gruppenraum wie am Bildschirm, wo die ausgewählten und mitgebrachten Objekte für die Gruppe allerdings teilweise besser zu erkennen waren.

Da viele Workshopteilnehmende über nur wenige Dokumente zu ihrer Familiengeschichte verfügten, wurden Familienmitglieder und ihre Erzählungen zu einer der wichtigsten Quellen. Fragen zur Familiengeschichte zu stellen, gerade wenn diese bisher nur wenig oder gar nicht thematisiert wurde, ist jedoch nicht immer leicht. In mehrtägigen Workshops lernten die teilnehmenden Studierenden daher Grundlagen der Oral-History-Methode kennen. In einigen der Workshops in der Erprobungsphase führten Teilnehmende

Interviews mit Nachkomm:innen von NS-Verfolgten – die auch in der Onlineausstellung zu sehen sind – und sammelten dabei praktische Erfahrungen mit der Methode. Sowohl in Präsenz als auch im digitalen Interview fragten junge Menschen hier weniger zur Familiengeschichte und zur Auseinandersetzung mit ihr, sondern wollten etwas über die Perspektive ihres Gegenübers auf zeitgeschichtliche Ereignisse wie die deutsch-deutsche Teilung oder den Umgang mit Gegenwartsproblemen, z.B. Rassismus und soziale Ungleichheit, erfahren.

Das Projektergebnis: Die Onlineausstellung und Bildungsmaterialien

Ein Ziel des Projekts war die Erstellung der Onlineausstellung »#WaswillstDu tun?«. Mit ihr sollte eine Plattform geschaffen werden, die an unterschiedlichen Orten pädagogisch genutzt werden kann und einer breiten Zielgruppe zugänglich ist. Die Onlineausstellung richtet sich sowohl an familiengeschichtlich Interessierte als auch an pädagogische Fachkräfte und junge Erwachsene, die an einem familiengeschichtlichen Workshop der KZ-Gedenkstätte Neuengamme oder einer der mit ihr kooperierenden Institutionen teilnehmen.

Im Lauf des Projekts wurde nicht nur das Inhaltskonzept der Onlineausstellung von Geschichten der Nachkomm:innen von NS-Verfolgten zu vielfältigeren Geschichten während des Nationalsozialismus und des Zweiten Weltkrieges geändert, sondern auch eine andere technische Umsetzung gewählt. War für die Ausstellung zunächst die Implementierung etlicher interaktiver Funktionen vorgesehen, wurde der Schwerpunkt später auf die inhaltlich aussagekräftigen Videopassagen gelegt, da die Integration vieler interaktiver Funktionen zu einer Überfrachtung der Website geführt und zu sehr vom Inhalt der Ausstellung abgelenkt hätte.

Die Erfahrungen der ersten digitalen Workshops aus der Erprobungsphase mit jungen Lernenden flossen wiederum in die Erarbeitung der Bildungsmaterialien[11] ein. Die Bildungsmaterialien bestehen aus einem Begleitheft mit allgemeinen Hinweisen zur Arbeit mit dem familienbiografischen Ansatz, detaillierten Methodenbeschreibungen mit didaktischen Hinweisen und Vorschlägen für die digitale Umsetzung von Übungen sowie beispielhaften Ablaufplänen von Workshops mit den zugehörigen Zielen, Inhalten und Methoden. Außerdem enthalten sind Kopiervorlagen für Aufgabenblätter und weitere pädagogische Arbeitsmaterialien. Für die Vorbereitung auf Übungen, die mit der Onlineausstellung arbeiten, gibt es zudem eine Übersicht mit den Biografien aller porträtierten Personen und deren Familiengeschichten sowie eine Sammlung von Kurztexten zu unterschiedlichen historischen Themen. Die Bildungsmaterialien sind frei zugänglich und richten sich an Multiplikator:innen der schulischen wie außerschulischen Bildungsarbeit.

Resümee

Das Multimediaprojekt #WaswillstDu tun? war durch den inhaltlichen Fokus auf Familiengeschichten während der Zeit des Nationalsozialismus und des Zweiten Weltkrieges sowie durch die besonderen Bedingungen in der Coronapandemie geprägt.

Die starke Einbindung von Instagram in den Lernprozess und die Verwendung von interaktiven Elementen in der Onlineausstellung haben sich nicht bewährt. Aktivierende und niedrigschwellige Methoden erwiesen sich dagegen als wirksam, weil sie Lernende unterschiedlichen Alters und mit verschiedenen Bildungsbiografien gleichermaßen ansprechen und motivieren, sich selbst in die Lerngespräche einzubringen. Die Anpassung des Projekts ermöglichte zudem, die besonderen Erfahrungen der Verfolgtenfamilien in der Onlineausstellung sichtbar zu machen, ohne das Trennende zwischen ihnen und Menschen ohne biografischen Bezug zu NS-Verfolgten zu betonen. Entstanden ist ein modulares Bildungsangebot, das sich sowohl in Präsenz im Gruppenraum als auch am Bildschirm nutzen lässt.

Der Austausch mit den Studierenden des Seminars an der HCU hat verdeutlicht, dass der ethnisch-nationale Erinnerungsdiskurs nicht nur Menschen mit eigenen oder familiären Zuwanderungserfahrungen ausschließt, sondern auch dazu führt, dass es ihnen schwerfällt, ihrer Familiengeschichte während dieser Zeit Bedeutung beizumessen.[12] Die Übungen für das Modul »Familiengeschichten« wie z.B. »Welcher Schuh passt?« zielen daher bewusst auf die individuelle Familiengeschichte ab. Erst anschließend wird diese in der Zeit zwischen 1933 bis 1945 verortet. Diese Methode funktioniert sowohl im analogen als auch im digitalen Raum, weil sie neugierig macht, für »Aha«-Momente sorgt und Lernende miteinander ins Gespräch bringt. Gespräche zwischen Menschen mit unterschiedlichen Familiengeschichten führen zu einem besseren Kennenlernen des Gegenübers, regen zur Reflexion an und motivieren, Ideen für ein gutes Zusammenleben zu formulieren.

Sowohl analoge als auch digitale Räume bringen jeweils Vor- und Nachteile mit sich. Während im analogen Raum die nonverbale Kommunikation und der informelle Austausch jenseits des strukturierten Gesprächs eine größere Rolle einnehmen, sind digitale Räume inklusiver, weil sie physische, Zeit- und Finanzressourcen schonen. Anstelle eines Entweder-oder sollten digitale oder analoge Formate daher entsprechend den jeweiligen Zielen ausgewählt oder kombiniert werden.

Anmerkungen

1 Das Seminar fand im Rahmen des als »[Q] Studies« bezeichneten Studium generale zwischen Mai und Juli 2020 statt und richtete sich an Studierende aller Studiengänge.
2 Vgl. #WaswillstDutun?, https://waswillstdutun.de, Zugriff: 3.1.2023.
3 Im Beirat des Projekts waren neben dem Young Committee der Amicale Internationale KZ Neuengamme die Gedenkstätte Feldscheune Isenschnibbe Gardelegen, der Denkort Bunker Valentin, die Gedenkstätte Lager Sandbostel, die Landesarbeitsgemeinschaft Gedenkstätten und Erinnerungsorte in Schleswig-Holstein und die Gedenkstätte in der JVA Wolfenbüttel sowie Soziale Bildung e.V. Rostock, Arbeit und Leben Hamburg, Rom e.V., Köln, und das Marion Dönhoff Gymnasium in Hamburg.
4 Vgl. Rosa Fava: Die Neuausrichtung der Erziehung nach Auschwitz in der Ein-

wanderungsgesellschaft. Eine rassismuskritische Diskursanalyse, Berlin 2015; Astrid Messerschmidt: Geschichtsbewusstsein ohne Identitätsbesetzungen – kritische Gedenkstättenpädagogik in der Migrationsgesellschaft, in: Aus Politik und Zeitgeschichte 66 (2016), Nr. 3-4, S. 16-22; Elke Gryglewski: Erinnerung und Geschichtsbewusstsein in der Migrationsgesellschaft. Eine Momentaufnahme, in: Meron Mendel/Astrid Messerschmidt (Hg.): Fragiler Konsens. Antisemitismuskritische Bildung in der Migrationsgesellschaft, Frankfurt am Main/New York 2017, S. 187-199.
5 Vgl. Anzahl der täglich aktiven Instagram Stories Nutzer weltweit in ausgewählten Monaten von Oktober 2016 bis Januar 2019, https://de.statista.com/statistik/daten/studie/659687/umfrage/taeglich-aktive-nutzer-von-instagram-stories-weltweit, Zugriff: 3.1.2023.
6 Vgl. Rheingold Institut (im Auftrag der Arolsen Archives): Die Gen Z und die NS-Geschichte: hohe Sensibilität und unheimliche Faszination. Qualitative und quantitative Studie, 2022, https://arolsen-archives.org/content/uploads/sites/6/studienergebnisse-gen-z-ns-zeit_arolsen-archives.pdf, Zugriff: 3.1.2023.
7 Instagram Live erlaubt eine Übertragung in Echtzeit. Zuschauer:innen haben die Möglichkeit, Kommentare oder Fragen zu posten, auf die im Laufe des Gesprächs reagiert werden kann. Durch den Splitscreen können mehrere Accounts auch gemeinsam auftreten.
8 In Zoom können sogenannte Breakout Sessions in Kleingruppen abgehalten werden. Dafür werden die Konferenzteilnehmer:innen in separate Sitzungen, die Breakout Rooms, aufgeteilt.
9 Das Forum »Zukunft der Erinnerung« findet seit 2015 jährlich in der KZ-Gedenkstätte Neuengamme statt und bietet Nachkomm:innen von NS-Verfolgten, Nachkomm:innen von NS-Täter:innen, Mitarbeiter:innen von Gedenkstätten und mit ihnen verbundenen Institutionen sowie anderen Interessierten die Möglichkeit zum Austausch über neue Ideen und Projekte für eine nachhaltige Erinnerungskultur.
10 Vgl. Workshops, https://waswillstdutun.de/workshops, Zugriff: 3.1.2023.
11 Vgl. Bildungsmaterialien, https://waswillstdutun.de/bildungsmaterialien, Zugriff: 28.2.2023.
12 Vgl. Thorsten Fehlberg/Swenja Granzow-Rauwald/Natascha Höhn/Oliver von Wrochem: Gedenkstättenarbeit zur Diversität von (Familien-)Narrativen in der postmigrantischen Gesellschaft, in: Marina Chernivsky/Friederike Lorenz-Sinai (Hg.): Die Shoah in Bildung und Erziehung heute. Weitergaben und Wirkungen in Gegenwartsverhältnissen, Opladen/Berlin/Toronto 2022, S. 191-204.

Tobias Ebbrecht-Hartmann

Hashtags, Stories, Videomemes
Die Erinnerung an den Holocaust auf TikTok und Instagram

Soziale Medien und Erinnerung: Geht das zusammen? Ein Blick auf die Ursprünge sozialer Medien, das sogenannte Web 2.0, verdeutlicht, dass es sich ursprünglich um eine stark präsentische Medienumgebung handelte. Die digital verstärkte soziale Interaktion, genauer Praktiken des Teilens, der kommentierenden Kommunikation und der kollektiven Bewertung von Inhalten, fanden und finden vor allem im Hinblick auf die Gegenwart der Nutzer:innen statt – Moden, Trends, aktuelle Nachrichten, Informationen über den eigenen Gemütszustand, Rezepte, Lieblingsmusik, Fotos, die zumeist um die eigene Person herum gestaltet werden und die gestrige Party oder den letzten Urlaub zum Gegenstand haben. Weiter in die Vergangenheit erstreckte sich die Idee sozialer Medien ursprünglich nicht. Der Kommunikationsmodus sozialer Medien war das Zeigen (Präsentieren), ihr zeitlicher Modus die Gegenwart (Präsens).

Auf Newsfeeds, Timelines oder »For You«-Pages kann die Nutzer:innen heute auf TikTok durchaus eine freundliche Createrin anlächeln und über Ereignisse aus der Zeit der Französischen Revolution berichten. Auf Facebook erscheinen Nachrichten von einem jüdischen Jungen aus Polen, der im Holocaust ermordet wurde.[1] Ein Newsfeed auf Twitter kann Informationen über den Dreißigjährigen Krieg enthalten oder Tweets, die in Echtzeit über die Novemberpogrome 1938 berichten. Auf Instagram können Nutzer:innen einem Jungen aus dem heutigen Nigeria begegnen, der von seiner Verschleppung als Sklave berichtet, oder einer Influencerin aus Forchtenberg bei Heilbronn (als solche betitelte der Satiriker Jan Böhmermann die Kunstfigur Sophie Scholl auf Instagram[2]), die sich über Nazistudenten an ihrer Münchener Universität beschwert.

»Geschichte« ist angekommen auf den Plattformen der sozialen Medien und mit ihr Modi des Erinnerns. Dazu trägt bei, dass die Accounts der Nutzer:innen auf sozialen Medien selbst zu Archiven ihres eigenen Lebens angewachsen sind. In regelmäßigen Abständen erinnert sie der Facebook-Algorithmus an Ereignisse aus ihrer Vergangenheit, die den Nutzer:innen wichtig genug gewesen waren, um sie auf ihren Seiten zu teilen, und die sie gegebenenfalls noch einmal, nun als Erinnerung, teilen möchten. Auf TikTok werden ihre Videos zudem gar nicht mehr in chronologischer Reihenfolge gepostet. So kann es geschehen, dass ältere Videomemes[3] gleichberechtigt unter Kreationen jüngeren Datums auf einer »For You«-Page[4] erscheinen. YouTube ist längst zu einer umfassenden Mediathek geworden, die von Filmemacher:innen als Ressource genutzt wird, um, wie z. B. in dem israelischen Dokumentarfilm »#Uploading_Holocaust« aus dem Jahr 2016[5], Egodokumente von Nutzer:innen, sogenannten User-generated-Content, in aktuellen Produktionen wiederzuverwenden.[6]

Was die Präsentation von Geschichte und die Praktiken des Erinnerns auf den

Plattformen der sozialen Medien allerdings beibehalten haben, ist der Modus des Präsens. Die Vergangenheit wird zu einem Teil der Gegenwart, indem sie Bestandteil eines technologisch und kuratorisch generierten Gefüges wird. Die aus der Vergangenheit wieder auftauchenden digitalen Fragmente und die in die Geschichte eintauchenden Erinnerungssegmente auf den Plattformen der sozialen Medien zeigen hier Aspekte des von Walter Benjamin beschriebenen »dialektischen Bildes«, »worin das Gewesene mit dem Jetzt blitzhaft zu einer Konstellation zusammentritt«.[7] Allerdings gibt es neben dem Aspekt des Präsentischen noch weitere Elemente der durch soziale Medien konstituierten Ästhetik, die mit den Grundzügen medialer Geschichtsschreibung korrespondieren und in besonderer Weise auf die viel diskutierten Herausforderungen einer Ästhetik nach Auschwitz bezogen werden können.

Dies gilt insbesondere für jene Plattformen und Medienumgebungen, die vor allem mit Bildern operieren und auf visueller Kommunikation basieren. Im Folgenden werde ich mich daher auf TikTok und Instagram und auf die dort vorherrschenden Text-Bild-Kompositionen und Videomemes als Formen der Erinnerung in sozialen Netzwerken konzentrieren. Neben dem Modus des Präsentischen, der die Erinnerungsbilder und Geschichtsvideos in ein relationales Geflecht von gegenwarts- und oft selbstbezogenen Alltagsdokumentationen einbettet, sind für das Erinnern auf sozialen Medien mehrere mediale Eigenschaften typisch: der Segmentcharakter von Postings, die immer fragmentarisch, unabgeschlossen und an andere Posts anschlussfähig sind, Hashtags als Form der Kombination solcher Segmente, die zur Herstellung von virtuellen Erinnerungsräumen führen kann, die multimodale Struktur von Bild-Text-Kompositionen, »imagetexts« im Sinne W.J.T. Mitchells,[8] unter die ich auch Internetmemes fasse, und die Vielschichtigkeit von Videomemes, in denen einander überlagernde Bilder, Texte, Töne, Sprache, Musik und Effekte Formen der multimodalen Adressierung ermöglichen, also einer Ansprache mehrerer Sinne auf unterschiedlichen Ebenen (Modalitäten) und mit unterschiedlichen medialen Formen.[9]

Verbreitet ist eine Sichtweise auf soziale Medien als Foren narzisstischer Selbstschau und oberflächlicher Unterhaltung, doch erschließen sich der Wert und noch mehr das Potenzial der Soziale-Medien-Kommunikation über Geschichte und Erinnerung, wenn deren Ästhetik und Adressierungsformen von einer medienhistoriografisch informierten Perspektive aus neu betrachtet und einer Revision unterzogen werden.

Mediale Historiografie sozialer Medien

Bevor ich mich konkreten Beispielen zuwende, möchte ich zunächst einige für meinen Ansatz zentrale theoretische Annahmen umreißen. Dabei frage ich nach Affinitäten zwischen der Funktionsweise sozialer Medien auf der einen sowie der Geschichte und der Erinnerung auf der anderen Seite: Wie verhalten sich Ästhetiken und Praktiken sozialer Medien zu Formen der Geschichtsschreibung, die immer bereits medial vermittelt sind? Die Eigenschaften solcher Verfahren medialer Historiografie charakterisiert Lorenz Engell: »Jedes Medium besitzt eine eigene Epistemologie, eigene Selektionskriterien und eigene Temporalstrukturen. [...] Der Beitrag der Medien zur Geschichtsschreibung ist also nicht nachträglich, sondern konstitutiv.«[10]

Walter Benjamin schreibt in seinem »Passagen-Werk«: »Daß der Gegenstand der Geschichte aus dem Kontinuum des Geschichtsverlaufes herausgesprengt werde, das wird von seiner monadologischen Struktur gefordert.«[11] Er betont damit die segmentartige Struktur von Geschichte, die nicht einem bestimmten Verlauf oder einer ihr äußerlichen Kontinuität folge, sondern in eben dieser »Aufsprengung der historischen Kontinuität«[12] erst konstituiert werde. Diesem Prozess folge eine Operation der Re-Konstruktion, des Wieder-in-Beziehung-Setzens, dahin gehend, »den Gegenstand ins Kontinuum wieder einzubetten, das sich in der Einfühlung neu erschuf«.[13] Der Darstellungsmodus von sozialen Medien folgt zwar weiterhin der Idee des Flows, also einer mit der Metapher eines fließenden Stroms zu fassenden Aneinanderreihung von digitalem Content, doch fungieren anders als im linearen Medium des Fernsehens heute sowohl Nutzer:innen als auch die Technologie selbst als »Kurator:innen« dieser Inhalte. Diese existieren also gleichzeitig als ein Kontinuum, in der Sprache digitaler Medien besser gefasst als »Netzwerk«, und, in den Worten Benjamins, als »Monaden«, einzelne Segmente, die jederzeit aus dem Kontinuum herausgelöst, geteilt, neu verbunden und wiederverwendet werden können.[14] Dies entspricht durchaus Benjamins berühmter Annahme: »Geschichte zerfällt in Bilder, nicht in Geschichten.«[15]

Eine auf das Wechselspiel von Kontinuität und Diskontinuität ausgerichtete Geschichtsschreibung korrespondiert hier in einigen Grundzügen mit dem Modus oder besser gesagt mit der Praxis der Kommunikation in sozialen Medien. Dies bezieht die besondere Bedeutung des Zufalls sowie die schockartige Wiederkehr von etwas längst Vergessenem ein. Anders als im Film, der ebenfalls durch das Potenzial der Präsentmachung von Vergangenem charakterisiert ist, und der Programmstruktur des Fernsehens treten bei sozialen Medien die Struktur des Netzwerks und das Moment der Partizipation bis hin zur Co-Kreation hinzu. Auch Erinnerungsgefüge begründen Netzwerke oder, wie Andrew Hoskins betont, eine »connective memory«[16]. Solche Erinnerungsgefüge umfassen ihm zufolge Erinnerungsakteure, Orte und Medien, die »memory ecologies« – organische Erinnerungslandschaften – erzeugen.[17] Als solche können soziale Medien fungieren.

Partizipative Zeugenschaft

Das bereits angesprochene Element der Partizipation führt zu einem grundlegend veränderten Verhältnis von Produzent:innen und Konsument:innen, das Susan Hogervorst unter dem Begriff der »era of the user«[18], des Zeitalters der Nutzer:innen, zusammengefasst hat. Der Begriff »user« vereint die passiven und die aktiven Nutzer:innen, diejenigen, die geteilte Inhalte betrachten, und diejenigen, die sie selbst teilen bzw. neue Inhalte erstellen und damit ebenfalls zu »creators« oder eben Produzent:innen werden. Vergessen werden darf bei dieser Neubetrachtung nicht, dass selbst die passiven Nutzer:innen durch ihr Nutzungsverhalten, das vom Algorithmus der Plattform genau registriert wird und dann die zukünftige Kuratierung von Inhalten mitbestimmt, ebenfalls zu Co-Produzent:innen werden.

Hogervorst hat diese veränderte Konstellation direkt auf den Umgang mit der Geschichte und der Erinnerung an den Holocaust bezogen. Sie nimmt besonders die Praxis der Zeugenschaft in den Blick. Ihr Begriff vom Zeitalter der Nutzer:innen reagiert direkt auf den von der Historikerin Annette Wieviorka geprägten Begriff des Zeitalters der Zeugenschaft, das u. a. mit dem Eichmann-Prozess 1961 in Jerusalem eingesetzt habe und mit der »Geburt der Zeitzeug:innen« und deren medialer Vormachtstellung als Autorität über die Deutung der Erinnerungen an den Holocaust einhergehe.[19] Mit dieser besonderen Rolle der Zeug:innen wurde jedoch nicht nur die mediale Dimension der Zeugenschaft, sondern auch die Zeugnisfunktion der Medien in immer stärkerem Maße bewusst. Dies haben die Medientheoretiker Paul Frosh und Amit Pinchevski mit dem Begriff des »media witnessing« zu fassen versucht, also einer Zeugenschaft in, durch und mit Medien.[20] Die Kommunikation auf sozialen Medien, vor allem die visuelle Kommunikation, ist stark durch solche Formen der medialen Zeugenschaft geprägt. Dies zeigt sich einerseits im bewussten Einsatz von auf mobilen Endgeräten aufgenommenen digitalen Videos zur Dokumentation von Kriegsverbrechen, z. B. während des syrischen Bürgerkrieges oder in der Ukraine. Mediale Zeugenschaft charakterisiert aber ebenso scheinbar banale Situationen, deren bildliche Dokumentationen auf sozialen Medien geteilt werden, z. B. das kontrovers diskutierte Format des Selfies. Diese Form der Selbstdokumentation, der die Selbstinszenierung inhärent ist, ist zugleich an potenzielle Zuschauer:innen gerichtet, die dieses Selbst bezeugen sollen.[21] Allerdings ist auch dort, wo das Selbst im Zentrum der Aufnahme steht, noch eine weitere Geste der Zeugenschaft enthalten, nämlich die Aussage: »Ich war hier.« Dies ist insbesondere dort virulent, wo das Selfie auf die Selbsterfahrung an und mit bestimmten Orten und Situationen stößt, etwa beim Besuch von Gedenkstätten.[22] Hier findet eine Form des »self-witnessing«[23] im Selfiemodus statt, durch die die Erinnerung an diesen Ort in die eigene Medienexistenz eingeschrieben und die Präsenz an diesem Ort mit anderen geteilt werden soll, um Bestandteil der eigenen Medienbiografie zu werden.

Dabei verwischen die Rollen der Zuschauer:innen und der Handelnden, die Hannah Arendt in ihrer politischen Theorie des Denkens und des Urteilens noch strikt trennte: »Historisch ist diese Distanzierung vom Handeln die älteste Bedingung, die man für das Leben des Geistes aufgestellt hat. In ihrer ursprünglichen Form beruhte sie auf der Entdeckung, daß nur der *Zuschauer* und nie der Schauspieler wissen und verstehen kann, was sich als Schauspiel darbietet.«[24] Die Metapher des (Schau-)Spiels ist aufschlussreich, verbindet sie doch das Politische mit dem Bereich der Ästhetik und der Kunst. Des Weiteren beinhaltet diese an Kant angelehnte Theorie des Urteilens nicht zufällig spielerische Elemente, von denen sich bei Arendt das urteilende Subjekt zurückzieht, um einen »Standpunkt außerhalb des Spiels«[25] einzunehmen und doch als Zuschauer:in auf dieses bezogen zu bleiben. Nur so, unter den Bedingungen der »Nicht-Teilnahme«, so Arendt in ihren Vorlesungen über das Urteilen, wäre es möglich, den Sinn des Spiels zu begreifen, also zu einem Urteil zu kommen.[26]

Im Hinblick auf soziale Medien im Zeitalter der Nutzer:innen verschiebt sich dieses klar getrennte Gefüge zwischen Zuschauer:innen und Handelnden. In einem von Partizipation und Co-Kreation geprägten Feld sozialer und kreativer Interaktion können die Positionen zwischen Zuschauer:in, Creator:in und Schauspieler:in permanent wechseln und changieren. Dieses Phänomen sah bereits Walter Benjamin: »Der Lesende ist dort jederzeit bereit, ein Schreibender, nämlich ein Beschreibender oder auch ein Vorschreibender zu werden.«[27] Zwar bleiben die damit verbundenen Vermögen, wie sie Arendt beschreibt, intakt, doch die Subjektposition erweitert sich. So bietet sich Arendts »Welt-Zuschauer«[28] im Hinblick auf Geschichte und Erinnerung in sozialen Medien die Möglichkeit, einerseits »das Ganze, das den Einzelheiten den Sinn gibt«[29], zu sehen, wenn die durch Hashtags, Links und Kommentare verbundenen Netzwerke einzelner Segmente in den Blick genommen werden, und andererseits dieses Netz an Relationen gleichzeitig weiter aufzufüllen, um dadurch den Blick auf »das Ganze« der Geschichte zu erweitern (oder aber einzuengen, indem sie durch diese Praktiken des Herstellens und Anfügens als letztlich unabgeschlossen markiert wird).

Dies lässt sich an einem zu beobachtenden Trend auf TikTok illustrieren. Seit Anfang 2021 haben mit Lily Ebert, Gidon Lev und Tova Friedman mehrere Holocaust-Überlebende die Plattform entdeckt und produzieren regelmäßig zusammen mit ihren Partnerinnen oder Enkelkindern TikTok-Videos, in denen sie von ihren Erfahrungen berichten. Jedes dieser Videos ist zwischen 30 Sekunden und 3 Minuten lang. Auf solch knappem Raum werden persönliche, komplexe und oft ambivalente Erfahrungen behandelt. Dies geschieht einerseits in einem Modus der direkten Ansprache. Die Praxis der Zeugenschaft wird damit von den Zeug:innen zu den Zuschauer:innen verlängert, die zu »Zeug:innen der Zeug:innen« werden. Durch den Algorithmus von TikTok, der nicht primär an bestehenden Sozialstrukturen wie Freund:innen und Follower:innen orientiert ist, sondern die Interessen und das Nutzungsverhalten sowie die Formensprache der Videomemes berücksichtigt, bezieht dies eine unbestimmte Zahl von potenziellen sekundären Zeug:innen mit ein. Andererseits wachsen die Accounts der Holocaust-Überlebenden zu einer neuen Form von Archiv. Es bündelt die einzelnen Segmente zu einem virtuellen Zeugnis, das – zumindest solange die Überlebenden Zeugnis ablegen können – unabgeschlossen bleibt.

Dieses Archiv folgt keinem bestimmten Aufbauprinzip, z.B. dem des chronologisch erzählten biografischen Interviews. Es sind vielmehr die als Nutzer:innen zu Co-Produzent:innen werdenden Zuschauer:innen, die das palimpsestartige Anwachsen des virtuellen TikTok-Zeugnisses beschleunigen. Durch ihre Kommentare und Fragen ermöglichen die Zusehenden die Herstellung neuer TikTok-Videos, die damit wiederum neue Relationen zwischen den Zeug:innen und den Zuschauer:innen begründen, die so zu einer Zeugnisgemeinschaft werden, die gemeinsam das TikTok-Zeugnis erschafft. Schließlich fügen die einzelnen Nutzer:innen als Produzent:innen wiederum selbst Segmente zu diesem TikTok-Zeugnis hinzu, indem sie Videos der Überlebenden duetten, d.h. sich selbst dabei filmen, wie sie als Zuhörer:innen und damit als Teil einer Erinnerungsgemeinschaft auf deren Posts reagieren.

Relationale Erinnerungen

Relationen sind ein Kernelement der Ästhetiken und Praktiken auf sozialen Medien. Letztlich geht es immer darum, bestehende Beziehungen zu realisieren und neue zu knüpfen. Deshalb bezieht sich der Begriff des »Sozialen« nicht ausschließlich auf die durch eine technologische Prothese erweiterten Beziehungen zwischen menschlichen Akteur:innen durch Onlinepraktiken, sondern gleichermaßen auf die Beziehungen zwischen Technologie und menschlicher Kreativität sowie auf die Beziehungen und Verknüpfungen zwischen digitaler Welt und Lebenswelt und die zwischen digitalen Objekten, Spuren und Zeichen. Diese Relationalität charakterisiert auch die Formensprache auf den Plattformen der sozialen Medien. Dies umfasst z. B. das bereits angesprochene Konzept des Bild-Textes von Mitchell, das eine für soziale Medien typische Ästhetik beschreibt, die im Hinblick auf Erinnerung als Memifizierung bezeichnet werden könnte. Es handelt sich dabei um Text-Bild-Kompositionen, in denen sich die beiden Modalitäten gegenseitig ergänzen. Mitchell beschreibt sie als »composite, synthetic works (or concepts) that combine image and text«.[30] Dies können Fotografien und andere Bilder mit beigefügten Bildunterschriften und schriftlichen Erklärungen sein, Comics oder Graphic Novels, aber auch Text-Bild-Kompositionen und die Überlagerung von Bildern mit Textelementen. Es handelt sich im Sinne Mitchells um »mixed media«[31] und verdeutlicht, dass Bedeutung immer relational ist.

Sowohl die Verwendung von Bildern und Videosequenzen auf Instagram als auch die kurzen Videos auf TikTok sind in den meisten Fällen – auch für die Geschichte und Erinnerung des Holocaust – solche relationalen und multimodalen Bild-Texte. Fotos auf Instagram können mit einer erklärenden Bildunterschrift versehen werden, die neben Hashtags kontextualisierende, kontrastierende oder weiterführende Informationen zu dem im Bild Dargestellten enthält, z. B. zu einem historischen Objekt oder Ort. Mithilfe der Swipe-Technik, des Wischens über das Display eines Touchscreens, lassen sich mehrere Elemente miteinander in Beziehung setzen, um einen historischen Sachverhalt zu erzählen. Solche Elemente können Bilder, Texttafeln oder Text-Bild-Kompositionen sein. Auf dieser Praxis basieren z. B. zahlreiche Posts auf dem Instagram-Account »nichtsophiescholl«[32]. Dieser Account entstand als kritische Reaktion auf das kontrovers aufgenommene vom Südwestrundfunk (SWR) produzierte Instagram-Projekt »ichbinsophiescholl«[33]. Der Account »nichtsophiescholl« bezieht sich auf die Lücken und Auslassungen in der fiktionalisierten Social-Media-Biografie »ichbinsophiescholl« und nimmt notwendige historische Kontextualisierungen vor. Ein Grundprinzip dieser für Instagram aufbereiteten Informationen sind Swipe-Shows. So postet »nichtsophiescholl« einen Beitrag, der sich auf die Rede des Münchener Gauleiters Paul Giesler im Januar 1943 bezieht, die ohne weitere historische Kontextualisierung ebenfalls in einem Videopost von »ichbinsophiescholl« als Referenz erwähnt wird. »nichtsophiescholl« berichtet von dem Ereignis in einer Serie von Bildern, die Informationstext und historische Quellen kombinieren und damit den in dem Videopost fehlenden historischen Hintergrund vermitteln. Die Nutzer:innen können mit dem Finger über den Touchscreen wischen und so zum nächsten Bild-Text gelangen. Dort ist ein Ausschnitt aus einem Zeitzeug:innen-Interview zu lesen. Fotos, Zitate, Text und Quellen verbinden sich auf diese Weise zu einer Form des digitalen Storytellings, an dem die Nutzer:innen aktiv teilnehmen und durch das es auf einfache Weise möglich ist, komplexe historische Sachverhalte zu vermitteln und Leerstellen in den Videos auf dem offiziellen Account von »ichbinsophiescholl« zu füllen.

Auch Instagram Stories und Instagram Reels[34] ermöglichen die Kombination und Überlagerung von Fotos, Videosequenzen, anderen visuellen Elementen und kurzen Texten. Auf TikTok wird dies zum Kern einer multimodalen Adressierung, in der Textelemente das gesprochene Wort verstärken, ergänzen oder kontrastieren und in der mittels Greenscreen-Technik mehrere Bild- und Textebenen miteinander interagieren können. So präsentiert z.B. die Creatorin eines TikTok-Videos vom 24. Januar 2022 über die Situation im Konzentrationslager Mauthausen in den Monaten vor der Befreiung ein historisches Foto von »Todesmärschen« und arbeitet mit verschiedenen Karten und Schaubildern, die ihr Video teilweise überlagern.[35] Texttafeln betonen besondere Aspekte ihrer Beschreibung. Es entsteht so eine multimodale Darstellungs- und Adressierungsform, die es erlaubt, auch komplexere historische Ereignisse zu vermitteln.

Segmentierte Geschichtserzählungen

Bezogen auf den Holocaust steht die Auseinandersetzung mit Geschichte und Praktiken des Erinnerns auf Instagram und TikTok vor zwei Herausforderungen. Zum einen ist dies die Einsicht, dass sich der Massenmord an den europäischen Juden einer letztgültigen Darstellung entzieht, also gleichsam die Grenzen des Repräsentierbaren markiert.[36] Gleichzeitig gibt es jedoch eine Fülle von Darstellungsversuchen, was verdeutlicht, dass diese Grenzziehung kein Darstellungsverbot, sondern gewissermaßen ein Darstellungsgebot ist, nämlich in der Form und Ästhetik der Darstellung die Spezifik des Ereignisses zu reflektieren. Zugleich zeigt dies, dass diesem Gebot die Aufforderung inhärent ist, immer wieder zu versuchen, auch mit den Mitteln künstlerischen Ausdrucks zum weiteren Verstehen beizutragen, da sonst die Stimme der Opfer verstummen und die Erinnerung verblassen würde.[37] Zum anderen steht der Umgang mit dem Holocaust auf sozialen Medien vor einer politischen Herausforderung. Aufgrund der mit dem interaktiven und partizipativen Charakter dieser Medienumgebungen verbundenen Gefahr der Verfälschung, Leugnung und Relativierung der historischen Verbrechen gab es lange Zeit gerade bei Institutionen eine starke Zurückhaltung, Potenziale sozialer Medien zu nutzen. Es dominierte, was Stefania Manca als »broadcast mode«[38] beschreibt, also soziale Medien wie Facebook oder Instagram als vergrößerten Ausstellungsraum und erweitertes Forum zur Präsentation der eigenen Sammlung zu begreifen.

Erinnerung in sozialen Medien ist aber ein aktiver Prozess der Teilhabe, der auf dem Changieren zwischen Zuschauer:in und Produzent:in, Zuhörer:in und Zeug:in basiert. Dabei liegt eine Stärke der historiografischen Erzählweise sozialer Medien gerade in ihrem bruchstückhaften Charakter.

Dieser korrespondiert einerseits mit der Segmentstruktur digitaler Plattformen, z.B. den sehr kurzen Formaten, andererseits entspricht diese Segmentierung dem, was in der Historiografie der Shoah schon lange betont wird: Dass es eigentlich nicht möglich ist, die Geschichte eines solchen Ereignisses, das zu Recht mit dem Begriff des Zivilisationsbruchs beschrieben worden ist, in Form einer abgeschlossenen Erzählung zu behandeln. Die segmentierte Erzählweise der sozialen Medien kann den epistemologischen Implikationen der Shoah also unter Umständen viel näher kommen, wenn sie dazu beiträgt, Bruchstück und virtuelles Ganzes in einem permanenten Wechselspiel zu sehen, das aktive Formen des In-Verbindung-Setzens anregt. Das Segment als Erzählelement verdeutlicht sowohl die Unvollständigkeit und Unabgeschlossenheit des Bruchstücks als auch dessen Potenzial als Spur und Teilstück eines mosaikhaft strukturierten virtuellen Erinnerungsraums. Das gilt für die ausgestellten »Bruchstücke« aus Opferbiografien, die Gedenkstätten wie Yad Vashem auf ihren Instagram-Accounts teilen, ebenso wie für die historischen Orte, die so zu Kontaktzonen zwischen Vergangenheit und Gegenwart werden.

Die Segmentierung charakterisiert auch neue digitale Erzählweisen von Geschichte in den sozialen Medien. Eine solche segmentierte, aus Bruchstücken zusammengesetzte Erzählweise kann z.B. in einem Erzählformat beobachtet werden, das zuerst 2019 in dem israelischen Erinnerungsprojekt »eva.stories« zur Anwendung kam. Während des israelischen Yom Hashoah, des nationalen Tages zur Erinnerung an die Opfer und Überlebenden des Holocaust, zeigte der Instagram-Stories-Account »eva.stories«[39] kurze Clips aus dem Leben der 13-jährigen Eva Heyman, die aus ihrer Heimatstadt Nagyvárad in Ungarn nach Auschwitz deportiert worden war. Auf der Grundlage ihres Tagebuchs hatten Mati Kochavi und seine Tochter Maya Kochavi die Erinnerungen des Mädchens im Stil einer Social-Media-Story verfilmt und entsprechend aufbereitet. Aus der Perspektive von Eva Heyman gefilmte Selfievideos wechselten sich mit Point-of-View-(PoV-)Einstellungen ab, in denen sie ihr Leben und die sich langsam steigernde Ausgrenzung und Verfolgung beschreibt. Hinzu kommen typische Social-Media-Elemente wie Emojis, bestimmte Techniken wie Loops, auf die Videos und Fotos montierte Schrift, Geo-Location-Tags und Hashtags. Die Nutzer:innen begegneten der Instagram-Person dabei als Zeugin, die direkt mit den Follower:innen über ihre Erfahrungen kommunizierte und auf diese Weise zu einer aktiven Auseinandersetzung aufforderte, die insbesondere durch plattformübergreifende Aktivitäten wie Teilen und Kommentieren geführt wurde.[40] Damit griff das Projekt ein Element auf, das für eine Plattform wie Instagram bzw. Instagram Stories bereits charakteristisch war – mithilfe sozialer Medien Zeugnis abzulegen und Ereignisse zu dokumentieren. Gleichzeitig entsprach dieses Element einem Kerngedanken des Lernens und Lehrens über den Holocaust – der Vermittlung von traumatischen Ereignissen über persönliche Erfahrungen und Geschichten und mithilfe der Stimmen von Zeug:innen. Schließlich wurden die Nutzer:innen selbst zu Zeug:innen der Zeug:innen. Dies zeigte sich wiederum darin, dass Inhalte aus den »eva.stories« auf Instagram und anderen Plattformen geteilt und kommentiert wurden. Zentral für das Projekt war jedoch, dass die Interaktion und Kommunikation mit der Instagram-Persona Eva eingeschränkt war. Anders als z.B. Sophie Scholl in dem späteren Instagram-Projekt »ichbinsophiescholl« des SWR blieb die Kommunikation auf dem Account »eva.stories« einseitig.

Hashtag-Erinnerung

Hashtags bieten die Möglichkeit, aktiv Bezüge zwischen Posts und damit Beziehungen zwischen Nutzer:innen und Produzent:innen herzustellen. Sie dienen der Annotation von Inhalten und damit ihrer Identifikation im Sinne eines Archivs oder einer Onlinesammlung sowie der Herstellung einer virtuellen Erinnerungsgemeinschaft.[41] Letzteres war z.B. bei einer Initiative der israelischen Gedenkstätte Yad Vashem der Fall. Zum Yom Hashoah 2020, mitten in der ersten Welle der Coronapandemie, forderte die Gedenkstätte ihre Follower:innen auf Instagram und Facebook auf, kurze Videos von sich zu posten, in denen sie an im Holocaust ermordete Menschen erinnern. Durch die beigefügten Hashtags #RememberingFromHome und #ShoahNames entstand so eine virtuelle Namenlesung. Einem ähnlichen Prinzip folgte 2022 die Initiative #OneMinuteSilence auf TikTok. Institutionelle und individuelle TikTok-Creator:innen waren aufgerufen, ein Video des israelischen Holocaust-Überlebenden Gidon Lev zu duetten und gemeinsam über den Tag verteilt eine virtuelle Schweigeminute zum geteilten Sound der am Holocaustgedenktag in Israel landesweit zu hörenden Sirenen zu realisieren. Der Hashtag und das Duett ermöglichen eine Vernetzung der verschiedenen Beteiligten. Gleichzeitig wurde das spezifische Erinnerungsritual, der Ton der Sirenen um 10.00 Uhr in Israel, geografisch und temporal in einen virtuellen Erinnerungsraum hinein erweitert.

Auf diese Weise wurden und werden soziale Medien plattformübergreifend zu Erinnerungslandschaften, die nicht nur durch die darin aktiven Institutionen und Akteur:innen, sondern auch durch digitale mnemonische Hilfsmittel wie Hashtags verbunden sind. Hashtags konstituieren auch virtuelle Formen kollektiver und kollaborativer Erinnerung und schaffen damit einen vernetzten Raum, in dem verschiedene Erinnerungsaktivitäten in einen Dialog treten und sich im besten Fall gegenseitig Sichtbarkeit verschaffen.

Hashtags können außerdem helfen, die Auseinandersetzung mit dem Holocaust in Form von TikTok-Videos mit erfolgreichen Trends und Formaten auf der Plattform zu verbinden. Ein Beispiel hierfür ist ein sogenanntes BookTok-Video auf dem Account der Gedenkstätte Bergen-Belsen vom 7. März 2022.[42] Darin stellt eine Mitarbeiterin der Gedenkstätte Tagebücher vor, die von Häftlingen im Lager geschrieben wurden. Das kurze Video beginnt in einer Bibliothek. Ausgangspunkt ist das (nicht im KZ Bergen Belsen geschriebene) »Tagebuch der Anne Frank«. Das TikTok-Video setzt hier auf die Bekanntheit dieses Buches, um Sichtbarkeit für weniger bekannte historische Dokumente zu schaffen. Typische TikTok-Elemente wie Texttafeln, Grafiken (ein Stapel Bücher) und Pfeile augmentieren die Einstellung, bevor das Video zur charakteristischen Ästhetik von BookTok-Videos – Großaufnahmen von Buchcovern, die durch begleitende Texttafeln kurz erläutert werden – übergeht.

Der unter dem Video verlinkte Hashtag #booktok hatte bis Januar 2023 mehr als 100 Milliarden Aufrufe. Sarah

Jerasa und Trevor Boffone beschreiben BookTok als eine »sub-community« auf TikTok, die sich überwiegend aus Leser:innen und Liebhaber:innen von Büchern zusammensetzt.[43] In BookTok-Videos berichten Nutzer:innen über ihre Lieblingsbücher und empfehlen bestimmte Titel. Das BookTok-Video der Gedenkstätte Bergen-Belsen knüpft an diesen Trend an und verbindet ihn mit einem spezifischen Ort und einem spezifischen geschichtlichen Ereignis. So wird der Holocaust Teil verschiedener virtueller Lebenswelten auf der Plattform.

Memifizierung von Geschichtsvermittlung

Digitale Videos eröffnen insbesondere die Möglichkeit, historische Orte und Geschichten »transportabel« zu machen. Es ist relativ einfach, z.B. eine Gedenkstätte mit einem mobilen Gerät zu erkunden und diesen Besuch aufzuzeichnen. Die Kamera fungiert hier wie die Erweiterung des eigenen Sehsinns. Folglich nehmen solche Videos oft historische Spuren in den Blick und folgen damit einer Suchbewegung. Durch den Schnitt und die damit verbundenen Möglichkeiten, verschiedene Einstellungen und Materialien miteinander in Beziehung zu setzen, ist es zugleich möglich, die Orte selbst zu erweitern, sei es, indem durch die Verwendung historischer Fotografien oder Filmaufnahmen eine zeitliche Ausweitung vorgenommen und eine Art Co-Präsenz von Gegenwart und Vergangenheit evoziert wird, sei es, indem mithilfe von Übersichtskarten oder Luftaufnahmen andere Perspektiven ergänzt werden. Hinzu kommt die Verwendung von Ton. Durch die direkte Ansprache der Zuschauer:innen entsteht in solchen Internetvideos eine Form der Aktivierung. Die Nutzer:innen werden so in den Prozess der Erinnerungsarbeit involviert, was sich in responsiven und partizipativen Formen wie Liken, Kommentieren oder Teilen äußern kann. Die Verwendung von Ton kann aber auch Multiperspektivität erzeugen, die sich in Vielstimmigkeit ausdrückt, insbesondere wenn die Stimmen von Überlebenden der nationalsozialistischen Verbrechen integriert werden. Auf TikTok und Instagram kommen noch Textelemente hinzu, die als Bild-Texte eine multimodale Adressierung ermöglichen und sich zur Markierung, Unterstreichung und Kommentierung der kommunizierten Eindrücke und Erfahrungen nutzen lassen.

Mit diesen Mitteln bilden digitale Videos einen virtuellen Erinnerungsraum, der den realen Raum erweitert. Dies erfolgt z.B. mit den Videos, die die KZ-Gedenkstätte Neuengamme auf ihrem TikTok-Account teilt. Die in die TikTok-App integrierten Features und Effekte bieten erweiterte Möglichkeiten der Erschließung historischer Orte und ihrer kommunikativen Vernetzung. Die auf der Plattform dominante Point-of-View-Perspektive ermöglicht es, subjektive Ortserkundungen mit anderen zu teilen und die historischen Orte so im virtuellen Raum erfahrbar zu machen. Die für die Plattform typische Loopfunktion, die die kurzen Videos nach dem Abspielen ohne Unterbrechung so lange wiederholt, bis sie von den Nutzer:innen weggewischt werden, kann den virtuellen Besuch des Ortes sogar noch intensivieren. Ein Beispiel ist eines der ersten TikTok-Videos dieses Accounts[44]. Daniel, ein in der Gedenkstätte aktiver Freiwilliger, begrüßt die Nutzer:innen am historischen Lagertor und betritt mit ihnen zusammen die Gedenkstätte. Die Kamera dreht sich dabei leicht um ihn herum und nimmt das Gelände in den Blick. Ein für soziale Netzwerke typischer Geomarker identifiziert den historischen Ort. In den darauf folgenden Einstellungen stellt Daniel sich und den neuen TikTok-Account der KZ-Gedenkstätte Neuengamme vor und verweist dann wiederum auf seine eigene Begegnung mit dem historischen Ort, an die nahtlos der Anfang des im Loop wiederholten Videos anschließt.

Weitere TikTok-Videos aus der KZ-Gedenkstätte Neuengamme nutzen die Möglichkeiten der Greenscreen-Technik zur räumlichen Erweiterung. In den Videos »3 reasons you DON'T know Neuengamme«[45] und »3 reasons why you SHOULD know Neuengamme«[46] gibt Daniel gemeinsam mit der Freiwilligen Solomiia Informationen zur Geschichte des ehemaligen Konzentrationslagers und der Gedenkstätte. Hierfür verwenden sie historische Karten und Fotografien des Gedenkstättengeländes, die mittels der Greenscreen-Technik eingeblendet werden und mit denen sie so interagieren können.

Das folgende Video nutzt wiederum die Möglichkeiten der dialogischen Vernetzung, die für die Kommunikation auf TikTok typisch sind. Das Video »The evacuation of Neungamme«[47] rückbezieht sich auf die vorherige Erklärung der Gründe, warum das KZ Neuengamme aufgrund fehlender Bilder aus der Zeit der Befreiung lange Zeit im öffentlichen Gedächtnis weniger präsent war. Dazu wird zusätzlich zu einer mittels des Greenscreen-Technik im Hintergrund eingeblendeten Karte der Region, mit der Daniel im Folgenden interagiert, ein Still aus dem früheren Video als Bild-im-Bild eingeblendet. Dadurch erweitert sich der virtuelle Raum sowohl zeitlich im Hinblick auf die erzählte(n) Geschichte(n) als auch räumlich im Hinblick auf den historischen Ort und schließlich palimpsestartig, indem verschiedene mediale Darstellungen übereinandergelagert werden, die mit der virtuellen Topografie der TikTok-Videos korrespondieren. Durch dieses Verfahren ist es möglich, immer wieder neue Wege und Abzweigungen zu nehmen.

Die Vielschichtigkeit von TikTok-Videos, die verschiedene Elemente wie Bild, Text, Musik und Sprache miteinander verbinden, auf vielfältigen Effekten basieren und durch Formen wie den Stitch, die Videoreaktion auf Kommentare, oder das Duett netzwerkartige Beziehungen zu anderen Videos herstellen, können digitale Videos auf TikTok einen virtuellen Erinnerungsraum bilden, der die historischen Orte erweitert und gleichzeitig in die konnektiven und partizipativen Formen der virtuellen Erinnerung in den sozialen Medien und auf Onlineplattformen überführt.

Vom Holocaust auf TikTok und Instagram erzählen

In sozialen Medien ist die Entstehung einer diversen und unübersichtlichen Erinnerungskultur zu beobachten, in der die klassischen Trennungen zwischen kulturellem und kommunikativem, kollektivem und individuellem Gedächtnis nicht mehr aufrechtzuerhalten sind. Kennzeichnend hierfür sind die Unüberschaubarkeit, der Netzwerkcharakter und die Konnektivität des Erinnerns. Indem Geschichte in Threads, News Feeds oder Timelines erscheint, wird sie zu einem Bestandteil heutiger Medienbiografien. Die Bezüge, aber auch Kontraste zwischen einem Post vom letzten Urlaub und einem

Post über Sophie Scholl oder einem Foto aus der Gedenkstätte Auschwitz-Birkenau machen Plattformen sozialer Medien zu einem virtuellen Erinnerungsraum, in dem verschiedene Perspektiven miteinander in Beziehung treten. Es handelt sich um einen Raum, der zu einer partizipativen Form des Erinnerns einlädt und die daran Teilhabenden zu Reaktionen und Antworten auffordert. Verschiedene institutionelle und nicht institutionelle Akteur:innen und Nutzer:innen werden Teil einer heterogenen Erinnerungsgemeinschaft. Diese nicht hierarchische Struktur eröffnet dem Erinnern an die Shoah neue Möglichkeiten. Erinnern auf sozialen Medien ist heute vor allem eine partizipative Praxis. Selbst dort, wo rituelle Formen des Gedenkens auf den Plattformen reproduziert werden, können neue Verbindungen und Deutungen entstehen, aufgegriffen, anverwandelt, aktualisiert – aber unter Umständen auch entstellt werden. Zwar haben unterschiedliche Akteur:innen in sozialen Medien unterschiedliche Reichweiten, dennoch schaffen gerade Plattformen wie TikTok für User-generated-Content jenseits etablierter Institutionen größere Sichtbarkeit und damit die Möglichkeit, Erinnerung aktiv mitzugestalten. Schließlich führt das Wechselspiel zwischen in der Segmentstruktur von sozialen Medien weitergegebenen Bruchstücken der Vergangenheit mit vernetzten Formen des Erinnerns zu neuen Geschichtskonstellationen, in denen, z. B. durch einen universellen Hashtag wie #OTD (On This Day), unterschiedliche historische Ereignisse und Erinnerungen miteinander in – mitunter durchaus spannungsvolle – Beziehungen treten können.

Anmerkungen

1 Vgl. Christian Pentzold/Vivien Sommer: Digital networked media and social memory. Theoretical foundations and implications, in: Aurora. Revista de Arte, Mídia e Política (2011), Nr. 10, S. 72-85.
2 Vgl. Gut gemeint, schlecht umgesetzt: Das Problem mit deutscher Erinnerungskultur. ZDF Magazin Royale, https://youtube/rx8HZornRxA, Zugriff: 22.12.2022.
3 Ursprünglich bezeichnete der Begriff »Mem« kleinere kulturelle Einheiten. Vgl. Limor Shifman: Meme. Kunst, Kultur und Politik im digitalen Zeitalter, Berlin 2014, S. 9. Videomemes sind kurze, mitunter ironisch-satirische, oft stark pointierte digitale Videos, die leicht geteilt, adaptiert, verändert und verbreitet werden können. Sie sind eine Variante von Internetmemes (siehe Anm. 9). Sie zeichnen sich nicht nur durch ihre Kürze aus, sondern vor allem durch ihre Fähigkeit zur Imitation und Transformation. So passen sie sich der »Vernetzungskultur« des Internets an. Vgl. Dirk von Gehlen: Meme, Berlin 2020, S. 17, 46.
4 Auf der Plattform TikTok begegnen die Nutzer:innen neuen Videoposts zunächst auf einer individuell kuratierten Seite, der »For You«-Page, deren Auswahl durch einen Algorithmus vorgenommen wird, der Daten des Nutzungsverhaltens der Anwender:innen verwendet.
5 Vgl. Der Dokumentarfilm, http://uploading-holocaust.com/page/film, Zugriff: 5.12.2022.
6 Vgl. Tobias Ebbrecht-Hartmann/Lital Henig: i-Memory. Selfies and Self-

Witnessing in *#Uploading_Holocaust* (2016), in: Victoria Grace Walden (Hg.): Digital Holocaust Memory, Education and Research, Cham 2021, S. 213-235.
7 Walter Benjamin: Das Passagen-Werk. Zweiter Band, Frankfurt am Main 1983, S. 576.
8 William John Thomas Mitchell: Picture Theory. Essays on Verbal and Visual Representation, Chicago, Ill., 1994, S. 89.
9 Internetmemes sind Einheiten digitaler Inhalte, die in Auseinandersetzung mit ähnlichen Einheiten, z.B. durch Verfahren wie Remix und Mashup, erzeugt werden. Sie verbreiten sich online durch Teilen zwischen verschiedenen Beteiligten und werden wiederum imitiert, kopiert und transformiert. Vgl. Shifman (Anm. 3), S. 180; von Gehlen (Anm. 3).
10 Lorenz Engell: »Virtual History«. Geschichte als Fernsehen, in: Zeithistorische Forschungen/Studies in Contemporary History 6 (2009), Nr. 3, S. 391-412.
11 Benjamin: Passagen-Werk (Anm. 7), S. 594.
12 Ebd.
13 Ebd.
14 Vgl. Danah Boyd: Social Network Sites as Networked Publics, in: Zizi Papacharissi (Hg.): A Networked Self: Identity, Community and Culture on Social Network Sites, London 2011, S. 39-58.
15 Benjamin: Passagen-Werk (Anm. 7), S. 596.
16 Andrew Hoskins: Memory ecologies, in: Memory Studies 9 (2016), Nr. 3, S. 348-357, hier S. 349.
17 Ebd.
18 Susan Hogervorst: The era of the user. Testimonies in the digital age, in: Rethinking History 24 (2020), Nr. 2, S. 169-183.
19 Annette Wieviorka: The Era of the Witness, Ithaca, N.Y./London 2006.
20 Paul Frosh/Amit Pinchevski: Introduction. Why Media Witnessing? Why Now?, in: dies. (Hg.): Media Witnessing. Testimony in the Age of Mass Communication, Basingstoke 2009, S. 1-19.
21 Vgl. Paul Frosh: The Poetics of Digital Media, Cambridge 2019.
22 Vgl. Christoph Bareither: Difficult heritage and digital media: »selfie culture« and emotional practices at the Memorial to the Murdered Jews of Europe, in: International Journal of Heritage Studies 27 (2021), Nr. 1, S. 57-72.
23 Mark Nunes: Selfies, Self-Witnessing and the »Out-of-Place« Digital Citizen, in: Adi Kuntsman (Hg.): Selfie Citizenship, Cham 2017, S. 109-117.
24 Hannah Arendt: Vom Leben des Geistes, München 1998, S. 97, Hervorh. i. Orig.
25 Ebd., S. 99.
26 Hannah Arendt: Das Urteilen. Texte zu Kants Politischer Philosophie, München 1998, S. 74.
27 Walter Benjamin: Der Autor als Produzent. Ansprache im Institut zum Studium des Fascismus in Paris am 27. April 1934, in: ders.: Versuche über Brecht, Frankfurt am Main 1981, S. 101-119, hier S. 106.
28 Arendt: Urteilen (Anm. 26), S. 80.
29 Ebd.
30 Mitchell: Picture Theory (Anm. 8).
31 William John Thomas Mitchell: Addressing media, in: Media Tropes 1 (2008), S. 1-18, hier S. 13.
32 Vgl. nichtsophiescholl, https://www.instagram.com/nichtsophiescholl/?hl=de, Zugriff: 5.12.2022.
33 Vgl. ichbinsophiescholl, https://www.instagram.com/ichbinsophiescholl/?hl=de, Zugriff: 5.12.2022.
34 Das Stories-Feature wurde auf Instagram 2016 eingeführt. Nutzer:innen können Bilder, Texte, Videos, GIFs, Emojis usw. zu kurzen Text-Bild-Kompositionen verbinden. Werden diese nicht gespeichert (Permanent Stories), verschwinden sie nach 24 Stunden wieder vom Account. 2020 kam mit Instagram Reels ein Videoeditor hinzu. Dieser erlaubt es den Nutzer:innen, ähnlich wie in TikTok kurze Videomemes zu schneiden und auf die Plattform zu laden.
35 Vgl. @mauthausenmemorial: #stitch with @neuengamme.memorial what happend on 27th January #1945?, https://www.tiktok.com/@mauthausenmemorial/video/7056771751111396614?is_from_webapp=1&sender_device=pc&web_id=7121987815416448518, Zugriff: 21.11.2022.
36 Vgl. Saul Friedländer (Hg.): Probing the Limits of Representation. Nazism and the »Final Solution«, Cambridge, Mass./London 1992; Hanno Loewy (Hg.): Holocaust: Die Grenzen des Verstehens. Eine Debatte über die Besetzung der Geschichte, Reinbek bei Hamburg 1992.

37 Vgl. Tobias Ebbrecht: Geschichtsbilder im medialen Gedächtnis. Filmische Narrationen des Holocaust, Bielefeld 2011, S. 16-18.
38 Stefania Manca: Digital Memory in the Post-Witness Era. How Holocaust Museums Use Social Media as New Memory Ecologies, in: Information [Hg.: MDPI (Multidisciplinary Digital Publishing Institute), Basel] 12 (2021), Nr. 1, S. 1-17, hier S. 13, https://doi.org/10.3390/info12010031, Zugriff: 14.1.2023.
39 Vgl. eva.stories, https://www.instagram.com/eva.stories/?hl=de, Zugriff: 2.12.2022.
40 Vgl. Lital Henig/Tobias Ebbrecht-Hartmann: Witnessing *Eva Stories:* Media witnessing and self-inscription in social media memory, in: New Media & Society 24 (2022), Nr. 1, S. 202-226.
41 Vgl. Tobias Ebbrecht-Hartmann: Commemorating from a distance: the digital transformation of Holocaust memory in times of COVID-19, in: Media, Culture & Society 43 (2021), Nr. 6, S. 1095-1112.
42 Vgl. Lesetipps, https://www.tiktok.com/@belsenmemorial/video/7072354214676106502?is_from_webapp=1&sender_device=pc&web_id=7121987815416448518, Zugriff: 14.1.2023.
43 Sarah Jerasa/Trevor Boffone: BookTok 101. TikTok, Digital Literacies, and Out-of-School Reading Practices, in: Journal of Adolescent & Adult Literacy 65 (2021), Nr. 3, S. 219-226, hier S. 221.
44 Vgl. Welcome to our TikTok, https://www.tiktok.com/@neuengamme.memorial/video/7033713289263598853?is_from_webapp=1&sender_device=pc&web_id=7121987815416448518, Zugriff: 14.1.2023.
45 Vgl. 3 reasons you DON'T know Neuengamme, https://www.tiktok.com/@neuengamme.memorial/video/7034140500122717445?is_from_webapp=1&sender_device=pc&web_id=7121987815416448518, Zugriff: 14.1.2023.
46 Vgl. 3 reasons why you SHOULD know Neuengamme, https://www.tiktok.com/@neuengamme.memorial/video/7034435754306637061?is_from_webapp=1&sender_device=pc&web_id=7121987815416448518, Zugriff: 14.1.2023.
47 Vgl. The evacuation of Neungamme, https://www.tiktok.com/@neuengamme.memorial/video/7034897516441210117?is_from_webapp=1&sender_device=pc&web_id=7121987815416448518, Zugriff: 14.1.2023.

Pia Schlechter

Zeigen, Anprangern, Verhandeln
Eine intersektionale Perspektive auf den Diskurs
um Selfies in KZ-Gedenkstätten

2014 ging ein Selfie der jugendlichen US-amerikanischen Twitter-Nutzerin Princess Breanna (@PrincessBMM) viral, das sie lächelnd auf dem Gelände der Gedenkstätte Auschwitz-Birkenau zeigt. Sie erhielt darauf Tausende Hassnachrichten und sogar Todesdrohungen. In Zeitungsartikeln wurde sie öffentlich angeprangert, aber auch verteidigt – ein Beispiel dafür, dass sich die Debatte um Selfies in KZ-Gedenkstätten 2014 öffentlich ausbreitete. Online wurde in der Zeitung »Die Welt« das Anfertigen von Selfies in Holocaustgedenkorten als »unangemessenes Verhalten«[1] beschrieben und die Fotos wurden als »Beweise […] für Gedankenlosigkeit und Geschichtsvergessenheit«[2] einer jungen Generation gesehen. Die Formulierung »Kussmund vor der Gaskammer«[3] verweist darauf, dass den Selfies feminin konnotierte Posen wie ein anzügliches Sich-in-Szene-Setzen zugeschrieben werden. Als 2017 das Projekt »Yolocaust«[4] von Shahak Shapira viral ging, weitete sich die Diskussion noch einmal aus. Inzwischen sind ihr Gegenstand Formen partizipativer Erinnerungskultur im digitalen Zeitalter und nicht die Frage, ob von institutioneller Seite aus einzelnen Jugendlichen verboten werden sollte, in KZ-Gedenkstätten oder an Holocaustmahnmalen Selfies zu machen.

Die Diskussion um Selfies in Gedenkstätten hat jedoch schon vor 2014 eingesetzt. Allerdings hat sie sich im Laufe der Zeit grundlegend verändert. Der über Selfies in Gedenkstätten geführte spezifische Diskurs verschränkte sich mit allgemeinen Reaktionen auf technische Entwicklungen wie Smartphones und Apps. In diesem Beitrag möchte ich einige weitere Phänomene der 2010er-Jahre vorstellen, also etwa der Zeit, als Smartphones und mit ihnen Selfies sich weit verbreiteten. Die von mir analysierten Beispiele beziehen sich auf die Rezeption von Selfies im Denkmal für die ermordeten Juden Europas in Berlin sowie in der Gedenkstätte Auschwitz-Birkenau. Die Grundlage bilden Onlineartikel von Zeitungen aus Deutschland, den USA und Israel.

Mittlerweile werden Smartphones und Apps von Gedenkstätten in der Vermittlung eingesetzt. Selfies werden inzwischen als »angemessen« und produktive Potenziale bietend angesehen, da sie ermöglichen, neue digitale Medien einzubinden und junge Menschen anzusprechen. In Anlehnung an den eingangs zitierten Artikel in der »Welt« spreche ich vom Diskurs über die (Un-)Angemessenheit von Selfies. Dieses Spannungsfeld zwischen als angemessen und als unangemessen angesehenem Verhalten möchte ich untersuchen. Bei der Analyse von Beispielen zeigte sich, dass es dabei nicht nur um das Format Selfie geht, sondern auch darum, wer sich dadurch online wie zeigt. Das oben genanntes Beispiel zeigt, dass besonders Personen mit feminin konnotierten Posen oder auch einer weiblichen Jugendlichen wie Princess Breanna Dummheit oder Geschichtsvergessenheit zugeschrieben wird und – abgeleitet von den negativen Reaktionen – eine vermeintlich falsche bzw. illegitime Erinnerung. Im Folgenden will ich mit einer intersektionalen Perspektive insbesondere unter Berücksichtigung der Kategorien Geschlecht, Sexualität, Alter, Religion und Nationalität zeigen, dass anscheinend nicht jede:r »richtig« bzw. legitim auf eine anerkannte Weise erinnern kann bzw. darf. Wie wird eine vermeintlich »richtige« Erinnerung anhand des Diskurses um Selfies verhandelt? Erinnerung trägt zu einer kollektiven Identität bei. Eine Wir-Gemeinschaft erzeugt aber immer ein »die Anderen«, die ausgeschlossen werden. Da es beim Thema Digitalisierung häufig um die Diskussion des Potenzials der Teilhabe für mehr Personen geht, muss daher das Problem (möglicher) Ausschlüsse besonders berücksichtigt werden.

Vor 2010 (Kunst): Zeigen. Positive Erinnerung?

Der jüdische US-amerikanische Künstler Alan Schechner erstellte 1993 mit »It's the Real Thing – Self-Portrait at Buchenwald«[5] eine online präsentierte digitale Fotomontage, in der er ein Foto von sich selbst in eine ikonische Aufnahme von Margaret Bourke-White von KZ-Häftlingen in einer Baracke montiert hatte. Als scheinbares Selfie im KZ ähnelt es den späteren Montagen von Shapiras »Yolocaust«. Das Bild ist außer einer von Schechner gehaltenen Coca-Cola-Dose mit leuchtend rotem Schriftzug als Symbol des modernen Kapitalismus und der Verfügbarkeit von Lebensmitteln schwarz-weiß. Außerdem erzeugt sein in das Bild montierter wohlgenährter, gesunder Körper einen Kontrast zu den Körpern der KZ-Häftlinge. Zu Beginn der 2000er-Jahre wurde das Werk noch so interpretiert, dass es die Differenz zwischen der NS-Zeit und der Gegenwart (1990er-Jahre) durch Anwendung technischer Strategien zeige und anprangere und dass es ebenso moniere, dass Erinnerung von Kommerzialisierung durchdrungen werde.[6] Als »It's the Real Thing« aber 2002 in der Ausstellung »Mirroring Evil: Nazi Imagery / Recent Art« im Jewish Museum in New York gezeigt wurde, gab es zwar noch keinen Internetshitstorm, aber einen »Mediensturm«, also ein großes Interesse von Printmedien. In der Ausstellung setzten sich wie Schechner größtenteils jüdische, junge Künstler:innen der zweiten Nachkriegsgeneration mit klischeehaften ikonischen Repräsentationen auseinander. Die Werke wurden als trivial kritisiert, und orthodoxe Jüd:innen versuchten sogar, die Ausstellung zu boykottieren.

Schechners Selfiemontage wurde als Kunst und Ausdruck seiner jungen jüdischen Identität anerkannt, allerdings provozierte sie auch. Verhandelt wurde dabei nicht, ob Selfies von KZ-Gedenkstätten-Besucher:innen angemessen sind, sondern nur, wie das Einbeziehen neuer digitaler Medien und Techniken traditionelle Muster der Erinnerungskultur aufbrechen könnte.

Ebenfalls eine Selbstdarstellung nutzte 2009 die jüdische australische Künstlerin Jane Korman als Medium für ihre Verhandlung des Themas Erinnerung und Generation. In »I Will Survive: Dancing Auschwitz« filmte sie, wie sie mit ihrem Vater, einem Auschwitz-Überlebenden, und fünf seiner Enkelkinder zu »I Will Survive« von Gloria Gaynor in verschiedenen KZ-Gedenkstätten tanzte, um das Überleben zu feiern. Damit wandte sie sich bewusst gegen schon oft gesehene Holocaustbilder und wollte etwas Neues für die nächste Generation schaffen.[7] Das Video wurde gelobt, aber auch als Tabubruch gesehen. Kormans Grundthemen sind ähnlich wie bei Schechner, doch als zusätzliche Ebene, die auch als Provokation gedeutet werden kann, kommt die Emotion Freude hinzu, die im krassen Gegensatz zum traditionellen »Trauerimperativ«[8] bei KZ-Gedenkstätten-Besuchen steht.

Können die künstlerischen Selbstdarstellungen von Schechner und Korman überhaupt als Selfies in KZ-Gedenkstätten gesehen werden? Was unterscheidet ein modernes Selfie von einem Selbstporträt, das mit verschiedenen Medien möglich ist und eine lange Tradition hat? Laut André Gunthert sei jede Selbstdarstellung vor 2000 kein Selfie, da der Begriff und die spezifische Darstellungs- und Verbreitungsweise ein Produkt der neuen technischen Entwicklung sei und sich insbesondere auf die Kombination von Smartphones und Social Media beziehe.[9] Julia Eckel, Jens Ruchatz und Sabine Wirth entwickelten eine erweiterte Definition für ein Selfie als ein Foto, das eine Person selbst zeige und das zu teilen, diese Person entschieden habe.[10] Somit geht es bei einem Selfie nicht nur um eine spezielle Bildkomponente, wie den sichtbaren ausgestreckten Arm beim Halten des Aufnahmegeräts. Der Begriff »Selfie« bezieht sich auch auf online geteilte fotografische Darstellungen einer oder mehrerer Personen (wie in diesem spezifischen Fall bei dem Besuch einer KZ-Gedenkstätte).

Voraussetzung für die Veröffentlichung von Fotos in sozialen Netzwerken ist das sogenannte Web 2.0, in dem Akteur:innen Prosumer:innen sind, also produzierende Konsument:innen im Austausch.[11] Damit grenzt es sich vom Internet vor der Jahrtausendwende ab, in dem hauptsächlich Informationen konsumiert wurden, auch wenn Privatpersonen schon eigene Inhalte über Websites veröffentlichen konnten. Im Web 2.0 können Inhalte hingegen geteilt und verändert und es kann miteinander interagiert werden. Mittlerweile wird vom Social Web oder generell von den sozialen Medien (Social Media) gesprochen.

Das heute eher unbekannte Werk Schechners wurde zwar 1993 digital produziert und war öffentlich zugänglich, allerdings noch zu Zeiten des Web 1.0 auf einer Website. Außerdem hatten zu der Zeit nur wenige Menschen einen Internetzugang. Daher blieb es bei einem »Mediensturm« zur Ausstellung. Kormans Video von 2009 ist bekannter und wurde breiter diskutiert, weil es zu Beginn des Social-Media-Zeitalters auf der damals noch jungen Videoplattform YouTube (2005) veröffentlicht wurde. So konnte es geteilt und diskutiert werden und wurde auch für Menschen sichtbar, die nicht regelmäßig über die Erinnerung an den Holocaust reflektierten. Deshalb wurde ihre Arbeit mehr besprochen. Dieses Beispiel zeigt, dass auch die technische Entwicklung eine Voraussetzung für den hier behandelten Diskurs um digitale Holocausterinnerung ist.

Eine weitere Bedingung für die heutigen Selfies sind Smartphones – auch wenn Instagram-Fotos ebenso mit digitalen Spiegelreflexkameras aufgenommen und dann im Internet geteilt werden. Smartphones sind beginnend mit dem iPhone (2007) erst seit Ende der 2000er-Jahre weit verbreitet. Aufgrund der immer besseren Aufnahmetechnik ersetzen sie die nur noch gelegentlich genutzten Digital- oder Analogkameras. Smartphones werden »am Körper getragene, ständige Begleiter«[12] mit selbstverständlichem Zugriff. So wurde das Fotografieren zum Teil des Alltags und damit ebenso das Teilen von Fotos bzw. Selfies Teil der Alltagskommunikation. Einen weiteren Wendepunkt markiert das Jahr 2010, als nicht nur das erste iPhone mit Frontkamera, sondern auch die App Instagram auf den Markt kam.

Wenn sich die Diskussion um Smartphonefotos und insbesondere Selfies seit dem Ende der 2000er-Jahre verstärkt hat, liegt dies an der neuen Sichtbarkeit von Alltagsfotografien auf Social Media. Durch die ständige Präsenz der Smartphones im Alltag werden auch mehr Fotos und Selfies angefertigt. Außerdem sinkt die Hemmschwelle, nicht nur im privaten, sondern auch im öffentlichen Raum – und damit auch in KZ-Gedenkstätten – zu fotografieren.

Anfang der 2010er-Jahre (Blogs): Zeigen. Positive Erinnerung?

Durch die Entwicklung neuer Apps werden Selfies in unterschiedlichen und neuen Kontexten gezeigt, damit sichtbar und daher auch diskutiert. Durch Blogs wie »Blogger« (1999) oder »Tumblr« (2007) entstanden weitere Möglichkeiten, Inhalte im Web 2.0 zu teilen. Im Web 2.0 wurden nicht nur selbst erstellte Fotos gezeigt, sondern auch die Fotos anderer Nutzer:innen – die eigene zur Schau gestellte Kreativität bzw. Leistung in diesem Format besteht darin, Bilder oder Texte zu einem Thema zusammenzustellen und zu sammeln und dadurch neue Bedeutung zu produzieren. Dieses Re-Posten, das Teilen der Inhalte anderer auf einer eigenen Seite, ist eine wichtige Voraussetzung für viele große Diskursereignisse rund um das Thema Selfies in KZ-Gedenkstätten in den 2010er-Jahren. Einige Shitstorms ereigneten sich bezogen auf Blogs oder Websites, auf denen Selfies anderer Nutzer:innen gesammelt und ausgestellt bzw. auch angeprangert wurden, wie z.B. im genannten Projekt »Yolocaust«. Private, öffentlich zugängliche Selfies in KZ-Gedenkstätten waren aber nicht immer ein Anlass für Shitstorms und das öffentliche Anprangern derjenigen, die Selfies machten und posteten. Zwei Arbeiten schwuler jüdischer Künstler zeigen dies und verdeutlichen zugleich einen Wendepunkt im Diskurs um die Selfies.

Die Arbeit »Stelen (Columns)«[13] des schwulen jüdischen US-amerikanischen Künstlers Marc Adelman ist kein digitales Blogformat, sondern wurde in Museen ausgestellt, auch wenn Ausschnitte der Arbeit auf Adelmans Website zu sehen sind. Der Ursprung seiner Arbeit sind allerdings Social Media. Adelman sammelte von 2007 bis 2011 insgesamt 150 Profilbilder auf der schwulen Datingwebsite »PlanetRomeo« (2002, früher »GayRomeo«), auf denen erkennbar ist, dass Männer am bzw. im Denkmal für die ermordeten Juden Europas in Berlin ihre Posen aufgenommen haben. 2009 zeigte Adelman eine Auswahl dieser Selfies als Installation von Prints in Berlin, 2011 wurden 50 dieser Profilbilder als rasterartige Anordnung in der Sonderausstellung »Composed: Identity, Politics, Sex« im Jewish Museum in New York gezeigt. Im Vordergrund der Arbeit stand das Sammeln und Ausstellen von Selfies anderer, Adelman fügte aber auch ein eigenes Foto in die Auswahl ein. Er wollte damit zeigen, dass ein Zusammenhang zwischen der Geschichte und dem Leben jüdischer und queerer Personen besteht. Damit verwies er darauf, dass Verfolgung und HIV/Aids in der schwulen Identität so nachhallten, wie der Holocaust in der jüdischen Identität.[14] Das Jewish Museum unterstützte diese Intention anfangs noch. Doch veränderte sich die Rezeption 2012 im Verlauf der gezeigten Ausstellung radikal. Es gab öffentliche Diskussionen über Adelmans Arbeit. Die schwulen Selfiemachenden wurden z.B. in der »Jüdischen Allgemeinen« als respektlos bewertet, da sie das Denkmal als Fotohintergrund zweckentfremden würden.[15] Eine Person erkannte sich auf den ausgestellten Fotos und beschwerte sich, bis das Museum schließlich Adelmans Arbeit aus der Ausstellung entfernte.[16] Außerdem wurden gegen das Museum Homophobievorwürfe wegen der in der Ausstellung ausgedrückten Bloßstellung homosexueller Selfiemachender erhoben.[17]

2012 gab es damit einen Richtungswechsel in der Onlinediskussion: Das Selfie, eigentlich möglicher Träger von Erinnerung, wurde zum Beweis für Unwissenheit und Narzissmus – zunächst noch am Beispiel von für den Mainstreamdiskurs »exotischen« schwulen Männern, die gleichzeitig durch neue Apps wie »Grindr« (2009) viel sichtbarer in der Öffentlichkeit wurden. Dadurch hat sich im Diskurs auf der Seite der Kritiker:innen das Argument verfestigt, dass Selfies an Holocaustgedenkorten nur von »den Anderen« gemacht werden, die nicht dem hegemonialen (heterosexuellen) Ideal entsprechen.

Der Blog »Totem and Taboo. Grindr Remembers the Holocaust«[18] der schwulen israelischen Künstler Ariel Efraim Ashbel und Romm Lewkowitz ist ein ähnliches Beispiel wie das Adelmans, war allerdings noch medienwirksamer und wurde breiter diskutiert. Unter »Grindr Remembers« posteten sie von 2011 bis 2014 Screenshots von gesammelten Profilbildern von »Grindr«, die die Nutzer ebenfalls im Denkmal für die ermordeten Juden Europas zeigen. Die Zielgruppe ihres Blogs waren auch schwule Männer: Ashbel und Lewkowitz wollten, ähnlich wie Adelman, den Zusammenhang von Homosexualität und Erinnerung an den Holocaust herausstellen. Sie lobten in ihrem Projekt die Mitglieder von »Grindr«, die Erinnerung aktuell zu halten und attraktiv zu machen, und wünschten sich eine Verbreitung des von ihnen ausgemachten Trends. Der jüdische israelische »Grindr«-Gründer Joel Simkhai stimmte dieser Interpretation 2011 in einem Interview zu und hob die Selfies als Mittel zur Mobilisierung der Holocausterinnerung hervor.[19]

Aber auch bei »Grindr Remembers« gab es, wie bei der Rezeption von Adelmans Werk, eine Trendumkehr: Am 68. Jahrestag der Befreiung von Auschwitz, am 27. Januar 2013, ging das zuvor in der breiten Öffentlichkeit kaum bekannte Projekt durch einige Onlinezeitungsartikel viral. Die Selfiemachenden wurden wiederum als respektlos abgewertet[20], auf ihre schwule Sexualität reduziert und verspottet[21]. Dabei wurde schwule Sexualität auch generell mit schnellem Sex und narzisstischer Zurschaustellung gleichgesetzt. Den Selfiemachenden wurde unterstellt, das Denkmal nur als Kulisse zu nutzen und nicht nur den Holocaust, sondern auch die eigene Geschichte von Verfolgung und Tod schwuler Personen zu vergessen. Daraufhin revidierte 2013 »Grindr«-Gründer Simkhai seine Bewertung und sah die Selfies nicht mehr als Form der

Erinnerung, sondern ebenso als respektlos[22] an.

Ab 2012/13: Anprangern. »Nicht-Erinnerung«?

Die Beispiele »Stelen (Columns)« und »Grindr Remembers« zeigen für 2012 und 2013 eine Veränderung der Perspektive auf Selfies in Holocaustgedenkorten, sie wurden nun als respektlos abgewertet und nicht mehr, wie es zuvor teilweise der Fall war, als neue Form der digitalen Erinnerung angesehen. Dies verweist auf gesamtgesellschaftliche Veränderungen: Die Sichtbarkeit von Selfies war relativ neu. Wie viele neue technische Entwicklungen erzeugte auch diese starke Gegenreaktionen. Selfies wurden intensiv diskutiert. Den Höhepunkt erreichte die Debatte um eine empfundene unangemessene Respektlosigkeit narzisstischer Selfies in den Jahren 2013 und 2014. 2013 wählte das »Oxford Dictionary« »Selfie« zum Wort des Jahres.[23] Eine Bild des damaligen US-amerikanischen Präsidenten Barack Obama, das zeigt, wie er auf der Beerdigung von Nelson Mandela ein Selfie aufnahm, machte weltweit Schlagzeilen.[24] Blogs wie »Selfies at Funerals«[25] oder »Selfies at Serious Places«[26] sammelten entsprechende als unangemessen markierte Selfies.[27] Erste Selfies aus der Gedenkstätte Auschwitz-Birkenau wurden kritisiert.[28] Im Anschluss an diese ersten Blogs Mitte 2014 fokussierte sich der Diskurs immer mehr auf die sogenannten »Auschwitz-Selfies«, weil sie als »größtmögliche Respektlosigkeit« angesehen wurden: Auschwitz als der schlimmste denkbare Ort der Menschheitsgeschichte ist der unangemessenste Ort für Selfies. So kam es aus verschiedenen Richtungen zu einer Zuspitzung – Gegenstand der Debatte waren Erinnerungskultur, Jugendkultur, Smartphones, Apps, neue sichtbare Identitäten, Selfies und Populärkultur.

2014 kulminierte diese Debatte durch das »schlimmste Selfie aller Zeiten«[29], das eingangs erwähnte Selfie von Twitter-Nutzerin Princess Breanna, das weltweit nicht nur viral ging, sondern auch angeprangert wurde. Auf dem Foto zeigt sie keine verfassungsfeindlichen Gesten, sie ist *weiß*[30], jung, blond, trägt ein rosa Oberteil, goldenen Schmuck und einen Kopfhörer im Ohr. Sie lächelt. Im Hintergrund sind Backsteingebäude zu erkennen. Wer die Gedenkstätte Auschwitz-Birkenau kennt, kann den Entstehungsort identifizieren. Doch für viele verweist keine bekannte KZ-Ikone wie das »Arbeit macht frei«-Tor auf Auschwitz und es könnte auch ein »neutraler« Ort sein. Nur die Bildüberschrift »Selfie in the Auschwitz Concentration Camp«[31] gibt den Aufnahmeort an. Das Selfie wurde als unangemessen, unsensibel, narzisstisch, gedankenlos, unmoralisch, respektlos und geschichtsvergessen eingeordnet,[32] und zwar mithilfe eines Vokabulars, das in der Folge auch die Kommentare zu anderen »Auschwitz-Selfies« dominierte. Zudem wurde in der Diskussion um Princess Breanna häufig unterstellt, dass sich eigentlich eine ganze Generation von Jugendlichen so verhalten würde.[33]

Am Fall des Selfies von Princess Breanna zeigt sich auch eine moralische Veränderung im Diskurs: Wenn 2012 noch Adelmans Arbeit entfernt und das Jewish Museum für ein angebliches Bloßstellen kritisiert wurde, ist es ab 2014 anscheinend ohne Sanktionen möglich, Selfiemachende öffentlich anzuprangern und zu »shamen«. Denn Princess Breanna ist kein

Einzelfall. Anfang 2014 entstanden als Reaktion auf die Selfiedebatte und auf die neue, vorrangig für heterosexuelle Nutzer:innen konzipierte mobile Dating-App »Tinder« (2012) Blogs wie »Tinder Holocaust Memorial«[34] und »Tindercaust. Tinder Pics from the Berlin Holocaust Memorial«[35]. Dort wurden Bilder von *weißen* jungen (vermutlich heterosexuellen) Frauen zwischen 19 und 34 Jahren zusammengestellt. Kommentare auf Blogs wie »Looking away to avoid the horrible history«[36] unterstellen ihnen Geschichtsvergessenheit. Die Ersteller:innen der Blogs sind anonym, vermutlich handelt es sich um heterosexuelle westeuropäische (junge) Männer. In Onlinezeitungen werden die jungen Frauen als selbstdarstellerisch abgewertet.[37]

Ebenfalls Mitte 2014 ging die Facebook-Seite »With My Besties in Auschwitz«[38] viral. Sie zeigte nicht, wie in den zuvor genannten Beispielen, junge *weiße* Touristinnen, sondern explizit israelische Schüler:innen in der Gedenkstätte Auschwitz-Birkenau, häufig mit Israel-Flaggen und fröhlich gestimmt. Dazu platzierte die Seitengründerin, eine israelische Jugendliche, satirische Kommentare. Nachdem die Seite viral ging, erhielt sie Zustimmung, aber auch Kritik und Drohungen – sie würde israelische Jugendliche verspotten.[39] Daraufhin nahm die Seitengründerin die Seite aus dem Netz.

Eine andere Reaktion erfolgte wenige Jahre darauf, als der jüdische deutsch-israelische Comedian Shahak Shapira 2017 das bis heute sehr bekannte Projekt »Yolocaust«[40] veröffentlichte. Auf der gleichnamigen Website zeigte er zwölf eigene Fotomontagen von Selfies verschiedener öffentlicher Bilder von Nutzer:innen unterschiedlicher sozialer Netzwerke, die am Denkmal für die ermordeten Juden Europas in Berlin aufgenommen worden waren. Er kombinierte sie (ähnlich wie 1993 Schechner) mit historischen Schwarz-Weiß-Fotografien aus NS-Vernichtungslagern. Seine Absicht war, damit die Holocausterinnerungskultur zu hinterfragen und zu kritisieren, dass Selfiemachende das Denkmal scheinbar als Kulisse für Profilfotos verwenden,[41] und reiht sich damit in bestehende Diskurse ein. Das Projekt ging weltweit viral. Alle Abgebildeten – junge Tourist:innen verschiedener Nationalitäten – kontaktierten Shapira innerhalb einer Woche, woraufhin er ihre Montagen von der Seite nahm. Die Montagen sind jedoch noch heute leicht im Internet auffindbar. Shapira wurde für seine Aktion breit gefeiert, aber auch kritisiert. Einerseits wurde er als Künstler gesehen und das Projekt »Yolocaust« als sehr erfolgreich beurteilt, da sich die angeprangerten Jugendlichen entschuldigt hätten.[42] Andererseits wurde die Wirkung des Denkmals – genauer: seine Gleichsetzung mit einem Friedhof – kritisiert. Mirna Funk unterstellte Shapira, bloß eine Schockwirkung auslösen zu wollen.[43] Die große Reichweite des Projekts bewirkte eine vertiefte Debatte über neue Formen der Erinnerungskultur.

Ab Mitte der 2010er-Jahre: Verhandeln/Fordern. »Richtige« Erinnerung?

Zum Ende der 2010er-Jahre gibt es keine großen Debatten um Privatpersonen mehr, deren Selfies in KZ-Gedenkstätten viral gehen. Stattdessen wird an der Verhandlung von öffentlichen Darstellungen von Prominenten als Teil ihrer öffentlichen Kommunikation deutlich, welche Kategorien – wie Geschlecht,

Alter, Religion oder Nationalität – eine Rolle für die Bewertung der Selfiemachenden spielen. Es bleibt die Frage, ob wirklich keine Selfies in einem Holocaustgedenkort gemacht werden »dürfen«, ohne im gesellschaftlichhegemonialen Diskurs sanktioniert zu werden. Welche Ausnahmen gibt es? Wer erinnert wie »richtig«?

Die öffentliche fotografische Darstellung von deutschen Politiker:innen beim Besuch einer KZ-Gedenkstätte sind aufgrund ihrer Inszenierung für die Wirksamkeit in der Presse ein Beispiel für eine »legitime« Erinnerung. Sie machen keine Selfies – aber die Fotografien des Besuches werden öffentlich geteilt und besprochen. Auch daran sind Diskurslinien ablesbar. Viele offizielle staatliche Besuche der Gedenkstätte Auschwitz-Birkenau werden visuell durch Fotos vor KZ-Ikonen wie dem »Arbeit macht frei«-Tor und Gesten der Trauer und des Gedenkens – wie z.B. des Ablegens von Kränzen vor der »Todesmauer« – in Szene gesetzt. Die Kleidung ist in der Regel wie auf einer Beerdigung schwarz und formell. Hieran lässt sich zeigen, wie im Gegensatz zu den scheinbar illegitimen Alltagsselfies legitime Personendarstellungen aussehen können bzw. wie visuell »richtig« öffentlich erinnert wird. Es zeigen sich jedoch unterschiedliche Anforderungen in Bezug auf die Kategorie Geschlecht: Als die damalige Bundeskanzlerin Angela Merkel 2019 die Gedenkstätte Auschwitz-Birkenau besuchte, wurde die Schwere ihres »emotionale[n] Besuch[es]«[44] kommentiert. Sie sei »sichtbar den Tränen nah«[45], gerate »kurz aus dem Gleichgewicht«[46]. Als hingegen Bundespräsident Frank-Walter Steinmeier 2020 die Gedenkstätte besuchte, wurden sein Verharren im Gedenken und sein Schweigen gelobt,[47] und es wurde angemerkt, dass »das enge Protokoll und die Kameras nicht viel Raum für Emotionen lassen«[48]. Charakterisierungen wie diese transportieren lang tradierte geschlechtsspezifische Zuschreibungen, die zeigen: Eine vorbildliche vernunftorientierte reflektierende Erinnerung vermittelt unter allen genannten Beispielen nur einer – ein *weißer*, heterosexueller, christlicher, deutscher, alter (Cis-)Mann. Damit ist die Legitimität von Erinnerung an eine hegemoniale Position in der Gesellschaft geknüpft.

Beispiele von Selfies von Prominenten weisen auf die Relevanz weiterer Kategorien. Die bisherigen Diskursereignisse zeigen, dass die Religion derer, die die Selfies bewerten, wichtig für die Anerkennung ihrer Meinung ist – genauer: das Jüdischsein der Sprechenden. Auch Selfiemachende werden anders bewertet, wenn sie jüdisch sind: Die US-amerikanische Sängerin Pink veröffentlichte 2019 ein Foto ihrer im Denkmal für die ermordeten Juden Europas in Berlin spielenden Kinder auf Instagram. Gegen eine zunehmende Kritik rechtfertigte sie sich mit dem Verweis auf den jüdischen Hintergrund ihrer Familie. Die fröhliche Stimmung sei eine »Feier des Lebens über den Tod«[49]. Dafür wurde sie gelobt, ihre Form der Erinnerung wurde als legitim anerkannt. Selfies im Denkmal von Personen mit einem jüdischen Hintergrund scheinen akzeptabel zu sein, sie werden nicht für Fröhlichkeit an einem Gedenkort verurteilt.

Bisher wurde gezeigt, dass vor allem jungen Frauen oder schwulen Männern unterstellt wurde, nicht »richtig« zu erinnern. Zu ersten Diskussionen um Selfies erwachsener vermutlich heterosexueller Männer kam es erst 2019: Der österreichische Fußballspieler

Daniel Rechberger entschuldigte sich in einer Pressekonferenz für ein Selfie im Denkmal für die ermordeten Juden Europas in Berlin.[50] Ihm war vorgeworfen worden, eine rechte Gesinnung zu haben. Damit wurde ihm also nicht, wie vorher den meist jungen *weißen* Personen – häufig weiblich oder, wenn männlich, dann nicht heterosexuell – Narzissmus und Dummheit unterstellt. Dies zeigt, dass erwachsenen heterosexuellen Männern eher eine Handlungsfähigkeit zugeschrieben wird, die zu gefährlichen Taten führen kann. Ebenfalls 2019 gab es einen Shitstorm gegen den damals für Deutschland spielenden Fußballer (mit spanisch-uruguayischem Hintergrund) Rodrigo Zalazar. Er postete ein Selfie auf den Gleisen vor dem Tor in der Gedenkstätte Auschwitz-Birkenau in einer Instagram Story mit fröhlichen »Feier-Emojis«[51]. Ihm wurde zwar Geschichtsvergessenheit, aber ebenfalls eine potenziell rechte Gesinnung unterstellt. Er entschuldigte sich später öffentlich und spendete 1000 Euro an die Gedenkstätte Auschwitz-Birkenau. An diesem Fall wird zusätzlich noch die Kategorie Nationalität deutlich: Eine nicht in Deutschland aufgewachsene, aber dort lebende Person wird offenbar als »Ausländer« wahrgenommen, die nicht zum Erinnerungskollektiv gehört und deshalb letztlich »bedrohlich« ist.

Doch die Verhandlung um die (Un-) Angemessenheit von Selfies in KZ-Gedenkstätten findet nicht nur in Onlinezeitungsartikeln statt, sondern auch in der Forschung und den entsprechenden Institutionen. Schon vor »Yolocaust«, ab etwa 2015, erschienen erste wissenschaftliche Abhandlungen bzw. Veröffentlichungen zum Thema Selfies in KZ-Gedenkstätten bzw. Social Media und Erinnerungskultur.[52] 2019 wurden hierzu zwei erste Dissertationen publiziert.[53] Der wissenschaftliche Diskurs kommt nicht zu einer einheitlichen Bewertung des Phänomens. Hier wiederholt sich zum einen die Einordnung der Selfies als unangemessen: So sieht sie z.B. Lisa-Marie Richter als ein Zeichen der »Nicht-Erinnerung«[54]. Maria Zalewska räumt ein, dass Fotos von KZ-Gedenkstätten-Besuchen auf Instagram zwar visuelle Anker der Erinnerung sein können, bei Selfies erkennt sie aber insgesamt eine Reduzierung auf die Person.[55] Das Zeigen der Umgebung sei irrelevant, da sie nur als Kulisse für Selbstdarstellung diene. Neutraler bewertet hingegen Steffen Jost Selfies als Transnationalisierung der Bildsprache bzw. als Ausdruck einer Suche nach Authentizität.[56] Ulla Authenrieth ging der Frage nach, ob die Kategorien Geschlecht und Alter im Zusammenhang mit den Abwertungen stehen könnten.[57] Andere Forschende ordnen die Entwicklungen im Kontext von Selfies und digitaler Erinnerungskultur sogar als positiv ein und sehen darin produktive Potenziale. Durch sie könnten alte Leitbilder neu verhandelt, junge Menschen und neue Medien einbezogen und so ein Dialog geschaffen werden.[58]

Die Diskussionen über Fotos an Orten ehemaliger Konzentrationslager im Kontext der Kunst und später auf Social Media und in Blogs haben auch die Institutionen erreicht. Schon seit 2012 gibt es den Instagram-Account @AuschwitzMuseum[59], den Paweł Sawicki für die Gedenkstätte Auschwitz betreut. Dort werden von ihm fotografische Repräsentationen eines Besuches der Gedenkstätte Auschwitz-Birkenau von anderen Instagram-Nutzer:innen repostet. Selfies sind kaum dabei, sie fallen also aus den so durch die Gedenkstätte kuratierten visuellen Repräsentationen des Gedenkens weitgehend heraus.[60]

Die positiven Potenziale von Erinnerungsarbeit über Social Media werden von immer mehr Gedenkstätten erkannt. So startete z. B. die KZ-Gedenkstätte Neuengamme mit @neuengamme.memorial[61] 2015 einen Instagram-Account. Weitere Gedenkstätten, auch viele kleinere, folgten. Das Analoge und das Digitale verbindende Formate wie InstaWalks wurden in Vermittlungskonzepte aufgenommen, aber auch die digitalen Möglichkeiten von Live- und Begegnungsformaten gesehen und ausgebaut. Auf anderer Ebene sind nicht institutionelle Instagram-Projekte wie »eva.stories« (2019)[62] oder »ichbinsophiescholl« (2022)[63] Ergebnisse des Diskurses.

Resümee

Die dargestellten Ergebnisse der Debatten um die (Un-)Angemessenheit von Selfies in KZ-Gedenkstätten und an Holocaustgedenkorten in den 2010er-Jahren zeigen, dass am Phänomen der Selfies ein Diskurs um die Legitimität von Erinnerung geführt wird. Zu Beginn wurden Selfies in Holocaustgedenkorten noch positiv bewertet, als Zeichen für eine neue Form der Erinnerung. Aushandlungsebene war vor allem die Kunst, später waren es Blogs von (schwulen) jungen jüdischen Künstlern im Zusammenhang mit Dating-Apps. Trotzdem provozierte es, dass eine junge Generation etablierte Narrative und Tabus eines »Trauerimperativs« aufbrach. 2012 gab es einen Wendepunkt in der Debatte: Selfies in KZ-Gedenkstätten wurden – im Zusammenhang mit der immer wichtigeren kulturellen Bedeutung des Phänomens Selfies – häufig als respektlos, geschichtsvergessen und narzisstisch bewertet. 2014 bis 2017 hatte das Shaming seine Hochphase, es wurden insbesondere junge *weiße* Frauen angeprangert. Ab etwa 2015 wird das Thema in der Wissenschaft mit kontroversen Ergebnissen untersucht sowie produktiv in Form u. a. von Instagram-Accounts in die Institutionen, konkret: in die Vermittlungspraxis der Gedenkstätten, aufgenommen. Am Ende der 2010er-Jahre wird anhand der Verhandlungen um Fotos bzw. Selfies heterosexueller männlicher Prominenter deutlich, dass das Verhalten nicht jeder Person, die sich erinnernd in einer KZ-Gedenkstätte zeigt, als »richtig« anerkannt wird. Die Kategorien Geschlecht, Sexualität, Alter, Religion und Nationalität sind wichtige Faktoren, wenn es darum geht, an dem hegemonialen Erinnerungskollektiv bzw. an neuen Formen digitaler Erinnerungskultur legitim teilhaben zu können.

Diese »Teilhabe aller« an der Erinnerung, und damit auch eine demokratisierte Konstitution kollektiver Identität, versprechen allerdings Social Media. Digitale Medien geben Raum für den Dialog mit vielen. Ebenfalls beziehen neuere Theorien des kulturellen Gedächtnisses wie »prosthetic memory«[64] von Landsberg, »filtered memory«[65] von Fagen oder »connective memory«[66] von Hoskins die aktuellen Entwicklungen von Techniken der Massenkultur mit ein. Insbesondere durch die zeitweiligen Schließungen der Gedenkstätten aufgrund der Maßnahmen zur Eindämmung der Coronapandemie wurden digitale Möglichkeiten der Vermittlung auch vonseiten der Gedenkstätten stärker aufgegriffen und weiterentwickelt. Zudem kommen seit 2020 weitere Plattformen wie TikTok hinzu. Eine digitale Erinnerungskultur bietet viele Potenziale. Trotzdem muss intersektional gedacht werden, um nicht die Ausschlüsse zu reproduzieren, die an den hier dargestellten Verhandlungen um die Selfies deutlich wurden. Erinnern kann unterschiedlich aussehen.

Anmerkungen

1 Eva Krafczyk: Die unappetitlichen Selfies von Auschwitz, in: Die Welt, 29.8.2014, https://www.welt.de/geschichte/zweiter-weltkrieg/article131710140/Die-unappetitlichen-Selfies-von-Auschwitz.html, Zugriff: 23.8.2022.
2 Ebd., ausgewiesen als Zitat einer Aussage des stellvertretenden Stiftungsdirektors der Gedenkstätte Buchenwald, Rikola-Gunnar Lüttgenau.
3 Krafczyk (Anm. 1).
4 Vgl. Yolocaust, http://yolocaust.de, Zugriff: 13.12.2022.
5 Vgl. Alan Schechner: It's the Real Thing – Self-Portrait at Buchenwald, https://www.researchgate.net/figure/Alan-Schechner-Its-the-Real-Thing-Self-Portrait-at-Buchenwald-1993-Digital-still_fig1_42358535, Zugriff: 23.8.2022.
6 Vgl. Joanna Lindenbaum: Impersonating. Consorting with History Alan Schechner's Barcode to Concentration Camp Morph, 1994, and It's the Real Thing – Self-Portrait at Buchenwald, 1993, in: Norman L. Kleeblatt (Hg.): Mirroring evil. Nazi Imagery/Recent Art, New York/New Brunswick, N.J./London 2002, S. 114-116, hier S. 114f.
7 Vgl. Constanze Jaiser: Dancing Auschwitz. Trivialisierung des Horrors?, in: Zeitgeschichte Online, 11.8.2010, https://zeitgeschichte-online.de/kommentar/dancing-auschwitz, Zugriff: 23.8.2022.
8 Marion Klein: Trauerimperativ. Jugendliche und ihr Umgang mit dem Holocaust(-Denkmal), in: Aus Politik und Zeitgeschichte 63 (2013), Nr. 42-43, S. 41-46.
9 Vgl. André Gunthert: The Consecration of the Selfie. A Cultural History, in: Julia Eckel/Jens Ruchatz/Sabine Wirth (Hg.): Exploring the Selfie. Historical, Theoretical, and Analytical Approaches to Digital Self-Photography, Cham 2018, S. 27-47.
10 Vgl. Julia Eckel/Jens Ruchatz/Sabine Wirth: The Selfie as Image (and) Practice. Approaching Digital Self-Photography, in: dies.: Exploring the Selfie (Anm. 9), S. 1-23, hier S. 7.
11 Vgl. Miriam Meckel: Aus Vielen wird das Eins gefunden – wie Web 2.0 unsere Kommunikation verändert, in: Aus Politik und Zeitgeschichte 58 (2008), Nr. 39, S. 17-23.
12 Bernt Schnettler: Digitale Alltagsfotografie und visuelles Wissen, in: Thomas S. Eberle (Hg.): Fotografie und Gesellschaft. Phänomenologische und wissenssoziologische Perspektiven, Bielefeld 2017, S. 241-256, hier S. 250.
13 Vgl. Stelen (Columns). Collection of 150 found images, http://www.marcadelman.com/installation, Zugriff: 23.8.2022.
14 Vgl. Ben Valentine: Gays, Grindr, the Holocaust Memorial, and Art. An Interview with Marc Adelman, in: Hyperallergic, 21.12.2012, https://hyperallergic.com/62106/gays-grinder-the-holocaust-memorial-and-art-an-interview-with-marc-adelman, Zugriff: 23.8.2022.
15 Vgl. Michael Wuliger: Die Schwulen und die Stelen. Ärger um ein Kunstwerk im Jewish Museum New York, in: Jüdische Allgemeine, 25.6.2012, https://www.juedische-allgemeine.de/kultur/die-schwulen-und-die-stelen, Zugriff: 23.8.2022.
16 Vgl. Anne Sher: Statement Regarding Marc Adelman Work, 7.5.2012, https://thejewishmuseum.org/press/press-release/adelman-statement, Zugriff: 24.1.2023.

17 Vgl. Wuliger (Anm. 15).
18 Vgl. Totem and Taboo. Grindr remembers the holocaust. Grindr remembers. Do you?, http://grindr-remembers.blogspot.com, Zugriff: 23.8.2022.
19 Vgl. ebd.
20 Vgl. Dan Avery: Some Grindr Users Think It's Sexy to Post Pics From Holocaust Memorial, in: Queerty, 30.1.2013, https://www.queerty.com/some-grindr-users-think-its-sexy-to-post-pics-from-holocaust-memorial-20130130, Zugriff: 13.12.2022.
21 Vgl. Mark Dommu: Grindr Remembers, in: Heeb, 30.1.2013, http://heebmagazine.com/grindr-remembers/42791, Zugriff: 23.8.2022.
22 Vgl. Brian Moylan: Weshalb posieren all diese homosexuellen Grindr-User vor dem Holocaust-Mahnmal? in: vice, 4.2.2013, https://www.vice.com/de/article/jmk7z3/warum-posieren-alldiese-homosexuellen-grindr-nutzer-vor-dem-hintergrund-des-holocaust-mahnmal, Zugriff: 23.8.2022.
23 Vgl. Ben Brumfield: Selfie named word of the year for 2013, 20.11.2013, https://edition.cnn.com/2013/11/19/living/selfie-word-of-the-year/index.html, Zugriff: 25.1.2023.
24 Vgl. Ramon Reichert: Selfies und Selbstrepräsentation, in: tv diskurs (2017), Nr. 82, S. 32-37, hier S. 32.
25 Vgl. Selfies at Funerals, https://selfiesatfunerals.tumblr.com, Zugriff: 25.1.2023.
26 Vgl. Selfies at Serious Places, https://selfiesatseriousplaces.tumblr.com, Zugriff: 25.1.2023.
27 Vgl. Gunthert (Anm. 9), S. 32.
28 Vgl. z.B. Hektor Brehl: Hashtags, die du für dein Holocaust-Gedenkstätten-Selfie nicht verwenden solltest, in: vice, 21.11.2013, https://www.vice.com/de/article/qbm4mv/25-hashtags-die-du-anholocaust-gedenksttten-nicht-verwenden-solltest, Zugriff: 24.1.2023.
29 Krafczyk (Anm. 1).
30 »Weiß« wird in diesem Text kursiv geschrieben, um zu zeigen, dass es sich nicht um eine scheinbar neutrale Hautfarbe handelt, sondern um eine gesellschaftliche Position, die mit Macht und Privilegien einhergeht.
31 @PrincessBMM: Selfie in the Auschwitz Concentration Camp, Beitrag auf Twitter v. 20.6.2014, Screenshot: Jessica Durando, in: Jessica Durando: Auschwitz Selfie Girl Breanna Mitchell Defends Her Controversial Picture, in: Huffpost, 24.7.2014, https://www.huffpost.com/entry/auschwitz-selfie-girl-breanna-mitchell_n_5618225, Zugriff: 23.8.2022.
32 Vgl. z.B. Ryan McKee: This Girl Posts a Smiling Auschwitz Selfie, Then Responds to Backlash With »I'm Famous Y'All«, 21.7.2014, http://www.mtv.com/news/1873595/smilingauschwitz-selfie, Zugriff: 15.10.2019.
33 Vgl. z.B. Leonard Pitts Jr.: Selfies in Auschwitz ... and why it's wrong, in: Clarion Ledger, 27.7.2014, https://eu.clarionledger.com/story/opinion/columnists/2014/07/27/pitts-selfies-auschwitz-wrong/13175521, Zugriff: 24.1.2023.
34 Vgl. Tinder Holocaust Memorial, https://tinderholocaustmemorial.tumblr.com, Zugriff: 15.10.2019.
35 Vgl. Tindercaust. Tinder Pics from the Berlin Holocaust Memorial, http://tindercaust.blogspot.com, Zugriff: 15.10.2019.
36 Tinder Holocaust Memorial (Anm. 34).
37 Vgl. Josef Zorn: Auch auf Tinder sieht dein Foto am Holocaust-Mahnmal idiotisch aus, in: vice, 21.2.2014, https://www.vice.com/de_at/article/bnb845/tinder-holocaust-denkmal-booty, Zugriff: 25.1.2023.
38 Die Facebook-Seite »With my besties in Auschwitz« wurde entfernt (vgl. das Interview mit der Seitengründerin sowie einen Screenshot in Ruth Margalit: Should Auschwitz be A Site for Selfies? in: The New Yorker, 26.6.2014, https://www.newyorker.com/culture/culture-desk/should-auschwitz-be-a-site-for-selfies, Zugriff: 23.8.2022).
39 Vgl. ebd.
40 »Yolocaust« ist ein aus dem hedonistisch-spaßigen Jugendwort »yolo« für »you only live once« und »Holocaust« gebildeter Begriff. »Yolo« kann als Aufforderung verwendet werden, eine Chance zu nutzen. Es war Jugendwort des Jahres 2012 (und sorgte ebenso wie »Selfie« für viel Aufregung und Ablehnung gegen neue, sichtbare Jugendkulturen). #yolocaust wird verwendet, um Fotos/Selfies in Holocaustgedenkorten zu verschlagworten, aber auch für Memes, z.B. mit Anne Frank.
41 Vgl. Yolocaust (Anm. 4).
42 Vgl. Allison Kaplan Sommer: No More Shoah Selfies. Why the Controversial »Yolocaust« Project Was Taken Down,

in: Haaretz, 27.1.2017, https://www.haaretz.com/jewish/2017-01-27/ty-article/.premium/why-the-yolocaust-project-was-taken-down/0000017f-e6ac-dc7e-adff-f6ad504f0000, Zugriff: 23.8.2022.
43 Vgl. Mirna Funk: Leichenberge, bäm!, in: ZEIT ONLINE, 21.1.2017, https://blog.zeit.de/freitext/2017/01/21/yolocaust-shahak-shapira-erinnerungskultur, Zugriff: 23.8.2022.
44 Ulrich Krökel: Konzentrationslager. Angela Merkels schwerer Premierenbesuch im KZ Auschwitz, in: Berliner Morgenpost, aktual. 6.12.2019, https://www.morgenpost.de/politik/article227841281/Angela-Merkel-besucht-erstmals-als-Kanzlerin-Auschwitz.html, Zugriff: 23.8.2022.
45 Ebd.
46 Anna Essers/Albert Link: Kanzlerin besucht ehemaliges Konzentrationslager Auschwitz. »Was hier geschah, lässt sich mit Menschenverstand nicht erfassen«. Rede der Kanzlerin am dunkelsten Ort deutscher Geschichte, in: Bild, 6.12.2019, https://www.bild.de/politik/inland/politik-inland/kanzlerin-besucht-auschwitz-gleich-gehtmerkel-durch-das-tor-des-todes-66502204.bild.html, Zugriff: 23.8.2022.
47 Vgl. Markus Wehner: Konzentrationslager Auschwitz. Die Summe völkischen Denkens, in: Frankfurter Allgemeine Zeitung, aktual. 27.1.2020, https://www.faz.net/aktuell/politik/holocaust-gedenken-bundespraesident-frankwalter-steinmeier-besucht-auschwitz-16603458.html, Zugriff: 23.8.2022.
48 Werner Kolhoff: Erinnerung an Auschwitz-Befreiung. Bundespräsident Steinmeier: »Das Böse ist immer noch vorhanden«, in: Westdeutsche Zeitung, 27.1.2020, https://www.wz.de/politik/inland/auschwitz-befreiung-steinmeier-das-boese-ist-noch-immervorhanden_aid-48591887, Zugriff: 23.8.2022.
49 Zit. nach Lena Kappei: Kritik auf Instagram. Pink verteidigt Foto von Holocaust-Mahnmal in Berlin, in: Bild, 15.7.2019, https://www.bild.de/regional/berlin/berlin-leute/kritik-auf-instagram-pinkverteidigt-foto-von-holocaust-mahnmal-63298522.bild.html, Zugriff: 13.12.2022.
50 Vgl. Thomas Rudolph: Foto mit Folgen: Rot-Weiß-Erfurt-Spieler posiert am Holocaust-Mahnmal, in: Thüringer Allgemeine, 4.4.2019, https://www.thueringer-allgemeine.de/sport/fussball/regionalliga/foto-mit-folgen-rot-weiss-erfurt-spieler-posiert-am-holocaust-mahnmal-id225285545.html, Zugriff: 25.1.2023.
51 Jan Karon: Frankfurt-Spieler knipst Partyfoto vor den Toren von Auschwitz, in: vice, 14.8.2019, https://www.vice.com/de/article/zmjvv4/frankfurt-spieler-knipst-party-foto-vor-dentoren-von-auschwitz, Zugriff: 23.8.2022.
52 Vgl. u.a. Stephanie Benzaquen: Post, Update, Download. Social Media and the Future of Auschwitz Remembrance, in: Auschwitz heute – dzisiaj – today, hg. v.d. Bundeszentrale für politische Bildung, Berlin 2015, S. 135-148; Magdalena Hodalska: Selfies at Horror Sites: Dark Tourism, Ghoulish Souvenirs and Digital Narcissism, Krakau 2015; Steffen Jost: #darfmansowasposten – Fotografische Repräsentationen von KZ-Gedenkstätten bei Instagram, 2015, https://erinnern.hypotheses.org/494#Instagram, Zugriff: 11.11.2022.
53 Vgl. Erica Fagen: Hashtag Holocaust: Negotiating Memory in the Age of Social Media, Amherst, Mass., 2019; Meghan Lundrigan: Holocaust Memory and Visuality in the Age of Social Media, Ottawa 2019.
54 Lisa-Marie Richter: #Yolocaust? Über die virtuelle Inszenierung des Besuchs von Holocaust-Erinnerungsorten auf Instagram, in: Medienwelten – Zeitschrift für Medienpädagogik (2017), Nr. 8, S. 116-162, hier S. 140, https://journals.qucosa.de/zfm/article/view/15/2017-8-richter, Zugriff: 12.12.2022.
55 Vgl. Maria Zalewska: Selfies from Auschwitz. Rethinking the Relationship Between Spaces of Memory and Places of Commemoration in The Digital Age, in: Digital Icons. Studies in Russian, Eurasian and Central European New Media (2017), Nr. 18, S. 95-116.
56 Vgl. Jost (Anm. 52).
57 Vgl. Ulla Authenrieth: Diskurse des (Un-)Zeigbaren und die Rolle von Alter und Geschlecht. Am Beispiel #Yolocaust, in: Zeigen, andeuten, verstecken. Bilder zwischen Verantwortung und Provokation, hg. v. Clemens Schwender/Cornelia Brantner/Camilla Graubner/Joachim von Gottberg, Köln 2019, S. 99-120.
58 Vgl. Marlene Kirschbaum: Eine histori-

sche Ikone im Instagram-Feed, 28.7.2017, https://doingselfieblog.wordpress.com/2017/07/28/eine-historische-ikone-im-instagram-feed, Zugriff: 23.8.2022; Max Czollek: Desintegriert euch! München 2018; Thomas Thiemeyer: Erinnerungspraxis und Erinnerungskultur. Zur Einleitung, in: ders./Jackie Feldman/Tanja Seider (Hg.): Erinnerungspraxis zwischen gestern und morgen. Wie wir uns heute an NS-Zeit und Shoah erinnern: Ein deutsch-israelisches Studienprojekt, Tübingen 2018, S. 7-20; Iris Groschek: KZ-Gedenkstätten und Social Media, in: Christian Holst (Hg.): Kultur in Interaktion. Co-Creation im Kultursektor, Wiesbaden 2020, S. 105-118.
59 Vgl. Auschwitz Memorial and Museum, https://www.instagram.com/auschwitzmemorial, Zugriff: 25.1.2023.
60 Vgl. zu Social Media und Erinnerung z.B. Zalewska (Anm. 55) oder Groschek (Anm. 58).
61 Vgl. Neuengamme Memorial, https://www.instagram.com/neuengamme.memorial, Zugriff: 25.1.2023.
62 Vgl. eva.stories, https://www.instagram.com/eva.stories/?hl=de, Zugriff: 13.12.2022.
63 Vgl. ichbinsophiescholl, https://www.instagram.com.ichbinsophiescholl/?hl=de, Zugriff: 13.12.2022.
64 Vgl. Alison Landsberg: Prosthetic Memory. The Transformation of American Remembrance in the Age of Mass Culture, New York 2004.
65 Vgl. Fagen (Anm. 53).
66 Vgl. Andrew Hoskins: Anachronisms of Media, Anachronisms of Memory. From Collective Memory to a New Memory Ecology, in: Motti Neiger/Oren Meyers/Eval Zandberg (Hg.): On Media Memory. Collective Memory in a New Media Age, Basingstoke 2011, S. 278-288.

Christian Günther und Jan Schenck

Gedenkstätten auf Twitter
Eine Datenanalyse von Social-Media-Kampagnen

Gedenk- und Dokumentationsstätten zu NS-Verbrechen sind seit mehreren Jahren nicht mehr nur lokal gebunden, sondern durch das Internet zu globalen, ständig erreichbaren Orten geworden. Menschen nutzen inzwischen digitale Medien ganz selbstverständlich, um sich Themen zu erschließen und Informationen zu gewinnen.[1] Auf eine Onlineumfrage des Gedenkstättenreferats der Stiftung Topographie des Terrors vom Juni 2022, den Stand der Digitalisierung von Gedenkstätten betreffend, meldeten sich 139 der 284 befragten Einrichtungen zurück und gaben dabei die Digitalisierung als dringendsten Bedarf an. Je nach Einrichtungsgröße wurde ein Ausbau von Social-Media-Kanälen zwar als unterschiedlich relevant erachtet, doch insgesamt als elementar angesehen, um den Aufgaben der Bildung und Vermittlung nachzukommen.[2] Hinsichtlich der Aktivitäten von Gedenkstätten in sozialen Netzwerken ist zunächst ein Paradigmenwechsel festzustellen. Noch 2011 konstatierte Ina Lorenz in einem Beitrag im »GedenkstättenRundbrief« eine gewisse Zögerlichkeit der Akteur:innen in Deutschland in ihren Onlineaktivitäten im Vergleich zu Erinnerungsinstitutionen anderer Länder.[3] Forscher:innen beschreiben mit Begriffen wie »Erinnerungskultur 2.0«[4] nicht nur einen Autoritätsverlust bzw. ein Verschwinden der Deutungshoheit von Historiker:innen und Gedächtnisinstitutionen, sondern in der Folge vor allem auch eine personalisierte und zunehmende fragmentierte Darstellung und Interpretation von Geschichte. Die im Internet stattfindenden Erzählungen von Geschichte seien zudem nach Einschätzung des Politikwissenschaftlers Claus Leggewie und der Historikerin Rosmarie Beier zueinander inkompatibel, widersprüchlich und ungeordnet.[5] Analytisch erfassen Uwe Danker und Astrid Schwabe dieses Phänomen in der für die deutschsprachige Geschichtsdidaktik ersten Publikation zum Thema Geschichte im Internet.[6] Darin beschreiben sie die wesentlichen Strukturmerkmale von »digitalen Online-Medien«, die sich durch Interaktivität, Multimedialität, Virtualität, Dynamik, Hypertextstruktur und Zugänglichkeit auszeichneten.[7] Davon ausgehend charakterisiert Hannes Burkhardt soziale Medien als »hybride Schnittstellen [für vielfältige] transnationale Erinnerungsdiskurse, -medien und -praktiken«[8], die sich insbesondere auf bisher wirkungsmächtige Erinnerungsmuster auswirkten, weil Akteur:innen, also Nutzer:innen, diesen implizit und explizit entgegenwirkten und diese teils auch durchbrächen.[9] Dennoch wurde das Potenzial sozialer Medien im Hinblick auf Geschichtsvermittlung – auch weil es empirisch und technisch schwieriger zu untersuchen ist – bislang selten in der Forschung oder im Rahmen von Datenanalysen in den Blick genommen.[10]

Im Vordergrund dieses Beitrags sollen Synergien für Gedenkstätten im sozialen Netzwerk Twitter[11] stehen. Dazu werden die Kampagnen #NSGedenken (2018), #75Befreiung (2020) und #GeschichtenDerBefreiung (2021) unter der Fragestellung analysiert, wie sich die Teilnahme an ihnen in ihrem jeweiligen Verlauf entwickelt hat. Nach einer kurzen Vorstellung der Plattform Twitter werden Gedenkstättenaktivitäten auf Twitter eingeordnet und die sich daraus ergebenden Möglichkeiten für die datenbasierte Forschung dargestellt. Den Abschluss bilden vorsichtige Interpretation der in der Analyse gewonnenen Daten sowie Überlegungen, wie diese durch weiterführende Fragestellungen ergänzt werden könnten.

»Twitter (engl. für Gezwitscher) ist ein ›Echtzeit-Informationsnetzwerk‹ zur Verbreitung von Kurznachrichten, sogenannten Tweets, die bis zu [280] Zeichen enthalten können. Twitter eignet sich in vielfacher Hinsicht als Informations- und Distributionskanal in den Wissenschaften. [...] Zur inhaltlichen Erschließung der Tweets können Schlagwörter verwendet werden. Diese werden bei Twitter als Hashtags bezeichnet. Sie setzen sich zusammen aus dem Rautezeichen ›#‹ (engl. hash) und einem Schlagwort (engl. tag).«[12] Twitter wird anders als z.B. das soziale Netzwerk TikTok[13] von den Gedenkstätten nicht zur personenbezogenen gedenkstättenpädagogischen Arbeit genutzt.[14] Während auf TikTok die Geschichtsvermittlung in direkter Ansprache erfolgt, also auch die vermittelnde Person mit ihren Eigenschaften und Fähigkeiten in Erscheinung tritt, stehen in der auf Twitter ausgerichteten Kommunikation der Gedenkstätten Hinweise auf Beiratssitzungen, Tagungen und Forschungsergebnisse, neue Ausstellungen, Publikationen oder Veranstaltungen im Vordergrund. Zum Jahresbeginn 2023 waren mindestens 29 Gedenkstätten aus Deutschland auf Twitter vertreten. Darunter befinden sich sowohl kleinere als auch größere Einrichtungen. Abhängig von den zur Verfügung stehenden Ressourcen und damit der Zeit, die in das soziale Netzwerk investiert werden kann, erreichen die Gedenkstätten unterschiedlich große Zielgruppen.[15] Die Interaktion mit anderen Nutzer:innen, also die ursprüngliche Intention dieses Dialogmediums, steht dabei im Hintergrund. Unter dem Einfluss der fragmentierten, dynamischen und durch andere Hierarchien[16] geprägten Kommunikation in sozialen Netzwerken verändert und erweitert sich auch der klassische Aufgabenbereich der Öffentlichkeitsarbeit und bedingt einen höheren Stellenbedarf. Augenfällig ist, dass viele Gedenkstätten offensichtlich Wert auf eine große Zahl Follower:innen legen, nicht aber auf die stattgefundenen Interaktionen, also nicht aktiv in einen Austausch mit Follower:innen treten wollen.[17] Eine Verschränkung bzw. Vernetzung der Öffentlichkeitsarbeit auf Twitter mit gedenkstättenpädagogischen Aktivitäten oder der Arbeit anderer eigener Abteilungen oder der Arbeit anderer Gedenkstätten findet in der Regel kaum statt. Dass aber gerade eine Vernetzung sinnvoll ist, wurde z.B. im April 2016 deutlich, als die KZ-Gedenkstätten Neuengamme und Dachau gleichzeitig jeweils einen interaktiven Rundgang anboten, der Zeitspuren und Erinnerungszeichen thematisierte und dabei sowohl Ähnlichkeiten als auch Unterschiede beider Orte deutlich machte. Über Twitter wurden die Rundgänge durch den Hashtag #MemorialWalk miteinander verbunden, der insgesamt 55108 Personen erreichte.[18]

Datenbasierte Forschung

Twitter wird schon seit einigen Jahren für datenbasierte Forschung genutzt, da die dort produzierten Daten im Vergleich zu anderen Plattformen wie z. B. Instagram relativ leicht zugänglich sind.[19] Aktivitäten von deutschen Gedenkstätten auf Twitter wurden bisher nur vereinzelt datenbasiert untersucht. Im Fokus standen dabei Öffentlichkeitsarbeit und Bildungsarbeit sowie Netzwerkstrukturen.[20]

Das Gesamtkorpus der hier untersuchten Tweets aus den drei Kampagnen #NSGedenken (2018), #75Befreiung (2020) und #GeschichtenDerBefreiung (2021) stammt aus Teilsammlungen, die über die Freeversion der Twitter API[21] mittels snscrape[22] und über den Academic-Research-Zugang für die Twitter API v2 mittels der Python library Tweepy[23] angelegt wurden.[24] Grund für die unterschiedlichen Zugriffe auf die Daten war die von Twitter festgelegte Ratenbegrenzung.[25] Aus den damit verbundenen unterschiedlichen Zugriffsmöglichkeiten resultierte eine unterschiedliche Qualität der erhobenen Daten. Generell konnten nur Tweets erfasst werden, die mit einem entsprechenden und korrekt geschriebenen Hashtag versehen waren. Das Alter der Accounts, die Zahl der Follower:innen und die Verifizierung von Accounts sowie andere zur Beschreibung der Accounts hilfreiche Indikatoren konnten aufgrund der Beschränkungen durch Twitter nicht durchgängig erhoben werden. Die Bereinigung des Datenkorpus erfolgte mittels OpenRefine.[26] Der Datensatz zur zweiten hier analysierten Kampagne #75Befreiung umfasst aufgrund eines nicht identifizierbaren Fehlers nur die Tweets bis zum 8. Februar statt bis zum 9. Februar 2020. Der bei dieser Kampagne eingesetzte Bot[27] wurde nicht einzeln analysiert. Dessen Retweets gingen jedoch in die erhobenen Zahlen ein. Ob diese Reichweitenverstärkung auch zu einer relevant größeren Reichweite[28] geführt hat, ließe sich nur durch eine genauere Analyse der Follower:innen des Bots und der beteiligten Accounts feststellen. Die Analyse konkreter Accounts fiel nicht in unsere Fragestellung. Bei allen Kampagnen wurden die Hashtags auch weit über den Kampagnenzeitraum hinaus benutzt. Der Hashtag #75Befreiung zunehmend bis zum 8. Mai 2020, der Hashtag #NSGedenken von einigen Accounts bis heute.

Die gesammelten Daten wurden mit OpenRefine und LibreOffice Calc[29] weiterverarbeitet. Eine einfache Facettierung[30] in OpenRefine konnte für die Zahl beteiligter Accounts, die Zahl genutzter Clients[31] und die Verteilung der Zahl der Likes und der Zahl der Retweets auf die abgesetzten Tweets angewandt werden. Für die zeitabhängigen Beurteilungen wurde beim Alter der Accounts der Zeitpunkt der Einrichtung auf das jeweilige Jahr reduziert und bei den Tweets der Zeitpunkt der Absetzung auf den jeweiligen Tag. Die Hashtags wurden aus dem Orginaltweettext mithilfe von Regular Expressions[32] extrahiert und durch eine Facette (eine Auswertungsmethode in OpenRefine) dargestellt. Die Zahlen der Retweets, Replys, Likes und Quotes wurden für alle abgesetzten Tweets in LibreOffice Calc summiert. Für die Darstellung der Zusammenhänge wurden jeweils jene Accounts ausgewählt, die mit mindestens 6 abgesetzten Tweets zur jeweiligen Kampagne als »stärker beteiligt« eingestuft wurden. Für diese Accounts wurden die Retweets, Replys, Likes und Quotes aller von ihnen abgesetzten Tweets summiert. Die Darstellung der so gewonnenen Daten in Diagrammen erfolgte mit Datawrapper[33]. Alle Angaben sind ohne Gewähr und beziehen sich auf den erhobenen Datensatz. Da die allgemeinen Geschäftsbedingungen von Twitter für die Nutzung der Twitter API festlegen, dass die damit erhobenen Daten Dritten nicht zugänglich gemacht werden dürfen, kann das hier verwendete Korpus leider nicht offengelegt werden.

Fallstudien: Die Kampagnen #NSGedenken, #75Befreiung und #GeschichtenDerBefreiung

Gegenstand der Analyse waren die drei großen gedenkstättenübergreifenden Kampagnen #NSGedenken, #75Befreiung und #GeschichtenDerBefreiung.

Die erste dieser vernetzten Aktivitäten, die von der KZ-Gedenkstätte Neuengamme initiierte Kampagne mit dem Hashtag #NSGedenken, lief vom 1. bis 14. Oktober 2018. Ziel war es, an jedem Tag der Kampagne zu einem gesetzten Schwerpunkt, z.B. zu den Themenbereichen »Biografien«, »Täterschaft« oder »Wie künftig erinnern«, unterschiedliche Blickwinkel auf Gedenkstättenarbeit durch diverse beteiligte Gedenkstätten zu eröffnen.[34] Die Kampagne wurde mit mehreren auf Twitter vertretenen Gedenkstätten besprochen und konzipiert. Es wurden keine weiteren geplanten Hashtags zur thematischen Strukturierung benutzt.

Die zweite, von Iris Groschek[35] initiierte und von Juna Grossmann[36] sowie Tessa Bouwman[37] unterstützte Kampagne mit dem Hashtag #75Befreiung (bzw. #75liberation) lief zweisprachig vom 20. Januar bis 9. Februar 2020 um den 75. Jahrestag der Befreiung des KZ Auschwitz.[38] Die Kampagne wurde erstmalig durch zwei Bots unterstützt, die vom Institut für Digital Humanities der Universität zu Köln programmiert worden waren. Die Bots dienten auf Anregung von Charlotte Jahnz[39] dazu, die Kampagne zu bündeln, indem sie alle Tweets mit dem Hashtag #75Befreiung bzw. #75liberation retweeteten. Der ebenfalls vom Institut für Digital Humanities entwickelte Open-Source-Twitter-Scheduling-Service autoChirp[40] sollte sowohl die Umsetzung als auch die Dokumentation des Projekts erleichtern.[41] Der Kontakt zwischen den durchführenden Gedenkstätten und der Universität zu Köln entstand durch das »Histocamp«, das seit 2015 jährlich vom Verein OpenHistory e.V. realisiert wird, um den Austausch zwischen Wissenschaftler:innen und einer interessierten Öffentlichkeit zu fördern.[42] Im Rahmen des »Histocamps« diskutierten die Initiatorinnen auch die Inhalte der Kampagne sowie gewünschte Themen mit Teilnehmenden.[43] Anders als zuvor wurden zur thematischen Strukturierung keine geplanten Hashtags benutzt, allerdings gab es Themenvorschläge für die Kampagnentage. Diese wurden teilweise als Hashtags verwendet, in der Analyse sind sie jedoch nicht berücksichtigt, da es keine Kontinuität in der Nutzung bei den beteiligten Akteur:innen gab.

Die dritte, von der KZ-Gedenkstätte Moringen sowie dem Verein Gedenkstätten Gestapokeller und Augustaschacht e.V., Hasbergen bei Osnabrück, initiierte Kampagne mit dem Hashtag #GeschichtenDerBefreiung lief anlässlich des 76. Jahrestages der Befreiung der nationalsozialistischen Haftstätten und Lager vom 1. April bis 8. Mai 2021. In der Kampagne wurden wie in der Kampagne #75Befreiung zur Strukturierung des Themas »Befreiung« weitere geplante Hashtags benutzt.[44]

Auswertung der Kampagne #NSGedenken

Insgesamt wurden während der Kampagne vom 1. bis 14. Oktober 2018 393 Tweets mit dem Hashtag #NSGedenken gepostet. Die Tweets wurden 2824-mal retweetet, 127-mal beantwortet, 6227-mal geliked und 229-mal zitiert. Die Beteiligung nahm im Verlauf der Kampagne, mit Ausnahme einiger Spitzen, ab. Nur wenige Tweets wurden mehr als 10-mal retweetet, 50 Tweets wurden nicht retweetet (Abb. 1). Ein ähnliches Bild zeigt die Verteilung der Likes als einer passiveren Form der Beteiligung[45]. Nur wenige Tweets erhielten eine große Zahl Likes, 7 Tweets erhielten keine Likes (Abb. 2).

Während der Kampagne wurden außer dem Hashtag #NSGedenken keine weiteren geplanten Hashtags stringent benutzt. Einige Akteur:innen verwendeten die vorgeschlagenen Themen für die einzelnen Kampagnentage als Hashtag. Daneben wurden mehrere zusätzliche, nicht geplante Hashtags benutzt (Tabelle 1). Diese ermöglichen einen (unvollständigen) Überblick über die thematische Gewichtung der Kampagne. Es beteiligten sich 55 Accounts. 13 Accounts gehörten mit mindestens 6 Tweets zur Kategorie der stärker beteiligten Accounts, 5 Accounts beteiligten sich mit 20 oder mehr Tweets (Abb. 3). Genutzt wurden 11 verschiedene Clients, am häufigsten der Twitter Web Client. Die Auswertung des Alters der Accounts zeigt, dass viele 2017 – und damit neu – eingerichtet worden waren (Abb. 4).

Die Auswertung der erhobenen Kennzahlen Tweets gesamt, Retweets gesamt, Replys gesamt, Likes gesamt und Quotes gesamt sowie Zahl der Follower:innen zu den 13 Accounts mit stärkerer Beteiligung während der Kampagne #NSGedenken (Abb. 5) zeigt, dass sowohl viele Follower:innen als auch anhaltende Aktivität auf Twitter zu einer großen Reichweite führen können. Accounts, die ähnlich viele Follower:innen hatten, z.B. @GedenkstaetteNG und @belsenmemorial, erhielten auch eine ähnliche durchschnittliche Zahl Retweets pro Tweet.

Hashtag	Zahl der Tweets
#Gedenken	38
#WasBleibt	25
#ImNetz	25
#unerzählt	24
#Gardelegen	22
#Täterschaft	21
#Initiativen	14

Tabelle 1: Nutzung von zusätzlichen, nicht geplanten Hashtags während der Kampagne #NSGedenken

Auswertung der Kampagne #75Befreiung

Insgesamt wurden während der Kampagne vom 20. Januar bis 9. Februar 2020 1160 Tweets mit dem Hashtag #75Befreiung gepostet. Die Tweets wurden 6259-mal retweetet, 439-mal beantwortet, 14705-mal geliked und 305-mal zitiert. Die Beteiligung blieb im Verlauf der Kampagne, mit Ausnahme einige Spitzen, ungefähr gleich hoch und nahm nur leicht ab. Nur wenige Tweets wurden mehr als 10-mal retweetet, 346 Tweets wurden einmal retweetet, also nur von den eingesetzten Bots. 81 Tweets wurden nicht retweetet (Abb. 6). Nur wenige Tweets erhielten eine große Zahl Likes, 138 Tweets erhielten keine Likes (Abb. 7).

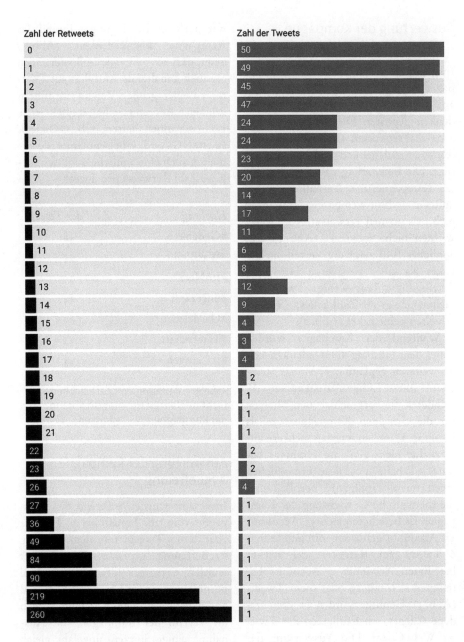

Abb. 1: Zahl der Tweets mit jeweiliger Zahl der Retweets während der Kampagne #NSGedenken

Abb. 2 (gegenüberliegende Seite): Zahl der Tweets mit jeweiliger Zahl der Likes während der Kampagne #NSGedenken

Zahl der Likes	Zahl der Tweets
0	7
1	15
2	16
3	7
4	26
5	18
6	22
7	21
8	25
9	18
10	22
11	17
12	16
13	19
14	11
15	13
16	13
17	12
18	12
19	11
20	6
22	3
23	8
24	6
25	3
26	2
27	3
28	2
29	1
30	3
31	1
32	4
34	2
35	1
36	3
38	2
39	2
42	1
49	1
52	2
53	1
102	1
136	1
142	1
378	1
655	1

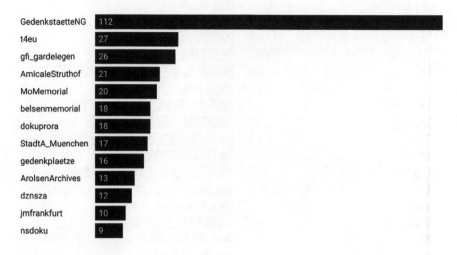

Abb. 3: Zahl der Tweets von den 13 Accounts mit stärkerer Beteiligung während der Kampagne #NSGedenken

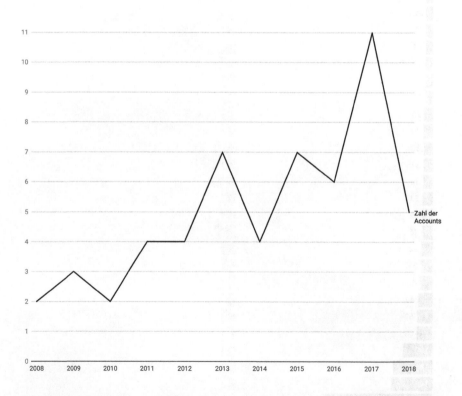

Abb. 4: Zahl der Accounts während der Kampagne #NSGedenken nach dem Jahr ihrer Einrichtung

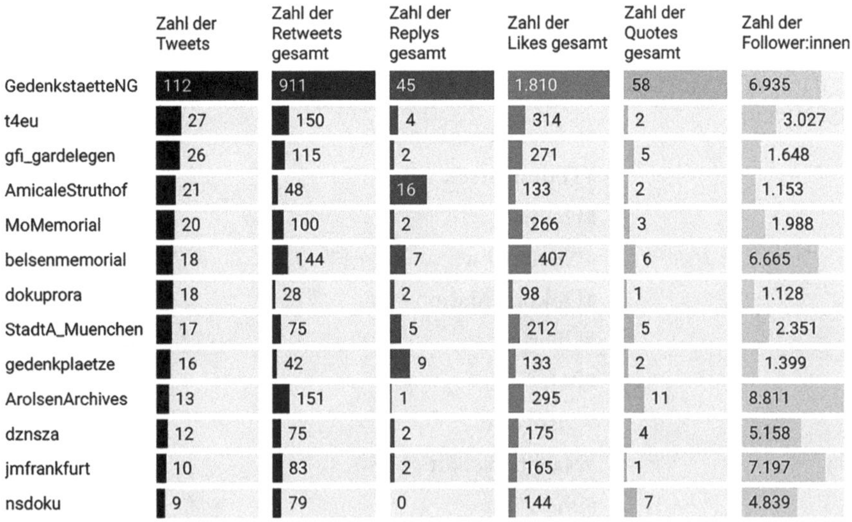

Account	Zahl der Tweets	Zahl der Retweets gesamt	Zahl der Replys gesamt	Zahl der Likes gesamt	Zahl der Quotes gesamt	Zahl der Follower:innen
GedenkstaetteNG	112	911	45	1.810	58	6.935
t4eu	27	150	4	314	2	3.027
gfi_gardelegen	26	115	2	271	5	1.648
AmicaleStruthof	21	48	16	133	2	1.153
MoMemorial	20	100	2	266	3	1.988
belsenmemorial	18	144	7	407	6	6.665
dokuprora	18	28	2	98	1	1.128
StadtA_Muenchen	17	75	5	212	5	2.351
gedenkplaetze	16	42	9	133	2	1.399
ArolsenArchives	13	151	1	295	11	8.811
dznsza	12	75	2	175	4	5.158
jmfrankfurt	10	83	2	165	1	7.197
nsdoku	9	79	0	144	7	4.839

Abb. 5: Kennzahlen der 13 Accounts mit stärkerer Beteiligung während der Kampagne #NSGedenken

Die weiteren geplanten Hashtags wurden deutlich unterschiedlich stark benutzt (Tabelle 2).

Es beteiligten sich 212 Accounts. 37 Accounts gehörten mit mindestens 6 Tweets zur Kategorie der stärker beteiligten Accounts, 9 Accounts beteiligten sich mit mehr als 20 Tweets (Abb. 8), darunter nicht nur große Gedenkstätten, sondern auch kleinere Initiativen und Einzelpersonen. Dabei stechen zwei Accounts hervor. Genutzt wurden 18 verschiedene Clients, am häufigsten die Mobile Twitter WebApp.

Bei Betrachtung der Jahre, in denen die beteiligten Accounts auf Twitter erstellt wurden (Abb. 9), und unter der Annahme, dass diese Accounts einen Bezug zu Themen der Erinnerungskultur haben, lässt sich in den letzten Jahren eine Zunahme von Accounts mit Erinnerungsbezug feststellen. Anders als in dem Datensatz der dritten ausgewerteten Kampagne #Geschich tenDerBefreiung ist hier der Digitalisierungsschub durch Corona noch nicht wahrnehmbar, vielmehr scheint es 2019 einen Peak gegeben zu haben.

Die Auswertung der erhobenen Kennzahlen Tweets gesamt, Retweets gesamt, Replys gesamt, Likes gesamt und Quotes gesamt sowie Zahl der Follower:innen zu den ersten 15 der 37 Accounts mit stärkerer Beteiligung während der Kampagne #75Befreiung (Abb. 10) zeigt wie bei der ersten ausgewerteten Kampagne #NSGedenken, dass sowohl viele Follower:innen als auch kontinuierlich abgesetzte Tweets zu einer großen Reichweite führen können. Allerdings erhielten Accounts wie z.B. @GedenkstaetteNG und @belsenmemorial mit ähnlich vielen Follower:innen anders als in der Kampagne #NSGedenken durchschnittlich keine ähnliche Zahl Retweets pro Tweet. Die Nutzung von thematischen Hashtags verteilte sich hier auf deutlich mehr Accounts,[46] trotzdem steu-

Tabelle 2: Nutzung der geplanten Hashtags während der Kampagne #75Befreiung

Hashtag[a]	Zahl der Tweets
#Auschwitz75	167
#Zwangsarbeit	40
#frühesGedenken	27
#Todesmarsch	24
#Heimat	22
#Neubeginn	22
#Dokumentation	19
#Überleben	19
#Befreier	18
#Displaced	17
#Nachbarschaft	17
#unerzählt	17
#vorAuschwitz	17
#vorderBefreiung	16
#nachAuschwitz	14
#vorGericht	14
#Botschaften	13
#nächsteGeneration	7
#Familie	4
#curatorschoice	2
#wirhabennichtsgewusst[b]	1

[a] Zur Zählung der Hashtags wurden Groß- und Kleinschreibung vereinheitlicht, Schreibfehler wurden belassen.
[b] Der Hashtag #wirhabennichtsgewusst fehlt aufgrund technischer Probleme mit der Twitter API im Datensatz.

erten nur wenige Accounts die deutlich höchste Zahl Tweets bei.

Auswertung der Kampagne #GeschichtenDerBefreiung

Insgesamt wurden während der Kampagne vom 1. April bis 8. Mai 2021 537 Tweets mit dem Hashtag #GeschichtenDerBefreiung gepostet. Die Tweets wurden 2716-mal retweetet, 522-mal beantwortet, 8349-mal geliked und 217-mal zitiert (Abb. 11). Anders als bei der ersten ausgewerteten Kampagne #75Befreiung sank die Beteiligung im Laufe der Zeit, stieg aber am 8. Mai, dem Schlusstag der Kampagne, noch einmal sprunghaft an.[47] Nur wenige Tweets wurden mehr als 10-mal retweetet, über 100 Tweets wurden nicht retweetet, 7 Tweets erhielten keine Likes. Nur wenige Tweets erhielten eine große Zahl Likes (Abb. 12).

Die weiteren geplanten Hashtags wurden nicht sehr ausgeprägt unterschiedlich häufig benutzt (Tabelle 3). Anhand der benutzten ungeplanten Hashtags lassen sich thematische (#neuengamme, #gardelegen45), zeitliche (#8Mai, #tagderbefreiung) und Twitter-typische (#keinvergessen, #otd) Nutzungen erkennen (Tabelle 4). Es be-

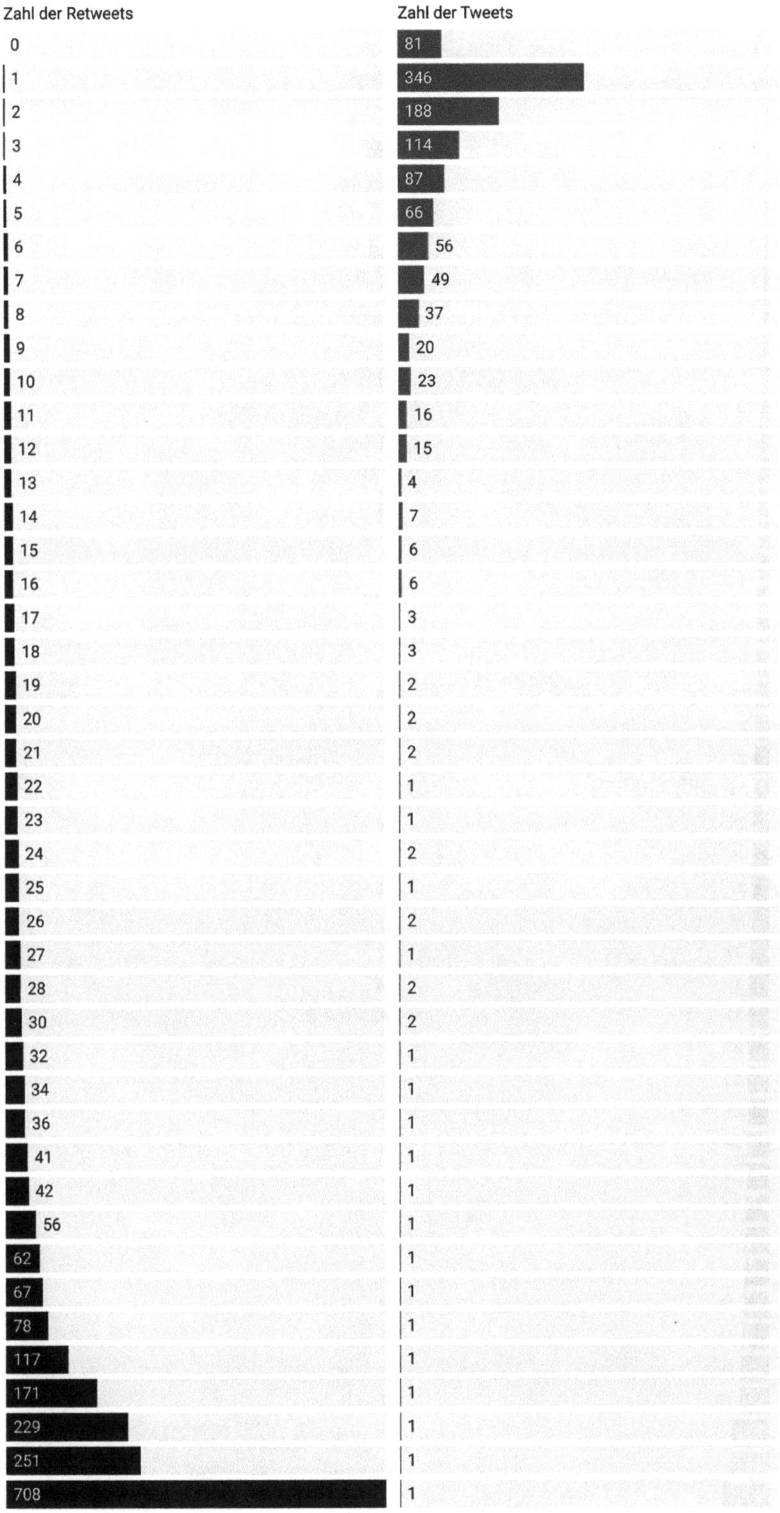

Zahl der Retweets	Zahl der Tweets
0	81
1	346
2	188
3	114
4	87
5	66
6	56
7	49
8	37
9	20
10	23
11	16
12	15
13	4
14	7
15	6
16	6
17	3
18	3
19	2
20	2
21	2
22	1
23	1
24	2
25	1
26	2
27	1
28	2
30	2
32	1
34	1
36	1
41	1
42	1
56	1
62	1
67	1
78	1
117	1
171	1
229	1
251	1
708	1

Abb. 6: Zahl der Tweets mit jeweiliger Zahl der Retweets während der Kampagne #75Befreiung

	Zahl der Likes	Zahl der Tweets
A	0	72
B	1	55
C	2	66
D	3	35
E	4	49
F	5	43
G	6	32
H	7	40
I	8	25
J	9	31
K	10	17
L	11	25
M	12	15
N	13	23
O	14	15
P	15	23
Q	16	10
R	17	16
S	18	10
T	19	16
U	20	7
V	21	5
W	22	3
X	23	6
Y	24	4
Z	25	4
AA	26	7
AB	27	2
AC	28	3
AD	30	2
AE	31	4
AF	32	1
AG	33	3
AH	34	1
AI	35	2
AJ	36	2
AK	37	2
AL	39	1
AM	40	2
AN	41	2
AO	43	2
AP	44	1
AQ	46	1
AR	50	1
AS	62	1
AT	66	1
AU	80	2
AV	92	1
AW	290	1
AX	393	1
AY	600	1

GEDENKSTÄTTEN AUF TWITTER

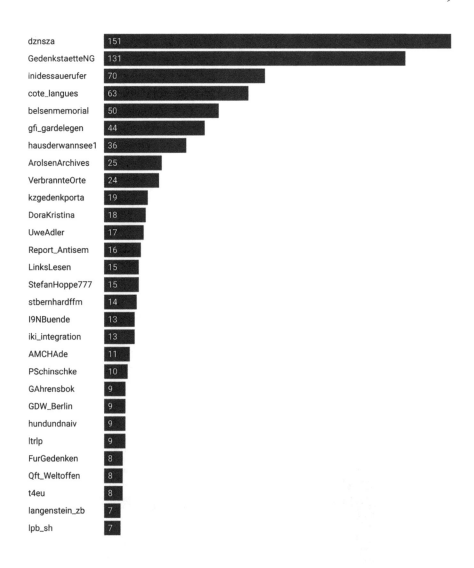

Abb. 8: Zahl der Tweets von den ersten 29 der 37 Accounts mit stärkerer Beteiligung während der Kampagne #75Befreiung

Abb. 7 (gegenüberliegende Seite): Zahl der Tweets mit jeweiliger Zahl der Likes während der Kampagne #75Befreiung

28
20
10
Zahl der Accounts
2008 2009 2010 2011 2012 2013 2014 2015 2016 2017 2018 2019 2020

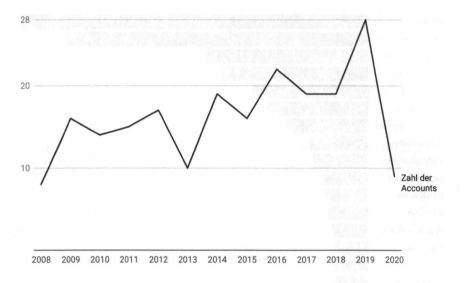

Abb. 9: Zahl der Accounts während der Kampagne #75Befreiung nach dem Jahr ihrer Einrichtung

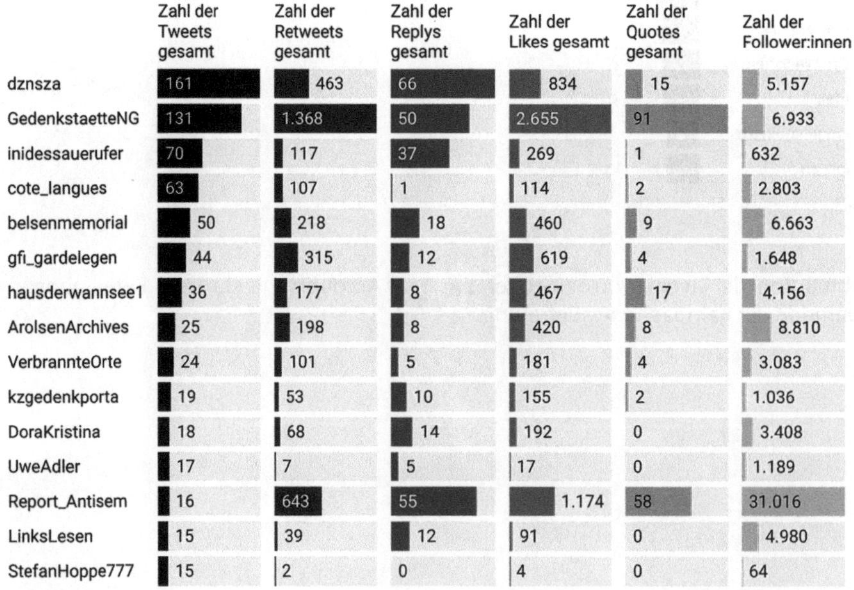

Zahl der Tweets gesamt
Zahl der Retweets gesamt
Zahl der Replys gesamt
Zahl der Likes gesamt
Zahl der Quotes gesamt
Zahl der Follower:innen
dznsza 161 463 66 834 15 5.157
GedenkstaetteNG 131 1.368 50 2.655 91 6.933
inidessauerufer 70 117 37 269 1 632
cote_langues 63 107 1 114 2 2.803
belsenmemorial 50 218 18 460 9 6.663
gfi_gardelegen 44 315 12 619 4 1.648
hausderwannsee1 36 177 8 467 17 4.156
ArolsenArchives 25 198 8 420 8 8.810
VerbrannteOrte 24 101 5 181 4 3.083
kzgedenkporta 19 53 10 155 2 1.036
DoraKristina 18 68 14 192 0 3.408
UweAdler 17 7 5 17 0 1.189
Report_Antisem 16 643 55 1.174 58 31.016
LinksLesen 15 39 12 91 0 4.980
StefanHoppe777 15 2 0 4 0 64

Abb. 10: Kennzahlen der ersten 15 der 37 Accounts mit stärkerer Beteiligung während der Kampagne #75Befreiung

Hashtag	Zahl der Tweets
#biografien	53
#initiativen	43
#historischeorte	50
#formenderErinnerung	43
#befreitabernichtfrei	27
#zukunftdererinnerung	16

Tabelle 3: Nutzung der geplanten Hashtags während der Kampagne #GeschichtenDerBefreiung

Hashtag	Zahl der Tweets
#otd	63
#keinvergessen	29
#niewieder	20
#tagderbefreiung	20
#8Mai	17
#WeRemember	17
#geschichte	16
#neuengamme	16
#gardelegen45	15
#sachsenanhalterinnert	15

Tabelle 4: Nutzung von zusätzlichen, nicht geplanten Hashtags während der Kampagne #GeschichtenDerBefreiung

teiligten sich 82 Accounts. 25 Accounts gehörten mit mindestens 6 Tweets zur Kategorie der stärker beteiligten Accounts, 8 Accounts beteiligten sich mit mehr als 20 Tweets (Abb. 13), darunter wie bei der Kampagne #75Befreiung nicht nur große Gedenkstätten, sondern auch kleinere Initiativen und Einzelpersonen. Genutzt wurden 11 verschiedene Clients, am häufigsten wie in der Kampagne #75Befreiung die Mobile Twitter WebApp. Am Alter der 82 Accounts kann vermutlich der durch die Coronapandemie ausgelöste Digitalisierungsschub abgelesen werden, da im Jahr 2020 ein Peak bei der Erstellung der Accounts erkennbar ist (Abb. 14).

Die Auswertung der erhobenen Kennzahlen Tweets gesamt, Retweets gesamt, Replys gesamt, Likes gesamt und Quotes gesamt sowie Zahl der Follower:innen zu den 25 Accounts mit stärkerer Beteiligung während der Kampagne #GeschichtenDerBefreiung (Abb. 15) zeigt wie bei den anderen beiden analysierten Kampagnen, dass

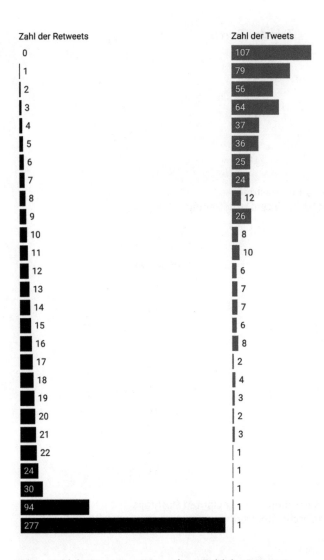

Abb. 11: Zahl der Tweets mit jeweiliger Zahl der Retweets während der Kampagne #GeschichtenDerBefreiung

Abb. 12 (gegenüberliegende Seite): Zahl der Tweets mit jeweiliger Zahl der Likes während der Kampagne #GeschichtenDerBefreiung

Zahl der Likes	Zahl der Tweets
0	7
1	21
2	20
3	28
4	27
5	37
6	37
7	34
8	28
9	18
10	18
11	20
12	18
13	20
14	16
15	23
16	14
17	12
18	13
19	9
20	9
21	7
22	9
23	4
24	4
25	3
26	6
27	10
28	5
29	2
30	4
31	6
32	4
33	1
34	2
35	6
36	2
37	1
38	3
39	4
40	1
41	2
42	3
43	1
44	3
45	1
46	3
47	2
49	1
50	1
53	1
59	1
63	1
87	1
102	1
220	1
931	1

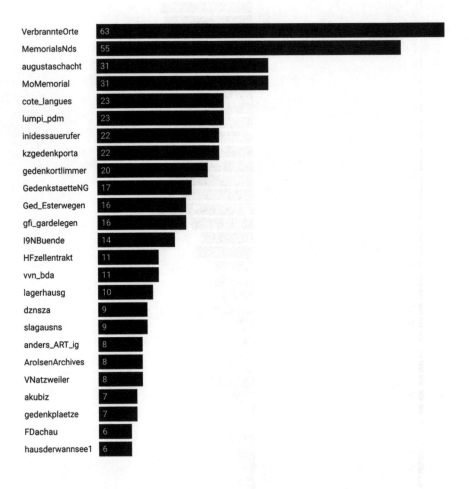

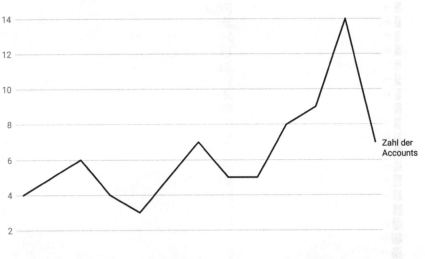

GEDENKSTÄTTEN AUF TWITTER

	Zahl der Tweets	Zahl der Retweets gesamt	Zahl der Replys gesamt	Zahl der Likes gesamt	Zahl der Quotes gesamt	Zahl der Follower:
VerbrannteOrte	63	323	46	890	9	2.501
MemorialsNds	55	337	28	893	12	3.087
augustaschacht	31	72	8	213	3	256
MoMemorial	31	225	12	684	42	1.639
cote_langues	23	72	13	199	2	1.525
lumpi_pdm	23	66	14	261	4	542
inidessauerufer	22	26	14	215	3	409
kzgedenkporta	22	64	19	208	1	728
gedenkortlimmer	20	105	5	300	3	108
GedenkstaetteNG	17	148	7	473	29	3.087
Ged_Esterwegen	16	81	4	161	4	548
I9NBuende	14	25	10	99	1	3.250
vvn_bda	11	36	4	234	0	14.969
dznsza	9	50	0	159	1	4.556
anders_ART_ig	8	102	9	235	7	153
ArolsenArchives	8	63	5	206	1	6.244
akubiz	7	57	3	206	2	3.098
gedenkplaetze	7	49	3	152	3	1.286
FDachau	6	15	3	37	0	227
hausderwannsee1	6	42	6	131	40	2.760
erinnern_do	3	46	1	96	2	283
DiePolierer	2	280	17	970	20	17.237
FEShistory	1	94	11	220	4	4.966

Abb. 15: Kennzahlen der ersten 23 der 25 Accounts mit stärkerer Beteiligung während der Kampagne #GeschichtenDerBefreiung

Abb. 13 (gegenüberliegende Seite, oben): Zahl der Tweets von den 25 Accounts mit stärkerer Beteiligung während der Kampagne #GeschichtenDerBefreiung

Abb. 14 (gegenüberliegende Seite, unten): Zahl der Accounts während der Kampagne #GeschichtenDerBefreiung nach dem Jahr ihrer Einrichtung

sowohl viele Follower:innen als auch das konstante Absetzen von Tweets zu einer großen Reichweite führen können.

Ergebnisse und Forschungsperspektiven

Bei allen drei analysierten Kampagnen scheint ein Zusammenhang zwischen einer im Laufe der Zeit abnehmenden Beteiligung und den benutzten Hashtags zu bestehen. In der Planung der Kampagnen gab es für jede Woche oder jeden Tag ein besonderes Thema; diese Themen wurden teilweise als thematische Hashtags benutzt. Die gegen Ende der Kampagnen benutzten Hashtags wurden deutlich weniger verwendet. Zwar benutzten insgesamt viele Accounts diese Hashtags, doch nur wenige beteiligten sich aktiv inhaltlich an den Kampagnen. Auch die Verteilung von vielen Retweets und Likes bei allen Kampagnen auf nur wenige Tweets ist ähnlich. Hier lässt sich bei den beiden späteren Kampagnen allerdings eine Verteilung auf mehr Accounts beobachten. Zusammen mit der höheren aktiven Beteiligung bei diesen Kampagnen findet eine Verbreitung der inhaltlichen Basis statt, da durch mehr aktive Accounts auch mehr unterschiedliche Inhalte gesetzt werden.

Die Kampagnen #NSGedenken und #GeschichtenDerBefreiung liegen drei Jahre auseinander und bewegen sich hinsichtlich der Zahl der Tweets und Retweets auf einem ähnlichen Niveau. Die Zahl der Replys und Likes ist in der Kampagne #GeschichtenDerBefreiung deutlich höher, doch könnte dies daraus resultieren, dass die Kampagne durch wesentlich mehr Accounts aktiv getragen wurde. Insgesamt lässt sich in der Entwicklung von Kampagne zu Kampagne eine Verbreitung der inhaltlichen Beteiligung auf eine zunehmende Zahl Accounts beobachten. Bei der Kampagne #75Befreiung gab es eine insgesamt deutlich höhere Beteiligung, möglicherweise bedingt durch ein größeres Interesse aufgrund des »runden« Jahrestages. Bei Nichtberücksichtigung dieses Effekts lässt sich eine Steigerung der Reichweite der beteiligten Accounts und auch eine Steigerung der aktiven Interaktionen im Vergleich der Kampagnen beobachten.

Dies sind jedoch keine verallgemeinerbaren Ergebnisse, denn ein Vergleich der Accounts @GedenkstaetteNG und @belsenmemorial zeigt, dass beide Accounts eine ähnliche große Zahl Follower:innen hatten und in der Kampagne #NSGedenken auch durchschnittlich ähnlich viele Retweets pro Tweet erhielten. In der Kampagne #75Befreiung ist dies jedoch nicht der Fall. Hinweise auf Ursachen sind den Daten nicht zu entnehmen. Eine unterschiedliche Mediennutzung, wie z.B. die Einbindung von Bildern, als möglicher Grund lag nicht vor. Eine ähnliche Unsicherheit besteht bei der Betrachtung der Accounts @dznsza und @GedenkstaetteNG während der Kampagne #75Befreiung. Obwohl der Account @dznsza mehr Tweets verschickt hat, erhielt der Account @GedenkstaetteNG deutlich mehr Retweets, Likes und Quotes. Der Unterschied erklärt sich weder aus der unterschiedlichen Zahl der Follower:innen noch aus einer unterschiedlichen Mediennutzung. Beide Accounts zeigen hier ähnliche Werte.

Handlungsempfehlungen für Social-Media-Strategien lassen sich aus den Analyseergebnissen nicht ableiten, da an den erzielten Reichweiten der Kampagnen allein nicht ablesbar ist, ob die jeweils angestrebten gedenkstättenpädagogische Ziele erreicht wurden. Doch können die erhoben Daten Ausgangspunkt für weitergehende Untersuchungen und neue Fragestellungen sein. So ließe sich der oben gestellten Frage, wie sich die Teilnahme an den Kampagnen in ihrem jeweiligen Verlauf entwickelt hat, durch eine Auswertung des Textkorpus mittels Distant Reading[48], z.B. durch die Voyant Tools[49], nachgehen. Eine Einzelanalyse der an den jeweiligen Kampagnen beteiligten Accounts könnte aufzeigen, inwiefern sich deren Aktivität und die Zahl der Follower:innen durch die Kampagnen und während ihres Verlaufs veränderte. Neben geografischen Aspekten, die z.B. zur gedenkstättengeschichtlichen Entwicklung in Ost- und Westdeutschland in Bezug gesetzt werden könnten, böten sich auch Gendercodes (m/w/d) an, um die Analyse weiter zu differenzieren. Ebenso könnten die Interaktionen von Accounts, insbesondere Antworten auf Tweets, näher untersucht werden, z.B. durch eine Netzwerkanalyse mit der Software Gephi[50]. Dies würde erlauben, auch Interaktionen bezogen auf Retweets, Mentions[51] und Quotes zu untersuchen. Für die Gedenkstätten wäre es damit möglich, z.B. das digitale Community-Building rund um die beteiligten Accounts genauer zu analysieren und so den Erfolg unterschiedlicher Strategien miteinander zu vergleichen. Es ist also erforderlich, abseits der bloßen Zahlen auch die Inhalte der Tweets sowie die hier dargestellten Faktoren und Vernetzungen der beteiligten Accounts in den Blick zu nehmen.

Anmerkungen

1 Vgl. Regina Schiller: Praxisbericht über digitale Medien in der Bildung an Beispielen von Museen, in: Nicolae Nistor/Sabine Schirlitz (Hg.): Digitale Medien und Interdisziplinarität. Herausforderungen, Erfahrungen, Perspektiven, Münster 2015, S. 250-259. Nach einer Erhebung des Statistischen Bundesamtes nutzten 2018 in Deutschland 66,5 Millionen Personen ab 10 Jahren das Internet, dies entsprach 90 % der Bevölkerung (vgl. 90 % der Bevölkerung in Deutschland sind online. Pressemitteilung Nr. 330 vom 5. September 2018, https://www.destatis.de/DE/PresseService/Presse/Pressemitteilungen/2018/09/PD18_330_634.html, Zugriff: 22.2.2023).
2 Vgl. Sven Hilbrandt: Wahrnehmbarkeit, Fortbildung, Vernetzung. Die Ergebnisse der Digitalisierungsumfrage des Gedenkstättenreferates der Topographie des Terrors, in: GedenkstättenRundbrief (2020), Nr. 199, S. 22-31.
3 Vgl. Ina Lorenz: Gedenken online. Wie Museen und Gedenkstätten im Internet an die Opfer des Holocaust erinnern, in: GedenkstättenRundbrief (2011), Nr. 164, S. 9-20.
4 Erik Meyer (Hg.): Erinnerungskultur 2.0. Kommemorative Kommunikation in digitalen Medien, Frankfurt am Main/New York 2009.
5 Vgl. Claus Leggewie: Zur Einleitung: Von der Visualisierung zur Virtualisierung des Erinnerns, in: Meyer (Anm. 4), S. 9-28, hier S. 26; Rosmarie Beier: Ge-

schichte, Erinnerung und Neue Medien. Überlegungen am Beispiel des Holocaust, in: dies. (Hg.): Geschichtskultur in der Zweiten Moderne, Frankfurt am Main 2000, S. 299-323, hier S. 315. So bewert(et)en Gedenkstätten die Möglichkeiten, z.B. Gedenkbücher online verfügbar zu machen, zwiespältig. Während der Beitrag von Ina Lorenz von 2011 (Anm. 3) die Zögerlichkeit von Gedenkstätten in Deutschland hinsichtlich ihrer Onlineaktivitäten veranschaulicht, zeigt ein Beitrag von Bert Pampel aus dem Jahr 2022, dass sich zumindest ein Bewusstsein für die Notwendigkeit von Onlineaktivitäten herausgebildet hat (vgl. Bert Pampel: »Was nicht online ist, wird nicht wahrgenommen.« Bericht zum dritten sachsenweiten Arbeitstreffen »Dokumentation – Auskünfte – Schicksalsklärung«, in: Gedenkstätten-Rundbrief [2022], Nr. 207, S. 31-35).
6 Vgl. Uwe Danker/Astrid Schwabe: Geschichte im Internet, Stuttgart 2017, S. 13-16.
7 Ebd.
8 Hannes Burkhardt: Geschichte in den Social Media. Nationalsozialismus und Holocaust in Erinnerungskulturen auf Facebook, Twitter, Pinterest und Instagram, Göttingen 2021, S. 555.
9 Ebd., S. 556.
10 Vgl. Martin Rehm/Stefania Manca: Three Institutions, three Platforms, One Goal: Social Media for Holocaust Remembrance, in: Christos Karpasitis (Hg.): Proceedings of the 8th European Conference on Social Media – ECSM 2021, Reading 2021, https://www.researchgate.net/publication/352553578_Three_Institutions_three_Platforms_One_Goal_Social_Media_for_Holocaust_Remembrance, Zugriff: 9.1.2023; Stefania Manca/Marcello Passarelli/Martin Rehm: Exploring tensions in Holocaust museums' modes of commemoration and interaction on social media, in: Technology in Society 68 (2022), https://doi.org/10.1016/j.techsoc.2022.101889, Zugriff: 9.1.2023.
11 Nach der Übernahme Twitters durch Elon Musk im Oktober 2022 bleibt zu beobachten, wie sich das Netzwerk in Zukunft entwickeln wird und ob Gedenkstätten dort überhaupt verbleiben können oder wollen.
12 Mareike König: Twitter in der Wissenschaft: Ein Leitfaden für Historiker/innen, in: Digital Humanities am DHIP, 21.8.2012, aktual. 28.4.2015, http://dhdhi.hypotheses.org/1072, Zugriff: 9.1.2023.
13 Hier wären die Gedenkstätten Bergen-Belsen, Mauthausen, Neuengamme und das Haus der Wannsee-Konferenz zu nennen, die die Potenziale und Reichweite von personalisierter Geschichtsvermittlung aufzeigen.
14 Twitter verhält sich in dieser Hinsicht zu TikTok in etwa wie die Mitnahme eines gedruckten Ausstellungsführers in eine Ausstellung zu einer Begleitung durch eine:n Guide.
15 Die Digitalisierungsumfrage des Gedenkstättenreferats der Stiftung Topographie des Terrors (Anm. 2) zeigte auf, dass der Digitalisierungsbedarf, gerade von kleineren Gedenkstätten, viel rudimentärer ist: Anstatt Mittel in digitale Vermittlungsformate zu investieren, müssten dort erst Voraussetzungen wie etwa eine funktionstüchtige Datenbank oder eine Website geschaffen werden. Nicht zuletzt fehlt es an Wissen und praktischen Kenntnissen in Bezug auf digitale Medien.
16 Tendenziell ermöglicht Twitter eine Begegnung auf Augenhöhe. Einer Institution, die Twitter nutzt, sind dieselben Kommunikationsmittel wie den anderen Nutzer:innen gegeben. Die Kommunikation findet daher direkt statt und kann nicht stark strukturiert werden.
17 Dies ergibt sich z.B. aus Tweets zu erreichten Follower:innenzahlen. Vgl. u.a. @nsdoku [NS-Dokumentationszentrum München], Tweet v. 23.10.2018, https://twitter.com/nsdoku/status/1054607565403897856?s=20&t=eQDG9AKFDAxULKnMey4D5Q; @ravensbrueck [Mahn und Gedenkstätte Ravensbrück], Tweet v. 23.6.2020, https://twitter.com/ravensbrueck/status/1275352701287763968?s=20&t=cSm329bdSjfD7LVI8AW0FQ; @belsenmemorial [Gedenkstätte Bergen-Belsen], Tweet v. 28.9.2020, https://twitter.com/belsenmemorial/status/1310493767070351361?s=20&t=U8qcM8zhkaWL31B2JuZ5pg; @MemorialsNds [Stiftung niedersächsische Gedenkstätten], Tweet v. 15.12.2020, https://twitter.com/MemorialsNds/status/1338751015521300480?s=20&t=eQDG9AKFDAxULKnMey4D5Q; @GedenkstaetteO [Gedenkstätte KZ Osthofen], Tweet v. 16.12.2020,

https://twitter.com/GedenkstaetteO/status/1339162401728557062?s=20&t=vwMuzEW9G4fqnlsXnS8dlg; @keibelstrasse [Lernort Keibelstraße], Tweet v. 16.9.2022, https://twitter.com/keibelstrasse/status/1570793767418101760?s=20&t=cSm329bdSjfD7LVI8AW0FQ, Zugriffe: 6.10.2022. In den Jahresberichten von Gedenkstätten werden die Follower:innenzahlen allerdings kaum publiziert; Ausnahmen sind z.B. die Jahresberichte 2021 des NS-Dokumentationszentrums der Stadt Köln (vgl. NS-Dokumentationszentrum der Stadt Köln. Jahresbericht 2021, Köln 2022, S. 115, http://www.museenkoeln.de/Downloads/nsd/NS-DOK_JB-2021_web.pdf, Zugriff: 9.1.2023) und der KZ-Gedenkstätte Neuengamme (vgl. Jahresbericht 2021, hg. v. d. Stiftung Hamburger Gedenkstätten und Lernorte zur Erinnerung an die Opfer der NS-Verbrechen, Hamburg 2022, S. 35-37, https://www.kz-gedenkstaette-neuengamme.de/fileadmin/user_upload/aktuelles/2022/Neuengamme_Jahresbericht_2021.pdf, Zugriff: 9.1.2023).

18 Iris Groschek (KZ-Gedenkstätte Neuengamme) und Steffen Jost (KZ-Gedenkstätte Dachau) sahen die Aktion zwischen Vermittlung und Öffentlichkeitsarbeit angesiedelt (vgl. Iris Groschek/Steffen Jost: Tweetup und MemorialWalk. Social Media in der Vermittlung an den KZ-Gedenkstätten Neuengamme und Dachau, in: LaG-Magazin (2016), Nr. 6 [Schwerpunktthema: Aktuelle Debatten und Entwicklungen in der Gedenkstättenpädagogik], S. 15-21, http://lernen-aus-der-geschichte.de/sites/default/files/attach/gedenkstaettenpaedagogik.pdf, Zugriff: 9.1.2023).

19 Vgl. Mareike König/Paul Ramisch: Die twitternde Zunft. Historikertage auf Twitter (2012-2018), in: Digital History. Konzepte, Methoden und Kritiken Digitaler Geschichtswissenschaft, hg. v. Karoline D. Döring/Stefan Haas/Mareike König/Jörg Wettlaufer, Berlin/München/Boston 2022, S. 319-346, hier S. 321. Der Beitrag gibt einen guten Überblick über den Forschungsstand und thematisiert auch rechtliche und ethische Aspekte.

20 Vgl. Martin Rehm/Stefania Manca/Susanne Haake: Soziale Medien als digitale Räume in der Erinnerung an den Holocaust. Eine Vorstudie zur Twitter-Nutzung von Holocaust-Museen und Gedenkstätten, in: Medien + Erziehung 64 (2020), Nr. 6, S. 62-73; Jan Schenck: Auswertung #GeschichtenDerBefreiung, 11.5.2012, in: Verbrannte Orte. Orte der nationalsozialistischen Bücherverbrennungen, https://blog.verbrannte-orte.de/2021/05/11/auswertung-geschichtenderbefreiung, Zugriff: 9.1.2023; Iris Groschek: #75befreiung. Digitales Gedenken 2020 (Teil 1), in: LaG-Magazin (2020), Nr. 6 [Schwerpunktthema: Zeitgemäße Formen historischen Lernens mit digitalen Medien], http://lernen-aus-der-geschichte.de/Lernen-und-Lehren/content/14865, Zugriff: 9.1.2023.

21 Die Applikationsprogrammierschnittstelle (API) von Twitter ermöglicht den Zugriff auf alle öffentlichen Twitter-Daten (Tweets, Replys und diverse Informationen zu Accounts). Der Zugriff auf die Daten variiert je nach Zugangsart. Anfang 2023 bestanden drei unterschiedliche Zugänge. Während in der Essential-Variante lediglich 500000 Tweets in einem Monat abgerufen werden können, sind es bis zu 10 Millionen Tweets pro Monat in der Academic-Research-Variante (vgl. Über Twitter APIs, https://help.twitter.com/de/rules-and-policies/twitter-api, sowie Twitter API access levels and versions, https://developer.twitter.com/en/docs/twitter-api/getting-started/about-twitter-api#itemo, Zugriffe: 22.2.2023).

22 Mit der Anwendung snscrape können z.B. Daten von Benutzerprofilen oder Postings aus sozialen Netzwerkplattformen wie Facebook, Instagram oder Twitter ausgelesen, gesammelt und bereitgestellt werden (vgl. snscrape, https://github.com/JustAnotherArchivist/snscrape, Zugriff: 22.2.2023).

23 Eine Python-Bibliothek ist eine Sammlung von Codes oder Modulen von Codes, die dem eigenen Programmiercode hinzugefügt werden können, um sie nicht erneut schreiben zu müssen. Die Python library Tweepy enthält eine Reihe solcher Codes, wie z.B. http-Anfragen oder Datenkodierung und -dekodierung, und ermöglicht damit einen bequemen Zugriff auf die Twitter API (vgl. Tweepy. An easy-to-use Python library for

23 accessing the Twitter API, https://www.tweepy.org, und How to Make a Twitter Bot in Python With Tweepy, https://realpython.com/twitter-bot-python-tweepy, Zugriffe: 22.2.2023).

24 Wir danken Melanie Seltmann für ihre geduldige Hilfe und Auskünfte zu Twitter und Stephan Makowski und Malte Windrath zum Programm Python.

25 Die Ratenbegrenzung dient dazu, den Netzwerkverkehr einzuschränken, z.B. um Aktivitäten von Bots zu stoppen (vgl. Rate limits, https://developer.twitter.com/en/docs/twitter-api/rate-limits, Zugriff: 22.2.2023).

26 Das Open-Source-Werkzeug OpenRefine ermöglicht es, auch ungeordnete Daten mithilfe von Webdiensten und externen Daten aufzubereiten, um mit ihnen arbeiten zu können (vgl. OpenRefine, https://openrefine.org, Zugriff: 22.2.2023).

27 Bots sind Computerprogramme, die automatisiert sich wiederholende Aufgaben abarbeiten. Auf Twitter können Bots z.B. dazu eingesetzt werden, Tweets automatisch zu liken oder zu retweeten. Letzteres ermöglicht es, Informationen zu einem Thema, die z.B. unter einem bestimmen Hashtag gesammelt werden, übersichtlich zu bündeln.

28 Unter Reichweite wird Follower:innenschaft verstanden. Wenn ein Bot viele Follower:innen dazugewinnt, wird deutlich, dass die Twitter-Nutzer:innen lieber dem Bot als den Hashtags folgen.

29 LibreOffice Calc ist ein Tabellenkalkulationsprogramm der LibreOffice-Software. Es ähnelt Excel von Microsoft. Unter LibreOffice Calc können Excel-Tabellen ebenfalls geöffnet und in diesem Format auch gespeichert werden (vgl. Calc, https://de.libreoffice.org/discover/calc, Zugriff: 22.2.2023).

30 Facettierung ist ein Verfahren zur Bereinigung von Daten in OpenRefine, in dem ungeordnete Daten durch einen Text-, Nummern- oder Zeitfilter geordnet werden.

31 Als Client wird ein Computerprogramm bezeichnet, das Dienste von einem Server abruft. Clientseitige Anwendungen sind z.B. die verschiedenen Webbrowser oder E-Mail-Programme wie Outlook und Thunderbird. Bei Twitter greifen Dritt-Apps, wie z.B. Birdie, Tweetbot und Twitterific, via API auf Twitter zu und ermöglichen es so Nutzer:innen, alternative Anwendungen zu verwenden.

32 Regular Expressions (Reguläre Ausdrücke) dienen in der Programmierung dazu, Mengen von Zeichenreihen zu beschreiben. Ein Beispiel ist die Funktion Suchen und Ersetzen in Word von Microsoft (vgl. Reguläre Ausdrücke, https://www.lrz.de//services/schulung/unterlagen/regul/#regexth, Zugriff: 22.2.2023).

33 Vgl. Datawrapper, https://www.datawrapper.de, Zugriff: 9.1.2023. Links zu den online verfügbaren Grafiken können bei den Verfassern angefragt werden.

34 Vgl. Aktion #NSgedenken auf Twitter, 28.9.2018, https://www.kz-gedenkstaette-neuengamme.de/nachrichten/news/aktion-nsgedenken-auf-twitter, Zugriff: 9.1.2023.

35 Iris Groschek ist für die Presse- und Öffentlichkeitsarbeit der Stiftung Hamburger Gedenkstätten verantwortlich (vgl. Presse- und Öffentlichkeitsarbeit, https://www.kz-gedenkstaette-neuengamme.de/service/kontakt/presse-und-oeffentlichkeitsarbeit, Zugriff: 22.2.2023).

36 Juna Grossmann arbeitet im Dokumentationszentrum NS-Zwangsarbeit und betreibt daneben den Blog »irgendwiejuedisch.com« (vgl. Juna Grossmann, https://speakerinnen.org/de/profiles/juna-grossmann, Zugriff: 22.2.2023).

37 Tessa Bouwman, zum damaligen Zeitpunkt für die Gedenkstätte Bergen-Belsen tätig, hat mittlerweile ein eigenes Unternehmen gegründet und unterstützt den Kultursektor bei der Entwicklung digitaler Formate (vgl. Tessa Bouwman, https://www.linkedin.com/in/tessabwmn, Zugriff: 24.2.2023).

38 Iris Groschek stellte die Idee zunächst in einer internen Messengergruppe für Gedenkstättenmitarbeiter:innen im Bereich Social Media vor und gewann die Unterstützung von Juna Grossmann und Tessa Bouwman. In der Folge stellten sie die Kampagne auf verschiedenen Tagungen und Konferenzen vor. Vgl. Jürgen Hermes: Es ist wieder da – #histocamp 2019, in: TEXperimenTales, 27.11.2019, https://texperimentales.hypotheses.org/3647, Zugriff: 22.2.2023; Iris Groschek, 9.12.2019 [offener Brief an Gedenkstätten], https://www.gedenkstaettenforum.de/fileadmin/forum/75Befreiung-in_Social_Media-mit_Postkarte.pdf, Zugriff: 22.2.2023.

39 Charlotte Jahnz, Historikerin, Referentin bei der Bundeszentrale für politische Bildung, arbeitet zu Geschlechtergeschichte, Pressegeschichte und deutscher Geschichte im 20. Jahrhundert (vgl. Charlotte Jahnz, https://de.linkedin.com/in/charlotte-jahnz-0b8aa9224, Zugriff: 22.2.2023).

40 Der Webservice autoChirp ermöglicht eine zeitgesteuerte Veröffentlichung von Tweets (vgl. Jürgen Hermes: Twitter-Projekte mit #autoChirp, in: TEXperimenTales, 26.10.2018, https://texperimentales.hypotheses.org/2910, Zugriff: 22.2.2023).

41 Vgl. Jürgen Hermes: Jahrestag einer Befreiung – #75Befreiung, in: TEXperimenTales, 19.1.2020, https://texperimentales.hypotheses.org/3875, Zugriff: 6.10.2022.

42 Vgl. Open History e.V. Verein für eine aktive und öffentliche Geschichtswissenschaft, https://www.openhistory.de, Zugriff: 9.1.2023.

43 Beteiligte Gedenkstätten waren die KZ-Gedenkstätte Neuengamme, das Dokumentationszentrum NS-Zwangsarbeit Berlin und die Gedenkstätte Bergen-Belsen.

44 Vgl. Dietmar Sedlaczek/Michael Gander: #geschichtenderbefreiung. Eine Social-Media-Aktion für Gedenkstätten und Initiativen, https://geschichte-bewusst-sein.de/geschichtenderbefreiung, Zugriff: 9.1.2023.

45 Vgl. hierzu Jean Burgess/Nancy K. Baym: Twitter. A Biography, New York 2020, S. 101.

46 In der Kampagne #NSGedenken waren 13 Accounts mit mindestens 6 Tweets beteiligt, während es in der Kampagne #75Befreiung 37 Accounts mit mindestens 6 Tweets waren.

47 Dasselbe Phänomen der auf Jahrestage bezogenen Peaks ist auch für die Kampagne #75Befreiung zu verzeichnen: Rund um den 8. Mai stieg die Nutzung von #75Befreiung auch durch nicht von Gedenkstätten betriebene Accounts (z.B. Accounts von Politiker:innen und Konsulaten) noch einmal an. Aufgrund fehlender Daten konnte die Nutzung nach Anfang Februar 2018 in der Auswertung der Kampagne jedoch nicht weiter analysiert werden.

48 Distant Reading ist ein Konzept aus der digitalen Literaturwissenschaft. Dabei werden rechnerische Verfahren auf größere Mengen an Textdaten angewandt, ohne dass die Texte selbst gelesen werden. Hierbei stehen meist quantitative Analysen im Vordergrund. Distant Reading bildet dabei den Gegenbegriff zu Close Reading (vgl. Distant Reading, https://fortext.net/ueber-fortext/glossar/distant-reading, Zugriff: 22.2.2023).

49 Voyant Tools, eine webbasierte Open-Source-Anwendung zur Durchführung von Textanalysen, kann u.a. zum Erlernen computergestützter Textanalyse verwendet werden (vgl. About, https://voyant-tools.org/docs/#!/guide/about, Zugriff: 22.2.2023).

50 Gephi ist eine Software für Netzwerkanalyse und -visualisierung (vgl. The Open Graph Viz Platform, https://gephi.org, Zugriff: 22.2.2023).

51 Unter Mention (Erwähnung) wird auf Twitter ein Tweet verstanden, der den Benutzernamen eines anderen Kontos enthält. Diesem ist das @-Symbol vorangestellt und er erscheint auf der Profilseite der Absender:in (vgl. About different types of Tweets, https://help.twitter.com/en/using-twitter/types-of-tweets, Zugriff: 22.2.2023).

Alexandra Reuter

Das erinnerungskulturelle Phänomen Anne Frank auf Instagram

»Es ist viel geschehen, nachdem wir verhaftet und aus dem Hinterhaus weggebracht wurden. Deshalb dürft ihr eine Weile in meinen Kopf schauen. Um zu sehen, wie es ausgegangen ist. Es ist eine schreckliche Geschichte. Das sag ich schon mal dazu.«[1] Mit diesen Worten kündigt die Protagonistin Anne Frank im Trailer die zweite Staffel des vom Anne Frank Haus auf YouTube veröffentlichten »Video-Tagebuchs« an. »Anne Frank tells her Story«[2], wirbt die Gedenkstätte. Es ist eines von vielen digitalen Angeboten, die Anne Frank gewidmet sind. Egal ob auf YouTube, Facebook, Instagram oder TikTok – als »virtuelle Ikone«[3] ist Anne Frank längst auf sozialen Plattformen präsent, ihre Geschichte vielfach erzählt.[4] Plattformen wie Instagram sind heute zentrale »Orte« der Begegnung und Auseinandersetzung mit historischen Inhalten und so maßgeblich an der Neuverhandlung möglicher Darstellungs- und Erinnerungspraktiken beteiligt.[5] Als Medien des kollektiven Gedächtnisses beeinflussen sie die Erinnerungskultur stark.[6] Ihre Bedeutung für die öffentliche Darstellung und Verbreitung von Vergangenheit ist – insbesondere mit Blick auf eine zunehmend digital native Nutzerschaft – relevanter denn je. So lässt sich gerade auf Instagram eine breite und vielseitige Beschäftigung mit historischen Themen feststellen. Als eine der am schnellsten wachsenden Social-Media-Apps verfügt die Plattform über eine große Reichweite und ist daher besonders relevant für die Betrachtung digitaler Erinnerungskulturen.[7]

Doch was bedeutet der digitale Wandel für konventionelle Muster und Praktiken des Erinnerns? Ist das erinnerungskulturelle Phänomen Anne Frank auf Instagram ein anderes als in konventionellen, analogen Erinnerungsmedien? Wie wird Anne Frank von offiziellen und privaten Gedenkakteur:innen auf Instagram dargestellt und rezipiert?

Zur Beantwortung dieser Fragen wird zunächst der theoretische und methodische Zugriff kurz vorgestellt.[8] Im Weiteren werden wesentliche Aspekte der Popularisierungsgeschichte von Anne Frank umrissen und bestimmende Merkmale des erinnerungskulturellen Phänomens Anne Frank auf Instagram exemplarisch erläutert. Das Resümee ordnet die Befunde in den Diskurs der Digital Holocaust Memory ein.

Theoretische und methodische Grundlagen

Im Folgenden wird Instagram nach Erll als »Gedächtnismedium«[9] verstanden, dessen materiale Dimension durch medienspezifische Kommunikations-, Interaktions- und Darstellungsformen bestimmt wird.[10] Die Basis der hypermedialen Community bildet hierbei eine gemeinschaftliche Kommunikation, die medienspezifische Gestaltungsmittel wie Emojis, Filter, Geotagging, Musik, Bild- und Videoeffekte beinhaltet.[11] Die Kommunikation erfolgt entsprechend primär visuell. Die Optik der Beiträge prägt eine starke Ästhetisierung.[12] Ein wichtiges Kommunikationsmittel sind Hashtags, mit denen

Inhalte in das plattforminterne System eingeordnet und thematisch kontextualisiert sowie kategorisiert werden können.[13]

Die soziale Dimension von Instagram ist von einer Ausrichtung auf soziale Nähe und Interaktion geprägt. Als »Social Sharing«-Plattform[14] ermöglicht Instagram den Kontakt zu anderen Menschen und den Austausch von Wissen,[15] denn es ist vor allem auf das unmittelbare Teilen persönlicher Empfindungen und Gedanken ausgerichtet.[16] Die zwischenmenschliche Kommunikation überschreitet kulturelle, räumliche und zeitliche Grenzen und ist durch die leichte Zugänglichkeit und die schnellen Reaktionsmöglichkeiten sehr dynamisch. Instagram wird nicht nur zum Teilen von persönlichen Alltagsmomenten genutzt, sondern dient auch als Raum zum Selbstausdruck und zur Kommunikation eigener Lebensvorstellungen.[17] Grundlage hierfür sind die individuellen Profilbeiträge,[18] da sie der Konstruktion, Pflege und Kommunikation eines »Online-Ichs« dienen.[19] Spezifische Medientechnologien wie die Story-Funktion, Reels, Highlights und Livestreams bieten ferner ein besonderes Potenzial zur Verbindung verschiedener Darstellungs- und Kommunikationsformen für eine möglichst breite Tradierung von Inhalten.[20] Der Social-Media-Kontext fördert hierbei durch die Möglichkeit zu schnellen Kontaktaufnahmen und eine primär auf zwischenmenschliche Beziehungen sowie deren Pflege ausgerichtete Kommunikation ein Gefühl von Nähe, aus dem eine eher vertraute Interaktion resultiert.[21]

Da Instagram sowohl von privaten als auch von institutionellen Akteur:innen als erinnerungskulturelles Medium genutzt wird, hat seine Medienspezifik zunehmenden Einfluss auf Erinnerungskulturen und deren Narrative.[22] Die Quellengrundlage zur Klärung der Frage, inwiefern dies für das erinnerungskulturelle Phänomen Anne Frank gilt, bilden zum einen zwei institutionelle Instagram-Accounts – der Account des Anne Frank Hauses in Amsterdam[23] und der des US-amerikanischen Anne Frank Center for Mutual Respect in New York[24]. Letzterer ist aufgrund der frühen und bis heute das Geschichtsbild von Anne Frank prägenden Amerikanisierung[25] besonders aufschlussreich. Zum anderen werden drei Accounts[26] betrachtet, die exemplarisch für die private Auseinandersetzung mit Anne Frank auf Instagram sind. Sie weisen innerhalb der privaten Anne Frank gewidmeten Accounts eine verhältnismäßig große Reichweite und Follower:innenzahl auf.[27] Kommentare fließen ebenfalls in die Betrachtung mit ein. Die Datenerhebung erfolgte 2019 und 2020 jeweils über die Zeitintervalle Januar bis März/April sowie Juni bis August. 2019 und 2020 wurden gewählt, da in diese Jahre signifikante Daten der Biografie Anne Franks sowie des (europäischen) Holocaustgedenkens fielen.[28] Weitere Auffälligkeiten und besondere Beiträge werden ebenfalls berücksichtigt. Dies gilt vor allem für die privaten Accounts, bei denen wegen ihrer besonders subjektiven Prägung sehr unterschiedliche Postfrequenzen vorliegen können.[29]

Die Popularisierung von Anne Frank

Anne Frank gilt als eine »Ikone der Holocausterinnerung«[30]. Ihr populäres Bild ist allerdings vor allem das Produkt gesellschaftlicher Vorstellungen, kultureller Prägungen und erinnerungskultureller Praktiken, die auf die frühe Amerikanisierung ihres Tagebuchs zurückzuführen sind.³¹ Obwohl bereits die erste niederländische Publikation 1947³² durch die Zensur des Vaters von Anne Frank, Otto Frank, von einer Idealisierung Anne Franks gezeichnet war,³³ wurde ihre Typisierung entscheidend durch den Erfolg der ersten englischen Tagebuchausgabe 1952³⁴ geprägt. Durch eine die US-amerikanische Rezeption dominierende Darstellung und Rezeption als »(nicht) historische Person«³⁵ wurde Anne Frank zunehmend zur Ikone und zum populären Idol stilisiert. Der besondere Entstehungskontext des Tagebuchs, das einerseits einen Einblick in die Gedankenwelt eines heranwachsenden Mädchens ermöglichte, andererseits aber auch eine außergewöhnliche Perspektive auf die historischen Ereignisse der Judenverfolgung und des Holocaust bot, begünstigte diesen Wandel. Die Tatsache, dass das Tagebuch vor der Verhaftung der Versteckten im Hinterhaus in der Prinsengracht 263 in Amsterdam endet und die Leser:innen somit nicht direkt mit der Realität des Holocaust konfrontiert wurden, trug gleichfalls zur weiteren Popularisierung bei.³⁶ Großen Anteil an dieser Entwicklung hatte das 1955 in New York uraufgeführte Theaterstück von Frances Goodrich und Albert Hackett.³⁷ Die Inszenierung etablierte Darstellungs- und Rezeptionsmuster, die das erinnerungskulturelle Phänomen Anne Frank bis heute bestimmen. Als erste populäre Inszenierung des Holocaust verstärkte das Theaterstück mit seiner vornehmlich auf die persönlichen Aspekte des Tagebuchs ausgerichteten Darstellung eine emotionale und identifikatorische Annäherung an den Holocaust und Anne Frank.³⁸ Sie wurde zum inspirativen Mädchen und symbolischen Opfer stilisiert. Ihre jüdische Identität, ihr Schicksal und die Realität der Judenverfolgung, des Holocaust sowie der verantwortlichen Täter:innen wurden zugunsten eines versöhnlichen Endes nicht thematisiert.³⁹ Nachfolgende Publikationen reproduzierten dieses harmonisierte Bild.⁴⁰

Mit dem beginnenden Personenkult ging eine ästhetisierte, verlebendigende Darstellung einher, die insbesondere auf der »mediale[n] Popularisierung von privaten Zeugnissen und Bildern« von Anne Frank fußte.⁴¹ Durch die stetige Remedialisierung dieses Visualisierungsmusters entstand das ikonisierte Bild der »*medialen* Anne Frank«⁴². Der traditionellen Darstellung der Opfer des Holocaust entsprechend zeigen sich hierbei oft Parallelen zur christlichen Ikonografie.⁴³ Teil dieser Sakralisierung ist eine vornehmlich infantile Darstellung, die Anne Frank von jeglicher »impurity of adulthood«⁴⁴ befreit. Diese Lesart wurde bereits durch die von Otto Frank vorgenommene Zensur des Tagebuchs implementiert⁴⁵ und wesentlich durch das Theaterstück von Goodrich und Hackett popularisiert.⁴⁶ Es stilisierte Anne Frank »zur Märtyrerin«⁴⁷ und verklärte sie zu einer »triumphant figure«⁴⁸, deren hoffnungsvolle Botschaft ihr letztliches Ende überstrahlt. Für die Biografie von Anne Frank relevante Orte, wie etwa das KZ Bergen-Belsen, wurden im Zuge ihrer Verklärung als makellose »Lichtgestalt«⁴⁹ früh zu Pilgerstätten des Gedenkens an Anne Frank. Besonders das Anne Frank Haus wurde schon in den 1960er-Jahren für eine innerhalb der Nachkriegsjugend entstehende Anne-Frank-Bewegung⁵⁰ zu einer Art »Wallfahrtsort«⁵¹.

Die Ikonisierung ging früh mit einer universalen Interpretation Anne Franks und ihres Tagebuchs einher. Es wurde schnell als persönliches Testament überhöht,[52] dessen »Botschaft des Mutes und der Hoffnung«[53] über den historischen Kontext hinauswirkt.[54] Entscheidend hierfür war ebenfalls das Theaterstück von 1955, das eine universale Erzählung implizierte, deren Handlung vor allem auf vermeintliche Moralvorstellungen von Anne Frank ausgerichtet war.[55] Das aus dem Kontext gerissene Endzitat – das Zitat des letzten Eintrags des Tagebuchs am 1. August 1944 – »canonized the image of the youthful spirit who could still believe that people are really good at heart«[56]. Davon ausgehend entwickelte sich die Erinnerungsikone Anne Frank zu einer »global konvertierbaren Münze«[57], die noch gegenwärtig für verschiedene Erinnerungsdiskurse funktionalisiert wird.[58]

Aus der Personalisierung von Anne Franks Geschichte resultierte ein sehr individueller, emotionalisierter Zugriff.[59] Bereits die frühe Rezeptionsgeschichte war geprägt von »highly personal responses«[60] auf Anne Frank. Damit wurde sie zu einer verehrten Heldin, einem persönlichen Idol und schließlich zu einer Identifikationsfigur überhöht.[61] Zahlreiche Theater- und Filmdarstellungen förderten mit betont emotionalen Inszenierungen ein Einfühlen der Rezipient:innen und evozierten so ein Gefühl von Nähe bis hin zur Identifikation mit Anne Frank.[62] Sie wurde – insbesondere für junge Mädchen – zu einer »Vertrauten« und bot ihnen Anknüpfungspunkte, da sich viele Jugendliche mit den im Tagebuch geschilderten Gedanken der Heranwachsenden identifizieren konnten.[63] Eine besonders empfundene persönliche Verbundenheit mit Anne Frank bildet daher bis heute einen populären »Erwartungs- und Erfahrungshorizont«[64] ihrer Rezeption. Ob und wie sich diese traditionellen Darstellungs- und Rezeptionsmuster auf Instagram wiederfinden, wird nachfolgend untersucht.

Anne Frank auf Instagram

Die auf Anne Frank bezogenen digitalen Erinnerungskulturen realisieren sich auf Instagram im Wesentlichen im Modus sogenannter Erinnerungsbeiträge. Diese Posts sind eine medienspezifische Form des Gedenkens und werden anlässlich eines sich jährenden historischen Ereignisses veröffentlicht. Sie sind grundsätzlich gleich aufgebaut und entsprechen aufgrund ihrer Kürze und der medienspezifischen Kommunikationsmittel den Rezeptionsmechanismen sozialer Plattformen: Das entsprechende Ereignis wird benannt und anschließend kurz anhand signifikanter Fakten erläutert. Meist sind die Erinnerungsbeiträge von historischen, meist eher illustrativ verwendeten Fotos begleitet.[65] Die Posts schließen oft mit Hashtags wie z. B. #onthisday[66], was die Aktualität des Ereignisses hervorhebt und die Orientierung an der Wiederholungsstruktur des Gedenkjahres zeigt.[67] »Große« Jubiläen[68] werden auf Instagram oft besonders thematisiert, z. B. durch entsprechende Hashtags wie #Anne90 zum 90. Geburtstag von Anne Frank.[69] Im Mittelpunkt stehen hier biografische Daten aus dem Leben von Anne Frank, insbesondere ihr Geburtstag,[70] aber auch Ereignisse aus der Rezeptionsgeschichte des Tagebuchs oder des Holocaust allgemein.[71] Der Einfluss der Medienlogik von Instagram zeigt sich, wenn etwa willkürlich wirkende Hashtags verwendet werden[72] oder die visuelle Gestaltung eines Beitrags im Vordergrund steht.[73] Dies kann ebenso als Ausdruck einer platt-

Abb. 1: @anneliesannemariefrank, Beitrag v. 1.11.2020, https://www.instagram.com/p/CHCrSF9FhUR, Zugriff: 23.9.2021. Screenshot: Alexandra Reuter

formtypischen Ausrichtung auf Sichtbarkeit und Reichweite gedeutet wie als Zeichen einer grundsätzlichen Tendenz zur Trivialisierung interpretiert werden. Eine tiefer gehende inhaltliche Auseinandersetzung bleibt hinsichtlich einer zu erwartenden kurzen Verweildauer oft aus.

Das erinnerungskulturelle Phänomen Anne Frank ist auch auf Instagram von einer starken Ikonisierung geprägt, die sich vor allem in der Visualisierung von Anne Frank niederschlägt. Die Darstellungen institutioneller und privater Accounts reproduzieren etablierte Visualisierungsschemata, die auf die traditionelle, auf Porträtaufnahmen von Anne Frank zurückgreifende Inszenierung des erinnerungskulturellen Phänomens bauen. Damit ist eine medienspezifische Verlebendigung von Anne Frank verbunden, die gerade von den privaten Accounts durch eine intensive Bild- und Videobearbeitung bewirkt wird.[74] Der primäre Einsatz von historischen Privataufnahmen entspricht wiederum der Medienlogik von Instagram, das auf eine ästhetisierende Visualisierung und das Teilen von privaten Momenten ausgerichtet ist.[75] Institutionelle und private Accounts fokussieren sich dabei in ihren Beiträgen auf Anne Frank, wobei auch hier weniger die historische Person als vielmehr die (Medien-)Ikone die erinnerungskulturellen Inhalte dominiert.

Sowohl auf der Bild- als auch auf der Textebene wird Anne Frank als idealisierte Opferikone und als Symbol des Holocaust inszeniert. Das Bild der schutzbedürftigen und vorrangig still leidenden jüdischen Opfer[76] wird auf Anne Frank übertragen. Das Hauptinteresse gilt insbesondere bei den privaten Accounts oft Kinderfotos von Anne Frank. Besonders deutlich wird die

Abb. 2: @anne_m_frank, Beitrag v. 15.7.2020, https://www.instagram.com/p/CCqtVT7HbTM, Zugriff: 23.9.2021. Screenshot: Alexandra Reuter

viktimisierende Interpretation in einem Beitrag von @anneliesannemariefrank zum Transport von Anne Frank und ihrer Schwester Margot nach Bergen-Belsen:[77] Kinderbilder der beiden[78] sind in eine historische Aufnahme aus dem KZ Bergen-Belsen, auf der Häftlinge nach der Befreiung des Lagers zu sehen sind[79], grafisch eingefügt (Abb. 1).

Diese Form der Darstellung betont die Hilflosigkeit und Unschuld der abgebildeten Mädchen. Die Bilder des unzerstörten, glücklichen Lebens stehen in extremem Kontrast zur dargestellten Lagerszene und verstärken die Inszenierung als Kinderopfer. Die historische Lageraufnahme wird zur Kulisse und dient der Bebilderung einer »Station« im Leben Anne Franks. Das Lager wird weder konkret identifiziert noch wird der Entstehungskontext des Fotos thematisiert. Lediglich der Gedenkanlass legt nahe, dass es sich bei dem abgebildeten Ort um das KZ Bergen-Belsen handeln könnte. Den Konstruktionscharakter der Darstellung problematisieren die Kommentierenden nicht. Ob es sich bei der Hintergrundaufnahme tatsächlich um ein Foto aus Bergen-Belsen handelt, ist offenbar irrelevant. Stattdessen scheint der Fokus auf einer historisch nicht möglichen Visualisierung von Anne Franks Opferstatus zu liegen.[80] Dieser Inszenierungscharakter wird ebenfalls in einem anderen Beitrag des Accounts zur Verhaftung der Versteckten und zur Deportation in das Durchgangslager Westerbork reproduziert. Darin dienen Aufnahmen des Lagergeländes als Hintergrund zur reinen Visualisierung dieser Ereignisse.[81]

Zudem wird Anne Frank auf Instagram meist sakralisiert dargestellt. Facetten, die sie als junge Frau ausweisen, finden sich nur selten. Durch die medienspezifischen Darstellungsformen wird hier eine gewisse »Aura der Heiligkeit«[82] erzeugt, z.B. durch eine bei den privaten Accounts populäre Kolorierung historischer Aufnahmen wie in einer kolorierten Schwarz-Weiß-Aufnahme von Anne Frank[83], auf der ihre Jacke in Rosatönen eingefärbt ist (Abb. 2).[84]

Die nachträgliche Kolorierung erzeugt ein ausgesprochen feminisiertes Bild von Anne Frank, wobei der hellblaue Umriss um ihren Kopf an einen Heiligenschein erinnert. Der Einsatz der Farbe Blau, die traditionell mit der Jungfrau Maria verbunden wird, betont die sakrale Darstellung noch[85] und zeigt die für das erinnerungskulturelle Phänomen Anne Frank typische Analogie zur christlichen Ikonografie. Anne Franks jüdische Identität wird zugunsten einer traditionell enthistorisierenden und ästhetisierten Überhöhung ausgeblendet. Eine inhaltliche Auseinandersetzung mit Anne Frank oder dem in dem Beitrag zitierten Tagebuchausschnitt erfolgt nicht. Stattdessen wird Anne Frank in den Kommentaren glorifiziert und die verlebendigende Inszenierung gelobt.[86]

Diese religiös anmutende Darstellung und Verehrung lässt sich ebenso am Umgang mit Anne Franks Tagebuch sowie mit Orten erkennen, die mit ihrer Biografie verbunden sind. Das Tagebuch wird insbesondere vom Anne Frank Haus als »pseudoheiliger Text«[87] in Szene gesetzt und so eine ehrfürchtige Rezeption gefördert. Ein Beitrag des Anne Frank Hauses, der eine Besucherin zeigt, die vor einer Vitrine steht und mit gesenktem Kopf scheinbar ehrfürchtig auf das darin befindliche Tagebuch blickt, entspricht einer tendenziell sakralen Inszenierung.[88] Die nahezu verbeugend anmutende Pose der Besucherin fördert den Eindruck einer reliquienartigen Verehrung des Tagebuchs. Dieses huldigende, sakralisierende Gebaren spiegelt sich in den Kommentaren wider, die das Anne Frank Haus als besonderen, oftmals fast schon heiligen Ort bewundern. Die pilgerwürdige Wahrnehmung von Orten, die im Leben von Anne Frank eine Rolle spielen, ist damit auch auf Instagram wiederzufinden. Als selbststilisierte »Hüterin«[89] des Tagebuchs wird besonders das Anne Frank Haus zu einer Art »Kultstätte einer zivilen Anne-Frank-Religion«[90]. Der historische Kontext, der erst die Entstehung des Verstecks im Hinterhaus bedingte, oder das Schicksal der anderen Bewohner:innen verschwinden zunehmend hinter dem Personenkult um Anne Frank. Der Gedenkort wird daher auch zu einem emotional aufgeladenen Angelpunkt eines Pilgerkults. Die »Begegnung« mit dem Tagebuch beschreiben einige Kommentierende auf Instagram ebenso als emotionales und einzigartiges Erlebnis. Die Frage, ob es sich bei dem ausgestellten Tagebuch um ein Faksimile handelt, wird allerdings weder vom Anne Frank Haus noch von anderen Nutzer:innen beantwortet, eine kritische Auseinandersetzung und Reflexion der rekonstruierenden Inszenierung bleibt aus.[91]

Teil der digitalen Ikonisierung von Anne Frank ist ihre moralische Überhöhung, die sich etwa anhand häufiger Zitatposts zeigt, in denen Tagebuchpassagen als pseudoreligiöse Weisheiten und moralische Leitsätze rezipiert und funktionalisiert werden. Das bereits im Theaterstück von 1955 aus dem Kontext gerissene Endzitat aus ihrem Tagebuch ist hierbei Teil einer optimistischen Interpretation und dadurch sinnstiftender Erinnerungsnarrative, in denen Anne Frank zum Symbol für das Gute im Menschen überhöht und ihr

Schicksal verklärt wird. So beschreibt das Anne Frank Haus dieses Zitat als »one of her most inspiring quotes«[92] und fragt die Nutzer:innen, was es ihnen bedeutet. Verwendete Hashtags wie #quote, #quoteoftheday und #inspiring verstärken die universale Rezeption des Endzitats.[93] Die kommentierenden Nutzer:innen reproduzieren das universale Bild von Anne Frank als Hoffnungsträgerin und moralisches Leitbild.[94] Die privaten Accounts nutzen Ausschnitte aus dem Tagebuch gleichermaßen im Sinne eines medienspezifischen #quoteoftheday und trivialisieren sie so als inspirierende Lebensweisheiten.[95]

Als Verkörperung universaler Werte und Ideale wird Anne Frank oft für gegenwärtige Narrative genutzt. Eine dezidiert nationale Ausrichtung zeigt sich beim Anne Frank Center for Mutual Respect, das z.B. einen Ausschnitt aus Anne Franks Tagebuch, in dem sie ihre Aufopferungsbereitschaft für ihr Land äußert, anlässlich des US-amerikanischen Unabhängigkeitstages zitiert und mit dem Hashtag #patriotism versieht.[96] Anne Frank wird so als Verkörperung US-amerikanischer Ideale gedeutet und ihr Zitat zur Reproduktion des amerikanisierten Erinnerungsphänomens genutzt. Alle untersuchten Instagram-Accounts fördern diese von gegenwärtigen Perspektiven und Ereignissen geprägten Deutungsmuster. Zitate, in denen Anne Frank über ihr weibliches Selbstverständnis und die Rolle der Frauen reflektiert, werden etwa anlässlich des Weltfrauentages veröffentlicht. Anne Frank wird so zu einer Ikone der Frauenbewegung stilisiert, ohne dass eine tiefer gehende Auseinandersetzung mit dem dekontextualisierten Zitat und der historischen Person erfolgt oder gar ihre bis heute oft negierte Sexualität problematisiert wird. Nutzer:innen betonen teilweise lediglich, dass Anne Frank ihrer Zeit voraus gewesen sei, beschreiben sie als Visionärin und loben ihren Einsatz für emanzipatorische Bestrebungen.[97] Damit ist auch auf Instagram eine »Übertragung des historisch [S]pezifischen [...] auf eine zukunftsorientierte globalisierte Politik«[98] festzustellen. Dieser moralisierende Umgang mit historischen Inhalten ist charakteristisch für die digitalen Erinnerungskulturen im Social Web.[99] Die politische und vor allem moralische Funktionalisierung von Anne Frank und ihrem Tagebuch lässt sich daher ebenfalls auf die Medienlogik zurückführen. Denn auf sozialen Plattformen wie Instagram dienen Beiträge oft zugleich der »eigenen moralischen und politischen Positionierung«[100].

Die traditionell personalisierte und selbstreferenzielle Darstellung und Rezeption in Bezug auf Anne Frank als ein erinnerungskulturelles Phänomen erweist sich für Instagram als überaus erheblich. Denn digitale Medien bieten ihren Nutzer:innen aufgrund der breiten Partizipations- und Verbreitungsmöglichkeiten eine Chance, das Gedenken »zu perspektivieren und zu individualisieren, um sich in einer postmodernen Diskurslandschaft [...] zu verorten«[101]. Die Ausrichtung auf eine besondere Nähe, emotionale Verbundenheit und Identifikation mit Anne Frank sowie eine starke Personalisierung ihrer Geschichte finden sich in den meisten Inhalten und Kommentaren der Nutzer:innen wieder. Während die institutionellen Gedenkakteur:innen diese Haltung durch eine entsprechende Themenauswahl und Inszenierung fördern, zeugen die privaten Accounts, die meist der Präsentation des »own attachment to Anne's life and work«[102] dienen, sehr ausgeprägt von einer sehr persönlichen, identifikatorischen Rezeption. Oft zeigen gerade die Inhalte der privaten Accounts eine Idolisierung Anne Franks, die dabei zugleich als persönliche Vertraute und Freundin fungiert, mit der sich die Nutzer:innen identifizieren. Anne Frank wird dadurch in die eigene Lebenszeit transferiert und so aktualisiert. Ausdruck findet dies u. a. in der direkten Anrede von Anne Frank, die das Gefühl einer persönlichen »Interaktion« entstehen lässt.[103] Besonders eindrücklich wird dieser emotionalisierte Zugriff bei Erinnerungsbeiträgen, die anlässlich von Anne Franks Geburtstag veröffentlicht wurden. Der Account @anneliesannemariefrank postete etwa einen Beitrag, in dem die Betreiberin Anne Frank gratuliert und dabei direkt anspricht: »Alles gute zum Geburtstag Anne! Ich hab dich so lieb mein Engel feier schön mit deiner schwester auch wenn ihr im Himmel seit .... ♥ Danke für alles du bist so eine tolle Inspiration!!«[104] Der Post ist betont emotional und von einer offenbar tief empfundenen Nähe zu Anne Frank bestimmt. Die historische Person wird hier zu einer »Person der Gegenwart«[105], der – dem medienspezifischen Kontext entsprechend – wie einer Freundin gratuliert wird. Diese vertraute Kommunikation kann auf eine traditionell persönliche Rezeptionshaltung zu Anne Frank zurückgeführt werden, verstärkt durch die medienspezifische Ausrichtung auf soziale Interaktion.[106] Der vermehrte Einsatz von historischen Privataufnahmen Anne Franks befördert diese Übertragung medientypischer Kommunikationsformen auf die historische Person, vor allem durch die nachträgliche Bearbeitung der Bilder und die damit verbundene Anpassung an die medienspezifischen Sehgewohnheiten.

Instagram dient allerdings nicht nur als »Erinnerungsort einer Zeit und Raum überdauernden Freundschaft mit Anne Frank«[107], sondern ermöglicht den Nutzer:innen auch die Artikulation eigener Ansichten sowie eine Vernetzung mit Gleichgesinnten. Profile, die sich historischen Themen und Personen widmen, erscheinen daher einerseits als Mittel des Ausdrucks eines grundsätzlichen Interesses an der NS-Zeit, das z. B. in Tributvideos medienspezifisch aufbereitet wird. Andererseits ermöglichen sie den Betreiber:innen, dieses Interesse mit anderen Nutzer:innen zu teilen, sich auszutauschen und so Interessengemeinschaften zu bilden.[108] So präsentieren sie die Rezeption von erinnerungskulturellen Darstellungen wie Filmen oder Magazinen und tauschen sich mit anderen darüber aus.[109] Dies geschieht u. a. durch medienspezifische Gedenkrituale, wie etwa eine von @annefrank4ever initiierte Aktion »A rose for Anne«, mit der seit 2015[110] jährlich an die Verhaftung der Versteckten erinnert wird. Die Beiträge werden meist mit einem Porträt von Anne Frank und den Hashtags #🌹 und #roseforanne veröffentlicht und animieren zum Kommentieren einer Rose im Gedenken an Anne Frank.[111] Hier ist auch auf Instagram eine Gemeinschaft von »Anne Frank devotees«[112] erkennbar, die aus der Auseinandersetzung mit ihr »inspiration and a sense of self«[113] zieht. Die User:innen nutzen ihre Accounts somit auch, um ein persönliches »Hobby« zu leben, was sich z. B. in intensivem Einsatz von Bildbearbeitung, der Gestaltung von Tributvideos oder sogenannter Fanart niederschlägt.[114] Das erinnerungskulturelle Phänomen Anne Frank dient somit auf

Instagram der Konstruktion und Präsentation einer digitalen Persönlichkeit, die mithilfe medienspezifischer Kommunikations- und Interaktionsformen von den Nutzer:innen geteilt wird.

Resümee

Die Analyse des erinnerungskulturellen Phänomens Anne Frank auf Instagram zeigt, dass ihre Darstellung und Rezeption dort auf traditionellen Erinnerungsmustern beruht und merklich von etablierten Rezeptionsketten beeinflusst wird. Es entstehen auf Instagram daher kaum neue Erinnerungsnarrative, sondern es werden vorrangig konventionelle Geschichtsbilder, Darstellungs- und Rezeptionsmuster reproduziert. Traditionelle Erinnerungsdiskurse werden dabei durch die Medienlogik des Gedächtnismediums Instagram geprägt. Daraus resultieren medienspezifische Erinnerungsformen, z.B. Erinnerungsbeiträge, die sowohl von institutionellen als auch von privaten Nutzer:innen verwendet werden und das erinnerungskulturelle Phänomen Anne Frank ins Digitale transformieren. Nicht nur die Beiträge, sondern auch die Kommentare anderer Nutzer:innen zeugen von der Fortsetzung und Stärkung erinnerungskultureller Prozesse und Muster, die vor allem auf die frühe Amerikanisierung Anne Franks und ihres Tagebuchs zurückzuführen sind.

Die viel diskutierte digitale Erweiterung erinnerungskultureller Prozesse ist hier ebenso für das erinnerungskulturelle Phänomen Anne Frank feststellbar, das online im Rahmen der den Plattformen eigenen Stimmenpluralität stark von privaten Akteur:innen beeinflusst wird. Dieser Verlust des institutionellen Erinnerungsmonopols beeinflusst die offiziellen Gedenkorte. Sie scheinen ihren Status als »exclusive domain of public authorities«[115] zu verlieren, »they become participants in the layered process of collective memory building«[116]. Instagram wird hierbei, wie die Betrachtung von Beiträgen des Anne Frank Hauses zeigt, zu einer medienspezifisch geprägten Erweiterung des »konkret Örtliche[n] des Erinnerns«[117] traditioneller Gedenkstättenarbeit. Darin liegen viele Chancen: Mit der vergrößerten Reichweite kann das erinnerungskulturelle Angebot nicht nur mehr (potenziellen) Besucher:innen vorgestellt werden, es wird zugleich weitestgehend orts- und zeitunabhängig zugänglich. Gerade im Fall des Anne Frank Hauses, das aufgrund der räumlichen Gegebenheiten für Menschen mit beeinträchtigter Mobilität kaum zugänglich ist, bieten Onlineangebote einen leichteren Zugang.

Soziale Plattformen ermöglichen zudem einen niedrigschwelligen Zugriff auf erinnerungskulturelle Inhalte und schaffen zumindest theoretisch die Möglichkeit eines verstärkten Austauschs zwischen Gedenkinstitutionen und privaten User:innen. Wegen ihrer breiten Partizipationsmöglichkeiten wird den sozialen Medien oft eine Chance zur Demokratisierung und Pluralisierung erinnerungskultureller Prozesse zugeschrieben.[118] Allerdings zeigt die Betrachtung von Beiträgen des Anne Frank Hauses, dass diese Interaktionsmöglichkeiten – möglicherweise aufgrund beschränkter institutionsinterner Ressourcen – nur wenig genutzt werden. Eine kritische Auseinandersetzung mit den historischen Inhalten findet auf Instagram jedoch in der Regel weder in den Beiträgen institutioneller und privater Akteur:innen noch in den Kommentaren statt.

Die in der Analyse aufgezeigte Reproduktion etablierter Darstellungsstrategien und Förderung traditioneller Rezeptionsmuster durch die offiziellen Gedenkakteur:innen gilt es diesbezüglich ebenfalls zu problematisieren. Denn obwohl die vereinfachte Kommunikation einen stärkeren Austausch und damit eine Pluralisierung und eine perspektivische Erweiterung erinnerungskultureller Diskurse ermöglichen könnte, wird dies durch den Rückgriff auf etablierte Erinnerungsmuster gehemmt. Da die privaten Accounts ebenfalls vornehmlich konventionelle Geschichtsbilder reproduzieren, bleibt etwa die traditionelle Opferfokussierung des Holocaustgedenkens unreflektiert. Die historischen Erinnerungsstätten zeigen teilweise ebenfalls eine enthistorisierende Eindimensionalität, indem Anne Frank lediglich in Formen eines Personenkults erinnert und so tendenziell auf eine Dimension ihres Lebens reduziert wird. Das Anne Frank Haus fördert z.B. seine traditionelle Interpretation als Pilgerort und unterstützt so eine sakralisierende Deutung, die einer reflexiv-kritischen Auseinandersetzung mit den historischen Ereignissen und dem Gedenkort oftmals im Weg zu stehen scheint. Dies könnte aber auch als Ausdruck einer gewissen Kommerzialisierung des Anne-Frank-Gedenkens gedeutet werden.

Ebenso ist die Anpassung analoger Erinnerungspraktiken und Darstellungsmuster an die medienspezifischen Sehgewohnheiten kritisch zu betrachten. Denn die Verwendung der Instagram-typischen Darstellungs- und Kommunikationsformen birgt die Gefahr einer oft prognostizierten Trivialisierung. Gerade für institutionelle Gedenkakteur:innen bedeutet der Einsatz medienspezifischer Kommunikations- und Darstellungsformen daher eine Gratwanderung. Indem nicht nur etablierte Erinnerungsmuster reproduziert, sondern durch medienspezifische Darstellungsweisen geprägt und verstärkt werden, wird eine emotionalisierende, identifikatorische Rezeption gefördert. So stellt sich die Frage, inwiefern Gedenkstätten den medienspezifischen Rezeptionserwartungen nachkommen und gleichzeitig ihrem didaktischen Anspruch gerecht werden können, ohne Gefahr zu laufen, im Sinne des Überwältigungsverbots[119] etablierte Grenzen der Darstellbarkeit zu überschreiten oder eine Trivialisierung und Kommerzialisierung zu begünstigen.

Digitale Social-Media Projekte wie »eva.stories«, »ichbinsophiescholl« oder der TikTok-Account der Holocaustüberlebenden Lily Ebert sind immer noch Ausnahmeprojekte.[120] Als solche zeugen sie jedoch von einer vielfältigen digitalen Tradierung traditioneller Gedenkformen, die mit dem Ende der Zeitzeugenschaft an Relevanz gewinnen. Die große Aufmerksamkeit, die diesen Projekten zuteilwird, auch von Digital Natives, zeigt die Chancen digitaler Erinnerungsprojekte. Gleichzeitig machen diese Projekte die Notwendigkeit eines Hinterfragens traditioneller Darstellungsformen und einer Sensibilisierung für digitale Kommunikationsformen innerhalb der Digital Holocaust Memory evident. Die Präsenz auf sozialen Plattformen und eine aktive Mitgestaltung digitaler Erinnerungsprozesse wird für Gedenkstätten daher immer relevanter.

Anmerkungen

1 Trailer Staffel 2 | Anne Frank Video-Tagebuch, Nach der Verhaftung | Anne Frank Haus, https://www.youtube.com/watch?v=sk1PjGRaGac, Zugriff: 18.9.2022.
2 Ebd.
3 Kirstin Frieden: »Meine Freundin, Anne Frank«. Die Medialisierung Anne Franks zur Facebook-Ikone, in: Peter Seibert/Jana Piper/Alfonso Meoli (Hg.): Anne Frank. Mediengeschichten, Berlin 2014, S. 117-135, hier S. 125.
4 Vgl. Alvin H. Rosenfeld: Anne Frank and the Future of Holocaust Memory, Washington, D.C., 2005, S. 2.
5 Vgl. Hannes Burkhardt: Geschichte im Social Web. Geschichtsnarrative und Erinnerungskultur auf Facebook und Twitter mit dem kulturwissenschaftlichen Medienbegriff »Medium des kollektiven Gedächtnisses« analysieren, in: Christoph Pallaske (Hg.): Medien machen Geschichte. Neue Anforderungen an den geschichtsdidaktischen Medienbegriff im digitalen Wandel, Berlin 2015, S. 99-114, hier S. 99f.
6 Vgl. Hannes Burkhardt: Geschichte in den Social Media. Nationalsozialismus und Holocaust in Erinnerungskulturen auf Facebook, Twitter, Pinterest und Instagram, Göttingen 2021, S. 14.
7 Vgl. Kristina Kobilke: Marketing mit Instagram, 3. Aufl., o.O. 2017, S. 10f.
8 Der Beitrag basiert auf meiner 2021 im Studiengang Public History der Universität zu Köln eingereichten Masterarbeit »Erinnerungskulturen im Social Web – Anne Frank als erinnerungskulturelles Phänomen auf Instagram«. Zur Herausarbeitung grundsätzlicher Merkmale von Anne Frank auf Instagram diente die empirisch-qualitative Methode der Grounded Theory nach Barney Glaser und Anselm Strauss (vgl. Barney G. Glaser/Anselm L. Strauss: Grounded Theory. Strategien qualitativer Forschung, 3., unveränd. Aufl., Bern 2010).
9 Astrid Erll: Kollektives Gedächtnis und Erinnerungskultur. Eine Einführung, 2., aktual. u. erw. Aufl., Stuttgart 2011, S. 146.
10 Vgl. Burkhardt: Geschichte im Social Web (Anm. 5), S. 114.
11 Vgl. Kobilke: Marketing mit Instagram (Anm. 7), S. 30f.
12 Vgl. Katja Gunkel: Der Instagram-Effekt. Wie ikonische Kommunikation in den Social Media unsere visuelle Kultur prägt, Bielefeld 2018, S. 23f.
13 Vgl. Meghan Lundrigan: Holocaust Memory and Visuality in the Age of Social Media, Ottawa 2019, S. 215-218.
14 Burkhardt: Geschichte in den Social Media (Anm. 6), S. 85.
15 Vgl. ebd., S. 84.
16 Vgl. Erica Fagen: Hashtag Holocaust: Negotiating Memory in the Age of Social Media, Amherst, Mass., 2019, S. 20.
17 Vgl. Kristina Kobilke: Erfolgreich mit Instagram. Mehr Aufmerksamkeit mit Fotos & Videos, Frechen 2014, S. 20f.
18 Vgl. Burkhardt: Geschichte in den Social Media (Anm. 6), S. 86.
19 Vgl. Lundrigan (Anm. 13), S. 211.
20 Vgl. Kobilke: Marketing mit Instagram (Anm. 7), S. 10f.
21 Vgl. Burkhardt: Geschichte in den Social Media (Anm. 6), S. 86.
22 Vgl. Hannes Burkhardt: Digitale Erinnerungskulturen im Social Web. Personen des »Dritten Reichs« auf Facebook am Beispiel von Claus Stauffenberg, Sophie Scholl und Erwin Rommel, in: Gerhard Henke-Bockschatz (Hg.): Neue geschichtsdidaktische Forschungen. Aktuelle Projekte, Göttingen 2016, S. 163-188, hier S. 164.
23 Vgl. @annefrankhouse_official, https://www.instagram.com/annefrankhouse_official/?hl=de, Zugriff: 23.9.2021.
24 Vgl. @annefrankcenter, https://www.instagram.com/annefrankcenter, Zugriff: 23.9.2021.
25 Unter »Amerikanisierung« wird in diesem Zusammenhang der Einfluss US-amerikanischer Darstellungs-, Interpretations- und Rezeptionsmuster auf das Holocaustgedenken verstanden. Mit der stetigen Reproduktion des Holocaust in den US-amerikanischen Massenmedien wurde er Teil der US-amerikanischen Erinnerungskultur. So entstanden Erinnerungsmuster, wie z.B. die Popularisierung, Personalisierung und Universalisierung, die die Erinnerungskultur bis heute prägen.
26 Vgl. @anne_m_frank, https://www.instagram.com/anne_m_frank, @annefrank4ever, https://www.instagram.com/annefrank4ever und @anneliesannemariefrank,

https://www.instagram.com/anneliesannemariefrank, Zugriffe: 23.9.2021.
27 Der Account @anneliesannemariefrank (vgl. Anm. 26) fungiert hierbei als Beispiel zur Verifizierung der Analyseergebnisse und ermöglicht einen besonderen Blick auf die stark subjektivierte Auseinandersetzung mit Anne Frank.
28 Die Analyse fokussiert sich auf Anne Franks Geburtstag, den Tag des Einzugs der Familie Frank in das Versteck im Hinterhaus, den Tag der Verhaftung der Versteckten und von Anne Franks Tod bzw., da dieser nicht datiert werden kann, das Datum ihres letzten Tagebucheintrags. Mit dem Holocaustgedenktag und dem Jahrestag der Befreiung von Bergen-Belsen werden bedeutende Daten des Holocaustgedenkens einbezogen.
29 Hinzuweisen ist auf die prekäre Verfügbarkeit der Daten aufgrund fehlender Archivierungsmöglichkeiten. Beiträge und Accounts, insbesondere privater Akteur:innen, können jederzeit gelöscht oder privatisiert werden, wodurch nur noch bestätigte Abonnent:innen auf die Account-Inhalte Zugriff haben.
30 Burkhardt: Geschichte in den Social Media (Anm. 6), S. 217.
31 Vgl. Rosenfeld (Anm. 4), S. 2.
32 Anne Frank: Het achterhuis. Dagboekbrieven van 12 Juni 1942-1 Augustus 1944, Amsterdam 1947.
33 Vgl. David Barnouw: Das Phänomen Anne Frank, Essen 2015, S. 42.
34 Anne Frank: The Diary of a Young Girl, New York 1952. Vgl. hierzu Frank van Vree: Anne Frank, in: Europäische Erinnerungsorte 2. Das Haus Europa, hg. v. Pim den Boer/Heinz Duchhardt/Georg Kreis/Wolfgang Schmale, München 2012, S. 345-352, hier S. 348.
35 Van Vree (Anm. 34), S. 348.
36 Vgl. Burkhardt: Geschichte in den Social Media (Anm. 6), S. 213f.
37 Vgl. Frances Goodrich/Albert Hackett: The Diary of Anne Frank. Based on the Book: Anne Frank: Diary of a Young Girl, New York 1956.
38 Vgl. Katja Heimsath: »Trotz allem glaube ich an das Gute im Menschen«. Das Tagebuch der Anne Frank und seine Rezeption in der Bundesrepublik Deutschland, Hamburg 2013, S. 90, 175.
39 Vgl. Alex Sagan: An Optimistic Icon: Anne Frank's Canonization in Postwar Culture, in: German Politics & Society 13 (1995), Nr. 3, S. 95-107, hier S. 95f., 99f.
40 Vgl. Habbo Knoch: Die Tat als Bild. Fotografien des Holocaust in der deutschen Erinnerungskultur, Hamburg 2001, S. 501.
41 Hildegard Frübis: (Kinder-)Ikonen des Holocaust, in: Seibert/Piper/Meoli (Anm. 3), S. 12-36, hier S. 20.
42 Ebd., S. 21 (Hervorh. i. Orig.).
43 Vgl. Christine Gundermann: »Jetzt höre ich Anne Frank in mir.« Anne Frank als geschichtskulturelles Phänomen, in: Bettina Bannasch/Hans Joachim Hahn (Hg.): Darstellen, Vermitteln, Aneignen – Gegenwärtige Reflexionen des Holocaust, Göttingen 2018, S. 397-413, hier S. 405.
44 Catherine A. Bernard: Anne Frank: The Cultivation of the Inspirational Victim, in: Elizabeth R. Baer/Myrna Goldenberg (Hg.): Experience and Expression. Women, the Nazis, and the Holocaust, Detroit, Mich., 2003, S. 201-225, hier S. 203.
45 Vgl. ebd., S. 203f.
46 Vgl. Heimsath (Anm. 38), S. 241.
47 Ebd., S. 245.
48 Rosenfeld (Anm. 4), S. 4.
49 Burkhardt: Geschichte in den Social Media (Anm. 6), S. 228.
50 Vgl. Heimsath (Anm. 38), S. 249.
51 Barnouw (Anm. 33), S. 117.
52 Vgl. Rosenfeld (Anm. 4), S. 3.
53 Melissa Müller: Das Mädchen Anne Frank. Die Biographie, München 1998, S. 9.
54 Vgl. Barbara Kirshenblatt-Gimblett/Jeffrey Shandler: Introduction: Anne Frank, the Phenomenon, in: dies. (Hg.): Anne Frank Unbound. Media, Imagination, Memory, Bloomington, Ind., 2012, S. 1-22, hier S. 5.
55 Vgl. Barnouw (Anm. 33), S. 58, 60.
56 Sagan (Anm. 39), S. 99.
57 Christoph Hamann: Der Junge aus dem Warschauer Ghetto. Der Stroop-Bericht und die globalisierte Ikonografie des Holocaust, in: Gerhard Paul (Hg.): Bilder, die Geschichte schrieben. 1900 bis heute, Göttingen 2011, S. 106-115, hier S. 115.
58 Vgl. Hamann (Anm. 57), S. 113.
59 Vgl. Barnouw (Anm. 33), S. 157.
60 Kirshenblatt-Gimblett/Shandler: Introduction (Anm. 54), S. 10.
61 Vgl. Müller (Anm. 53), S. 9f.
62 Vgl. Heimsath (Anm. 38), S. 178.

63 Vgl. Frank Stern: Worüber sie reden, wenn wir über Anne Frank sprechen … Zum interkulturellen Nachleben einer Erinnerungsikone, in: Seibert/Piper/Meoli (Anm. 3), S. 253-268, hier S. 255.
64 Gundermann (Anm. 43), S. 397.
65 Vgl. Burkhardt: Digitale Erinnerungskulturen (Anm. 22), S. 168.
66 Vgl. z.B. @annefrankhouse, Beitrag v. 27.1.2020, https://www.instagram.com/p/B7oiI2mA_Vx, und @annefrankhouse, Beitrag v. 12.6.2020, https://www.instagram.com/p/CBVbqdrA2Dp, Zugriffe: 23.9.2021.
67 Vgl. Burkhardt: Digitale Erinnerungskulturen (Anm. 22), S. 168.
68 Der Begriff des Jubiläums ist hierbei kritisch zu betrachten, handelt es sich dabei doch um ein von gesellschaftlichen Konventionen geprägtes Konstrukt, dem eine besondere historische Bedeutung zugesprochen wird.
69 Vgl. @annefrankcenter, Beitrag v. 11.6.2019, https://www.instagram.com/p/BykgeAdHtPo, Zugriff: 23.9.2021.
70 @annefrankhouse veröffentlicht z.B. seit 2017 Erinnerungsbeiträge am Jahrestag von Anne Franks Geburtstag (vgl. @annefrankhouse, Beitrag v. 12.6.2017, https://www.instagram.com/p/BVO6Qkxn_zu, Zugriff: 23.9.2021).
71 Vgl. z.B. @annefrankhouse, Beitrag v. 25.6.2019, https://www.instagram.com/p/BzIyaCiIxJC, und @anne_m_frank, Beitrag v. 25.6.2019, https://www.instagram.com/p/BzIzuvQolpD, Zugriffe: 23.9.2021.
72 So z.B. #mauthausen in einem Beitrag über Anne Frank (vgl. @anneliesannemariefrank, Beitrag v. 9.1.2020, https://www.instagram.com/p/B9hOJs2FTBW, Zugriff: 23.9.2021).
73 Vgl. z.B. @anneliesannemariefrank, Beitrag v. 27.2.2020, https://www.instagram.com/p/B8zyohFlVHN, Zugriff: 23.9.2021.
74 Vgl. z.B. @anneliesannemariefrank, Beitrag v. 30.8.2020, https://www.instagram.com/p/CEhShE0loes, Zugriff: 23.9.2021.
75 Vgl. Burkhardt: Digitale Erinnerungskulturen (Anm. 22), S. 182, 187.
76 Vgl. Gundermann (Anm. 43), S. 401.
77 Vgl. @anneliesannemariefrank, Beitrag v. 1.11.2020, https://www.instagram.com/p/CHCrSF9FhUR, Zugriff: 23.9.2021.
78 Anne und Margot Frank am Strand (frontal), ca. 1935, Anne Frank Fonds, Basel; Anne und Margot Frank in Frankfurt a.M., 1933, Anne Frank Fonds, Basel; Anne und Margot Frank, Aachen, 1933, Anne Frank Fonds, Basel.
79 Häftlinge im KZ Bergen-Belsen nach dessen Befreiung, Mai 1945, Foto: George Rodger, LIFE Photo Collection, TimeLife_image_954726, © Time Inc.
80 Vgl. @anneliesannemariefrank, Beitrag v. 1.11.2020, https://www.instagram.com/p/CHCrSF9FhUR, Zugriff: 23.9.2021.
81 Vgl. @anneliesannemariefrank, Beitrag v. 4.8.2020, https://www.instagram.com/p/CDdIGOrFNew, Zugriff: 23.9.2021.
82 Burkhardt: Geschichte in den Social Media (Anm. 6), S. 228.
83 Porträt von Anne Frank aus ihrem Fotoalbum, Mai 1942, Anne Frank Fonds, Basel.
84 Vgl. @anne_m_frank, Beitrag v. 15.7.2020, https://www.instagram.com/pCCqtVT7HbTM, Zugriff: 23.9.2021.
85 Vgl. @anne_m_frank, Beitrag v. 15.7.2020, https://www.instagram.com/p/CCqtVT7HbTM, Zugriff: 23.9.2021.)
86 Vgl. z.B. »Very touching! Her optimism is the face of hopelessness and blind hatred are admirable and so moving. She was so talented! ♥♥♥♥«; »Oh Anne, see you soon in heaven!«; »I really love this. She looks so much more ›alive‹ in colour to me. ♣«, @anne_m_frank, Beitrag v. 15.7.2020, https://www.instagram.com/p/CCqtVT7HbTM, Zugriff: 23.9.2021.
87 Burkhardt: Geschichte in den Social Media (Anm. 6), S. 228.
88 Vgl. @annefrankhouse, Beitrag v. 1.9.2019, https://www.instagram.com/p/BsaZTHiANkB, Zugriff: 23.9.2021.
89 Burkhardt: Geschichte in den Social Media (Anm. 6), S. 282.
90 Ebd.
91 Vgl. z.B. »Anne was such an inspiration to me. Hope to visit someday!«; »Seeing this was one of the most moving things I've ever experienced in my life.«; »When I was visiting there in 2011, I had the impression that the diary was a facsimile and that the original was kept safe somewhere else. Can anyone confirm?«, @annefrankhouse, Beitrag v. 1.9.2019, https://www.instagram.com/p/BsaZTHiANkB, Zugriff: 23.9.2021.
92 @annefrankhouse, Beitrag v. 15.9.2019, https://www.instagram.com/p/Bz8RBkg-Hl, Zugriff: 23.9.2022.

93 Vgl. ebd.
94 Vgl. z.B. »Anne shows me that you can be kind in cruel situations. You just have to try really hard to see the good in really bad people. ♥♥♥♥«; »The quintessential of humanity ... pure to the core ♥«, @annefrankhouse, Beitrag v. 15.7.2019, https://www.instagram.com/p/Bz8RB-kg-Hl, Zugriff: 23.9.2021.
95 Vgl. z.B. @anneliesannemariefrank, Beitrag v. 21.9.2020, https://www.instagram.com/p/CFYABH5B09b, Zugriff: 23.9.2021.
96 Vgl. @annefrankcenter, Beitrag v. 3.7.2020, https://www.instagram.com/p/CCMaajAHJLT, Zugriff: 23.9.2021.
97 Vgl. z.B. »Anne was such a wise intelligent and beautiful young girl. She was ahead of her time discussing women's rights ♥«; »A smart and brave girl. There is still work to be done; but it is words such as these that help bridge the gap. Thank you Anne. ♥«, @anne_m_frank, Beitrag v. 8.3.2020, https://www.instagram.com/p/B9eCFrDHtI1, Zugriff: 23.9.2021.
98 Daniel Levy/Natan Sznaider: Erinnerung im globalen Zeitalter: Der Holocaust, Frankfurt am Main 2001, S. 150.
99 Vgl. Habbo Knoch: Grenzen der Immersion. Die Erinnerung an den Holocaust und das Zeitalter der Digitalität, in: Claudia Fröhlich/Harald Schmid (Hg.): Jahrbuch für Politik und Geschichte 7 (2016-2019) [Schwerpunktthema: Virtuelle Erinnerungskulturen], Stuttgart 2020, S. 15-44, hier S. 42.
100 Steffi de Jong: Von Hologrammen und sprechenden Füchsen – Holocausterinnerung 3.0 (2015), S. 7, https://erinnern.hypotheses.org/files/2015/07/Von-Hologrammen-und-sprechenden-F%C3%BCchsen-%C2%AD-Holocausterinnerung.pdf, Zugriff: 27.8.2021.
101 Stefan Haas/Christian Wachter: Erinnerungskultur digital. Die Ortlosigkeit virtueller Räume als Katharsis postmodernen Gedenkens, in: Indes. Zeitschrift für Politik und Gesellschaft 8 (2018), Nr. 2, S. 27-32, hier S. 28.
102 Kirshenblatt-Gimblett/Shandler: Introduction (Anm. 54), S. 7.
103 Vgl. Gundermann (Anm. 43), S. 411.
104 @anneliesannemariefrank, Beitrag v. 12.6.2020, https://www.instagram.com/p/CBT5QA8lJRo, Zugriff: 23.9.2021, Schreibungen i. Orig.
105 Burkhardt: Digitale Erinnerungskulturen (Anm. 22), S. 174.
106 Vgl. Hannes Burkhardt: Anne Frank auf Facebook. Erinnerungskulturen im Social Web zwischen Trivialisierung und innovativer Erinnerungsarbeit, in: Seibert/Piper/Meoli (Anm. 3), S. 136-163, hier S. 159.
107 Frieden (Anm. 3), S. 129.
108 Vgl. Burkhardt: Geschichte in den Social Media (Anm. 6), S. 89, 396.
109 Vgl. z.B. @anne_m_frank, Beitrag v. 22.12.2020, https://www.instagram.com/p/CJGWcsplOVb, Zugriff: 23.9.2021.
110 Vgl. @annefrank4ever, Beitrag v. 4.8.2015, https://www.instagram.com/p/59ufJQJvN_, Zugriff: 23.9.2021.
111 Vgl. z.B. @annefrank4ever, Beitrag v. 4.8.2020, https://www.instagram.com/p/CDeTnrvHPun, Zugriff: 23.9.2021.
112 Leshu Torchin: Anne Frank's Moving Images, in: Kirshenblatt-Gimblett/Shandler: Anne Frank Unbound (Anm. 54), S. 93-134, hier S. 131.
113 Ebd.
114 Vgl. z.B. @anneliesannemariefrank, Beitrag v. 12.6.2020, https://www.instagram.com/p/CBT5ioQl2Bz, und @anneliesannemariefrank, Beitrag v. 20.7.2020, https://www.instagram.com/p/CC2_385ltdR, Zugriffe: 23.9.2021.
115 Maria Zalewska: Selfies from Auschwitz. Rethinking the Relationship Between Spaces of Memory and Places of Commemoration in The Digital Age, in: Digital Icons. Studies in Russian, Eurasian and Central European New Media (2017), Nr. 18, S. 95-116, hier S. 100.
116 Ebd.
117 Haas/Wachter (Anm. 101), S. 27.
118 Vgl. Burkhardt: Anne Frank auf Facebook (Anm. 106), S. 144.
119 Vgl. Habbo Knoch: Gedenkstätten, Version: 1.0, in: Docupedia-Zeitgeschichte, 11.9.2018, https://docupedia.de/zg/Knoch_gedenkstaetten_v1_de_2018?oldid=130379#cite_note-ftn124-124, Zugriff: 14.10.2022.
120 Vgl. eva.stories, https://www.instagram.com/eva.stories/?hl=de; ichbinsophiescholl, https://www.instagram.com/ichbinsophiescholl/?hl=de; Lily Ebert & Dov Forman, https://www.tiktok.com/@lilyebert?lang=de-DE, Zugriffe: 14.10.2022.

Besprechungen und Annotationen

Rezensionen

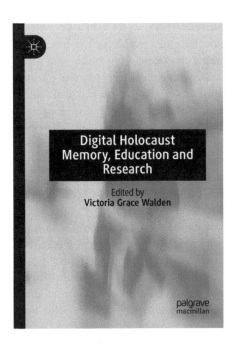

Victoria Grace Walden (Hg.): Digital Holocaust Memory, Education and Research, Cham: Palgrave Macmillan, 2021, 309 S., 139,09 EUR (Print), 106,99 EUR (E-Book)

Das Holocaustgedenken findet längst nicht mehr rein analog statt. Immer häufiger kommen digitale Medien und Technologien für die Information über und die Auseinandersetzung mit der Geschichte des Holocaust zum Einsatz. Akteur:innen der Geschichtswissenschaften, der historisch-politischen Bildung und der Erinnerungskultur setzen digitale Formate für Forschung, Bildung und Gedenken ein. Dabei ist es wichtig, die Verwendung und die Produktion digitaler Formate für die historische Bildung immer wieder zu hinterfragen und mit Blick auf ihren Nutzen für Erinnerungs-, Bildungs- und Forschungszwecke stets zu diskutieren. Andernfalls besteht die Gefahr, dass digitale Werkzeuge auf der einen Seite vor allem um ihrer selbst willen eingesetzt und auf der anderen Seite ihre Potenziale nicht ausgeschöpft werden.

Der Sammelband »Digital Holocaust Memory, Education and Research« setzt hier an und hinterfragt den Einsatz verschiedener digitaler Technologien für die Information über den Holocaust und die Vermittlung und Bewahrung der Geschichte des Holocaust: Wie hat sich der Einsatz digitaler Technologien auf die Art, des Holocaust zu gedenken, aus ihm zu lernen und ihn zu erforschen, ausgewirkt? Wie genau und mit welchen Folgen für das Verständnis von Geschichte funktioniert das Zusammenspiel von Technik und Menschen? Victoria Grace Walden als Herausgeberin des Bandes kennt sich in diesem Forschungsfeld bestens aus: Seit 2020 verantwortet sie das Projekt »Digital Holocaust Memory«, in dem digitale Medien in der Holocausterinnerung, ihre Akteur:innen, Netzwerke und Potenziale in Veranstaltungen und Artikeln analysiert werden.[1] Nun haben Walden und weitere Expert:innen diesem Thema einen ganzen Sammelband gewidmet. Ihre gemeinsame These: »Das Digitale« bedeutet keinen radikalen Bruch für die Holocausterinnerung, -bildung und -forschung. Vielmehr sind digitale Formate multiperspektivisch im jeweiligen kulturellen und sich wandelnden Kontext von Mediengeschichte, Erinnerungskultur und digitalen Praktiken zu verorten (Victoria Grace Walden: Defining the Digital in Digital Holocaust Memory, Education and Research, S. 1-12, hier S. 4).

Dass heute überhaupt in virtuellen Umgebungen oder in Computerspielen die Erinnerung an den Holocaust wachgehalten wird, sei einzuordnen in eine Mediengeschichte der Holocaustbildung der letzten 30 Jahre. Sie habe vor allem mit Film und Video ihren Anfang genommen (S. 3). Noch heute würden viele digitale Formate der Holocausterinnerung, -bildung und -forschung vor allem an diese traditionellen audiovisuellen Medien anknüpfen (ebd.). Kate Marrison verortet in ihrem Beitrag »Virtually Part of the Family: The Last Goodbye and Digital Holocaust Witnessing« (S. 15-31) in diesem Zusammenhang auf theoretischer Ebene digitale Virtual-Reality-(VR-) und 3-D-Filmmethoden, die neuerdings eingesetzt würden, um die Erzählungen Holocaustüberlebender zu bewahren und zugänglich zu machen. Sie sieht sie in der Tradition der filmischen Dokumentation von Zeitzeug:innenschaft (S. 16, 21). Kia Hays, Karen Jungblut und Stephen D. Smith zeigen in ihrem Beitrag »Realms of Digital Memory: Methodological Approaches to 360° Testimony on Location« (S. 33-59) daran anknüpfend auf technisch-methodischer Ebene, wie VR- und 3-D-Filmmethoden aus traditionelleren audiovisuellen Zeitzeug:innenaussagen seit den 1990er-Jahren hervorgegangen sind, und stellen die Frage, ob VR-Technologien von einigen Autor:innen zurecht als »Empathie-Maschinen« bezeichnet werden (S. 39f.).

Neben dieser mediengeschichtlichen Verortung ist es Walden insbesondere ein Anliegen, die Produktion von Holocausterinnerungen als Zusammenspiel verschiedener »Aktanten« zu verstehen. Hierzu gehörten neben Menschen und Institutionen auch die technischen Verfahren selbst (S. 2, 7). Um zu verstehen, wie Technik und Mensch in Interaktionen zusammenkommen, ist eine interdisziplinäre Herangehensweise wichtig: Im Beitrag »Active Learning in Digital Heritage: Introducing Geo-localisation, VR and AR at Holocaust Historical Sites« (S. 145-176) beleuchten sieben Autor:innen[2] den Einsatz unterschiedlicher Techniken wie Geolokalisation, VR und AR an Holocaustgedenkorten. Das Autor:innenkollektiv vereint Expertise aus den Bereichen Technikentwicklung (Biotechnologie), Forschung (Geschichte, Psychologie) und Praxis (Gedenkstätten). Dies erlaubt ihnen, das vorgestellte digitale Lernmedium aus ihren unterschiedlichen Blickwinkeln ebenso inhaltlich und technisch wie in seiner praktischen Anwendung zu analysieren. Sie fragen nach den emotionalen Auswirkungen von VR-Technologien auf Nutzer:innen und ordnen ihren Forschungsgegenstand dabei in längere Traditionen historischen und kulturellen Lernens ein.

Andere Beiträge sind weniger multiperspektivisch angelegt. Anne-Berenike Rothstein, Josefine Honke und Tabea Widmann betrachten in ihrem Beitrag »MEMOZE: Memory, Places, Memory Spaces: ›Glocal‹ Holocaust Education through an Online Research Portal« (S. 99-118) die Digitalisierung eines Gedenkortes aus medienwissenschaftlicher Perspektive. Sie stellen das Onlineportal »MEMOZE« vor, das einen digitalen Zugang zu den vor Ort nur teilweise und schwer zugänglichen

Goldbacher Stollen am Bodensee, dem ehemaligen Standort eines Außenlagers des KZ Dachau, bietet. Allerdings fehlt dem Beitrag eine konsequente Anwendung des Begriffs »glocal«, der zentral für das Projekt ist und die global gedachte Aufarbeitung lokaler Geschichte bezeichnet: Wie lässt sich bestimmen, welchen Beitrag die digitale Aufarbeitung des »kommunalen Gedächtnisses« leisten kann, um einer »standardisierten Erinnerungskultur« entgegenzuwirken (S. 104)? Wie wirken sich »glokale« digitale Erinnerungsformen auf die Menschen vor Ort und auf ihre Art, Geschichte wahrzunehmen, aus?[3] In dem Beitrag »Visualising Evidence and Landscapes of Atrocities: An Ethical Perspective« (S. 119-144) geben Janos Kerti, Caroline Sturdy Colls und Ruth Swetnam Einblicke in die Möglichkeiten, zerstörte historische Orte archäologisch und technisch neu erstehen zu lassen, indem sie in digitalen Räumen erfahrbar gemacht werden. Sie gehen (bis hin zur Farbwahl auf der Onlineplattform) detailliert auf verschiedene Aspekte digitaler Rekonstruktionen ein und untersuchen, wie diese auf Nutzer:innen wirken. Es wäre auch interessant gewesen, mehr über die Einordnung der neuen digital-technischen Möglichkeiten in die längere Tradition der Vermittlungsarbeit mithilfe der Archäologie zu erfahren, wie und mit welchen Konsequenzen sich z.B. die Rolle der Archäologie für Gedenkarbeit durch neue digitale Methoden verändert hat.

Der Band ist zu Beginn der Coronapandemie entstanden, und so stellt sich die Frage, wie diese sich auf die Holocausterinnerung ausgewirkt hat. Nach Waldens Einschätzung hat die Pandemie dazu beigetragen, dass digitale Formate ein wesentlicher Ort und ein bedeutsames Medium der Holocaustbildung geworden sind (S. 2f.). Die Digitalität habe neue Formen des Erinnerns hervorgebracht, u.a. weil die Menschen in der Zielgruppe von Gedenkstätten und Bildungsorganisationen selbst zu Ko-Kreativen, die zur Holocausterinnerung beitragen, geworden seien. Tobias Ebbrecht-Hartmann und Lital Henig beleuchten diesen Paradigmenwechsel von der »era of the witness« zur »era of the user« in ihrem Beitrag »i-Memory: Selfies and Self-Witnessing in *#Uploading_Holocaust*« (S. 213-235) am Beispiel von Selfievideos, die z.B. an Orten ehemaliger Konzentrationslager aufgenommen und anschließend auf Social Media veröffentlicht werden – und die häufig öffentlich kritisiert werden. Ebbrecht-Hartmann und Henig plädieren für eine ausgewogenere Betrachtung dieses Phänomens und verstehen es als einen Beitrag zur ständigen Neuverhandlung des Holocaust in der Gesellschaft (S. 232).

Imogen Dalziel schaut in ihrem Beitrag »Becoming the ›Holocaust Police‹? The Auschwitz-Birkenau State Museum's Authority on Social Media« (S. 179-212) aus Sicht der Gedenkinstitutionen auf die »era of the user« und fragt provozierend, ob das Staatliche Museum Auschwitz-Birkenau auf Social Media die Rolle einer »Holocaust-Polizei« eingenommen habe. Dalziel problematisiert, dass die Institution einerseits klare Vorstellungen davon habe und bestimmen möchte, wie sie nach außen hin repräsentiert wird, gleichzeitig aber versuche, moderne und vor allem partizipative Bildungsmethoden auf Social Media anzuwenden, wodurch das Selbstbild des Gedenkortes jedoch immer wieder durch Nutzer:innen hinterfragt werde. Sich aus diesem Spannungsverhältnis zu lösen, sei bisher nicht gelungen. Das Potenzial des digitalen Mediums, die Besucher:innen in ihrer Rolle als aktive Mitgestalter:innen des Gedenkorts und seiner Bedeutung einzubinden, werde daher nicht ausgeschöpft.

Carmelle Stephens knüpft an diesen Gedanken in ihrem Beitrag »Playing Pretend on Social Media« (S. 237-265) direkt an. Sie ist der Meinung, dass der unterhaltsame Charakter sozialer Medien einerseits und Holocaustbildung andererseits sich nicht ausschließen (S. 239, 261). Erst wenn das spielerische Element von Onlinemedien ernst genommen und genutzt werde, würde auch das interaktive Moment dieser Medien ernst genommen. »Playing pretend«, also das Erstellen von Social-Media-Accounts für historische – auch im Holocaust verfolgte und gestorbene – Personen führe zu mehr Engagement der Nutzer:innen und damit schließlich zu tiefer gehenden Lernerfolgen (S. 259 f.). Das Instagram-Projekt »ichbinsophiescholl« des Bayerischen Rundfunks und des Südwestrundfunks zwischen Mai 2021 und April 2022 zeigte zuletzt jedoch auch sehr deutlich, wie gut derartige Vorhaben pädagogisch durchdacht sein müssen, um negative Folgen aufseiten der Nutzer:innen zu vermeiden.[4]

Eine Lücke in aktuellen Auseinandersetzungen mit digitalen Vermittlungs- und Erinnerungspraktiken sieht Walden darin, dass sie selten die gesamte Komplexität digitaler Formate im Zusammenspiel mit kulturwissenschaftlichen Fragestellungen behandelten. Häufig bleibe »das Digitale« für sich betrachtet: Daten, Codes und Algorithmen sowie Programmierung und Backendgestaltung würden selten auf ihre Wechselbeziehung mit Nutzer:inneninteraktion und -partizipation untersucht (S. 4). Sanna Stegmaier und Svetlana Ushakova zeigen in ihrem Beitrag »The Production of German- and Russian-Language Interactive Biographies: (Trans)National Holocaust Memory between the Broadcast and Hyperconnective Ages« (S. 61-96) am Beispiel des »Dimensions in Testimony«-Projekts der USC Shoah Foundation das komplizierte Zusammenspiel zwischen Mensch und Maschine eindrücklich. Eine dort verwendete Spracherkennungssoftware basiert auf Algorithmen, die für Interaktionen zwischen Nutzer:innen und virtuellen Zeitzeug:innen trainiert werden müssen (S. 61 f.). Dabei sei es erforderlich, dass die Algorithmen Besonderheiten von Sprache (formelle und informelle Ansprache, Dialekte) ebenso berücksichtigen wie nationale Traditionen des historischen Erinnerns.

Dieser und die anderen Beiträge des Bandes verweisen nicht nur auf die Chancen, sondern auch auf die großen Herausforderungen in der Anwendung digitaler Formate zur Holocausterinnerung, -bildung und -forschung. Manche grundsätzlichen Schwierigkeiten wurden leider nicht hinreichend thematisiert. Hierzu gehört z. B. die Frage, ob Gedenkorte oder andere Bildungseinrichtungen überhaupt technisch in der Lage sind, digitale Anwendungen vor Ort problemlos einzusetzen. Die im Band versammelten Beiträge zeigen aber sehr deutlich, dass Konzeption, Produktion und schließlich Anwendung digitaler Vermittlungsformen nur in interdisziplinären Teams möglich sind.

Mit der Frage, wie in der zukünftigen Forschung präziser auf die vielfältigen Beziehungen zwischen Menschen und Technik eingegangen werden kann, setzt sich die Herausgeberin in ihrem abschließenden Beitrag »Afterword: Digital Holocaust Memory Futures: Through Paradigms of Immersion and Interactivity and Beyond« (S. 267-296) auseinander. Sie schlägt vor, die gängigen Narrative der Interaktivität und Immersion kritisch zu hinterfragen, weil sie die unterschiedlichen relevanten Ebenen von Technik, Mensch und Daten nicht ausreichend fassten. Sie möchte stattdessen in Kategorien von »Mixed Reality« und »intra-action« denken, die sie für zukunftsfähiger hält: »By thinking about digital Holocaust memory […] in terms of Mixed Reality and intra-action, we might concentrate on opening up a critical and affective space in which visitors and users can become part of a memory community that includes computational, material objects, environments and humans amongst its actants.« (S. 292f.) Diesen Gedanken ernst zu nehmen, bedeute, Technologie als einen Akteur mit Handlungsmacht zu verstehen, der Einfluss auf das heutige Erinnern an den Holocaust hat (S. 288).

Die von den Beiträger:innen vorgeschlagenen Perspektiven auf digitale Holocausterinnerung und -vermittlung bieten einen ausgezeichneten Ausgangspunkt der weiteren wissenschaftlichen Analyse digitaler Medien für die historische Bildung. Sie öffnen den Blick für die verschiedenen Ebenen, die bei der Anwendung digitaler Formate ineinandergreifen und in ihren jeweiligen Wechselbeziehungen untersucht werden müssen. Aber auch all jenen Praktiker:innen vor Ort in Gedenkstätten, Museen und anderen Einrichtungen der formalen und der informellen Bildung, die digitale Formate für die Holocausterinnerung und -vermittlung nutzen wollen, sei die Lektüre dieses Sammelbandes sehr empfohlen. Denn der gebotene interdisziplinäre Blick ermöglicht es, das Potenzial verschiedener digitaler Medien und die Konsequenzen ihrer Nutzung nicht nur in der Theorie, sondern anhand konkreter praktischer Anwendungsfälle nachzuvollziehen.

Anne Lammers

Anmerkungen

1 Vgl. Digital Holocaust Memory, https://reframe.sussex.ac.uk/digitalholocaustmemory, Zugriff: 14.12.2022.
2 Maria Blancas, Sytse Wierenga, Kees Ribbens, Carolien Rieffe, Habbo Knoch, Stephanie Billib, Paul Verschure.
3 Dass diese Fragen nicht beantwortet werden, mag auch der zeitlichen Begrenzung des Projekts geschuldet sein, das – wie der Stand des Onlineportals Anfang 2023 vermuten lässt – offenbar auslief, ehe die Website fertiggestellt werden konnte.
4 Vgl. Instagram-Projekt »Ich bin Sophie Scholl«: Ein Debattenbeitrag, 17.3.2022, https://www.stiftung-evz.de/wer-wir-sind/neuigkeiten-aus-der-stiftung/neuigkeit/instagram-projekt-ichbin sophiescholl-ein-debattenbeitrag, und zum Instagram-Projekt »Ich bin Sophie Scholl«. Eine Einschätzung unserer Bildungsreferentin Céline Wendelgaß, https://www.bs-anne-frank.de/mediathek/blog/zum-instagram-projekt-ich-bin-sophie-scholl, Zugriffe: 14.12.2022.

Anja Ballis/Markus Gloe/Florian Duda/Fabian Heindl/Ernst Hüttl/ Daniel Kolb/Lisa Schwendemann: Interaktive 3D-Zeugnisse von Holocaust-Überlebenden. Chancen und Grenzen einer innovativen Technologie, 2021 (Eckert. Dossiers 1), https:// repository.gei.de/handle/11428/316, Zugriff: 31.1.2023

Es ist nun bereits mehr als zehn Jahre her, dass die USC Shoah Foundation ein Proof of Concept zu ihrem damals noch »New Dimensions in Testimony« genannten Projekt vorgelegt hat. 2014 entstand daraus mit Pinchas Gutter das erste interaktive 3-D-Zeugnis[1] eines Shoah-Überlebenden: Eine Art virtueller Zeitzeuge, um Zeitzeug:innengespräche als konversationelle Lernmöglichkeit für künftige Generationen zu erhalten. Seitdem folgten allein an der USC weitere 23 interaktive Zeugnisse[2] in insgesamt sechs Sprachen sowie 11 Conversational Experiences am National Holocaust Centre & Museum in Großbritannien in Kooperation mit der Forever Holding[3].

Der Diskurs über virtuelle Zeitzeug:innenschaft hat zwar auch den deutschsprachigen Raum erreicht, jedoch zeichnet sich die Diskussion hier durch Bedenken und Skepsis sowie einen Mangel an Hintergrundwissen aus. Dies konstatierten auch Anja Ballis, Michele Barricelli und Markus Gloe[4] auf der von Anja Ballis und Markus Gloe ausgerichteten Tagung »Holocaust Education Revisited«[5], in deren Folge sie sich in dem Projekt »Lernen mit digitalen Zeugnissen« (»LediZ«)[6] der Erforschung und Erstellung eigener, deutschsprachiger 3-D-Zeugnisse zuwandten.[7]

Einen Einblick in das Projekt »LediZ« gibt nun der vorliegende Sammelband »Interaktive 3D-Zeugnisse von Holocaust-Überlebenden. Chancen und Grenzen einer innovativen Technologie« mit acht Beiträgen, in denen sowohl erste Ergebnisse des Projekts dargelegt als auch die Anknüpfung an ähnliche Projekte gesucht werden. In einem ersten thematischen Block widmen sich fünf Beiträge dem Münchner Projekt »LediZ« und dessen Reflexion, während die drei Beiträge des zweiten thematischen Blocks den Blick auf interaktive 3-D-Zeugnisse allgemein erweitern.

In dem einleitenden Beitrag »Lernen mit interaktiven 3D-Zeugnissen – Perspektiven aus dem und auf das Münchner Projekt LediZ« (S. 2-24) erläutern Anja Ballis, Florian Duda und Markus Gloe das Projekt. Es verzahnt Produktion, Rezeption und Selbstreflexion und versucht, mit Ansätzen aus deutscher Sprach- und Literaturdidaktik, politischer Bildung, (Computer-) Linguistik und Medieninformatik den Diskurs anzuregen und zu unterfüttern (S. 7). In Kooperation mit der britischen Forever Holding entstanden zwei interaktive 3-D-Zeugnisse der Holocaustüberlebenden Abba Naor und Eva Umlauf. Während beide bereits über Erfahrung in der öffentlichen Arbeit als Zeitzeug:innen u. a. im Münchner Raum und dessen lokaler Bildungslandschaft verfügen, diversifizieren sie das Projekt durch ihre Erfahrungen selbst: Abba Naor (geb. 1928) besitzt Erinnerungen an die Zeit vor der Shoah in Litauen sowie an seinen Alltag im Ghetto und in mehreren Konzentrationslagern, während Eva Umlauf kaum bewusste Erinnerungen an den Holocaust hat, da sie erst 1942 im Arbeitslager Nováky in der Slowakei geboren wurde und später nach Auschwitz gelangte (S. 5 f.). Im Fokus des Münchner Projekts stehen vor allem die Fragen nach der Prägung der Wahrnehmung der Betrachtenden durch die interaktiven Filme und nach dem Transfer von Erfahrungswissen (S. 7). Dazu legen Ballis, Duda und Gloe angelehnt an die Kommunikationsmodelle von Lars Elleström[8] sowie Claude Shannon und Warren Weaver[9] dar, dass die Vermittlung durch die Zeugnisse als Medienprodukt durch alle Produktionsbeteiligten und -umstände, das Format und die Verwendungsumstände geprägt ist (S. 10-13). Zudem werden die unterschiedlichen Etappen des Frageprozesses vom Abruf von Themenwissen durch die Fragestellenden über die Formulierung und die Stellung bis zur technischen Erfassung einer Frage beschrieben sowie mögliche Störungen des Informationstransfers im Programm und bei seiner Bedienung in Abhängigkeit von den Kompetenzen des Menschen und des Programms behandelt (S. 17-21). Trotz ihres Abstraktionsgrads erschließen die beiden Kommunikationsmodelle gut die Schritte, die in Formulierung, Erkennung und medialem Transfer einer Aussage in dem Frageprozess durchlaufen werden müssen, um eine Kommunikation von Fragestellenden und Programm zu gewährleisten. Hilfreich ist hierbei besonders die verständliche Darlegung und die Beispielnähe der Autor:innen.

In seinem Beitrag »›Was war oder ist Ihre schönste, tollste und angenehmste Kindheitserinnerung?‹ – Ein sprachwissenschaftlicher Ansatz zur Machine-Learning-Datengenerierung« (S. 43-62) erläutert Florian Duda die Funktionsweise des für das 3-D-Zeugnis des Projekts »LediZ« verwendeten Algorithmus. Er legt auch für Fachfremde verständlich dar, wie die Spracherkennung mittels Google Dialogflow einerseits Bestandteile von Fragen erkennen kann und andererseits die Sicherheit bestimmt, mit der Fragen zu Antworten der Datenbank gehören (S. 49 f., 52 f.). Weiterhin expliziert er, wie das System in einem dreistufigen Modell effektiv mit Fragevarianten belehrt wurde, um größere Sicherheit in ihrer Erkennung zu ermöglichen (S. 57). Interessant sind hier die forschungsethischen Konsequenzen bei der Generierung von Variationen, da das Zeugnis einerseits bei zu großer inhaltlicher Abweichung zwischen Frage und Antwort an Aussagekraft verliert, andererseits bei guter Passung ein starkes Authentizitätsgefühl des Zeugnisses entsteht, das es pädagogisch durch Medienkritik zu hinterfragen gilt (S. 54 f.).[10] Es fehlt hier allerdings ein Vergleich mit den verwendeten Techniken ähnlicher englischsprachiger Zeugnisprojekte.

Die weiteren Beiträge des ersten thematischen Blocks sind stärker der Reflexion des Projekts gewidmet. Der Beitrag »1000 Fragen an Abba Naor und Eva Umlauf – Die Rolle der Fragen und Antworten für die Erstellung interaktiver 3D-Zeugnisse« (S. 25-42) von

Lisa Schwendemann und Ernst Hüttl befasst sich mit dem Produktionsprozess der Zeugnisse und der jeweiligen Fragenkataloge. Vorbildlich erscheint hierin der Umgang der Leiter:innen als Interviewer:innen mit den Überlebenden einschließlich der Schlussfolgerungen, die die Interviewer:innen aus dem Produktionsprozess der 3-D-Zeugnisse zogen. Dies trifft auch auf den Umgang mit unangenehm empfundenen oder traumakonnotierten Fragen an Eva Umlauf und Abba Naor zu, so war z.B. die Beantwortung einer Frage zu jeder Zeit freiwillig (S. 31, 36). Doch war der Aufnahmeprozess für die Überlebenden mit einer Reihe physischer und psychischer Anstrengungen etwa durch Zeitstress oder inhaltliche Sprünge verbunden (S. 34, 37f.). In Anbetracht dieses ungewohnt stressbehafteten Aufnahmeprozesses und der Traumabehaftung der Themen stellt sich daher die Frage, ob eine psychologische Betreuungsmöglichkeit wie bei anderen Zeugnisproduktionen sinnvoll gewesen wäre, auch wenn beide Zeitzeug:innen über Erfahrung in ihrer Rolle und über ein Vertrauensverhältnis zu ihren Interviewer:innen verfügten (S. 33f.).

Daniel Kolb und Anja Ballis gehen in ihren Beiträgen »Evaluation of the Interaction with a Digital 3D Testimony – Between Emotion and Technology« (S. 63-82) bzw. »Interaktive 3-D-Zeugnisse von Holocaust-Überlebenden im Deutschunterricht – Theoretische Rahmung, empirische Exploration und disziplinäre Zielhorizonte« (S. 83-110) jeweils der Wirkung der erstellten Zeugnisse nach. Kolbs Versuch mit dem Zeugnis Abba Naors zeigt, dass es trotz Problemen in der Frage-Antwort-Zuordnung positiv wahrgenommen wird. Für eine intendierte pädagogische Verwendung ist besonders die emotionale Rührung von 70% der Befragten relevant. Bedauerlich ist die geringe Zahl an Versuchsteilnehmenden an der Studie aufgrund der Coronapandemie (S. 78f.). Die emotionale Wirkung hat auch Anja Ballis bei ihren Studierenden der Ludwig-Maximilians-Universität München beobachtet. In der Reflexion von Emotionen und damit konnotierter Empathie für die Überlebenden sieht sie ein Anwendungspotenzial der Zeugnisse im Schulfach Deutsch (S. 99f., 104). Aus medienkritischer Sicht könnte ferner z.B. die multiple Autor:innenschaft sowie die Konstruktion der Zeugnisse als Scripted Orality durch unterschiedliche Beteiligte analysiert werden (S. 97, 103f.). Eine weitere Möglichkeit wäre, sich quellenkritisch damit auseinanderzusetzen, welche Emotionen dem Zeugnis innewohnen und wie diese die Rezipient:innen beeinflussen (S. 93). Ballis überzeugt durch ihre Kenntnis der fachdidaktischen Landschaft und ihren interdisziplinären Blick, z.B. auf die Didaktik der Geschichte, bei der Auslotung der Potenziale des neuen Mediums der Zeitzeug:innenschaft für das Schulfach Deutsch. Dies kann auch die Holocaustdidaktik des Faches bereichern, deren Verbesserung erst jüngst durch die Paderborner Erklärung des Fachverbandes Deutsch gefordert wurde.[11]

Eine allgemeinere Perspektive auf interaktive 3-D-Zeugnisse prägen die drei Beiträge des zweiten thematischen Blocks, bei denen allerdings eine stärkere Berücksichtigung des Münchner Projekts wünschenswert gewesen wäre, da sie für die Konzeption der 3-D-Zeugnisse des Projekts »LediZ« von Bedeutung gewesen sein dürften. Fabian Heindl behandelt in seinem Beitrag »The Role of Narrative Structures and Contextual Information in Digital Interactive 3D Testimonies« (S. 111-

129) die Voraussetzungen für das Verstehen interaktiver 3-D-Zeugnisse und plädiert für die Signifikanz kontextuellen Wissens über die historische Person selbst sowie ihren Zeitrahmen. Mit Sicht auf die Neuartigkeit der Technik sei zudem technisches Zusatzwissen zur Interaktion mit dem Zeugnis von Bedeutung. Da außerdem längere Erzählungen durch Rezipient:innen bevorzugt werden, müssten Heindls Befunde im Design und in der Präsentation der Zeugnisse berücksichtigt werden (S. 125 f.).

Wie diese Anwendungsdesigns bisher aussehen, untersuchte Markus Gloe an Projekten in Skokie, Illinois, in Houston, Texas, und in Stockholm. Die Ergebnisse stellt er in seinem Beitrag »Digital Interactive 2D/3D Testimonies in Holocaust Museums in the United States and Europe« (S. 130-146) vor. Sie bestätigen Heindls theoretische Überlegung zu kontextuellen Zusatzinformationen und lokaler Verwurzelung der Zeitzeug:innen, sodass sich Rezipient:innen mit mehr Hintergrundwissen tiefer mit den Zeugnissen auseinandersetzen würden (S. 143 f.). Ebenso zeigt Heindl in Anlehnung an das Illinois Holocaust Museum in Skokie, dass Settings kooperativen Lernens durch stärker abgeschirmte Bereiche mit gemeinschaftlichen Sitzgelegenheiten – kleine »Theater« – und unterstützende Guides, die jedoch nicht zu stark als »allwissende Lehrer:innen« auftreten, der Auseinandersetzung dienlich seien (S. 142-144).

Den Abschluss des Bandes bildet Anja Ballis Beitrag »Memories and Media – Pinchas Gutter's Holocaust Testimonies« (S. 147-166). Pinchas Gutters biografische Zeugnisse aus den letzten 30 Jahren reichen von linearen Interviews und Elementen in Büchern bis hin zu Dokumentarfilmen einschließlich des Virtual-Reality-Films »The Last Goodbye« (2017)[12]. Sie sind ein Beispiel für die gut herausgearbeitete mediale Entwicklung von objektiveren Schilderungen hin zu den Emotionen der Überlebenden als Kernelement, die durch die persönliche Nähe mittels Virtual-Reality-Umsetzung einen Höhepunkt zu finden scheint (S. 160). Ballis plädiert letztlich zurecht für die Möglichkeit eines Austauschs zwischen Zeugnis und Rezipient:in, der über die Digitalität hinausgeht (S. 162).

Der vorliegende Sammelband ist eine Bereicherung des deutschsprachigen Diskurses um virtuelle Zeitzeug:innenschaft und eine vorbildliche, ergiebige Reflexion des Projekts »LediZ«. Hervorzuheben ist die multiperspektivische Anlage des Projekts wie der Publikation. Die Beteiligung des Münchner Lehrstuhls für Didaktik der Geschichte und Public History an der Projektkoordination hat sich in der Veröffentlichung jedoch offenbar nicht niedergeschlagen.[13] Doch verweisen die Autor:innen auf Teile relevanter, angrenzender Forschung[14] und beziehen sie in ihre Überlegungen mit ein. Die klaren Ausführungen der Autor:innen und der Versuch auch durch die Sprachwahl mancher Aufsätze an internationale und disziplinäre Diskurse anzuknüpfen, sind hervorzuheben. Wünschenswert wäre ein noch stärkerer Einbezug des Projekts »LediZ« im zweiten thematischen Block des Bandes gewesen, um Unterschiede zwischen den deutschen und angloamerikanischen Projekten herauszuarbeiten. Ebenso wären in einer Digitalpublikation durch eine Verknüpfung der Artikel mit Querverweisen Fragen zu technischen Parametern, die im

Verlauf des Bandes meist nur sukzessiv genauer erläutert werden, leichter zu klären gewesen. Dennoch bietet die Publikation einen guten Einstieg in die Erforschung interaktiver 3-D-Zeugnisse, nicht zuletzt durch die angesprochenen offenen Fragen, die im Projekt »LediZ« noch zu beantworten sind.

Yves Schwarze

Anmerkungen

1 Andere Bezeichnungen sind z. B. »digitale Zeitzeug:innen« oder »Hologramme«. Es handelt sich dabei um nicht lineare Videozeugnisse, bei denen ein Sprachverarbeitungsprogramm samt Algorithmus im Optimalfall Fragen von Zuschauer:innen mit passenden Antworten des:der Zeitzeug:in aus einer Datenbank verbindet und ausspielt.
2 Darunter u. a. auch die Zeugnisse alliierter Veteranen, eines Oberstaatsanwalts beim Nürnberger Einsatzgruppen-Prozess und einer Zeitzeugin des Massakers von Nanjing. Insbesondere Letzteres zeigt den Versuch der USC Shoah Foundation, die Perspektive interaktiver 3-D-Zeugnisse auf genozidale Gewalt über Europa hinaus zu erweitern. Zu einer Übersicht der Interviewten des Projekts »Dimensions in Testimony« siehe The Interviewees. A look at the people who gave us their testimonies for Dimensions in Testimony, https://sfi.usc.edu/dit/interviewees, Zugriff: 31.1.2023.
3 Vgl. The Forever Project, https://www.holocaust.org.uk/interactive, Zugriff: 31.1.2023.
4 Vgl. Anja Ballis/Michele Barricelli/Markus Gloe: Interaktive digitale 3-D-Zeugnisse und Holocaust Education – Entwicklung, Präsentation und Erforschung, in: Anja Ballis/Markus Gloe (Hg.): Holocaust Education Revisited. Wahrnehmung und Vermittlung – Fiktion und Fakten – Medialität und Digitalität, Wiesbaden 2019, S. 403-436, hier S. 424.
5 Die Tagung fand vom 22. bis 25. Februar 2018 an der Ludwig-Maximilians-Universität München statt.
6 Das Projekt ist am Lehrstuhl für Didaktik der deutschen Sprache und Literatur von Prof. Dr. Anja Ballis angesiedelt (vgl. Münchner Projekt »LediZ«, https://www.lediz.uni-muenchen.de/projekt-lediz/index.html, Zugriff: 31.1.2023).
7 Vgl. Ballis/Barricelli/Gloe (Anm. 4).
8 Vgl. Lars Elleström: A medium-centered model of communication, in: Semiotica 224 (2018), S. 269-293.
9 Vgl. Claude Elwood Shannon/Warren Weaver: The mathematical theory of communication, Urbana, Ill., 1978.
10 Vgl. hierzu Christina Isabel Brüning: Holocaust Education in Multicultural Classrooms. Some Insights into an Empirical Study on the Use of Digital Survivor Testimonies, in: Ballis/Gloe (Anm. 4), S. 391-402.
11 Vgl. Deutschlehrkräfte fordern obligatorische Einbindung der Holocaustliteratur in die Curricula. Paderborner Erklärung des Fachverbandes Deutsch im Deutschen Germanistenverband (DGV) e. V. zur Erinnerungskultur, 19.12.2022, https://fachverband-deutsch.de/wp-content/uploads/2022/12/FV-Bundesvorstand_Paderborner-Erklaerung-2022.pdf, Zugriff: 31.1.2023.
12 The Last Goodbye, USA, 2017, Regie: Gabo Arora/Ari Palitz, USA, Produktion: USC Shoah Foundation, 16 Minuten, https://www.oculus.com/experiences/rift/1973329179388804/?locale=en_US, Zugriff: 31.1.2023.
13 Zu den Projektbeteiligten vgl. Personen, https://www.lediz.uni-muenchen.de/personen_lediz/index.html, Zugriff: 31.1.2023.
14 Zu nennen sind z. B. Christina Brüning: Hologramme von Überlebenden in einer sich diversifizierenden Gesellschaft?, in: Totalitarismus und Demokratie 15 (2018), Nr. 2, S. 219-232; Steffi de Jong: The Witness as Object. Video Testimony in Memorial Museums, New York 2018; Amit Pinchevski: Transmitted Wounds. Media and the Mediation of Trauma, Oxford 2019.

Alina Bothe: *Die Geschichte der Shoah im virtuellen Raum. Eine Quellenkritik*, Berlin/Boston: De Gruyter Oldenbourg, 2019 (Europäisch-jüdische Studien – Beiträge 41), 491 S., 144,95 EUR

Erst in den 1980er-Jahren begann in Deutschland ein Interesse an den Erzählungen von Zeitzeug:innen der nationalsozialistischen Verfolgung und Vernichtung zu entstehen. Seit Jahren rückt nun das Ende der Zeitzeugenschaft näher.[1] Die Frage, wie damit umgegangen werden kann, wenn keine Zeitzeug:innen mehr leben, die den Nachgeborenen von ihren Erinnerungen an den Nationalsozialismus und die Verfolgung vor und im Zweiten Weltkrieg berichten, steht im Fokus zahlreicher Tagungen, Forschungsarbeiten und Ausstellungen.[2] Gleichzeitig ist von der »Era of Remix of Witnessing«[3] die Rede, dem Versuch, mit technischen Mitteln die Stimmen, denen eine besondere Aura und Wirkmächtigkeit zugeschrieben wird, zu bewahren.

Alina Bothe stellt in ihrer 2016 fertiggestellten und 2019 erschienenen Dissertation in Aussicht, den »digital turn der Geschichte der Shoah« (S. 436) fassbar zu machen und zu zeigen, welche Besonderheiten eine digitale Quelle von anderen unterscheidet (S. 16f.). Anhand von drei Fragen nähert sie sich videografierten Interviewzeugnissen an: »Welche Implikationen und Konsequenzen hat die digitale Verfasstheit der Zeugnisse im [sic!] Visual History Archives? Wie sind diese Konsequenzen epistemologisch zu erfassen? In welcher Weise betreffen sie die drei Ebenen Rekonstruktion, Repräsentation und Rezeption?« (S. 5)

Sie beschränkt ihre Analyse auf jene zweidimensionalen Videos, die in den Visual History Archives (VHA) der USC Shoah Foundation archiviert und digitalisiert worden sind. Sie sind von den interaktiven Anwendungen zu unterscheiden, die seit 2014 von verschiedenen Seiten entwickelt werden. Hier steht die Interaktion zwischen Zuschauenden und der Software im Mittelpunkt, die eine Situation erzeugt, die »zwischen dem direkten physischen Zeitzeugen-Gespräch und der virtuellen Begegnung«[4] steht. Durch die spezielle Anordnung und Entstehung überwiegt im Sample daher der Typus des durch vorbereitete Fragen geleiteten Interviews. In ihrer Studie werden ausschließlich online zugängliche videografierte Zeugnisse untersucht.[5] Außerdem fokussiert Bothe Zeugnisse, die aus jüdischer Perspektive über Vernichtung und Verfolgung der europäischen Juden während der Zeit des Nationalsozialismus berichten. Damit grenzt sie das ihr vorliegende Material nachvollziehbar ein.

Die Autorin stellt vor die Fallbeispiele, mit deren Hilfe sie ihre Fragen beantworten will, in Kapitel 2 eine außerordentlich detaillierte Vorarbeit. Noch bevor sie den Forschungsstand umreißt, beschäftigt sie sich mit der erzählenden (Re-)Konstruktion von Geschichte, digitalen Medien und deren vermeintlicher Virtualität sowie der Definition der Shoah als der Vernichtung jüdischer Menschen im Nationalsozialismus. Ähnlich ausführlich behandelt sie die Kategorien des Zeugnisses und der Zeugenschaft und deren Grenzen. In Kapitel 3 setzt sie sich kritisch mit der USC Shoah Foundation und den Visual History Archives, den von dieser Institution verfolgten Zielen und den Veränderungen, die sie bis heute durchläuft, auseinander. Um die Besonderheiten der VHA-Interviews aufzuweisen, nutzt Bothe die Methode des Close Reading für die Untersuchung einiger Mehrfachzeugnisse. Hierbei wird deutlich, dass verschiedene vorab getroffene Entscheidungen dafür sorgen, dass die Interviews einen gewissen Verlauf nehmen. Das Dispositiv wirkt sich auf die Narrative der Zeug:innen ebenso aus wie die Rahmungen, die den Interviewenden vorgegeben werden bzw. die sie durch Vorwissen und Erfahrungen mitbringen. In Kapitel 4 behandelt Bothe die »virtuelle Sphäre als virtuelle[n] Zwischenraum der Erinnerung« (S. 185). Sie stellt die These auf, dass der Digital Turn für einen umfassenden medialen Wandel sorgt und Einfluss auf Geschichte und Erinnerung hat. Der Erinnerungsraum umfasst bei ihr sehr unterschiedliche Sphären. Einerseits ist es das digitale Archiv, in dem Zeugnisse rezipiert werden und in dem »menschliche Kommunikation« grundlegend verändert wird, weil sie in einem virtuellen Raum über »raum-zeitliche Grenzen hinweg« erfolgt (S. 441 f.). Andererseits ist es der immaterielle Raum der Erinnerung an die Shoah. Der Zwischenraum der Erinnerung umfasst in dieser Perspektive nicht nur die Erzählungen der Überlebenden mit ihren Verknüpfungen untereinander, sondern auch eine große Leerstelle all derjenigen Erinnerungen, die nicht mehr erzählt werden können, da die Menschen ermordet wurden. Bothe weist darauf hin, dass auch die fehlenden Zeugnisse Auswirkungen auf die Gesamtheit der Erinnerung haben.

Den Mittelpunkt der Untersuchung bilden in Kapitel 5 drei Fallstudien, die zeigen sollen, wie der Digital Turn sich auf Rekonstruktion, Repräsentation und Rezeption der Zeugnisse auswirkt. Ihrer ersten Frage, wie geschichtliche Ereignisse mittels der videografierten Zeugnisse rekonstruiert werden können, geht Bothe über Interviewpassagen, die Auskunft über die »Polenaktion« in Berlin 1938 geben, nach (S. 299). Für ihre zweite Frage zur Repräsentation der Shoah vergleicht sie unterschiedliche digitale Erzählweisen von Geschichte, die teils unter Einbeziehung der videografierten Zeitzeugnisse, teils auf einer anderen Basis, wie z.B. einer spezifischen Ausstellung, entstanden sind (S. 338). Ihr Ziel ist es, »neben den medialen Logiken auf weitere Einflussfaktoren der Narrationsgenese hinzuweisen« (S. 340). Die letzte Facette, der sich Bothe widmet, sind die Rezeption der Zeugnisse auf YouTube und die Reaktionen der User:innen darauf. Hierfür analysiert sie die Kommentarspalten einiger Videos im YouTube-Kanal der Shoah Foundation (S. 379).

Bothes Vorarbeiten über den virtuellen Zwischenraum, die Fragen zu den Dispositiven in den VHA und die große Bandbreite an Beispielen im Studienteil der Arbeit sind für zukünftige Untersuchungen zum Thema digitalisierter

Zeitzeugnisse ebenfalls von Wert. Dabei rücken andere Institutionen, die sich mit der Sammlung von videografierten Zeitzeugnissen befassen, mit in den Blick. Die von Bothe aufgeworfenen Fragen nach der Darstellbarkeit und nach dem Einfluss der Interviewenden stellen sich wie die nach dem Umgang mit unerwünschten Reaktionen auch bei der Entwicklung dreidimensionaler, interaktiver Zeitzeugenanwendungen. Außerdem korrespondieren Bothes Überlegungen zu ethischen Fragen mit denen, die die Entwicklung jener virtuellen Kommunikationsmedien begleiten, die das Ziel haben, mithilfe von Algorithmen Kommunikation mit bereits verstorbenen Menschen zu simulieren.[6] Ein gleichfalls wichtiges Thema bleibt der Umgang mit Lizenzen und Urheberrechten. So macht Bothe die Lizenzproblematik als einen Bottleneck aus, der die Entwicklung neuer wissenschaftlicher Repräsentationsformate ausbremst. Ebenso werden die Überlegungen, wie damit umzugehen ist, dass auch die Umstände der Entstehung der Zeitzeugenvideos für die Arbeit mit ihnen von Interesse sind, in Zukunft keine geringe Rolle spielen. Denn wie bei anderen Quellen die Akteur:innen und Rahmenbedingungen sind hier die Filmenden und die Interviewenden ein wichtiger Faktor für das Verständnis, wie Bothe eindrücklich herausarbeitet. Sie zeigt, dass die videografierten Interviews eine Innovation gegenüber anderen Quellen darstellen. Sie seien eine Datensammlung, solange sie nicht angesehen werden. Indem sie rezipiert werden, würden sie jedoch eine kommunikative Wirkung über die Zeit hinweg entfalten (S. 450). Doch zugleich müssen die Zeitzeug:innen vor den Rezipient:innen geschützt werden, denn Plattformen wie YouTube werden häufig für Hassrede und Antisemitismus genutzt (S. 452).

Das Problem zeitlich intensiver Arbeiten, die sich mit digitalen Entwicklungen beschäftigen, ist häufig, dass der Prozess der Buchveröffentlichung langsamer vonstattengeht als die technische Entwicklung. Beispiele wie die von der Autorin untersuchte Ausstellung »Kristallnacht« des United States Holocaust Memorial Museum innerhalb der Anwendung »Second Life« (S. 350) waren Experimente und spielen aufgrund mangelnden Interesses an der Plattform mittlerweile keine große Rolle mehr; daneben gingen die digitalen Entwicklungen während der Coronapandemie nicht mehr in die Betrachtungen ein. Das lässt die Ausführungen älter wirken, als sie sind, macht sie aber nicht weniger aufschlussreich. Hilfreich ist, zu sehen, dass Bothes Ausblick auf die Nutzung dreidimensionaler, interaktiver Zeitzeugeninterviews nun im Fokus aktueller Forschung steht. Auch aus dem detaillierten Teil zu Methoden und Definitionen sowie dem umfangreichen Fußnotenapparat lässt sich Gewinn ziehen, wobei die Fülle an Verweisen innerhalb des Buches übertrieben wirkt.

Alina Bothes Betrachtung der videografierten Zeitzeug:inneninterviews ist geeignet, weitergehende Studien zur Nutzung des Web 2.0 für die Erinnerung an die Shoah anzuregen. Dieser kommunikative Bereich des globalen Netzes ist in den vergangenen Jahren merklich größer und wichtiger geworden. Die Fragen in nächster Zukunft werden sich auch damit beschäftigen, wie die Geschichtswissenschaft darauf reagiert, dass sich Menschen individuell mit der Erinnerung an die (nicht nur nationalsozialistische) Vergangenheit beschäftigen und dabei eigene Narrative konstruieren. Diesem Bedürfnis nach einer bewussten Teilhabe an der Erinnerungskultur Raum zu geben und ihn mit geschichtswissenschaftlichen Ansätzen und Methoden zu begleiten, wird eine der großen Herausforderungen bleiben.

Nicole Steng

Anmerkungen

1 Hierüber diskutierten 1995 bereits die beiden Buchenwald-Überlebenden Elie Wiesel und Jorge Semprun und überlegten, was mit der oder dem letzten der Zeitzeugen geschehen würde. Vgl. Unüberbrückbare Erinnerungen. Ein Zwiegespräch zwischen Jorge Semprun und Elie Wiesel, in: WerkstattGeschichte 5 (1996), Nr. 13, S. 49-59.
2 Vgl. z.B. Ilona Holzmeier: Die Zukunft der Zeitzeugenschaft, in: H-Soz-Kult, 10.6.2021, https://www.hsozkult.de/searching/id/event-98208?title=die-zukunft-der-zeitzeugenschaft&recno=19&q=zeitzeugenschaft&sort=&fq=&total=181, Zugriff: 15.12.2022; Cyril Cordoba: Oral History und digitale Kulturen, in: H-Soz-Kult, 22.2.2022, https://www.hsozkult.de/searching/id/event-116101?title=oral-history-und-digitale-kulturen&recno=7&q=zeitzeugenschaft&sort=&fq=&total=181, Zugriff: 15.12.2022.
3 Anja Ballis/Michele Barricelli/Markus Gloe: Interaktive digitale 3-D-Zeugnisse und Holocaust Education – Entwicklung, Präsentation und Erforschung, in: Anja Ballis/Markus Gloe (Hg.): Holocaust Education Revisited. Wahrnehmung und Vermittlung – Fiktion und Fakten – Medialität und Digitalität, Wiesbaden 2019, S. 403-436, hier S. 404, https://www.researchgate.net/publication/336955069_Interaktive_digitale_3-D-Zeugnisse_und_Holocaust_Education_-_Entwicklung_Prasentation_und_Erforschung, Zugriff: 15.12.2022.
4 Steffi de Jong: Zeitzeugin/Zeitzeuge, Version 1.0, in: Docupedia-Zeitgeschichte, 24.6.2022, https://docupedia.de/zg/Jong_zeitzeuge_v1_de_2022, Zugriff: 2.1.2023.
5 Die Interviews werden von der Freien Universität Berlin bereitgestellt (vgl. Zeugen der Shoah. Lehren und Lernen mit Video-Interviews, https://www.zeugendershoah.de, Zugriff: 15.12.2022).
6 Vgl. Tama Leaver: Posthumous Performance and Digital Resurrection: From Science Fiction to Startups, in: Residues of Death. Disposal Refigured, hg. v. Tamara Kohn/Martin Gibbs/Bjorn Nansen/Luke van Ryn, London/New York 2019, Pre-publication draft, https://osf.io/preprints/socarxiv/2gkw9/download, Zugriff: 15.12.2022.

Neuerscheinungen aus den Gedenkstätten

Beiträge zur Geschichte der nationalsozialistischen Verfolgung 3 (2022) [Schwerpunktthema: NS-Verfolgte nach der Befreiung. Ausgrenzungserfahrungen und Neubeginn, Heftverantwortliche: Alyn Beßmann/Insa Eschebach/Oliver von Wrochem], hg. v. d. Stiftung Hamburger Gedenkstätten und Lernorte zur Erinnerung an die Opfer der NS-Verbrechen in Kooperation mit der Arbeitsgemeinschaft der KZ-Gedenkstätten in der Bundesrepublik Deutschland, Göttingen 2022 (Wallstein, 262 S., 18,00 EUR).

Blotevogel, Tomke/Janna Lölke/Gustav Partington/Martina Staats (Hg.): outSITE Wolfenbüttel – Das Strafgefängnis Wolfenbüttel und sein Netzwerk im Land Braunschweig. outSITE Wolfenbüttel – The Wolfenbüttel Prison and its Network in the State of Braunschweig, Celle 2022 (Stiftung niedersächsische Gedenkstätten, 162 S., 7,50 EUR).

Düben, Ann Katrin: Die Emslandlager in den Erinnerungskulturen 1945-2011. Akteure, Deutungen und Formen, Göttingen 2022 (Berichte und Studien des Hannah-Arendt-Instituts für Totalitarismusforschung 85) (Vandenhoeck & Ruprecht, 320 S., 40,00 EUR).

Epstein, Franci Rabinek: Die Elektrikerin. Mein Überlebensweg als tschechische Jüdin 1939 bis 1945, Übers. aus d. Englischen: Sabine Niemann, hg. v. d. Stiftung Hamburger Gedenkstätten und Lernorte zur Erinnerung an die Opfer der NS-Verbrechen, Hamburg 2022 (Dölling und Galitz, 232 S., 28,00 EUR).

Garbe, Detlef: Zur Paradoxie von Erinnerungskonjunkturen. Weshalb die Initiative zur Zukunft der Gedenkstätte Neuengamme auf der Strecke blieb, aber ein Jahrzehnt später das Erschrecken über die Schill-Partei die Gedenkstättenentwicklung beschleunigte, in: Susanne Fischer/Gerd Hankel/Wolfgang Knöbl (Hg.): Die Gegenwart der Gewalt und die Macht der Aufklärung. Festschrift für Jan Philipp Reemtsma, 2 Bde., Bd. 2, S. 47-80, Springe 2022 (Zu Klampen, 1004 S., 68,00 EUR).

Garbe, Detlef: Die Schill-Partei und die KZ-Gedenkstätte Neuengamme. Ein Lehrstück über den Unterschied von Rechtspopulismus und extremistischen Kräften in ihrem Umgang mit der NS-Vergangenheit, in: Klaus Bästlein/Enrico Heitzer/Anetta Kahane (Hg.): Der rechte Rand der DDR-Aufarbeitung, Berlin 2022, S. 95-116 (Metropol, 272 S., 22,00 EUR).

Gundermann, Christine/Habbo Knoch/Holger Thünemann (Hg.): Historische Jubiläen. Zwischen historischer Identitätsstiftung und geschichtskultureller Reflexion, Berlin 2022 (Geschichtsdidaktik diskursiv – Public History und historisches Denken 10) (Peter Lang, 273 S., 49,95 EUR).

Hesse, Hans: »Ich bitte, die verantwortlichen Personen für ihre unmenschlichen barbarischen Taten zur Rechenschaft zu ziehen«. Die Deportation der Sinti und Roma am 8. März 1943 aus Nordwestdeutschland. Gedenkbuch zur NS-Verfolgung der Sinti und Roma aus Nordwestdeutschland, Teil 2, Bremen 2022 (Veröffentlichungen aus dem Staatsarchiv der Freien Hansestadt Bremen 73) (Edition Falkenberg, 336 S., 24,90 EUR).

Knigge, Volkhard (Hg. unter Mitarbeit von Ulrike Löffler): Jenseits der Erinnerung – Verbrechensgeschichte begreifen. Impulse für die kritische Auseinandersetzung mit dem Nationalsozialismus nach dem Ende der Zeitgenossenschaft, Göttingen 2022 (Wallstein, 428 S., 26,00 EUR).

Knoch, Habbo: Anders sehen. Wie die Fotografie neue Perspektiven auf Auschwitz eröffnen kann, in: Frédéric Mougenot: Auschwitz. Bild und Hinterbild. Fotografien, Berlin 2022, S. 81-87 (Deutscher Kunstverlag, 87 S., 32,00 EUR).

Knoch, Habbo / Oliver von Wrochem (Hg. im Auftrag der Stiftung Hamburger Gedenkstätten und Lernorte): Entdeckendes Lernen. Orte der Erinnerung an die Opfer der nationalsozialistischen Verbrechen. Festschrift für Detlef Garbe, Berlin 2022 (Reihe Neuengammer Kolloquien 7) (Metropol, 555 S., 29,00 EUR).

Laqueur, Renata: Dagboek uit Bergen-Belsen, hg. v. Saskia Goldschmidt, Amsterdam 2021 (Meulenhoff, 255 S., 21,99 EUR).

Ley, Astrid / Esther Cuerda-Galindo / Maria Ciesielska (Hg.): Medical Care and Crimes in German Occupied Poland, 1939-1945. New Findings, Interpretations and Memories, Berlin 2022 (Forschungsbeiträge und Materialien der Stiftung Brandenburgische Gedenkstätten 31) (Metropol, 180 S., 16,00 EUR).

Ley, Astrid / Agnes Ohm: Die Fälscherwerkstatt im Konzentrationslager Sachsenhausen, in: Zeitschrift für Geschichtswissenschaft 70 (2022), Nr. 10, S. 805-829 (Metropol, 102 S., 14,00 EUR).

Löffelsender, Michael: Das Konzentrationslager Buchenwald und die Verfolgung der Juden, in: Hans-Werner Hahn / Marko Kreutzmann (Hg.): Jüdische Geschichte in Thüringen. Strukturen und Entwicklungen vom Mittelalter bis ins 20. Jahrhundert, Wien/Köln 2023, S. 359-376 (Veröffentlichungen der Historischen Kommission für Thüringen. Kleine Reihe 64) (Böhlau, 491 S., 60,00 EUR).

Lüttgenau, Rikola-Gunnar / Jens-Christian Wagner: Reflexionen 2022. Schwerpunkt: Nationalsozialismus als transnationales Phänomen. Jahresmagazin der Stiftung Gedenkstätten Buchenwald und Mittelbau-Dora, Weimar 2022 (Stiftung Gedenkstätten Buchenwald und Mittelbau-Dora, 164 S., 5,00 EUR).

Meerwald, Johannes: Spanische Häftlinge in Dachau. Bürgerkrieg, KZ-Haft und Exil, Göttingen 2022 (Kleine Reihe zur Geschichte und Wirkung des Holocaust 4) (Wallstein, 128 S., 16,00 EUR).

Möller, Reimer: Politische Gewalt im Kreis Steinburg 1933. Endphasenverbrechen der Marinejustiz in Itzehoe 1945. Anfänge und »... letzte Schüsse«, in: Michael Legband: Das Mahnmal. 75 Jahre gegen das Vergessen. Vom Umgang mit dem Nationalsozialismus in Itzehoe, Kiel 2022, S. 265-273 (Ludwig, 415 S., 34,90 EUR).

Neuhof, Karl: »Ich kämpfe gegen alles, was mich niederdrücken will«. Das Tagebuch des jüdisch-kommunistischen Widerstandskämpfers Karl Neuhof und der Briefwechsel seiner Familie, hg. v. Peter Neuhof / Bernward Dörner, Berlin 2022 (Forschungsbeiträge und Materialien der Stiftung Brandenburgische Gedenkstätten 30) (Metropol, 336 S., 24,00 EUR).

Neumann-Thein, Philipp / Daniel Schuch / Markus Wegewitz (Hg.): Organisiertes Gedächtnis. Kollektive Aktivitäten von Überlebenden der nationalsozialistischen Verbrechen, Göttingen 2022 (Buchenwald und Mittelbau-Dora – Forschungen und Reflexionen 3) (Wallstein, 646 S., 48,00 EUR).

Otters, Mareike: Der Versuch, den Menschen aus dem Foto zu befreien. Fotografische Zwangsbildnisse in Ausstellungen von KZ-Gedenkstätten, in: Visual History, 17.10.2022, https://doi.org/10.14765/zzf.dok-2425.

Pankok, Moritz / Isabel Raabe / Romani Rose (Hg.): Widerstand durch Kunst. Sinti und Roma und ihr kulturelles Schaffen, Berlin 2022 (Ch. Links, 344 S., 30,00 EUR) / Bonn 2022 (Bundeszentrale für politische Bildung, 344 S., 7,00 EUR).

Rahe, Thomas: »Ich werde weiterschreiben, um nicht stumpfsinnig zu werden.« Häftlingsbücher aus dem KZ Bergen-Belsen, in: Nurinst. Beiträge zur deutschen und jüdischen Geschichte 11 (2022), S. 43-59 (ANTOGO, 187 S., 16,50 EUR).

Rauh, Philipp / Marion Voggenreiter / Susanne Ude-Koeller / Karl-Heinz Leven (Hg.): Medizintäter. Ärzte und Ärztinnen im Spiegel der NS-Täterforschung, Köln / Wien 2022 (Perspektiven der Medizingeschichte 1) (Böhlau, 591 S., 60,00 EUR).

Reichel, Maik (Hg. im Auftrag der Landeszentrale für politische Bildung Sachsen-Anhalt): Poltawa, Auschwitz, Bergen-Belsen, Kyjiw. Die Lebensgeschichte der Anastasia Gulej, Wettin-Löbejün 2022 (Janos Stekovics, 324 S., 25,00 EUR).

Reinicke, David: Die »Moor-SA«. Siedlungspolitik und Strafgefangenenlager im Emsland 1934-1942, Göttingen 2022 (Schriftenreihe der Gedenkstätte Esterwegen 3) (Wallstein, 440 S., 39,00 EUR).

Seybold, Katja: »Unser Weg in die Freiheit«. Blick zurück nach vorn. Eine Ausstellung der Displaced Persons (DPs) im Jahr 1947 in Bergen-Belsen, in: Nurinst. Beiträge zur deutschen und jüdischen Geschichte 11 (2022), S. 61-77 (ANTOGO, 187 S., 16,50 EUR).

Steinhäuser, Frauke (unter Mitarbeit von Alyn Beßmann / Lennart Onken): Zwischen Zwangsfürsorge und KZ. Arme und unangepasste Menschen im nationalsozialistischen Hamburg. Katalog zur Ausstellung, hg. v.d. Stiftung Hamburger Gedenkstätten und Lernorte zur Erinnerung an die Opfer der NS-Verbrechen, Hamburg 2022 (Stiftung Hamburger Gedenkstätten und Lernorte, 82 S., 5,00 EUR).

Stiftung Hamburger Gedenkstätten und Lernorte zur Erinnerung an die Opfer der NS-Verbrechen / Studentische Forschungsgruppe Dessauer Ufer am Arbeitsbereich Public History der Universität Hamburg (Hg.): Das Lagerhaus G am Dessauer Ufer. Ein ehemaliges Außenlager des KZ Neuengamme auf dem Kleinen Grasbrook, Hamburg 2022 (Stiftung Hamburger Gedenkstätten und Lernorte, 68 S., Bezug gegen Portogebühren: stiftung@gedenkstaetten.hamburg.de).

Weiß, Arnold / Jakob Michelsen / Moritz Terfloth / Boris Weinrich: Zwei

Welten. Sinti und Roma – Schritte zur Anerkennung als NS-Verfolgte und antiziganistische Kontinuität, hg. v. Landesverein der Sinti in Hamburg e.V., Berlin 2022 (Metropol, 280 S., 24,00 EUR).

Wickert, Christl: Keine Gerechtigkeit. Die ungleiche Unterstützung des KZ-Überlebenden Fritz Bringmann und des SS-Mannes Walter Filsinger nach 1945, Berlin 2022 (Reihe Neuengammer Kolloquien 9) (Metropol, 207 S., 20,00 EUR).

Wrochem, Oliver von (Hg. im Auftrag der Stiftung Hamburger Gedenkstätten und Lernorte zur Erinnerung an die Opfer der NS-Verbrechen): Deportationen dokumentieren und ausstellen. Neue Konzepte der Visualisierung von Shoah und Porajmos, Berlin 2022 (Reihe Neuengammer Kolloquien 8) (Metropol, 353 S., 24,00 EUR).

Wrochem, Oliver von (Hg. im Auftrag der Stiftung Hamburger Gedenkstätten und Lernorte zur Erinnerung an die Opfer der NS-Verbrechen): Der Tod ist ständig unter uns/Nāve mīt mūsu vidū. Die Deportationen nach Riga und der Holocaust im deutsch besetzten Lettland/Deportācijas uz Rīgu un holokausts vācu okupētajā Latvijā. Begleitkatalog zur Ausstellung/Izstādes katalogs, Hamburg 2022 (Metropol, 216 S., 20,00 EUR).

Summarys

Thomas Lutz

Möglichkeiten und Notwendigkeiten der Vernetzung der Gedenkstätten aufgrund der zunehmenden Digitalisierung

Mit der Verfügbarkeit von Personal Computern in den 1980er-Jahren hat auch in Gedenk- und Dokumentationsstätten zu NS-Verbrechen die Digitalisierung eingesetzt. Zunächst wurden Dokumente gelistet, Datenbanken mit Häftlingsverzeichnissen angelegt und Bibliotheksbestände digital erfasst. Später haben digitale Anwendungen in den Ausstellungen Einzug gehalten, um vertiefende Informationen zur Verfügung zu stellen und vor allem die historischen Entwicklungen und die Topografie besser verständlich zu machen. Möglichkeiten der digitalen Kommunikation werden sowohl in der internen Kommunikation als auch im Kontakt mit Besuchenden immer stärker genutzt. Zunehmend finden diese Dialoge über soziale Medien statt.

Gedenkstätten fokussieren ihre historische Erzählung auf den historischen Ort. Bei der Nutzung digitaler Möglichkeiten sind daher Konzepte zu entwickeln, wie die Aura der Orte besser dargestellt werden kann und wie Interessierte und Besuchende Zusammenhänge besser begreifen und idealerweise selbst tätig werden können.

Der Aufsatz schildert Beispiele für die Nutzung digitaler Anwendungen in den Gedenk- und Dokumentationsstätten und erörtert Möglichkeiten und Grenzen der zunehmenden Digitalisierung vor dem Hintergrund des besonderen Charakters der historischen Verbrechensorte.

Opportunities and necessities of networking memorials in light of increasing digitalization

When personal computers became available in the 1980s, a digitalization process also began at memorials and sites documenting National Socialist crimes. To begin with, documents were listed, databases of prisoner records were created, and library holdings were digitally indexed. Digital applications later found their way into exhibitions to provide more in-depth information and, above all, to make it easier for visitors to understand the historical developments and topography of the sites. Greater use was also made of digital communication, both for internal communication and for connecting with visitors. These dialogues are now increasingly taking place through social media.

The historical narrative at memorials focuses on the historical site itself. When using digital options, therefore, concepts must be developed for better presenting the aura of these sites and helping visitors and other interested individuals understand the background context and, ideally, take action themselves.

The article describes examples of the use of digital applications at memorials and documentation sites, and it explains the possibilities and limits of increasing digitalization in light of the specific character of historical sites of crimes.

Steffi de Jong

Zeitreisen nach Auschwitz.
Die Veränderung des Holocaustgedenkens durch Virtual Reality

Virtual Reality (VR) etabliert sich zurzeit als neues Medium der Erinnerung an den Holocaust. Der Aufsatz analysiert sechs VR-Anwendungen, die digitale Zeitreisen in ehemalige Konzentrations- und Vernichtungslager erlauben. Solche VR-Anwendungen, so die These, stehen am Anfang einer digital-somatischen Phase der Holocausterinnerung. In dieser Phase werden immersive digitale Medien dazu genutzt, um eine physische und emotionale Präsenz in der virtuell dargestellten, vergangenen Realität zu simulieren. Indem die Nutzer:innen dieser VR-Anwendungen digital in die Rolle von Zeitzeug:innen versetzt werden, definiert diese Art der Präsenz sowohl das Verständnis einer Zeugenschaft des Holocaust als auch ihre Praxis neu. Dabei rekurrieren die VR-Anwendungen auf ein Bedürfnis nach Unmittelbarkeit, das die Holocausterinnerung seit 1945 prägt, sowie auf die Vorstellung von VR als einer »Empathie-Maschine«. Empathie wird dabei sehr eng als Spiegelung von Gefühlen und Erfahrungen verstanden. Der Aufsatz argumentiert deshalb, dass sich zukünftige VR-Anwendungen für die Holocausterinnerung eines umfassenderen, komplexeren Empathiebegriffs bedienen sollten, der die sozialen, ethnischen und historischen Unterschiede zwischen Individuen hervorhebt, statt sie zu verschleiern.

Time travel to Auschwitz.
How virtual reality is changing Holocaust remembrance

Virtual reality (VR) is currently establishing itself as a new medium for remembering the Holocaust. This article analyses six VR experiences that enable digital time travel to former concentration and extermination camps. It posits that such VR experiences mark the beginning of a digital-somatic phase of Holocaust memory. In this phase, immersive digital media are being used to simulate a physical and emotional presence in a virtually reconstructed past reality. Because users of these VR experiences are digitally placed in the role of witnesses to history, this type of presence redefines both the understanding of what it means to bear witness to the Holocaust and the practice of doing so. The VR experiences refer back to a wish for immediacy that has shaped Holocaust memory since 1945, as well as to the concept of VR as an ›empathy machine‹. Empathy, in this case, is interpreted very narrowly as a reflection of feelings and experiences. The article therefore argues that future VR experiences for Holocaust memory should make use of a more, complex understanding of empathy which highlights the social, ethnic and historical differences between individuals rather than concealing them.

Felix Zimmermann

Vergangenheitsatmosphären als Herausforderung für KZ-Gedenkstätten und digitale Spiele. Erlebnis, Kognition und das Potenzial atmosphärischer Störungen

Der Aufsatz versteht sich als Beitrag zu einer Debatte um Potenziale und Risiken einer erlebnisorientierten Geschichtskultur und deren Einfluss auf eine gegenwärtige Erinnerungskultur. Es wird argumentiert, dass sowohl KZ-Gedenkstätten als auch digitale Spiele vor der Herausforderung stehen, sich im Spannungsfeld von Erlebnis und Kognition zu positionieren. KZ-Gedenkstätten werden gemeinhin eher aufseiten der Kognition verortet, also einer bewussten, reflektierten Auseinandersetzung mit Vergangenheit, da eine Erlebnisorientierung der Schwere des Holocaust zuwiderlaufe. Das digitale Spiel wiederum gilt vielen als Speerspitze einer solchen erlebnisorientierten Erinnerungskultur und damit als ungeeignet für einen verantwortungsvollen Umgang mit dem Holocaust. Ausgehend von einer zentralen Dimension der Erinnerungskultur – der Räumlichkeit der Orte der ehemaligen Konzentrationslager – versucht der Aufsatz, eine Verbindungslinie zwischen KZ-Gedenkstätten und digitalen Spielen zu ziehen. Zentrale These ist, dass sich KZ-Gedenkstätten ebenso wie digitale Spiele an »Vergangenheitsatmosphären« abarbeiten, die mit einer spezifischen Unmittelbarkeit im Sinne eines Eintauchens in die Vergangenheit assoziiert sind. Gedenkstättenpraktiker:innen und Spieleentwickler:innen gehen mit diesem Phänomen unterschiedlich um: Während digitale Spiele vielfach nach brechungsfreien, nicht gestörten Vergangenheitsatmosphären und der Illusion vergangener Wirklichkeit streben, sind in KZ-Gedenkstätten atmosphärische Störungen alltäglich. Diese Unterscheidung ist allerdings nicht mehr trennscharf möglich, da sich KZ-Gedenkstätten und digitale Spiele in ihrem Umgang mit Täterorten zunehmend annähern. Darin liegt großes Potenzial für eine zukunftsorientierte Erinnerungskultur.

Atmospheres of the past as a challenge for concentration camp memorials and digital games. Experience, cognition and the potential for atmospheric disturbances

This article contributes to the debate about the potential and risks of an experience-oriented historical culture and their influence on current memory culture. The article argues that both concentration camp memorials and digital games face the challenge of positioning themselves in the area of tension between experience and cognition. Concentration camp memorials generally tend to be placed on the side of cognition, meaning a conscious, reflective approach to the past, since a focus on experience would run contrary to the gravity of the Holocaust. Digital games, by contrast, are considered by many to be the spearhead of an experience-oriented memory culture and thus unsuitable for a responsible approach to the Holocaust. Based on a central dimension of memory culture – namely, the spatiality of the sites of former concentration camps – the article attempts to draw a connecting line between concentration camp memorials and digital games. The central theory is that both concentration camp memorials and digital games work with atmospheres of the past which are associated with a specific immediacy, in the sense of immersion in the past. Memorial practitioners and game developers handle this phenomenon in different ways. While digital games often strive for seamless, undisturbed atmospheres of the past and the illusion of a past reality, atmospheric disturbances are commonplace in concentration camp memorials. However, this distinction is no longer as clear cut as it once was, because concentration camp memorials and digital games are increasingly converging in their approach to dealing with sites of perpetration. This offers great potential for a future-oriented memory culture.

Mykola Makhortykh,
Aleksandra Urman, Roberto Ulloa,
and Juhi Kulshrestha

Can an algorithm remember the Holocaust? Comparative algorithm audit of Holocaust-related information on search engines

The article discusses the growing role of algorithmic systems, such as web search engines, in the context of Holocaust remembrance. While these systems are essential for dealing with information overload and helping users to navigate the abundance of Holocaust-related content, their impact on Holocaust memory raises concerns considering their frequent lack of transparency and potential for systematic and non-systematic malperformance. Using a virtual agent-based algorithm audit, the article examines the representation of the Holocaust in response to search queries in the Latin and Cyrillic scripts across four major search engines to achieve a better understanding of how search algorithms deal with Holocaust memory. Our interest in comparing queries in the Latin and Cyrillic scripts relates to substantial differences in the quality of Holocaust-related image search outputs which were identified by earlier research. The findings demonstrate that individual search engines tend to prioritise diverse types of sources (e.g. journalistic media, reference works, and educational websites), but most of them focus on materials providing a general overview of the Holocaust. The article also discusses several troubling aspects of the algorithmic treatment of Holocaust-related information, particularly the tendency of some search engines to prioritise materials supporting Holocaust denial in response to queries in the Cyrillic script and substantial differences in the ways various engines represent the Holocaust.

Kann sich ein Algorithmus an den Holocaust erinnern? Eine vergleichende Algorithmenanalyse Holocaust-bezogener Informationen in Suchmaschinen

Der Aufsatz erörtert die immer größere Rolle algorithmischer Systeme, wie z.B. Internetsuchmaschinen, im Kontext der Erinnerung an den Holocaust. Während diese Systeme für die Bewältigung der Informationsflut unerlässlich sind und den Nutzer:innen helfen, sich in der Fülle der Holocaust-bezogenen Inhalte zurechtzufinden, gibt ihre Auswirkung auf die Erinnerung an den Holocaust wegen häufiger Intransparenz und aufgrund des Potenzials für systematische und nicht systematische Fehlleistungen Anlass zur Sorge. Um besser zu verstehen, wie Suchalgorithmen mit der Erinnerung an den Holocaust verfahren, wird mit einer auf einem virtuellen Agenten basierenden Algorithmenanalyse die Darstellung des Holocaust als

Antwort auf Suchanfragen in lateinischer und kyrillischer Schrift in vier großen Suchmaschinen untersucht. Das Interesse am Vergleich von Suchanfragen in lateinischer und kyrillischer Schrift steht im Zusammenhang mit in früheren Untersuchungen festgestellten erheblichen Unterschieden in der Qualität von Suchergebnissen in Bezug auf Bildmaterial zum Holocaust. Die Ergebnisse zeigen, dass die einzelnen Suchmaschinen dazu neigen, verschiedene Arten von Quellen zu bevorzugen (z.B. journalistische Medien, Nachschlagewerke und Bildungswebsites), sich aber meist auf Materialien konzentrieren, die einen allgemeinen Überblick über den Holocaust geben. In dem Aufsatz werden auch mehrere beunruhigende Aspekte der algorithmischen Behandlung von Informationen zum Holocaust vorgestellt, insbesondere die Tendenz einiger Suchmaschinen, bei Abfragen in kyrillischer Schrift Materialien zu bevorzugen, die die Leugnung des Holocaust unterstützen, sowie die erheblichen Unterschiede in der Darstellungsweise, wie verschiedene Suchmaschinen den Holocaust abbilden.

Martina Staats

Digitale Vermittlungselemente in der Dauerausstellung der Gedenkstätte in der JVA Wolfenbüttel

Die Gedenkstätte in der Justizvollzugsanstalt (JVA) Wolfenbüttel erinnert an die Rolle der Justiz in der nationalsozialistischen Verfolgungs- und Mordpolitik, insbesondere an die im Strafgefängnis Wolfenbüttel Inhaftierten und Hingerichteten. Sie besteht heute aus zwei Bereichen: Zum einen sind dies innerhalb der JVA die historischen Orte – ehemalige Haftzellen und das Hinrichtungsgebäude – mit einer multimedialen Lernumgebung, zum anderen ist es das über einen Durchbruch in der Gefängnismauer frei zugängliche Dokumentationszentrum mit Dauerausstellung.

Bei der didaktischen Konzeption der Dauerausstellung war zu klären, ob und mit welchen Zielen digitale Vermittlungselemente eingesetzt werden sollen. Die realisierten digitalen Vermittlungselemente eröffnen den Besucher:innen weitere Zugänge und machen zusätzliche Informationen verfügbar, vermitteln im Zusammenhang mit den Objekten Geschichte in Erzählform und erzeugen gegebenenfalls auch Spannung und wecken so Interesse. Sie ermöglichen darüber hinaus einen Einblick in die nicht spontan, sondern nur nach Voranmeldung zugänglichen historischen Orte.

Eine interaktive Installation an einem historischen Modell des Strafgefängnisses mithilfe einer Augmented-Reality-Anwendung auf Tablets, das faksimilierte Hinrichtungsbuch als Interface für eine interaktive Medieninstallation mit einer Wandprojektion ergänzender Angaben zu Hingerichteten und ein auf Schienen laufender Medienschlitten – ein seitlich verfahrbarer Monitor zur Darstellung tiefender Informationen – an einer Vitrine mit Objekten zur Geschichte der Gedenkstätte werden in dem Aufsatz im Einzelnen vorgestellt. Abschließend werden Möglichkeiten und Chancen, aber auch Herausforderungen, die die digitalen Elemente bieten, beschrieben.

Digital mediation elements in the permanent exhibition of the Wolfenbüttel Prison Memorial

The Wolfenbüttel Prison Memorial focuses on the role played by the judicial system in the National Socialists' policy of persecution and murder, and especially on the people who were imprisoned and executed in the Wolfenbüttel Prison. The memorial now has two different areas: the historical sites within the prison itself – former cells and the execution building – with a multimedia learning environment, and a documentation centre with a permanent exhibition which is openly accessible through a breach in the prison wall.

Regarding the didactic concept behind the permanent exhibition, it was necessary to clarify whether and for what purpose digital mediation elements should be used. The digital elements that were employed give visitors additional approaches to the material and offer extra information, they arrange narrative histories of the objects on display, and they can spark interest by creating a sense of excitement. They additionally allow insights into the parts of the historical site that are only accessible after prior registration.

The article describes the digital elements in detail: an interactive installation at a historical model of the prison which is accessed using an augmented reality application for tablets; a facsimile of the execution log which serves as an interface to an interactive media installation with a wall projection that provides additional details about the prisoners who were executed; and a media sled – a monitor for showing indepth information which runs sideways on tracks along a display case with artefacts relating to the history of the memorial. Finally, the article discusses the possibilities and opportunities offered by these digital elements, as well as the challenges they pose.

Henning Borggräfe

#everynamecounts. Die Digitalisierung der Arolsen Archives und die Erinnerung an die NS-Verbrechen im 21. Jahrhundert

Basierend auf praktischen Erfahrungen und Beobachtungen im Feld behandelt der Aufsatz Wege und Herausforderungen der Digitalisierung und der Zugänglichmachung von personenbezogenen Sammlungen zu den Opfern der nationalsozialistischen Verfolgung. Im ersten Teil steht dabei die durch die Tätigkeit des Internationalen Suchdienstes seit der frühen Nachkriegszeit entstandene Sammlung der Arolsen Archives im Fokus. Die mehr als 30 Millionen Dokumente sind bereits weitgehend gescannt und im Internet veröffentlicht. Aktuell werden die Daten tiefer erschlossen. Dies geschieht auch über ein Crowdsourcing-Projekt, #everynamecounts, das im zweiten Teil des Aufsatzes mit einem besonderen Fokus auf den Nutzer:innen und ihrer Beteiligung diskutiert wird. Der dritte Teil behandelt zum einen Aspekte der Partizipation an digitalen Erinnerungsangeboten, zum anderen Fragen der automatisierten Narration von Lebenswegen, die auf Basis der Datenerfassung von Sammlungen einerseits immer besser möglich wird, andererseits aber auch spezifische neue Schwierigkeiten mit sich bringt. Das Fazit beleuchtet daraus erwachsende Herausforderungen für die digitale Erinnerung an die NS-Verbrechen im 21. Jahrhundert.

#everynamecounts. The digitalization of the Arolsen Archives and remembrance of Nazi crimes in the 21st century

Based on practical experiences and observations in this field, the article looks at the processes and challenges associated with digitalization and providing access to document collections containing personal data about the victims of National Socialist persecution. The first section focuses on the collection of the Arolsen Archives, which came about through the activity of the International Tracing Service in the early post-war period. Most of the more than 30 million documents in this collection have already been scanned and published online. The data is currently being indexed in more detail. This is happening in part through a crowdsourcing project known as #everynamecounts, which is discussed in the second section of the article with a special focus on users and how they participate. The third section deals with aspects of participation in digital memory projects. It also looks at issues relating to the automated narration of life stories, which is becoming increasingly possible as data is indexed in collections, but which also entails special new difficulties. The article summary discusses the challenges now emerging for the digital remembrance of Nazi crimes in the 21st century.

Karola Fings

»Voices of the Victims«.
Eine virtuelle Gegenerzählung

»Voices of the Victims« ist eine in den Sprachen Deutsch, Englisch und Romanes präsentierte digitale Edition, die erstmals die Geschichte des NS-Völkermords an den Sinti:ze und Rom:nja in seiner europäischen Dimension ausschließlich aus der Perspektive der Betroffenen erzählt. Die Fokussierung auf schriftliche Selbstzeugnisse ist ein Mittel, um der nach 1945 vorherrschenden Marginalisierung und Delegitimierung der Stimmen der Überlebenden entgegenzuwirken. Sinti:ze und Rom:nja waren, dies veranschaulichen die 60 Zeugnisse der Edition, die für 20 Länder zusammengetragen, transkribiert, übersetzt und kontextualisiert wurden, keine sprachlosen Opfer. Sie haben sich sowohl im Angesicht der Verfolgung als auch unmittelbar nach der Befreiung auf vielfältige Weise zu Verfolgung und Völkermord zu Wort gemeldet. Mit den in den Jahren 1938 bis 1952 entstandenen Zeugnissen der Edition werden Individualität, Heterogenität und Agency der Verfolgten sichtbar. Jede Quelle ist mit einer Audioaufnahme auch hörbar gemacht, um Sinti:ze und Rom:nja nicht als stumme Opfer zu zeigen und ihren nach 1945 marginalisierten Stimmen Gewicht zu verleihen.

Die Edition »Voices of the Victims« ist eine von zehn kuratierten Sektionen der mehrfach ausgezeichneten Website »RomArchive«, eines von 2015 bis 2019 realisierten digitalen Archivs der Sinti:ze und Rom:nja, das hegemonialer Fremdbestimmung eine diversitätsorientierte und rassismuskritische Selbstrepräsentation entgegensetzt.

›Voices of the Victims‹.
A virtual counter-narrative

›Voices of the Victims‹ is a digital publication in German, English and Romani which reveals the European dimension of the genocide committed by the National Socialists against the Sinti and Roma and, for the first time, presents this history exclusively from the perspective of the victims. Focusing on written personal testimonies is a way to counter the prevalent marginalization and delegitimization of the survivors' voices after 1945. The 60 testimonies in this publication – which were collected for 20 different countries, transcribed, translated and contextualized – illustrate that the Sinti and Roma were not voiceless victims. Both during the time of persecution and immediately after the liberation, they spoke out in a variety of ways about persecution and genocide. The accounts collected in this publication date from 1938 to 1952 and reveal the individuality, heterogeneity and agency of the persecuted. Each source is also available as an audio recording to demonstrate that the Sinti and Roma were not mute victims and to give emphasis to the voices that were marginalized after 1945.

›Voices of the Victims‹ is one of ten curated sections of the multi-award-winning RomArchive website, a digital archive of the Roma and Sinti which was developed between 2015 and 2019 and is dedicated to diversity-oriented and anti-racist self-representation as a way of countering hegemonial, externally imposed definitions.

Swenja Granzow-Rauwald und Natascha Höhn

Das Multimediaprojekt #Waswillst Dutun?. Digitale Angebote zu Familiengeschichten während des Nationalsozialismus und des Zweiten Weltkrieges

Ausgehend von den Erfahrungen des 2020 bis 2022 durchgeführten Multimediaprojekts #WaswillstDutun? der KZ-Gedenkstätte Neuengamme befasst sich der Aufsatz mit Potenzialen und Hürden digitaler Angebote zu Familiengeschichten während der Zeit des Nationalsozialismus und des Zweiten Weltkrieges. Bedingt durch die Einschränkungen aufgrund der Coronapandemie mussten Interviews, Workshops, Begegnungen und öffentliche Projektveranstaltungen überwiegend in den digitalen Raum verlegt werden. Trotz begrenzten Finanz- und Zeitbudgets konnten dadurch mehr Interviews mit Nachkomm:innen von NS-Verfolgten und mit Studierenden zu ihren Familiengeschichten sowie pädagogische Angebote und öffentliche Veranstaltungen als ursprünglich geplant realisiert werden. Allerdings benötigen digitale Angebote wegen der eingeschränkten Möglichkeiten der nonverbalen Kommunikation und eines informellen Austauschs eine intensivere Moderation und einen gut strukturierten Ablauf. Digitale Formate bergen zudem die Gefahr von Störungen durch technische Probleme. Mit den digitalen Angeboten war es jedoch einerseits möglich, neue Zielgruppen und ein breiteres, überregionales und internationales Publikum zu erreichen, da eine Teilnahme z.B. sowohl für körperlich eingeschränkte Personen als auch durch den Wegfall gegebenenfalls beschwerlicher An- und Abreisen leichter ist. Andererseits besteht auch ein Ausschließungspotenzial, da digitale Veranstaltungsangebote für Menschen ohne die erforderliche technische Ausstattung und das nötige Know-how schlechter zugänglich sind.

SUMMARYS

The multimedia project #WaswillstDutun?. Digital programmes for addressing family histories under National Socialism and during the Second World War

Based on findings from the multimedia project entitled #WaswillstDutun? (What do you want to do?), which was carried out between 2020 and 2022 by the Neuengamme Concentration Camp Memorial, the article examines the possibilities and obstacles posed by digital programmes for addressing family histories under the National Socialists and during the Second World War. Due to restrictions during the coronavirus pandemic, most of the interviews, workshops, encounters and public project presentations had to take place in the digital sphere. Despite limited finances and time, this made it possible to conduct more family history interviews than were originally planned with the descendants of victims of National Socialist persecution and with students, as well as more educational programmes and public events. However, on account of constraints on nonverbal communication and informal exchange, digital programmes require more intensive moderation and a clear structure. Digital formats are also in danger of being interrupted by technical problems. But the digital programmes made it possible to reach new target groups and a wider national and international audience, since it was easier for people with physical limitations, for example, to participate as they did not have to travel. However, digital events also run the risk of excluding people since they are harder to access for those without the necessary technical setup and know-how.

Tobias Ebbrecht-Hartmann

Hashtags, Stories, Videomemes. Die Erinnerung an den Holocaust auf TikTok und Instagram

Der Aufsatz beschäftigt sich mit der Präsenz historischer Themen und mit verschiedenen Formen des Erinnerns auf sozialen Medienplattformen am Beispiel von NS-Geschichte und Holocaust-Erinnerung. In Soziale-Medien-Umgebungen wird die Vergangenheit zu einem Teil der Gegenwart, indem sie zum Bestandteil eines technologisch und kuratorisch generierten Gefüges wird. Dies gilt insbesondere für Plattformen und Medienumgebungen, die vor allem mit Bildern operieren und auf visueller Kommunikation basieren. Der Aufsatz konzentriert sich daher auf TikTok und Instagram und auf die dort vorherrschenden Text-Bild-Kompositionen und Videomemes als Formen der Erinnerung in sozialen Netzwerken. Neben dem Modus des Präsentischen, der die Erinnerungsbilder und Geschichtsvideos in ein relationales Geflecht von gegenwarts- und oft selbstbezogenen Alltagsdokumentationen einbettet, sind für das Erinnern auf sozialen Medien weitere mediale Eigenschaften typisch: der Segmentcharakter von Postings, die immer fragmentarisch, unabgeschlossen und an andere Posts anschlussfähig sind, Hashtags als Form der Kombination solcher Segmente, die zur Herstellung von virtuellen Erinnerungsräumen führen kann, und die multimodale Struktur von Postings und Videos. Davon ausgehend werden das Potenzial sozialer Medienkommunikation über Geschichte und Erinnerung untersucht und deren Ästhetik und Adressierungsformen von einer medienhistoriografisch informierten Perspektive aus neu betrachtet und einer Revision unterzogen. Im Zentrum steht die Frage, wie sich Ästhetiken und Praktiken sozialer Medien zu Formen der Geschichtsschreibung verhalten, die ihrerseits immer bereits medial vermittelt sind.

Erinnern auf sozialen Medien ist heute vor allem eine partizipative Praxis. Selbst dort, wo rituelle Formen des Gedenkens auf den Plattformen reproduziert werden, entstehen neue Verbindungen und Deutungen, die aufgegriffen, anverwandelt, aktualisiert – und unter Umständen auch entstellt werden können. Zwar haben unterschiedliche Akteur:innen auf sozialen Medien unterschiedliche Reichweiten, dennoch schaffen gerade Plattformen wie TikTok auch für User-generated-Content jenseits etablierter Institutionen größere Sichtbarkeit und bieten damit die Möglichkeit, Erinnerung aktiv mitzugestalten.

Hashtags, stories, video memes. Holocaust remembrance on TikTok and Instagram

The article explores the presence of historical topics and various forms of remembrance on social media platforms using the example of National Socialist history and Holocaust remembrance. In social media environments, the past becomes part of the present in that it becomes an element of a technologically and curatorially generated structure. This especially applies to platforms and media environments which operate mainly with images and are based on visual communication. The article therefore focuses on Instagram and TikTok and their predominant text-image compositions and video memes as forms of remembrance on social networks. In addition to the mode of the present, whereby visual memories and historical videos are embedded in a relational web of present-centred and often self-centred everyday documentation, other media characteristics are also typical of remembrance on social media: the segmented nature of posts, which are always fragmentary, open-ended and capable of being connected to other posts; the use of hashtags as a way of combining such segments, which can lead to the creation of virtual spaces of memory; and the multimodal structure of posts and videos. On this basis, the article explores the potential offered by social media communication relating to history and remembrance, and it re-evaluates its aesthetics and forms of address from a perspective informed by media history. The central question is how the aesthetics and practices of social media relate to forms of historiography, which are themselves always conveyed by media.

Remembrance on social media is, above all, a participatory practice today. Even when ritual forms of commemoration are reproduced on the platforms, new connections and interpretations emerge which can be adopted, appropriated, updated – and sometimes distorted. Although different actors on social media have different degrees of reach, platforms such as TikTok also make user-generated content outside of established institutions more visible and thus offer an opportunity for this content to actively shape remembrance.

Pia Schlechter

Zeigen, Anprangern, Verhandeln. Eine intersektionale Perspektive auf den Diskurs um Selfies in KZ-Gedenkstätten

In den Debatten um Selfies an Holocaustgedenkorten und in KZ-Gedenkstätten wird vielen Selfiemachenden, insbesondere Angehörigen der jungen Generation, abgesprochen, »richtig« zu erinnern, und unterstellt, die Erinnerungsorte respektlos, narzisstisch und geschichtsvergessen als Fotokulissen zu missbrauchen. Der Aufsatz untersucht den Diskurs im Verlauf der 2010er-Jahre über die (Un-)Angemessenheit von Selfies, die in der Gedenkstätte Auschwitz-Birkenau und am Denkmal für die ermordeten Juden Europas in Berlin entstanden sind. Die Grundlage bilden Onlineartikel von Zeitungen aus Deutschland, den USA und Israel. Wurden Selfies an Holocaustgedenkorten zunächst als positive neue Form der Erinnerung in Kunstausstellungen und Blogs gezeigt, erfuhren sie ab 2012, nachdem sie im Internet viral verbreitet wurden, jedoch heftige öffentliche Kritik. Ab etwa 2015 ist das Phänomen Gegenstand der Forschung. KZ-Gedenkstätten setzen Selfies inzwischen in ihrer Vermittlungsarbeit ein. Selfies und Social Media bieten das Potenzial, Erinnerungskultur neu zu verhandeln.

Der Diskurs wird mit einer intersektionalen Perspektive unter Berücksichtigung der Kategorien Geschlecht, Sexualität, Alter, Religion und Nationalität untersucht. Es wird aufgezeigt, dass im Absprechen einer »richtigen« Form der Erinnerung Ausschlüsse der Selfiemachenden aus einem hegemonialen Erinnerungskollektiv produziert werden.

Display, condemnation, negotiation. An intersectional perspective on the discourse of Selfies at concentration camp memorials

In the debates about selfies at Holocaust remembrance sites and concentration camp memorials, many of the people who take selfies, especially members of the younger generation, are accused of not remembering in the ›right‹ way and misusing places of remembrance as photo backdrops, thus showing a lack of respect, narcissism and an ignorance of history. The article examines the discourse during the 2010s concerning the (in)appropriateness of selfies taken at the Auschwitz-Birkenau Memorial and the Memorial to the Murdered Jews of Europe in Berlin. Online articles from newspapers in Germany, the USA and Israel are used as the basis for this study. While selfies at Holocaust memorial sites were initially presented in art exhibitions and on blogs as a positive new form of remembrance, they became the focus of fierce public criticism starting in 2012 after going viral on the internet. The phenomenon became a subject of academic research around 2015. Concentration camp memorials now use selfies in their own educational work. Selfies and social media offer the potential to negotiate memory culture in a new way.

The discourse is examined from an intersectional perspective which takes account of the categories of gender, sexuality, age, religion and nationality. The article shows that when those who take selfies are accused of not remembering in the ›right‹ way, they are excluded from a hegemonial memory collective.

Christian Günther und Jan Schenck

Gedenkstätten auf Twitter.
Eine Datenanalyse von Social-Media-Kampagnen

2018 haben Gedenk- und Dokumentationsstätten zu NS-Verbrechen begonnen, sich auf Twitter über Hashtags zu bestimmten Anlässen zu vernetzen, um so gemeinsam Bildungsarbeit zu leisten. Der Aufsatz analysiert die gemeinsamen Kampagnen #NSGedenken (2018), #75Befreiung (2020) und #GeschichtenDerBefreiung (2021) unter der Fragestellung, wie sich die Teilnahme an ihnen in den jeweiligen Verläufen der Kampagne entwickelt hat. Der Datenerhebung lag ein Korpus von Tweets aus den drei Kampagnen zugrunde. Ausgewertet wurden je Kampagne die Gesamtzahlen der Tweets, Retweets, Replys, Likes und Quotes sowie Follower:innen derjenigen beteiligten Accounts, die mit mindestens sechs Tweets als »stärker beteiligt« eingestuft wurden. Aus der Auswertung lassen sich in Hinblick auf die Social-Media-Strategien von Gedenkstätten einerseits nur begrenzt Aussagen treffen. So kann z.B. eine kontinuierliche Beteiligung an der Kampagne eines Accounts mit wenig Follower:innen die Reichweite einer Institution mit vielen Follower:innen erreichen, wobei sich die Wahrnehmung auffällig überproportional auf sehr wenige Tweets bzw. Hashtags verdichtet. Zudem deuten die Ergebnisse der Erhebung darauf hin, dass die Kampagnen schnell an Aufmerksamkeit verloren haben. Die generierten Daten führen andererseits jedoch zu weiterführenden Fragestellungen, deren Beantwortung die Analyse und den Vergleich einzelner Accounts erfordern würde.

Memorials on Twitter. A data analysis of social media campaigns

In 2018, memorials and documentation centres for National Socialist crimes began to connect with each other on Twitter using hashtags to conduct joint educational work on certain occasions. The article analyses the joint campaigns #NSGedenken (2018), #75Befreiung (2020) and #GeschichtenDerBefreiung (2021) to probe the question of how participation developed during the respective campaigns. A corpus of tweets from the three campaigns served as the data basis for this analysis. For each campaign, the analysis evaluated the total number of tweets, retweets, replies, likes, quotes and followers of the participating accounts, with those posting at least six tweets being rated as ›more involved‹. On the one hand, it is hard to draw many conclusions about the social media strategies of memorials based on this evaluation. For example, continuous participation in the campaign of an account with few followers could achieve the same reach as an institution with many followers, whereby the perception of this is strikingly disproportionately concentrated on very few tweets or hashtags. Furthermore, the results of the analysis indicate that attention quickly waned after the campaigns. On the other hand, the data that was generated leads to farther-reaching questions which can only be answered by analysing and comparing individual accounts.

Alexandra Reuter

Das erinnerungskulturelle Phänomen Anne Frank auf Instagram

Der Aufsatz untersucht die Darstellung und Rezeption des erinnerungskulturellen Phänomens Anne Frank auf der Social-Media-Plattform Instagram und geht der Frage nach, ob und wie konventionelle Geschichtsbilder und -narrative auf Instagram reproduziert werden. Die Grounded Theory nach Barney Glaser und Anselm Strauss dient dabei als methodische Grundlage zur Analyse exemplarischer Beiträge von zwei institutionellen Accounts, dem Account des Anne Frank Hauses in Amsterdam und des US-amerikanischen Anne Frank Center for Mutual Respect in New York, und von drei privaten Accounts sowie von Kommentaren. Die Untersuchung zeigt, dass erinnerungskulturelle Inhalte auf Instagram vornehmlich im medienspezifischen Modus sogenannter Erinnerungsbeiträge erfolgen. Dabei reproduzieren sowohl institutionelle als auch private Accounts Visualisierungs- und Rezeptionsmuster, die maßgeblich auf Prägungen in der Popularisierungsgeschichte Anne Franks und ihres Tagebuchs zurückgeführt werden können. Traditionelle Geschichtsbilder und Erinnerungsnarrative werden dabei nicht nur medienspezifisch reproduziert, sondern durch die Anpassung an die Medienlogik von Instagram auch transformiert. Historische Erinnerungsstätten wie das Anne Frank Haus oder das KZ Bergen-Belsen werden hierbei Teil einer auch auf Instagram populären Verehrung Anne Franks.

The memory culture phenomenon of Anne Frank on Instagram

The article examines the depiction and reception of Anne Frank as a memory culture phenomenon on Instagram and explores the question of whether and how conventional historical images and narratives are reproduced on this social media platform. The grounded theory approach of Barney Glaser and Anselm Strauss serves as a methodological foundation for analysing examples of posts from two institutional accounts – the account of the Anne Frank House in Amsterdam and that of the Anne Frank Center for Mutual Respect in New York – and by three private accounts, as well as the comments on these posts. The study shows that memory culture content is posted to Instagram primarily in the media-specific mode of what are known as memorial posts. Both institutional and private accounts reproduce visualization and reception patterns that can be traced back primarily to influences in the history of the popularization of Anne Frank and her diary. Traditional images of history and narratives of memory are not only reproduced in media-specific ways, they are also transformed by being adapted to the media logic of Instagram. Historical sites of remembrance such as the Anne Frank House or Bergen-Belsen Memorial thus become part of the popular veneration of Anne Frank on Instagram.

Autor:innen

Borggräfe, Henning: Jg. 1981, Dr. phil., Historiker; Direktor des NS-Dokumentationszentrums der Stadt Köln, zuvor Abteilungsleiter Forschung & Bildung der Arolsen Archives; zuletzt: (Hg. mit Akim Jah): Deportations in the Nazi Era. Sources and Research, München 2022; (Hg. mit Christian Höschler/Isabel Panek): Tracing and Documenting Nazi Victims Past and Present, München 2020; (mit Christian Höschler/Isabel Panek): A Paper Monument. The History of the Arolsen Archives, Bad Arolsen 2019.

Ebbrecht-Hartmann, Tobias: Jg. 1975, Dr. phil., Film- und Medienwissenschaftler; Senior Lecturer für Visuelle Kultur, Film und Erinnerungskulturstudien im Department of Communication & Journalism und im European Forum der Hebräischen Universität Jerusalem; zuletzt: (mit Lital Henig): Witnessing *Eva Stories:* Media witnessing and self-inscription in social media memory, in: New Media & Society 24 (2022), Nr. 1, S. 202-226; Commemorating from a distance: the digital transformation of Holocaust memory in times of COVID-19, in: Media, Culture & Society 43 (2021), Nr. 6, S. 1095-1112; Geschichtsbilder im medialen Gedächtnis. Filmische Narrationen des Holocaust, Bielefeld 2011.

Fings, Karola: Jg. 1962, Dr. phil., Historikerin; Leiterin des Projekts »Enzyklopädie des NS-Völkermordes an den Sinti und Roma in Europa« an der Forschungsstelle Antiziganismus am Historischen Seminar der Universität Heidelberg; zuletzt: (Hg. mit Sybille Steinbacher): Sinti und Roma. Der nationalsozialistische Völkermord in historischer und gesellschaftspolitischer Perspektive, Göttingen 2021; (mit zehn weiteren Mitgliedern der Unabhängigen Kommission Antiziganismus): Perspektivwechsel. Nachholende Gerechtigkeit. Partizipation. Bericht der Unabhängigen Kommission Antiziganismus, hg. v. Bundesministerium des Innern, für Bau und Heimat, Berlin 2021, https://www.bmi.bund.de/SharedDocs/downloads/DE/publikationen/themen/heimat-integration/bericht-unabhaengige-kommission-Antiziganismus.html;jsessionid=F2C7BA0F5FEE5B644D5F171451B7A424.2_cid295, Zugriff: 13.2.2023; Sinti und Roma. Geschichte einer Minderheit, 2., aktual. Aufl., München 2019 (1. Aufl.: 2016).

Granzow-Rauwald, Swenja: Jg. 1983, M.A., Politikwissenschaftlerin; Mitarbeiterin der Abteilung Bildung & Studienzentrum der KZ-Gedenkstätte Neuengamme, zuständig für den Bereich Medienpädagogik; 2020 bis 2022 wissenschaftliche Mitarbeiterin im Multimediaprojekt »#WaswillstDutun?« der KZ-Gedenkstätte Neuengamme; zuletzt: (mit Thorsten Fehlberg/Natascha Höhn/Oliver von Wrochem): Gedenkstättenarbeit zur Diversität von (Familien-)Narrativen in der postmigrantischen Gesellschaft, in: Marina Chernivsky/Friederike Lorenz-Sinai (Hg.): Die Shoah in Bildung und Erziehung heute. Weitergaben und Wirkungen in Gegenwartsverhältnissen, Opladen/Berlin/Toronto 2022, S. 191-204.

Groschek, Iris: Jg. 1968, Dr. phil., Historikerin; Leiterin der Abteilung Öffentlichkeitsarbeit und Social Media der Stiftung Hamburger Gedenkstätten und

Lernorte zur Erinnerung an die Opfer der NS-Verbrechen; zuletzt: (mit Tobias Ebbrecht-Hartmann): Geschichte und Geschichten: Instagram und die schwierige Vermittlung von Nationalsozialismus und Holocaust auf, durch und mit sozialen Medien, in: Instagram-Projekt »Ich bin Sophie Scholl«: Ein Debattenbeitrag, 17.3.2022, https://www.stiftung-evz.de/wer-wir-sind/neuigkeiten-aus-der-stiftung/neuigkeit/instagram-projekt-ichbinsophiescholl-ein-debattenbeitrag, Zugriff: 13.2.2023; (mit Lennart Onken/Lisa Webner): #DigitalMemory Online Conference – New Perspectives for Memorials to Those Persecuted by National Socialism, in: Memoria 51 (2022), Nr. 12, S. 16-19, https://viewer.joomag.com/memoria-en-nr-51-12-2021/0662802001640530225?, Zugriff: 13.2.2023; (mit Steffen Jost): Welchen Stellenwert haben die »neuen Medien« im Zusammenhang mit der Erinnerung an die Verbrechen des Nationalsozialismus?, in: LaG-Magazin (2021), Nr. 7 [Schwerpunktthema: Der Multidimensionale Erinnerungsmonitor (MEMO)], http://lernen-aus-der-geschichte.de/Lernen-und-Lehren/content/15185, Zugriff: 13.2.2023.

Günther, Christian: Jg. 1988, M.A., Historiker; wissenschaftlicher Mitarbeiter am Lehrstuhl für Digital Humanities der Bergischen Universität Wuppertal; zuletzt: Authenticity and Authority in German Memorial Sites, in: Julia Timpe/Frederike Buda (Hg.): Writing the Digital History of Nazi Germany. Potentialities and Challenges of Digitally Researching and Presenting the History of the »Third Reich«, World War II, and the Holocaust, Berlin 2022, S. 181-202; Holocaust-Erinnerung in virtuellen Realitäten. Ein Gespräch von Steffi de Jong, Victoria Grace Walden, Christian Günther und Jonas Wenger, in: Vigia (2022), Nr. 1, S. 168-185; Wolfenstein: »The Old Blood«, 15.12.2021, https://www.stiftung-digitale-spielekultur.de/spiele-erinnerungskultur/wolfenstein-the-old-blood, Zugriff: 13.2.2023.

Höhn, Natascha: Jg. 1989, M.A., Sozialwissenschaftlerin; 2020 bis 2022 wissenschaftliche Mitarbeiterin der KZ-Gedenkstätte Neuengamme im Multimediaprojekt »#WaswillstDutun?« und Teil des Kurator:innenteams der Wanderausstellung »›Der Tod ist ständig unter uns.‹ Die Deportationen nach Riga und der Holocaust im deutsch besetzten Lettland«; seit 2018 Leitung von Workshops für die Kreuzberger Initiative gegen Antisemitismus; zuletzt: (mit Thorsten Fehlberg/Swenja Granzow-Rauwald/Oliver von Wrochem): Gedenkstättenarbeit zur Diversität von (Familien-)Narrativen in der postmigrantischen Gesellschaft, in: Marina Chernivsky/Friederike Lorenz-Sinai (Hg.): Die Shoah in Bildung und Erziehung heute. Weitergaben und Wirkungen in Gegenwartsverhältnissen, Opladen/Berlin/Toronto 2022, S. 191-204.

Jong, Steffi de: Jg. 1984, Dr. phil., Historikerin; Associate Professor für Geschichtsdidaktik und Public History an der Norwegian University of Science and Technology, Trondheim; zuletzt: Zeitzeugin/Zeitzeuge, Version 1.0, in: Docupedia-Zeitgeschichte, 24.6.2022, https://docupedia.de/zg/Jong_zeitzeuge_v1_de_2022, Zugriff: 13.2.2023; Vor Gettysburg. Attitüden, lebende Bilder und Künstlerfeste als performative Praktiken der Vergangenheitsdarstellung im 19. Jahrhundert, in: Sabine Stach/Juliane Tomann (Hg.):

Historisches Reenactment. Disziplinäre Perspektiven auf ein dynamisches Forschungsfeld, Berlin/Boston 2021, S. 181-207; The Witness as Object. Video Testimony in Memorial Museums, New York 2018.

Knoch, Habbo: Jg. 1969, Prof. Dr., Historiker; Professor für Neuere und Neueste Geschichte am Historischen Institut der Universität zu Köln; zuletzt: Anders sehen. Wie die Fotografie neue Perspektiven auf Auschwitz eröffnen kann, in: Frédéric Mougenot: Auschwitz. Bild und Hinterbild. Fotografien, Berlin 2022, S. 81-87; (Hg. mit Christine Gundermann/Holger Thünemann): Historische Jubiläen. Zwischen historischer Identitätsstiftung und geschichtskultureller Reflexion, Berlin 2022; (Hg. mit Oliver von Wrochem im Auftrag der Stiftung Hamburger Gedenkstätten und Lernorte): Entdeckendes Lernen. Orte der Erinnerung an die Opfer der nationalsozialistischen Verbrechen. Festschrift für Detlef Garbe, Berlin 2022.

Kulshrestha, Juhi: Jg. 1986, Dr., Computer scientist; Assistant Professor at the University of Konstanz/Aalto University; zuletzt: (mit Karandeep Singh/Gabriel Lima/Meeyoung Cha/Chiyoung Cha/Yong-Yeol Ahn/Onur Varol): Misinformation, believability, and vaccine acceptance over 40 countries: Takeaways from the initial phase of the COVID-19 infodemic, in: Plos one 17 (2022), Nr. 2, S. 1-21; (mit Damian Trilling/Claes de Vreese/Denis Halagiera/Jakub Jakubowski/Judith Moeller/Cornelius Puschmann/Agnieszka Stępińska/Sebastian Stier/Cristian Vaccari): Is sharing just a function of viewing? Predictors of sharing political and nonpolitical news on Facebook, in: Journal of Quantitative Description: Digital Media 2 (2022), S. 1-103; (mit Aleksandra Urman/Mykola Makhortykh/Roberto Ulloa): Where the earth is flat and 9/11 is an inside job: A comparative algorithm audit of conspiratorial information in web search results, in: Telematics and Informatics (2022), Nr. 72, S. 156-163.

Lammers, Anne: Jg. 1985, Dr. phil., Historikerin; Mitarbeiterin im iRights. Lab, Berlin, Schwerpunkte: historisch-politische Bildung, Gemeinwohl und Teilhabe im digitalen Zeitalter; Leitung des Projekts »Digital Collective Memory« der Stiftung Erinnerung, Verantwortung und Zukunft (EVZ) zur Vernetzung von Akteur:innen im Bereich digitaler Erinnerungskultur; zuletzt: Europa zählt. Das Statistische Amt der Europäischen Gemeinschaften und die Europäisierung der Sozialstatistik (1950-1975), Berlin 2022; (mit Tim Vallée): Gemeinwohl im digitalen Zeitalter. Engagement und Ehrenamt zukunftsfähig gestalten, Berlin 2022.

Lutz, Thomas: Jg. 1957, Dr. phil., Historiker, Politologe und Geschichtsdidaktiker; Leiter des Gedenkstättenreferats der Stiftung Topographie des Terrors, Berlin, Herausgeber des GedenkstättenRundbriefs und Redaktionsleiter des GedenkstättenForums; zuletzt: Topographie des Terrors. Entstehungsgeschichte und Bedeutung für die Entwicklung von Gedenk- und Dokumentationsstätten, in: Habbo Knoch/Oliver von Wrochem (Hg. im Auftrag der Stiftung Hamburger Gedenkstätten und Lernorte): Entdeckendes Lernen. Orte der Erinnerung an die Opfer der nationalsozialistischen Verbrechen. Festschrift für Detlef Garbe, Berlin 2022, S. 335-355.

Makhortykh, Mykola: Jg. 1987, Dr., Communication scientist/computer scientist; Alfred Landecker lecturer at the Institute of Communication and Media Studies, University of Bern; zuletzt: (mit Juan Manuel González-Aguilar): Laughing to forget or to remember? Anne Frank memes and mediatization of Holocaust memory, in: Media, Culture & Society 44 (2022), online first, https://journals.sagepub.com/doi/10.1177/01634437221088951, Zugriff: 13.2.2023; Memoriae ex machina: How algorithms make us remember and forget, in: Georgetown Journal of International Affairs 22 (2021), Nr. 2, S. 180-185; (mit Aleksandra Urman/Roberto Ulloa): Hey, Google, is it what the Holocaust looked like? Auditing algorithmic curation of visual historical content on Web search engines, in: First Monday 26 (2021), Nr. 10, https://doi.org/10.5210/fm.v26i10.11562, Zugriff: 13.2.2023.

Reuter, Alexandra: Jg. 1994, M.A., Journalistin; Redakteurin in der »Redaktion Zeitgeschichte« beim Zweiten Deutschen Fernsehen (ZDF), Mainz.

Schenck, Jan: Jg. 1981, Fotograf und Erlebnispädagoge; 2013 Gründung des Gedenkprojekts »Verbrannte Orte«, seit 2020 Mitarbeiter und Projektkoordinator im Trägerverein; zuletzt: Die Bücherverbrennungen 1933 [Abschnitt 3 der Onlineausstellung »Die Bibliothek der verbrannten Bücher« der Universität Augsburg], 20.4.2022, https://ausstellungen.deutsche-digitale-bibliothek.de/verbrannte-buecher, Zugriff: 13.2.2023; Das Fotoprojekt »Orte der Bücherverbrennung«, in: Informationen zur Schleswig-Holsteinischen Zeitgeschichte (2019), Nr. 59, S. 205-211.

Schlechter, Pia: Jg. 1990, M.A., Kulturwissenschaftlerin; wissenschaftliche Mitarbeiterin im ZFG – Zentrum für interdisziplinäre Frauen- und Geschlechterforschung an der Carl von Ossietzky Universität Oldenburg, Promotionsprojekt »Selfies in Holocaust-Gedenkorten«.

Schwarze, Yves: Jg. 1997, B.A., Historiker; Studium der Public History an der Universität zu Köln, wissenschaftliche Hilfskraft am Lehrstuhl für Public History; Schwerpunkte: digitales historisches Lernen an außerschulischen Lernorten, Erinnerung an die deutschen Diktaturen und Geschichtsrevisionismus im 20. Jahrhundert.

Staats, Martina: Jg. 1965, M.A., Dipl.-Bibl., Historikerin; Leiterin der Gedenkstätte in der JVA Wolfenbüttel; zuletzt: (Hg. mit Tomke Blotevogel/Janna Lölke/Gustav Partington): outSITE Wolfenbüttel – Das Strafgefängnis Wolfenbüttel und sein Netzwerk im Land Braunschweig. outSITE Wolfenbüttel – The Wolfenbüttel Prison and its Network in the State of Braunschweig, Celle 2022; (Hg. mit Janna Lölke): richten – strafen – erinnern. Nationalsozialistische Justizverbrechen und ihre Nachwirkungen in der Bundesrepublik, Göttingen 2021; (Hg. mit Jens-Christian Wagner): Law – Crime – Consequences. Wolfenbüttel Prison under National Socialism, Göttingen 2021.

Steng, Nicole: Jg. 1976, M.A., Historikerin; pädagogische Mitarbeiterin in der Bildungsabteilung der KZ-Gedenkstätte Dachau, u.a. Entwicklung und Integration digitaler Bildungsangebote sowie Mitentwicklung der digitalen Anwendung »ARt – Das KZ Dachau in Zeichnungen«; zuletzt: (mit Elisabeth Fink): Die Befreiung des Konzentrationslagers Dachau in Augmented Reality. Medienpädagogische Handreichung für die schulische und außerschulische Bildungsarbeit, hg. v. d. Bildungsabteilung der KZ-Gedenkstätte Dachau, Dachau 2020, https://www.kz-gedenkstaette-dachau.de/wp-content/uploads/2020/10/Bildungsmaterial_Die-Befreiung_barrierefrei.pdf, Zugriff: 13.2.2023; (mit Elisabeth Fink/Steffen Jost): Die Befreiung des Konzentrationslagers Dachau in Augmented Reality. Geschichte digital – vermittelt in virtuellem Rundgang, App und Podcast, in: museum heute (2020), Nr. 58, S. 44-47.

Ulloa, Roberto: Jg. 1984, Dr., Computer scientist; Postdoctoral researcher at GESIS – Leibniz-Institut für Sozialwissenschaften, Köln; zuletzt: (mit Celina Kacperski/Sonja Klingert/Benedikt Kirpes/Florian Kutzner): Impact of incentives for greener battery electric vehicle charging – A field experiment, in: Energy Policy (2022), Nr. 161, S. 1-9; (mit Mykola Makhortykh/Aleksandra Urman): Scaling up search engine audits: Practical insights for algorithm auditing, in: Journal of Information Science 48 (2022), online first, https://journals.sagepub.com/doi/full/10.1177/01655515221093029, Zugriff: 13.2.2023; (mit Ana Richter/Mykola Makhortykh/Aleksandra Urman/Celina Kacperski): Representativeness and face-ism: Gender bias in image search, in: New Media & Society 24 (2022), online first, https://journals.sagepub.com/doi/10.1177/14614448221100699, Zugriff: 13.2.2023.

Urman, Aleksandra: Jg. 1994, Dr., Computational social scientist; Postdoctoral researcher at the Social Computing Group, University of Zurich; zuletzt: (mit Stefan Katz) Online publicity and outcomes of individual politically salient criminal cases in an authoritarian regime: evidence from Russia, in: Political Research Exchange 4 (2022), Nr. 1, S. 1-20; (mit Mykola Makhortykh): »Foreign beauties want to meet you«: The sexualization of women in Google's organic and sponsored text search results, in: New Media & Society 24 (2022), online first, https://journals.sagepub.com/doi/10.1177/14614448221099536, Zugriff: 13.2.2023; (mit Mykola Makhortykh/Roberto Ulloa): Auditing the representation of migrants in image web search results, in: Humanities and Social Sciences Communications 9 (2022), Nr. 1, S. 1-16.

Zimmermann, Felix: Jg. 1993, Dr. phil.; Referent Games-Kultur, politische Bildung und Extremismus, Bundeszentrale für politische Bildung; zuletzt: Virtuelle Wirklichkeiten. Atmosphärisches Vergangenheitserleben im Digitalen Spiel, Marburg 2023; (mit Jimena Aguilar Rodríguez/Federico Alvarez Igarzábal/Michael S. Debus/ Curtis Lee Maughan/Su-Jin Song/Miruna Vozaru): Mental Health | Atmospheres | Video Games. New Directions in Game Research II, Bielefeld 2022; Imaginationen von Natur und Umwelt im Digitalen Spiel: Medienspezifische Typologie sowie Potenziale für die Naturschutzkommunikation, in: Natur und Landschaft. Zeitschrift für Naturschutz und Landschaftspflege 97 (2022), Nr. 4, S. 185-190, DOI: 10.19217/NuL2022-04-04.

Beiträge zur Geschichte der nationalsozialistischen Verfolgung

Hg. von der Stiftung Hamburger Gedenkstätten und Lernorte zur Erinnerung an die Opfer der NS-Verbrechen in Kooperation mit der Arbeitsgemeinschaft KZ-Gedenkstätten in der Bundesrepublik Deutschland

Heft 1

Zwischen Verfolgung und »Volksgemeinschaft«. Kindheit und Jugend im Nationalsozialismus

Heftverantwortlicher: Jens-Christian Wagner

147 S., 28 Abb., brosch.
ISBN 978-3-8353-3517-2

Heft 2

Religiöse Praxis in Konzentrationslagern und anderen NS-Haftstätten

Heftverantwortliche: Insa Eschebach, Gabriele Hammermann und Thomas Rahe

213 S., 50 Abb., brosch.
ISBN 978-3-8353-5015-1

Heft 3

NS-Verfolgte nach der Befreiung. Ausgrenzungserfahrungen und Neubeginn

Heftverantwortliche: Alyn Beßmann, Insa Eschebach und Oliver von Wrochem

262 S., 38 Abb., brosch.
ISBN 978-3-8353-5263-6

WALLSTEIN VERLAG

Hanka Grupińska
Die Liste lesen
Erzählungen über die Warschauer Aufständischen der Jüdischen Kampforganisation
Aus dem Polnischen von Andreas Volk
Studien zu Holocaust und Gewaltgeschichte, Band 6

Mai 2023 | ISBN: 978-3-86331-704-1 | 239 Seiten | 26,– Euro

Kurz nach Kriegsende fertigte Marek Edelman, einer der Kommandeure des Aufstands im Warschauer Ghetto, eine Liste der Kämpferinnen und Kämpfer an. Jahrzehnte später entdeckte die Publizistin Hanka Grupińska die Liste in einem Londoner Archiv. Sie machte es sich zur Aufgabe, den Lebenswegen der meist jungen Menschen, die sich den deutschen Besatzern mit der Waffe in der Hand entgegenstellten, nachzugehen. Auf Basis zahlreicher Gespräche mit Überlebenden und der Auswertung der Literatur entstanden erschütternde Kurzbiografien von 308 namentlich bekannten Aufständischen. In Polen gilt das Buch als Standardwerk, mit dieser Ausgabe liegt es nun auch auf Deutsch vor.

Rachela Auerbach
Schriften aus dem Warschauer Ghetto
Bearbeitet von Karolina Szymaniak
Aus dem Polnischen von Sandra Ewers
Studien zu Holocaust und Gewaltgeschichte, Band 4

Okt. 2022 | ISBN: 978-3-86331-673-0 | 199 Seiten | 24,– €

Rachela Auerbach (1899–1976) war eine der bedeutendsten Persönlichkeiten der frühen Holocaustforschung. Im Warschauer Ghetto gehörte sie zu den Mitarbeitern des Untergrundarchivs von Emanuel Ringelblum. Nach dem Krieg begründete sie die Abteilung Zeugenberichte in Yad Vashem.
Ihre Schriften, die in brillanter Sprache verfasst sind, lassen eine außergewöhnliche Beobachtungsgabe erkennen. Die hier publizierten Texte entstanden von 1941 bis 1942 im Warschauer Ghetto.
Die Edition umfasst ihr Ghetto-Tagebuch und die „Monografie einer Volksküche" – ein Ort, an dem „sich alles spiegelt, was das Ghetto durchmacht".

 www.metropol-verlag.de | veitl@metropol-verlag.de